U0904806

彩图5—7　中央领导干形的杜英

彩图5—8　多领导干形的女贞

彩图5—9　无领导干形的合欢

彩图5—10　杯状形的悬铃木

彩图5—11　疏散分层形的垂丝海棠

彩图5—12　开心形的梅

彩图5—13　多枝闭心形的石榴

彩图5—14　灌丛形的夹竹桃

彩图5—15　丛生形的黄馨

彩图5—16　棚架式的紫藤

彩图5—17　凉廊式的油麻藤

彩图5—18　篱垣式的七姊妹

彩图5—19　附壁式的爬山虎

彩图5—20　垂挂式的木香

彩图5—21　绿篱的变化

彩图5—22　球类

彩图5—23　球与绿篱的组合

彩图5—24　雕塑式

第6章　园林花卉栽培及应用

彩图6—1　和谐如意（案例）

彩图6—2　长宁花境（案例）

彩图6—3　花箱

彩图6—4　花槽

彩图6—5　花钵

彩图6—6　花球

彩图6—7　花树

彩图6—8　大型花柱

彩图6—9　花艺

彩图6—10　陶制花钵

彩图6—11　座凳和花箱组合

彩图6—12　花墙（案例）

彩图6—13　报春花

彩图6—14　大花马齿苋

彩图6—15　佛甲草

彩图6—16　随意草

彩图6—17　醉鱼草

彩图6—18　德国鸢尾

彩图6—19　射干

彩图6—20　八仙花

彩图6—21　火星花

彩图6—22　杂交秋海棠

彩图6—23　垂叶榕

彩图6—24　果子蔓

彩图6—25　广东万年青

彩图6—26　巴西铁

彩图6—27　发财树

彩图6—28　王莲

彩图6—29　常绿油麻藤

彩图6—30　金红久忍冬

1+X 职业技术·职业资格培训教材

绿化工

三级

编审委员会
主　任　马云安
副主任　崔丽萍　方　岩
委　员（以姓氏笔画为序）
许东新　严永康　李　莉　何国庆
徐文发　龚厚荣　傅徽楠　戴咏梅

编审人员
主　编　傅徽楠
副主编　陈志华
编　者　（以姓氏笔画为序）
王　瑛　王韫璆　邓　斌　朱苗青
江　铭　汤少红　毕庆泗　邹福生
顾　英　章士巍
主　审　戴咏梅

中国劳动社会保障出版社

图书在版编目(CIP)数据

绿化工. 三级/上海市职业技能鉴定中心组织编写. —北京：中国劳动社会保障出版社，2013

1+X 职业技术·职业资格培训教材

ISBN 978-7-5167-0091-4

Ⅰ.①绿… Ⅱ.①上… Ⅲ.①园林-绿化-技术培训-教材 Ⅳ.①S73

中国版本图书馆 CIP 数据核字(2013)第 019107 号

中国劳动社会保障出版社出版发行

(北京市惠新东街 1 号 邮政编码:100029)

出 版 人:张梦欣

*

北京北苑印刷有限责任公司印刷装订 新华书店经销

787 毫米×1092 毫米 16 开本 28 印张 4 彩插页 509 千字

2013 年 2 月第 1 版 2017 年 12 月第 3 次印刷

定价: 59.00 元

读者服务部电话:(010)64929211/64921644/84626437

营销部电话:(010)64961894

出版社网址: http: //www. class. com. cn

版权专有 侵权必究

如有印装差错,请与本社联系调换:(010)50948191

我社将与版权执法机关配合,大力打击盗印、销售和使用盗版图书活动,敬请广大读者协助举报,经查实将给予举报者奖励。

举报电话:(010)64954652

内 容 简 介

本教材由人力资源和社会保障部教材办公室、中国就业培训技术指导中心上海分中心、上海市职业技能鉴定中心依据上海绿化工职业技能鉴定细目组织编写。教材从强化培养操作技能，掌握实用技术的角度出发，较好地体现了当前最新的实用知识与操作技术，对于提高从业人员基本素质，掌握三级绿化工的核心知识与技能有直接的帮助和指导作用。

本教材在编写中根据本职业的工作特点，以能力培养为根本出发点，采用模块化的编写方式。全书共分为8章，内容包括园林植物生理、园林植物生态、园林土壤肥料、园林植物保护、园林树木的养护修剪、园林花卉栽培及应用、园林规划设计、园林工程。

本教材可作为绿化工职业技能培训与鉴定考核教材，也可供全国中、高等职业院校相关专业师生参考使用，以及本职业从业人员培训使用。

前　言

职业培训制度的积极推进，尤其是职业资格证书制度的推行，为广大劳动者系统地学习相关职业的知识和技能，提高就业能力、工作能力和职业转换能力提供了可能，同时也为企业选择适应生产需要的合格劳动者提供了依据。

随着我国科学技术的飞速发展和产业结构的不断调整，各种新兴职业应运而生，传统职业中也越来越多、越来越快地融进了各种新知识、新技术和新工艺。因此，加快培养合格的、适应现代化建设要求的高技能人才就显得尤为迫切。近年来，上海市在加快高技能人才建设方面进行了有益的探索，积累了丰富而宝贵的经验。为优化人力资源结构，加快高技能人才队伍建设，上海市人力资源和社会保障局在提升职业标准、完善技能鉴定方面做了积极的探索和尝试，推出了1＋X培训与鉴定模式。1＋X中的1代表国家职业标准，X是为适应上海市经济发展的需要，对职业的部分知识和技能要求进行的扩充和更新。随着经济发展和技术进步，X将不断被赋予新的内涵，不断得到深化和提升。

上海市1＋X培训与鉴定模式，得到了国家人力资源和社会保障部的支持和肯定。为配合上海市开展的1＋X培训与鉴定的需要，人力资源和社会保障部教材办公室、中国就业培训技术指导中心上海分中心、上海市职业技能鉴定中心联合组织有关方面的专家、技术人员共同编写了职业技术·职业资格培训系列教材。

职业技术·职业资格培训教材严格按照1＋X鉴定考核细目进行编写，教材内容充分反映了当前从事职业活动所需要的核心知识与技能，较好地体现了适用性、先进性与前瞻性。聘请编写1＋X鉴定考核细目的专家，以及相关行业的专家参与教材的编审工作，保证了教材内容的科学性及与鉴定考核细目以及题库的紧密衔接。

职业技术·职业资格培训教材突出了适应职业技能培训的特色，使读者通过学习与培训，不仅有助于通过鉴定考核，而且能够有针对性地进行系统学习，真正掌握本职业的核心技术与操作技能，从而实现从懂得了什么到会做什么的飞跃。

职业技术·职业资格培训教材立足于国家职业标准，也可为全国其他省市开展新职业、新技术职业培训和鉴定考核，以及高技能人才培养提供借鉴或参考。

新教材的编写是一项探索性工作，由于时间紧迫，不足之处在所难免，欢迎各使用单位及个人对教材提出宝贵意见和建议，以便教材修订时补充更正。

人力资源和社会保障部教材办公室
中国就业培训技术指导中心上海分中心
上海市职业技能鉴定中心

目　录

第 1 章

园林植物生理

植物生命活动最基本的特征是能和环境进行新陈代谢作用，如水分代谢、矿质代谢、光合作用和呼吸作用等基本代谢过程。表现为种子的萌发、营养器官的生长和运动、开花、受精、果实和种子的成熟等生长发育过程。同时植物的生长发育，受光、温度、水分、空气、土壤等各种环境因子的影响。所以园林植物生理就是研究和了解植物在各种环境条件下进行生命活动的规律，并利用这些规律，人为地控制植物的生长和发育，提高植物产量，改进品质，丰富观赏特征和效果，最大限度地满足园林综合功能的要求。

园林植物生理是园林树木学、园林栽培学、花卉学及绿化施工养护等的理论基础，几乎所有的栽培养护措施，都会影响植物的生理活动和功能，所以要想了解和掌握园林植物栽培和养护知识，必须具备植物生理基础。

第 1 节　植物的水分代谢

不同植物的含水量差异很大，如水生植物含水量可达 90%以上，而干旱环境下植物含水量可能仅为 6%；一般生命活动较旺盛的部分，水分含量都较多。

水在植物生活中具有重要意义：水是原生质的重要成分，是一些代谢过程的原料，植物的光合作用需要水作为原料；水是植物代谢过程的介质，土壤中的营养元素只有溶解于水，才能被根系所吸收，以及在植物体内运输；水能使植物保持固有的姿态，从而使植物体枝叶挺立，便于充分接受光照和交换气体，同时也可使花朵张开，利于传授花粉；水能调节植物的体温，水有很高的汽化热和比热，又有较高的导热性，有利于植物散发热量和保持体温，避免体温由于强烈的日光照射而剧烈升高。

植物水分代谢包括植物如何吸收水分，水分在植物体内如何运输以及水分如何从植物体内排出三大过程。

学习单元 1　植物对水分的吸收和运输

学习目标

➢了解植物细胞吸水的主要方式

➢了解根系吸水的主要动力

➢了解植物体内水分运输的途径和动力

➢熟悉影响植物根系吸水的因素

知识要求

一、细胞对水分的吸收

植物细胞吸水有两种方式：即吸胀作用和渗透作用，在细胞未形成液泡前，主要靠原生质胶体的吸胀作用，而液泡形成之后，主要靠渗透作用。

吸胀作用是亲水胶体吸收水分的现象。干燥种子在吸胀时，体积增大，对种皮产生很大的压力，促进种皮破裂，有利于幼芽出生；原生质胶体只有在充分吸胀后才开始进行生命活动。

渗透作用是水分进出细胞的最主要作用。这时水分进出细胞需要能量即水势。

纯水的水势定义为零；溶液的水势小于零，且溶液浓度越大，水势越小。水势的单位通常以压力单位 Pa 表示。水从水势高的区域向水势低的区域扩散。

长成的植物细胞内都有一个大液泡，其中充满了溶有无机物和有机物的溶液，具有较小的水势。当细胞置于液体中便可以发生按照水势高低而进行的水分移动，如细胞与土壤溶液之间若液泡的水势小于土壤溶液的水势，土壤溶液中的水分子就会进入液泡；反之，细胞中的水分就向土壤渗出。

植物细胞具有一定的水势，其大小在不同植物、不同器官组织中均有差异。盐碱地植物的水势小于一般陆生植物；同一植物的水势，叶子小于根部，上部叶小于下部叶，幼嫩组织小于成熟组织。这对于水分的吸收和传导有很大的意义。

二、植物根系对水分的吸收

1. 根吸水的区域

植物根系吸水最旺盛的部位是幼嫩的根毛区。由于根部吸水主要靠根尖部分进行，所以移植幼苗时如果损伤细根过多，就容易导致植物的萎蔫和死亡。

2. 根的吸水动力

植物根系吸水的动力主要有两种，即根压和蒸腾拉力。

(1) 根压。将植物的茎在近地面处切去，不久即有液滴从切口产生，这种现象叫做“伤流”，流出的汁液叫“伤流液”。如果在切口处套上橡皮管与压力计相接，就会表现出一定的压力，如图 1—1 所示。这种压力是由于根部的生命活动而引起的，因而称为根压。

伤流现象在草本植物中较为普遍，木本植物如葡萄、核桃、桑树、槭树等也有显著的伤流现象。有些植物，如葡萄伤流量很大，所以不能在春季修剪。核桃也不能在春季发芽前嫁接，以免伤口感染。

有些没有受伤的植物，叶片尖端或边缘也有液体外泌的现象，这种未受伤叶片尖端或边缘向外溢出液滴的现象称为“吐水”。吐水也是由于根压引起的。吐水现象以草本植物为多，最容易看到的有金莲花、倒挂金钟、风仙、番茄、草莓及许多禾本科植物，有些木本植物如稠李、山杨、黑赤杨以及几种柳树等也可见到。

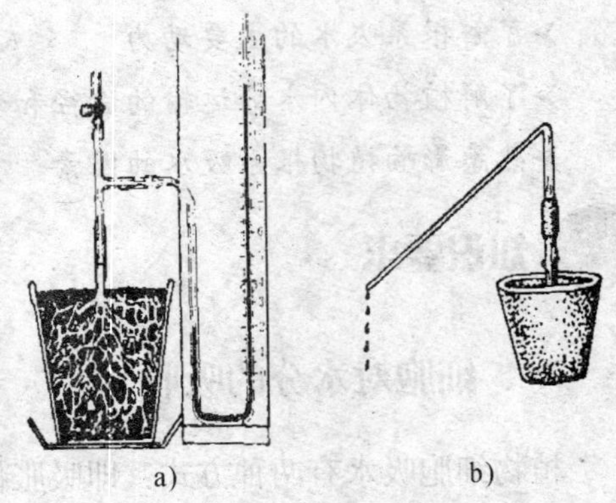

图 1—1　根压现象和伤流的收集

a）根压现象　b）伤流的收集

伤流和吐水都是由根压引起的。在土壤含水量适当、通透性良好、地温适中、根系生理活性强和吸水量大的情况下，植物的伤流和吐水现象容易出现。因此伤流和吐水可以作为选择壮苗和确定某些栽培措施的参考。

（2）蒸腾拉力。植物叶片因蒸腾作用失水时产生的一种能使根部吸水，并使水分沿导管上升的力量，称为蒸腾拉力。

蒸腾拉力是植物，特别是高大树木吸收和传导水分的主要动力。

高大而叶多的植物或蒸腾强烈的植株，蒸腾吸水是主要方式，幼小或叶片未展开的植株或落叶植株以及在蒸腾微弱的夜晚，则以根压吸水为主。

不管是根压吸水还是蒸腾拉力吸水，植物根系能从土壤吸水主要取决于根细胞与土壤的水势梯度。

3. 影响根系吸水的外界条件

直接影响根系吸水的是土壤条件，根系是否吸水，要看土壤几个方面的情况：

（1）土壤水分。土壤含水量高时，根系吸水顺利，土壤含水量逐渐降低时，根系的吸水量补偿不了水分的散失量，因而组织失水，发生萎蔫现象。所以，改良土壤，提高土壤可利用水的含量及适时灌溉，才能供给植物必需的水分。

（2）土壤温度。一般来说，在适当的温度范围内，土温和水温越高，根系吸水越多，但土壤温度过高，根系提早衰老木质化，根的吸水面积减少，吸水速度下降。温度过低，水的黏性增大，使原生质的黏滞度也增大，透性减少；同时低温降低了根部的生理活动，因此低温也阻碍根系吸水。

在炎热夏天的中午，用冷水浇灌植物，反而会引起植物萎蔫甚至死亡，因为高温季节，植物的蒸腾作用旺盛，需要吸收大量水分来补充，这时如浇冷水，土温突然下降使根部吸水的速度大大减慢，同时植物没有任何准备，叶子气孔没有关闭，水分失去供求平衡，使叶细胞从紧张状态变成萎蔫，严重的能引起植株死亡，这种现象在草本植物中更为严重，所以夏季必须在早晨或傍晚浇水。

秋冬季，天气干燥，植物蒸腾作用过盛，此时土温较低，影响根系吸水，植物便以落叶来适应。

（3）土壤通气状况。当土壤通气良好时，根的呼吸旺盛，吸水能力提高。土壤通气不良则使土壤中氧气缺乏，二氧化碳积累过多，短时间可使细胞呼吸减弱，影响主动吸水。时间一长，就形成无氧呼吸，产生和积累较多的酒精，根系中毒受伤，吸水更少。为了使土壤通气良好，必须增加土壤的团粒结构及进行松土工作，以保证根系的正常活动。

（4）土壤溶液浓度。一般情况下，土壤水势高于根细胞的水势，所以根系能很好地吸水。但如果土壤盐分过多或施肥过浓，以至使土壤水势下降至低于根细胞的水势时，根系便不能吸水，植物就会出现萎蔫，严重时会使植物“烧死”。

三、水分运输的途径和动力

1. 水分运输的途径

植物体内水分运输主要靠木质部的导管、管胞等输导组织。

2. 水分运输的动力

在高大的树木中，水分上升的动力有三种：一是下部的根压，二是树冠的蒸腾拉力，三是中间力量。

植物的根压一般只有 101 325～202 650 Pa，最多只能使水分上升 20 m 左右。蒸腾拉力可达 1 MPa，所以它是高大的树木水分上升的主要动力。

水分在导管内能不断地被牵引上去，还必须形成一连续的水柱。由于水分子的内聚力和水分子与导管壁之间的附着力，保证了导管中的水成一连续的水柱且不断上升。

学习单元2　植物的蒸腾作用

学习目标

- 了解植物蒸腾作用的部位
- 了解蒸腾作用的影响因子

➤熟悉蒸腾作用的三个指标

知识要求

一、蒸腾作用发生的部位和方式

水分以气体状态由植物体的表面散发到外界的过程，叫做蒸腾作用。

植物幼小的时候，凡暴露在地面上的部分都能蒸腾。随着植物长成，则以叶片蒸腾为主。木本植物的茎枝表面栓化，形成皮孔和裂隙，少量水分也可通过皮孔蒸腾，约占全蒸腾量的0.1%。在冬季，叶子脱落后，根系吸水很少时，皮孔蒸腾变得较为重要，会引起一些树木的干旱。叶片的蒸腾作用有两种方式：通过角质层的蒸腾叫做角质层蒸腾，通过气孔的蒸腾叫做气孔蒸腾。一般气孔蒸腾是植物蒸腾作用的主要形式。

树木在移栽时，修剪枝叶、将树干及枝条用草绳缠扎，以及使用具有叶片角质层性质的一些脂类物质包裹可以减少蒸腾，提高成活率。

二、蒸腾作用的指标

蒸腾作用的强弱是植物水分代谢的一个重要指标，常用的蒸腾作用指标有以下几种：

1. 蒸腾速率

植物在单位时间内，单位叶面积进行蒸腾作用散失的水量称为蒸腾速率。常用单位为：$g/m^2 \cdot h$ 或 $mg/dm^2 \cdot h$。大多数植物白天的蒸腾速率是 $15 \sim 250\ g/m^2 \cdot h$，夜间 $1 \sim 20\ g/m^2 \cdot h$。

2. 蒸腾效率

植物每消耗 1 kg 水所积累干物质的克数称为蒸腾效率。蒸腾效率因植物种类、环境条件及不同生育时期而有很大差别。一般为 1～8 g。蒸腾效率高，说明植物对水的利用效率高。

3. 蒸腾系数

植物积累 1 g 干物质所消耗水分的克数称为蒸腾系数（或称需水量）。一般植物蒸腾系数为 125～1 000。蒸腾效率高，说明植物对水的利用效率低。

三、影响蒸腾作用的外部条件

1. 温度

一般温度升高，蒸腾作用加强。

2. 光照

光照增强，蒸腾作用加强。在强光条件下，气孔关闭，蒸腾作用降低。

3. 大气湿度

当大气相对湿度较小时，两者之间水蒸气压差大，蒸腾作用就强。反之，蒸腾作用就小。

4. 风速

适当增加风速，有助于叶面水蒸气的扩散，增加蒸腾强度。但风速过大，气孔关闭，蒸腾反会变小。

学习单元3 合理灌溉的生理基础

学习目标

➤了解植物需水规律

➤熟悉植物灌溉的指标

知识要求

植物正常的生命活动，有赖于体内良好的水分状况。植物蒸腾失去的水分，必须从土壤中及时得到补充。这样，植物体内的水分才能达到供求平衡的状态。在园林植物生产及栽培养护过程中，要运用植物水分代谢的知识，研究植物需水规律，制定合理灌溉的指标，及时、适量地满足植物生长发育中各个时期的水分要求。

一、植物的需水规律

1. 需水量

不同植物类型或同一植物不同发育阶段，需水量有很大差别。根据植物的需水量，可以粗略计算某植物品种一生中所需要的水量，或一块地里一个生长季节内，植物需要的总水量。植物需水量是合理灌溉的依据之一，但需水量不等于灌溉量，一般灌溉是需水量的2～3倍。

2. 需水临界期

植物对水分亏缺反应最敏感的时期，叫做需水临界期。植物需水临界期常发生在营养生长旺盛和生殖器官形成的时期。此时是植物抗旱性最弱的时期，如果水分亏缺，就会给植物的生长发育带来严重影响。此外，通过控制水分供给的办法，可达到调节植物生长发育和器官形成的目的。

二、合理灌溉的指标

在生产实践中，决定灌溉时期与灌溉量的最直接的依据是植物自身的生长发育状况及水分亏缺的指标，生产实践中可参考植物缺水时的形态指标。

植物缺水时的形态指标主要有：幼嫩茎叶凋零、茎叶颜色深绿、茎叶颜色变红、植株生长缓慢。

第 2 节　植物的矿质营养

植物要维持正常的生理活动，除需要水分以外，还需要各种矿质元素。这些矿质元素在植物体内的作用，有的作为植物体的组成成分，有的能调节植物生理功能，有的则起电化学作用及缓冲作用。因此，矿质元素对植物来说是非常重要的。植物对矿质的吸收、转运和同化叫做矿质营养。

学习单元 1　植物必需的矿质元素及生理作用

学习目标

- 了解植物必需矿质元素的生理作用
- 熟悉植物必需的矿质元素种类
- 能够熟练掌握水培植物的技术

知识要求

一、植物必需的矿质元素

已确知的植物必需元素至少有 16 种，其中需要量大的元素有碳、氢、氧、氮、磷、钾、钙、镁、硫等，这些元素叫做大量元素；需要量小的元素有铁、硼、铜、锌、锰、氯、钼等叫做微量元素。除了碳、氢、氧之外，其他元素都是植物吸收土壤中的矿物盐（无机盐）得来的，所以称为矿质元素。同时这些元素在植物充分燃烧时，以灰分的形式存在，称为灰分元素，氮虽不是灰分元素，但对植物来说，它主要也是以无机盐的形式从土壤中吸收而来的，所以把氮也列入矿质元素。

二、各种必需元素的生理作用

1. 各种必需元素的生理作用（见表1—1）

表1—1　必需矿质元素的生理作用

元素	生理作用
氮	氮是组成蛋白质的成分；是组成叶绿素的重要元素；是维生素、植物激素、生物碱及能量代谢物质的组成成分
磷	磷参与生物膜、原生质、细胞核的构成；在能量代谢中起特殊作用；是许多辅酶的组成成分，参与物质的合成、分解及转化过程
钾	钾可以作为60多种酶的激活剂；参与物质运输；能提高原生质的水合程度，使细胞的保水力增强，提高植物的抗旱、抗寒能力
硫	硫是含硫氨基酸的组成成分；参与物质代谢和能量代谢；参与生物固氮
钙	钙是细胞壁的组成成分；提高植物抗性；形成草酸钙，免除草酸危害
镁	镁是叶绿素的组成成分，参与光合作用；酶的激活剂；是种子内植酸钙镁的组成成分
铁	铁参与呼吸作用和光合作用；是叶绿素形成的必需因子，参与光合作用
铜	铜参与呼吸作用；与光合作用有关
锌	锌参与生长素的合成；与光合作用有关
锰	锰参与光合作用的光反应；是许多酶的激活剂
硼	硼能促进花粉萌发和花粉管生长；促进糖的运输
钼	钼是硝酸还原酶和固氮酶的组成成分，参与氮代谢
氯	氯参与光合作用中水的光氧化

2. 植物缺乏必需元素的症状

植物缺乏矿质元素表现出来的缺素症参考下列内容。

（1）较老的器官或组织先出现病症

1）病症常遍布全株，长期缺乏则茎短而细

①基部叶片先缺绿，发黄，变干时呈浅褐色 …………………………………… 氮

②叶常呈红或紫色，基部叶发黄，变干时呈暗灰绿色 ………………………… 磷

2）病症常限于局部，基部叶不干焦但杂色或缺绿

①叶脉间或叶缘有坏死斑点，或叶呈卷皱状 …………………………………………… 钾

②叶脉间坏死斑点大并蔓延至叶脉，叶厚，茎短 ………………………………… 锌

③叶脉间缺绿（叶脉仍绿）

ⓐ有坏死斑点 ……………………………………………………………………………… 镁

ⓑ有坏死斑点并向幼叶发展，或叶扭曲 ……………………………………………… 钼

ⓒ有坏死斑点，最终呈青铜色 ……………………………………………………… 氯

(2) 较幼嫩的器官或组织先出现病症

1）顶芽死亡，嫩叶变形和坏死，不呈叶脉间缺绿

①嫩叶初期呈典型钩状，后从叶尖和叶缘向内死亡 ………………………………… 钙

②嫩叶基部浅绿，从叶基起枯死，叶卷曲，根尖生长受抑 ………………………… 硼

2）顶芽仍活

①嫩叶易萎蔫，叶暗灰绿色或有坏死斑点 …………………………………………… 铜

②嫩叶不萎蔫，叶缺绿

ⓐ叶脉也缺绿 ……………………………………………………………………………… 硫

ⓑ叶脉间缺绿，但叶脉仍绿

ⓒ叶淡黄色或白色，无坏死斑点 ……………………………………………………… 铁

ⓓ叶片有小的坏死斑点 …………………………………………………………………… 锰

技能要求

植物水培技术

植物必须有某些必要的矿质元素的供应，才能保证正常的生长发育，如缺少某一要素，便表现缺素症。把这些必要的矿质元素用适当的无机盐配成培养液，即能使植物正常生长，这就是溶液培养。

操作准备

1. 植物材料准备：龟背竹植株。

2. 药品、试剂的准备：硝酸钙、硫酸钙、磷酸二氢钾、硫酸镁、氯化钾、磷酸二氢钠、氯化钠、三氯化铁、稀 NaOH 及 HCl 液，蒸馏水，pH 试纸。

3. 培养器材的准备：玻璃陶瓷器皿或水培缸；陶粒。

操作步骤

步骤 1 配制培养液

硝酸钾 0.7 g/L、硼酸 0.000 6 g/L、硝酸钙 0.7 g/L、硫酸锰 0.000 6 g/L、过磷酸钙 0.8 g/L、硫酸锌 0.000 6 g/L、硫酸镁 0.28 g/L、硫酸铜 0.000 6 g/L、硫酸铁 0.12 g/L、钼酸铵 0.000 6 g/L。使用时，将各种元素混合在一起，加水 1 L。

步骤 2 植株定植与培养

用流动水清洗根部，并用 0.05%～0.1%的高锰酸钾浸泡半小时，清洗后的植株植于备好的器皿内，注入没过根系 2/3 的水，放到阳光充足而温暖（如 20～25℃）的地方培养。开始时每天换水，一周后 7～10 天换一次水。

注意事项

培养期间用 pH 试纸测试培养液的 pH，如 pH 值高于 6，应以稀盐酸调整到 5～6。每天至少打气一次，特别是气温较高时，通气更为重要。

学习单元 2 植物对矿质元素的吸收和运输

- 了解植物吸收矿质元素的原理及特点
- 了解植物根外营养的概念及根外营养的目的
- 熟悉影响植物根系吸收矿质元素的环境条件
- 熟悉矿质元素运输和分配的基本规律

一、根系吸收矿质元素的区域

一般来说，根毛区是根系吸收矿质的主要区域。深耕、施肥、除草等措施，可改善土壤环境条件，促进根的分枝和根毛的产生，对促进根对无机盐的吸收，具有重大的意义。

二、根系吸收矿质元素的原理

根系对矿质元素的吸收可分为被动吸收和主动吸收两种形式。

1. 被动吸收

植物依靠扩散或其他不消耗代谢能量，而吸收矿质元素的过程称为被动吸收。例如，当外界溶液中某种离子的浓度大于根细胞浓度时，离子以扩散的方式进入根细胞。这一过程不依赖于植物呼吸作用产生的能量。

2. 主动吸收

植物利用呼吸作用提供的能量，逆浓度梯度吸收矿质元素的过程称为主动吸收。主动吸收是根系吸收矿质元素的主要形式，是植物对所需离子的一种有选择的吸收过程。一般认为主动吸收与膜上专门运输矿质的内部蛋白——载体有关，溶质与载体的特殊部位结合。因结合位的数量有限，所以有饱和效应。

三、根系吸收矿质元素的特点

1. 对矿质元素和水分的相对吸收

主要存在于土壤中的矿质元素和水分被植物的根系吸收后而进入植物体内。矿质元素必须溶于水中，才能被根系吸收，吸水与吸肥有着十分密切的联系。但矿质盐的吸收量与水分的吸收量并无比例关系。两者既相互联系、相互影响，又是相对独立的两个过程。植物对矿质元素的吸收，主要是通过主动吸收完成的，并不单纯是受蒸腾作用支配的被动过程。

2. 对离子选择吸收

植物对矿质元素的吸收还表现在对不同离子的吸收具有选择性，甚至对同一种盐的正、负离子的吸收，也有不同的比例。由于植物对离子的选择吸收，造成土壤 pH 值发生变化，可以把盐类分为生理酸性盐和生理碱性盐。植物根系的选择吸收使土壤溶液变成酸性的盐称为生理酸性盐。例如，在土壤中施入的 $(NH_4)_2SO_4$，根系吸收的 NH^{4+} 多于 SO_4^{2+}，若长期施入，就会使土壤呈酸性。由于根系的选择吸收，使土壤溶液变成碱性的盐称为生理碱性盐。例如，$Ca(NO_3)_2$ 由于根系吸收 NO^{3-} 多于 Ca^{2+}，若长期施用就会使土壤溶液呈碱性。当土壤中施用 NH_4NO_3 时，根系对 NH^{4+} 和 NO^{3-} 的吸收几乎是等量的，不影响土壤的酸碱性，这种盐称为生理中性盐。

由于植物根系对矿质盐具有选择吸收的性质，可以造成土壤的酸碱性发生变化，所以生产实践中：切忌长期单独使用一种化肥，防止土壤酸化或盐化。

3. 单盐毒害与离子拮抗作用

植物被培养在某种单一的盐溶液中，不久即呈现不正常状态，最后死亡，这种现象称为单盐毒害。例如，把植物培养在只有 KCl 一种盐的溶液中，即使较低的浓度，K^+ 和 Cl^- 均为必需元素，植物也会受到毒害而死亡。根部在 Ca、Mg、Na、Ba 等任何一种金属单盐溶液中，植物都会受到单盐毒害。

在发生单盐毒害的溶液中，如果再加入少量其他盐类，就能减弱或者消除单盐毒害，这种离子间能够相互消除毒害的现象称为离子的拮抗作用。根据植物必需的矿质元素，按一定浓度和比例制成混合溶液，使植物生长良好。这种对植物生长有良好作用而无毒害的溶液，称为平衡溶液。植物在自然生长环境中，土壤溶液一般来说是平衡溶液。但长期使用一种化肥就可能破坏溶液的平衡性，给植物造成伤害。

四、影响根系吸收矿质元素的环境条件

1. 土壤温度

根系吸收矿质的速度随土壤温度升高而不断增加，但是，温度过高或过低都会大大地降低矿质的吸收量。

2. 土壤的通气条件

当土壤黏重或水分过多，造成土壤通气不良时，植物根系活动受到影响，减少了供给矿质吸收与运输的能量，从而降低了对矿质元素的吸收能力。

3. 土壤的酸碱度（pH）值

首先，土壤酸碱度能影响原生质胶体的性质，从而影响矿质元素的吸收。其次，土壤酸碱度影响矿质盐类的溶解度，土壤溶液碱性增高时，铁、铜、锌、钙、镁、磷的溶解度降低，从而吸收减少；当土壤溶液酸度增高时，能增大各种金属离子的溶解度，虽有利于植物的利用，但易流失。最后，土壤酸碱度还影响土壤中微生物的活性，根瘤菌在酸性环境中死亡，反硝化细菌在碱性环境中发育良好都不利于氮素营养。故一般植物生长最适宜的 pH 值为 4～8。

4. 土壤溶液浓度

土壤溶液浓度过高，会降低土壤溶液的水势，影响根系吸水，同时植物也不能充分吸收利用，造成浪费。所以在施肥时，要做到“薄肥勤施”，以利肥料的有效利用。

五、植物地上部的吸收

通过叶片供给植物以矿质营养的方法，称为叶面营养或根外追肥。例如，肥料施入土壤到植物吸收利用要经过较长的时间，以致有时不能满足某些一年生植物在速生期的需

要，根系受伤或植物生长后期，根系木栓化及树木移植后，新根未成长前根系吸收困难等。此外，有些易被土壤固定的元素，特别是微量元素，可用叶面施肥的方法供给植物，如一些需要酸性土壤的植物，像杜鹃、山茶、栀子花、香樟等，由于土壤酸性不足而使可溶性二价铁离子氧化为不可溶的三价铁离子，植物缺铁，发生黄叶病，如对它们进行根外追肥，喷洒与涂抹0.1%～0.2%的$FeSO_4$溶液，效果很好。

根外追肥用量少，收效快，但不能完全代替土壤施肥，只能是土壤施肥的补充。

进行根外追肥时，应考虑到溶液的浓度、酸碱度、喷洒量和喷洒部位。另外还应注意天气的影响，如风速、温度、大气湿度、晴雨等。一般来说，太干旱时的效果就要差一些，在这种情况下，肥料的浓度要更小，并在清晨或傍晚追施于叶子背面，效果才好。为了使溶液更好地黏附在叶面上应适当加表面湿润剂如三硝基甲苯，效果更好。

六、矿质元素的运输

矿质离子进入根部以后，大部分进入木质部，随蒸腾流上升到地上器官中。

矿质元素中，有一些元素如氮、磷、钾、镁等，能从代谢较弱的部位运到代谢较强的部位，这些元素能反复被利用。当环境中缺乏这些元素时，可以由老叶中转移到嫩叶中去，保证叶子的正常生长，这些元素为循环元素。当缺乏这些元素时，老叶最先表现出病症。

另有一些元素，如钙、铁、硼、锌、钼、铜等被植物地上部分吸收以后，即固定不能移动，这些元素为非循环元素。当植物缺乏这些元素时，病症则发生在幼叶。

学习单元3 合理施肥的生理基础

学习目标

➢了解植物需肥的规律

➢了解植物需肥的形态指标

知识要求

植物的生长需要矿质营养，当土壤中的营养元素不断被植物吸收后，就会使养分逐渐不足，因此，必须加以补充矿质肥料才有可能长久维持土壤的肥力。施肥并不是越多越好，要做到合理施肥必须了解土壤的结构特点和肥力，了解植物不同生育期的需肥特点，确定施什么肥，施多少肥和什么时候施肥。这样，才能使植物良好生长，并能做到少肥高效。

一、植物的需肥规律

不同植物，对各种肥料的需要量是不同的。观叶的植物，如羽衣甘蓝、银边翠、红甜菜一般多施氮肥；观花果的，特别是观果植物，如金柑、佛手、石榴、冬珊瑚等，磷、钾肥要偏多，这样使植物早熟而早开花结果，同时也使花果颜色更加鲜艳。

同一植物在不同生育期对各种肥料的吸收量也不同。种子萌发期间，因种子储藏有丰富的养料，一般不需从外界吸收矿质：幼苗期，植物主要进行营养生长，此期要多施氮肥，肥要淡，次数要多，成苗后，植物将进入生殖生长期，除基施外，必须根据不同的植物和植物的不同生育期，对植物采用分期追肥法补施各种肥料。

二、合理施肥的形态指标

植物的相貌是很好的追肥指标，氮肥多，植株生长快，叶长而软，株型松散；氮肥不足，生长慢、叶短而直，株型紧凑。

叶色也是一个很好的追肥指标，叶片是植物合成有机物的主要器官，叶色深的，叶绿素和氮的含量高；叶色浅的，两者含量都低，因此叶色可作为施用氮肥的根据。

第 3 节　光合作用及有机物的转化

学习单元 1　光合作用及其过程

学习目标

➢了解光合作用的概念、意义

➢了解叶绿体及光合色素的作用

➢了解光合作用的基本过程

➢熟悉有机物运输和分配的原则

知识要求

一、光合作用的概念

光合作用是植物的叶绿体吸收光能，将二氧化碳和水制造成有机物，放出氧气，同时把光能转变成化学能，储藏在有机物中的过程。一般常用下列反应式表示：

$$CO_2 + H_2O \rightarrow (CH_2O) + O_2$$

二、光合作用的意义

1. 有机物的加工厂

绿色植物通过光合作用把无机物转化为有机物，它是地球上有机物的主要来源。据测定和推算，地球上的绿色植物，每年能制造一千多亿吨有机物。这些有机物，不仅用以构造植物体本身，而且直接或间接地作为人类或全部动物界的食物，也可作为工业原料。

2. 能量的转运站

光合作用将光能储藏在有机物中，植物通过光合作用把太阳投射到地球表面的一部分辐射能转变为储藏在有机物中的化学能，为一切非自养生物包括动物、非绿色植物、细菌、真菌等提供生活必需的能源。就是目前使用的煤炭、石油、天然气等也都是古代生物通过光合作用，将太阳能积聚起来并转变而成的。

3. 空气的净化器

光合作用从根本上改变了地面的生活环境，光合作用放出氧气，把原先没有氧的地面，改变成为适于生物生活繁殖的有氧环境，这对于地球生物界的进化、发展具有极大的意义。同时氧的释放和积累，逐渐形成了大气表层的臭氧层，一方面它能吸收太阳光中对生物有害的强烈紫外线辐射，另一方面为生物的有氧呼吸提供氧气；此外，地面进行一切氧化过程也都要消耗氧，而光合作用是净化环境、保持大气中氧的稳定含量的原动力。

三、叶绿体及叶绿体色素

叶片是进行光合作用的主要器官，而叶绿体是光合作用的重要细胞器，它含有多种色素，以适应进行光合作用的机能。

1. 叶绿体内的色素分类

（1）根据叶绿体色素的结构和性质分类。高等植物的叶绿体含有两类色素，即绿色的叶绿素类和黄色的胡萝卜素类。叶绿素类包括叶绿素 α 和叶绿素 β；胡萝卜素类包括胡萝卜素和叶黄素。

大多数植物叶绿素含量较多，约为胡萝卜素的 3 倍，所以在正常情况下，高等植物的叶子大都是绿色的。

（2）根据叶绿体色素的作用分类。根据叶绿体色素在光合作用中的作用，四种叶绿体色素又可分为两类：反应中心色素和聚光色素。反应中心色素是少数特殊状态的叶绿素 α 分子，它们具有光化学活性，既能吸收光能，又能把光能转变成化学能；聚光色素包括大多数叶绿素 α，全部叶绿素 β 和胡萝卜素类，它们无光化学活性，只有收集光能的作用，像漏斗一样把光能聚集起来，传递到反应中心色素，因此又称天线色素。

太阳的直射光含红光较多，散射光含蓝紫光较多，在阴天或背阴的地方，植物可以利用散射光进行光合作用，类胡萝卜素能吸收较多的蓝紫光，把能量转移给叶绿素 α，使植物在较弱的光下，仍然能进行一定强度的光合作用，这是植物在长期进化过程中所形成的一种特性。

2. 影响叶绿素形成的因子

叶绿素和植物体内其他有机物质一样，经常不断更新，即叶绿素不断地分解与形成。叶绿素的形成和破坏，与光照、温度、矿质营养、水和氧气等条件都有密切关系。

（1）光照。光是叶绿素形成的必要条件。在黑暗中生长的植物为黄白色，叫做黄化植物，见光后很快就会变成绿色。这就是由于在黑暗中形成的原叶绿素，在合适的光照下转变为叶绿素的结果。太强的光照会导致叶绿素的破坏。

（2）矿质营养。叶绿素的形成需要一些矿质元素，例如镁、氮、铁、锌、铜等。其中镁和氮是叶绿素的组成元素，氮素营养充足，叶片则能合成大量叶绿素，表现为叶色深绿；铁对叶绿素的形成起催化作用；铜、锌是叶绿素形成过程中某些酶的活化剂；因此植物缺氮、镁、铁、铜、锌等元素，都会影响叶绿素的形成，表现出缺绿症状。

（3）温度。一般来说，叶绿素形成的最低温度为 2～4℃，最适温度 26～30℃，最高温度是 40℃。早春时，由于气温较低，常见到植物的芽虽已展开，但不显绿色；秋季时，由于气温渐渐降低，当叶绿素形成的速度小于破坏的速度时，叶绿素则逐渐消失，叶黄素和胡萝卜素的颜色显示出来，所以叶子转变为黄色和橙黄色。有些植物，如枫树、乌桕，春天长出的嫩叶和秋天要落下的老叶，都呈现红色，这是由于温度低，叶绿素的合成小于分解过程，同时体内较多的糖分形成花色素的缘故。

（4）水分和氧气。缺乏水分和氧气，不仅抑制叶绿素的形成，还会促进原有叶绿素的分解。所以严重干旱和涝害时叶子普遍呈现黄褐退绿的现象。

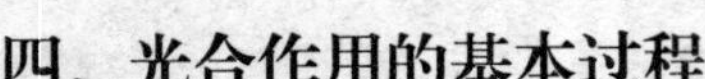

四、光合作用的基本过程

光合作用的过程极其复杂，整个过程可分为光反应和暗反应两大步骤。光反应只有在光下才能激发起来，暗反应在光下或暗中都能发生。两个步骤连续进行，而且在自然情况下，光反应和暗反应都是在有光的情况下连续进行的。

1. 光反应

光反应必须在有光的情况下，在绿色细胞的叶绿体内进行。在这个反应中，水被叶绿素吸收的光能所分解。即光借叶绿素的帮助把水分解成 H^+ 和 OH^-，OH^- 再形成 H_2O 并放出 O_2 即：

$$H^+OH^- \rightarrow (H^+) + (OH^-)$$

$$2OH^- \rightarrow H_2O_2 \rightarrow H_2O + 1/2O_2$$

光合作用的下一步就是（H^+）如何去还原 CO_2。这个反应是不需要光就能进行的一系列酶促反应，因此称为暗反应。

2. 暗反应

暗反应的主要内容是 CO_2 被固定和还原。在光反应中分解出来的氢原子并不是直接去还原 CO_2 分子，而是经过不同的化合物转移到 CO_2 分子上，同时，CO_2 在被还原之前还要发生固定作用。必须先被固定成某种化合物，然后才能被氢还原成有机物。暗反应主要有三种方式，分别称为 C_3 途径、C_4 途径和 CAM 途径。

（1）三碳（C_3）途径。在这一途径中，CO_2 被固定的第一个稳定产物是含三个碳原子的磷酸甘油酸。因此称为 C_3 途径。仅进行 C_3 途径的植物，就叫做 C_3 植物。C_3 植物占植物种类的绝大多数，如小麦、水稻、棉花、大豆等作物和大多数花草、树木都属于 C_3 植物。

（2）四碳（C_4）途径。有些起源于热带的植物如千日红、半支莲、狗牙根、马唐、蟋蟀草等，它们除了与其他植物一样能以 C_3 途径固定 CO_2 以外，还有一条固定 CO_2 的途径。这条途径的最初产物是含四个碳原子的苹果酸和天门冬氨酸，因此叫做 C_4 途径。能进行 C_4 途径的植物，叫做 C_4 植物。C_4 植物的明显特点是光合效率高，生长速度快，而且能适应于高温、干旱和高光强度的生长环境。

（3）CAM 途径。CAM 途径又称景天酸代谢途径。目前已知 CAM 途径发生在景天科、仙人掌科、龙舌兰科、凤梨科、大戟科、百合科等 19 科 230 多种植物中。这些植物多生长在干燥环境中，具有较强的抗旱能力。

这些植物抗旱力较强与它们同化 CO_2 的方式有密切关系。为了保存体内的水分，这类植物的气孔昼闭夜开。它们在夜间气孔开放时吸收 CO_2，生成四碳的有机酸，大量地积累在液泡中；白天，四碳酸从液泡中出来，在细胞质中脱羧放出 CO_2，CO_2 再进入叶绿体参

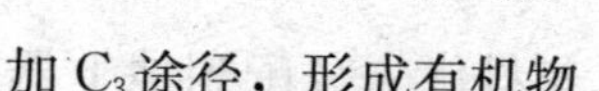

加 C_3 途径，形成有机物。

由于景天、仙人掌等植物具有夜间吸收 CO_2、放出 O_2 的特性，有利于夜晚室内人类的健康，非常适合在居室内栽培，其生态效应越来越受到人们的重视。

植物进行光合作用的同时，绿色细胞在光照条件下还会发生吸收氧气和放出二氧化碳的过程，叫做光呼吸。光呼吸是一个消耗有机物和能量的过程。

五、有机物质的运输和分配

1. 有机物运输的途径和方向

有机物在木质部的运输只随木质部液流向上的单向移动；在木质部与韧皮部之间可通过维管射线进行少量有机物的横向运输；而在韧皮部，有机物的运输可上可下，做双向运输，它是有机物运输的主要途径，如图 1—2 所示。

由于有机物的运输主要发生在韧皮部，所以可以在植物树干或枝条上将韧皮部进行环割，切断有机物向下的运输促进花芽和果实的生长。例如，对李树在开花前于侧枝基部进行环割，有防止落花落果和增大果实、提高果实含糖量的效果。再如，对荔枝于扦插前采用环割，在切口上部产生瘤状愈伤组织后（见图 1—3），切下枝条进行扦插可大大提高成活率。当然，在主干上是不能进行环割的，如果环割后，环剥较宽，当年不能形成愈伤，根系由于得不到有机养料，会导致饥饿至死，“树怕剥皮”就是这个道理。

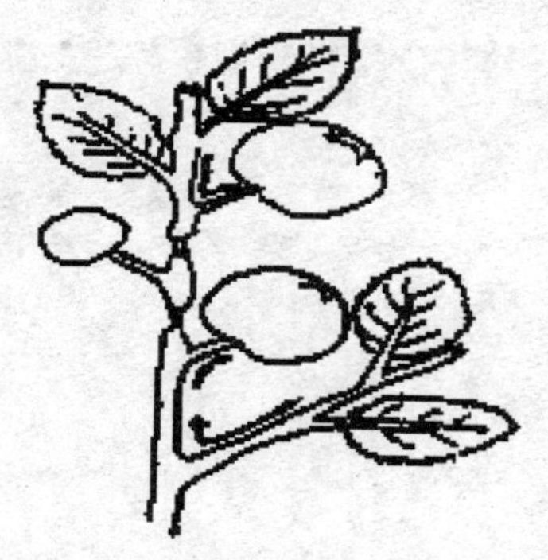

图 1—2　证明光合产物运输方向的苹果枝条环割试验

图 1—3　经过环割的枝条（示环状切口上方的瘤状物）

2. 植物体内有机物的分配

（1）优先向生长中心运输。植物前期以营养生长为主，根、茎、叶是生长中心。随着生殖器官的出现，植物由营养生长转入生殖生长，此时生殖器官就成为生长中心，因而也成为分配中心。

有时生长的植株会形成多个生长中心，出现“库”对养分的竞争。例如，在营养器官中，茎、叶吸收养料的能力大于根，特别是当光合产物较少时，养料优先分配到地上器官，这样就会造成根系发育不良。在生殖器官中，果实吸收养料的能力大于花，因此当干旱或光照不足，叶的光合作用下降时，往往可造成花蕾脱落。

人们在生产实践中所采用的摘心、整枝和修剪等办法，就是改善光合作用条件和调整有机养料的分配，以达到促进有机物的积累、提高坐果率和果实产量的目的。

（2）就近供应。植物体内有机物的分配是随运输距离的加大而减少。叶片所形成的光合产物主要是输送到邻近的生长部位。一般来说，植物茎上部的叶片，其光合产物主要供应茎顶端及其上部的嫩叶的生长；而下部叶则主要供应根和分蘖的生长；只有当同化产物过剩养分才向外运。例如，果树营养枝的光合产物的分配就有随距离的加大而减少的特点。所以营养枝在树冠中的均匀配置，对调节营养、均衡树势、保证器官建成高产稳产，有重要意义。

（3）纵向同侧运输。现已证明植物体内有机物纵向运输以同侧运输为主。茎上同一侧枝叶制造的同化产物在纵向运输畅通的情况下，往往只运给同侧的花序或根系，所以在生产管理中要注意不同方向枝条的分布与搭配，保证树势平衡。

学习单元 2　光合作用的影响因子

学习目标

➢熟悉光合速率的概念

➢熟悉影响光合作用的外界因素

知识要求

一、植物的光合速率

光合速率：植物在一定的环境条件下，光合作用强弱的生理指标，是指在单位时间单位叶面积的 CO_2 的吸收量，通常以每小时每平方分米叶面积吸收 CO_2 毫克数表示，即 CO_2 mg/dm^2/h。

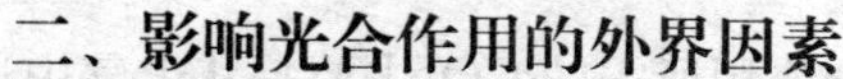

二、影响光合作用的外界因素

1. 光照强度

光是光合作用的能源，是叶绿体形成和叶绿体发育的必要条件，它还影响CO_2进入叶片的通道——气孔的开闭，引起大气温度和湿度的变化，所以光照条件与光合作用有着密切的关系，如图1—4所示。

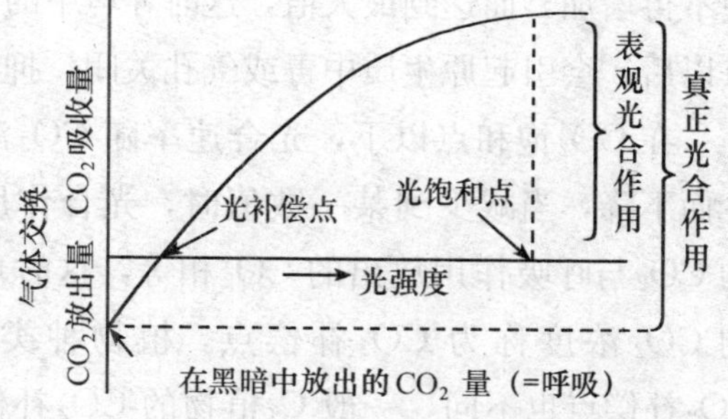

图1—4 光饱和点和光补偿点示意图

光照强度常用的单位为lx。实际的光照强度，可用照度计直接测量出来。夏季晴天中午，园地的光照强度约为25.28×10^5 lx，冬季晴天露地光照强度约为88.1×10^4 lx，而阴雨天仅及晴天光照的1/4～1/5。

一般植物在很弱的光照下，便能进行光合作用。光越弱，光合作用也越弱；如果光照强度增大，光合作用也就增强。但是光照强度达到一定程度时，光照强度再强加，光合作用并不再随之增高，这时的光照强度称为光饱和点。在达到光饱和点以后，如果再继续增加光照强度，有些植物的光合作用将会下降。

根据植物对光强度的需要不同，可以将植物分为两类：阳性植物（如月季、扶桑、白兰花、桦木、松树、刺槐、杨树、橡树、悬铃木、菊花、荷花、茉莉），其光饱和点接近于全部光照强度的一半；阴生植物（如茶花、杜鹃、万年青、兰花等），在全光强的1/10时，即能正常地进行光合作用，光照强度过高时，反而导致光合作用减弱。在两类之间还有一些中间类型的植物（如营草、天门冬、红枫、含笑、苏铁等），它们在遮阴和全部日照下都能进行正常的光合作用。

植物进行光合作用时，还在进行呼吸作用。当光照强度较高时，植物的光合速率往往比呼吸速率高若干倍；当光照强度下降，光合速率也下降，光强度降到一定程度时，光合作用吸收的CO_2与呼吸作用放出的CO_2相等，这时的光照强度称为光补偿点。阳性植物的光补偿点比阴生植物高。通常，阳性植物在全部光强的3%～5%时达到光补偿点；而阴生植物的光补偿点则不超过全部光强的1%。植物在光补偿点时不能积累干物质，而且夜间还要消耗干物质，这对植物的生活是很不利的。因此，植物所需的最低光照强度，必须高于光补偿点。

光饱和点和光补偿点的确定可作为园林植物配置、树木修剪的根据。栽培在温室中的植物，通过维持一个最适的温度条件，补偿点的位置可以适当降低，这对于有效地利用较弱的光照维持正常光合作用具有重要意义。

2. CO_2浓度

CO_2是光合作用的主要原料，陆生植物进行光合作用所需的CO_2主要是从大气中通过气孔扩散进入叶片的。空气中的CO_2浓度很低，约为0.03%（300×10^{-6}），而光合作用最适CO_2浓度为0.1%（$1\,000\times10^{-6}$）左右，远远高于空气中CO_2浓度。所以在一定范围内，植物的光合强度随CO_2浓度的增加而加大，当CO_2浓度增加到一定数值后，光合强度便不再增加，而达到最大值，这时环境中的CO_2浓度称为CO_2饱和点，CO_2浓度超过饱和点以后，会引起原生质中毒或气孔关闭，抑制光合作用。

在CO_2饱和点以下，光合速率随CO_2浓度减少而下降，当减少到某一数值时，光合作用吸收的CO_2与呼吸作用放出的CO_2相等，这时环境中的CO_2浓度称为CO_2补偿点。植物种类不同，CO_2补偿点也不同，一般C_3植物的CO_2补偿点为$50\sim150\times10^{-6}$，C_4植物的CO_2补偿点为$0\sim10\times10^{-6}$，如图1—5所示。

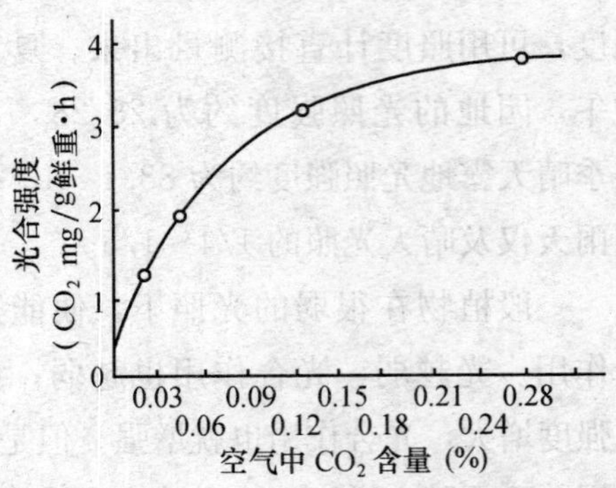

图1—5　CO_2浓度对松树光合作用的影响

由于光合所需的CO_2浓度远高于空气中的CO_2浓度，所以如果能适当地增加空气中CO_2浓度，光合作用便能显著增加。目前国外的温室及塑料薄膜大棚已大面积应用，CO_2施肥一般用干冰，它是一种低温固态的CO_2，在常温下升华为气体。也可用强酸和碳酸盐反应，使其产生CO_2，但要注意强酸不可太浓，以免发生有害气体。另外施用有机肥料可提高土壤中的腐殖质，增加土壤中微生物的数量并改变土壤微生物的群落，这样也可达到CO_2施肥的目的。

3. 温度

通常温度对光合作用的影响和植物的起源有关。温带植物光合作用的最低温度为0～5℃；寒带植物最低可达−7～−5℃；然而热带植物在4～8℃时光合作用即受抑制。从温度的低限开始，光合强度随温度升高而加强。超过最适点后，光合作用便下降，一般来讲，植物可在10～35℃的范围进行正常的光合作用，最适点为25～30℃。植物光合作用的最高温度为40～50℃，这时光合作用很微弱，甚至停止，如图1—6所示。温度对于光合作用的影响，与光照强度和CO_2浓度都有关系，在光强度较高和CO_2浓度较大的条件下，光合作用的最适温度也随之提高。在光强度低和CO_2浓度小时，提高温度反而对植物生长不利。因此，冬天在温室栽培植物和温床育苗时，若遇夜间和光线不足的阴雨天，应该适当降低室内温度。

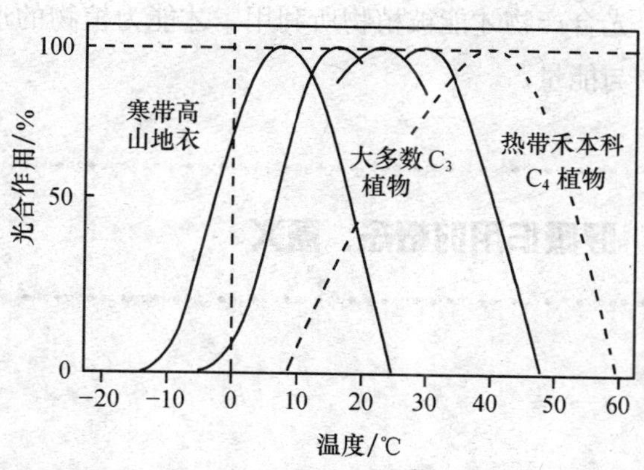

图 1—6　不同类型植物的净光合效率与温度的关系（在饱和光强度下）

4. 水分

水分尽管是光合作用的原料，对于光合作用的影响并不是直接的，主要是影响其他的各种生理活动，从而间接地影响光合作用的进行。如：叶片水分不足，引起气孔闭合，阻止了 CO_2进入叶内；缺水引起叶片淀粉水解加强，糖分过多，光合产物输出缓慢；缺水导致细胞分裂和生长减慢，使光合面积减少，影响光合作用。

5. 矿质元素

植物生命活动所必需的十几种矿质元素，对光合作用都有直接或间接的影响。如镁和氮是叶绿素的组成元素，铁和锰参与叶绿素的形成过程，硼、钾、磷等促进有机物的运输和转化，锰、氯、铁、硫、铜等参与光合作用电子的传递。因此，合理施肥，对保证光合作用的顺利进行是非常重要的。

上述因素对光合作用的影响并不是孤立的，而是互相依存、互相制约的，对光合作用，发生着错综复杂的综合影响。了解影响光合作用的因素后，在园林植物的栽培管理上，就应综合考虑各种因素的相互关系和综合影响，创造植物生长的适宜环境，来提高植物对光能的利用率和光合效率。

第 4 节　植物的呼吸作用

水分代谢、矿质营养和光合作用都是植物制造和积累有机物及能量的过程，是新陈代谢的同化作用。呼吸作用是把植物体内物质和能量分解和释放的过程，是新陈代谢的异化作用。有了呼吸作用，光合产物才能被植物所利用，才能为植物的形态建成、生长发育提供必不可少的中间产物与能量。

学习单元1 呼吸作用的概念、意义

学习目标

➢了解呼吸作用的概念和意义

➢熟悉呼吸作用的基本过程

知识要求

一、呼吸作用的概念

植物的呼吸作用是指生活细胞内的有机物质，在一系列酶的作用下，逐步氧化分解，形成CO_2和水等小分子物质，并释放能量的过程。呼吸作用是一个非常复杂的生物氧化过程，在呼吸过程中被氧化分解的有机物称呼吸基质。呼吸基质主要是糖类，其次是脂肪、蛋白质和有机酸。呼吸基质在有氧情况下，被逐步氧化分解，最后生成二氧化碳和水，放出能量，这种呼吸作用称为有氧呼吸；呼吸基质在缺氧条件时，被催化分解，产生酒精或乳酸，并释放出能量，这种呼吸称为无氧呼吸。

二、呼吸作用的意义

呼吸作用是和生命活动密切相关的一种生理过程，是植物代谢的中间环节，具有极其重要的生理意义。

1. 提供生命活动所需要的能量

呼吸作用把光合作用过程中储存在有机物质中的日光能经过氧化分解转变为多种形式的能量逐渐释放出来，为植物提供生命活动必需的能量。如植物对水分和矿物质的吸收；体内物质的合成、运输、以至于植物的生长和运动等，都依赖呼吸作用提供能量。

2. 提供合成有机物的原料

呼吸过程产生一系列的中间产物，这些中间产物很不稳定，是进一步合成植物体内各种重要化合物的原料。如，合成蛋白质所需的各种氨基酸，合成核酸所需的碱基与五碳糖等都离不开呼吸作用。因此，呼吸作用与植物体有机物的合成、转化密切相关，并把蛋白质、糖类、脂肪等重要有机物的代谢紧密联系起来。

3. 呼吸作用能增强植物的抗病性

在植物和病原微生物的相互作用中，植物依靠呼吸作用，氧化分解病原微生物分泌的毒素，以消除毒素的危害。此外，旺盛的呼吸作用，还有利于伤口的愈合，减少病菌侵染的机会。

学习单元 2 呼吸作用的过程

学习目标

➤了解呼吸作用的基本过程

➤熟悉有氧呼吸和无氧呼吸的区别

知识要求

一、有氧呼吸

有氧呼吸是高等植物呼吸作用的主要形式，通常所说的呼吸作用就是指有氧呼吸。一般可用下式表示：

$$C_6H_{12}O_6+6O_2 \rightarrow 6H_2O+6CO_2+2\ 881.2\ J$$

有氧呼吸的过程是十分复杂的，上式只表示呼吸作用的开始和终结。呼吸基质氧化成二氧化碳和水要经过许多步骤，大致经过葡萄糖的发酵分解形成丙酮酸、丙酮酸的进一步氧化分解以及三羧酸循环过程。

通过有氧呼吸，由最初的原料到最后产物的转变过程中要经历一系列的中间反应，相应地产生一系列不稳定的具有高度化合能力的中间产物。这些中间产物有的成为细胞生活物质形成和更新的材料。同时，由于这种渐进的、分阶段的逐步氧化，每一步只放出葡萄糖分子中一小部分能量，因此才使葡萄糖的大部分能量转化成细胞可利用的自由能形式。被用到合成、生长、运输等生理过程中去。

二、无氧呼吸

植物体任何器官处在缺氧条件时，例如密闭或水淹时，细胞就不能进行有氧呼吸，而只能进行无氧呼吸。无氧呼吸又叫“发酵”，根据发酵产物的不同，可分为酒精发酵和乳酸发酵。无氧呼吸不管是酒精发酵，还是乳酸发酵，与有氧呼吸都有一段共同的化学过程，即从葡萄糖到丙酮酸的葡酵解过程。

丙酮酸在缺氧情况下，在不同的酶的催化下，则生成酒精或乳酸。

酒精发酵和乳酸发酵的总反应如下：

$$C_6H_{12}O_6 \longrightarrow 2C_2H_5OH + 2CO_2 + 105\ J$$

（酒精）

$$C_6H_{12}O_6 \longrightarrow 2C_3H_6O_3 + 75.6\ J$$

（乳酸）

在植物的正常生活过程中，有氧呼吸和无氧呼吸是共存的，如图 1—7 所示。在正常条件下，以有氧呼吸为主；在水淹或通气不良的条件下，无氧呼吸比例就高一些。器官表层组织因氧较足，有氧呼吸程度最高，深层组织往往因氧缺少，有氧呼吸程度低些，而无氧呼吸程度高些。有氧呼吸是植物呼吸的主要形式，无氧呼吸是植物对暂时缺氧的一种适应，只能短期维持植物生命，如长期缺氧，植物就要死亡。原因是：

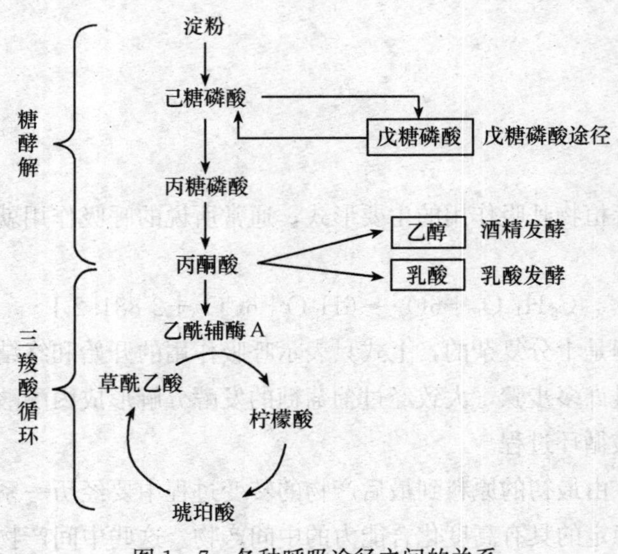

图 1—7　各种呼吸途径之间的关系

1. 无氧呼吸与有氧呼吸相比，消耗同量的底物（如葡萄糖），无氧呼吸产生的能量少。因此，若长期靠无氧呼吸来提供生命活动必需的能量，势必消耗更大量的有机物，从而导致植物因物质消耗过多，能量供应不足，逐渐衰弱死亡。

2. 无氧呼吸的最终产物是酒精和乳酸，这些物质若积累过多，就会使植物细胞原生质体中毒死亡。

3. 无氧呼吸过程中产生的中间产物很少，缺乏细胞繁殖和生长时合成蛋白质和脂肪等所必需的原料，使植物不能正常生长。

学习单元 3　影响呼吸作用的因素

学习目标

➢了解影响呼吸作用的因素

➢熟悉呼吸速率的指标

➢熟悉呼吸作用知识在园林生产中的应用

知识要求

一、植物的呼吸速率

呼吸速率是指在一定的温度下，单位重量（鲜重或干重）的植物材料，在单位时间内（小时）进行呼吸作用所吸收的氧气或释放的二氧化碳的数量（毫升或毫克）。常用的单位是：CO_2（或 O_2）mL/干重（或鲜重）g/h。

不同种的植物，同种植物不同器官或不同发育时期，呼吸速率不同。一般来说，凡是生长快的植物，呼吸速率高；生长慢的植物，呼吸速率低。如：阳性植物呼吸速率比阴性植物的呼吸速率高，草本植物呼吸速率又高于落叶树木，落叶树木的呼吸速率又高于常绿树木。生长越旺盛的器官，如正在萌发的种子、正在开放的花及幼嫩的器官（根尖、茎尖、嫩根、嫩叶等），呼吸作用也就越旺盛。

二、影响呼吸作用的外界因素

植物的呼吸作用受外界环境影响较大，其中主要的环境因子是温度、氧气、二氧化碳和水分。

1. 温度

温度对呼吸作用的影响，主要是影响酶的活性，表现有三基点，即呼吸的最低点、最适点与最高点。在最低温和最适温之间，呼吸作用随温度升高而增强，超过最适点时，呼吸作用随温度的增高而下降。

与光合作用相比，呼吸作用的最低温度要低得多，因为只要有生命继续，就会有呼吸进行。大多数温带植物的呼吸最低温约为－10℃；喜湿性植物稍高，而耐寒植物的越冬部分，如落叶树的更新芽、针叶树的针叶，可低到－25～－20℃。不过，如果在夏季人工降温到－5～－4℃时，由于受到突然的低温影响，呼吸就会完全停止。但低于呼吸的最低温，呼吸停止。

植物呼吸温度最高点一般在45～55℃，超过呼吸的最高温，呼吸也停止。

呼吸最适温，随植物的种类有所不同，一般植物为25～35℃。不过呼吸作用的最适温度，只说明植物呼吸强度在这时达到最高点，但对植物整个生活来说，不一定有利。因为呼吸强度的增加，有时引起物质不必要的消耗，使植物受到损害。如加上高温和光线不足时，呼吸作用大于光合作用，就会影响植物对有机物的积累和生长，甚至使植物难以维持生活。

2. O_2和CO_2浓度

空气中氧的含量为21%左右，如氧的含量变化不大，对呼吸作用没有多大的影响，只有当空气中氧的含量降低到1%～2%时，呼吸作用才会显著降低。植物地上部分和空气接触，一般情况是不会感到氧的不足而影响呼吸作用。但是植物的地下部分则容易发生氧的不足，因为O_2很难送入土壤深层，同时土壤中大量微生物活动与根部吸收水分和无机盐都需要消耗O_2。因此土壤如果通气不良，就会影响根的生长和正常的呼吸作用，因而影响到植物的正常生长。例如在行人繁多的街道上栽植的行道树，常常生长不好，就是因为树下的土壤被踏实，使通气不良，根部感到O_2供应不足，影响呼吸作用的缘故。

CO_2是呼吸作用的产物，在一定含量时可增强光合作用的进行，因而有利于植物的生活。但CO_2含量过多就会降低或抑制呼吸作用。正常状态的大气，含CO_2量很低（约为0.03%），并不影响植物的呼吸作用。CO_2浓度升高到10%以上时，呼吸作用明显被抑制。土壤中由于根系的活动和微生物的呼吸，放出大量的CO_2，尤其在夏秋高温季节，土壤深层通气不良，积累CO_2可达4%～10%，甚至更高。所以适时中耕，促进土壤空气与大气的气体交换，才能保证根系的正常呼吸作用。

3. 水分

环境中水分多少，能影响植物细胞的含水量。而细胞含水量对呼吸作用的影响很大，因为只有原生质被水饱和时，各种生命活动才能旺盛地进行。

对于绝大多数种子来说，呼吸强度是随着水分的饱和程度而升高的。风干的种子含水量很低，呼吸作用极为微弱，但含水量稍为提高一些，它们的呼吸强度就能增加数倍。到种子充分膨胀时，则呼吸强度可比干燥种子增加几千倍。但生活组织如根、茎、叶和果实等，则相反，例如，一般植物叶子萎蔫时，其呼吸会强烈活跃起来。这是由于细胞缺水

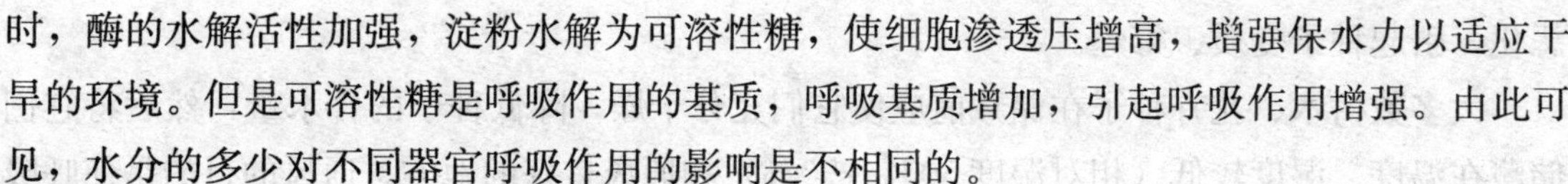

时，酶的水解活性加强，淀粉水解为可溶性糖，使细胞渗透压增高，增强保水力以适应干旱的环境。但是可溶性糖是呼吸作用的基质，呼吸基质增加，引起呼吸作用增强。由此可见，水分的多少对不同器官呼吸作用的影响是不相同的。

三、呼吸作用与园林生产

呼吸作用是植物新陈代谢的中心，它同植物的整个生命活动过程都有联系。因此如何运用呼吸作用规律，按人类需要调控植物生长发育，在生产实践中具有十分重要的意义。

1. 呼吸作用与植物栽培

园林、林业和农业生产上的许多栽培措施，都是为了保证植物呼吸作用的正常进行而采取的。例如在播种前的浸种、催芽，就是为了促进种子的呼吸，使种子顺利萌发；确定适当的播种和扦插深度，选择疏松透气的河沙、蛭石、云母、珍珠岩等作扦插基质，也是为了保证种子和插穗的呼吸，促进种子萌发和插穗生根；深耕、中耕松土、黏土掺沙、低洼地开沟排水等都是为了改善土壤通气条件，有利于根系的呼吸，促进根系的发育；在无土栽培过程中向培养液中充气，以及盆栽植物所用盆土的配制要求疏松透气；公园或林荫道上，铺上透气性的材料，以减轻行人对土壤结构的破坏，保持土壤透气性，使树木根系正常呼吸、正常生长发育等也都考虑到促进根系的呼吸作用。

植物在冬季及早春抽枝发叶时因其在低温下光合作用微弱，而呼吸继续进行，除通过改善光照条件的实际措施来提高光合作用外，还应当控制呼吸以减少对光合产物的消耗，便于植物积累干物质。高温缺雨的旱季、炎热的夏季，由于叶片含水量降低，光合作用受阻，呼吸作用增强，使植物生长受阻，这种不利的影响对幼苗尤为突出，因此，必须及时灌溉，适时遮阴，以减轻蒸腾，从而减弱呼吸，有利于光合产物的形成和运输，以及植物的生长发育。冬季温室栽培植物及温床育苗，由于光线较弱，及玻璃和塑料薄膜的透光率较低，植物光合作用减弱。这时如室内温度过高，呼吸作用就会高于光合作用（特别阴雨天更是如此），造成有机物过多的消耗，给植物生长带来不利影响。所以冬季温室中，特别在阴雨天，温度不能过高。在光强度增高时，可适当提高温度，但一般白天不应超过25℃，晚上不应超过20℃。

在温室内栽培植物和组织培养时，多采取昼温高、夜温低的方法减少物质消耗，增加有机物积累；温室栽培和利用塑料薄膜育苗时，适时开窗或揭开塑料薄膜通风透气，是为了解决高温和光照不足的矛盾，通过降温以降低呼吸消耗，使植物健壮生长。

2. 呼吸作用与种子储藏

在种子储藏中，控制种子含水量和环境温、湿度条件，对控制种子呼吸有重要意义。如果种子含水量和温度较高，种子的呼吸旺盛，呼吸作用产生的水和热进一步使储藏条件恶化，引起种子变质、霉烂。

大多数树木、花卉种子在储藏前应使它们充分干燥，降低种子的含水量，然后将它们储藏在温度、湿度较低（相对湿度50%～70%）和通风良好的地方。通风的目的是使呼吸产生的热量散发掉，对种子储藏有利。如果结合低温、密封以及密封容器中加干燥剂等条件，效果更好。目前采用气调法，即降低储藏环境中 O_2 含量、增加 CO_2 和 N_2 含量，可大大延长种子的储藏期。

对临界含水量较高或干藏效果不好的种子，如栎类、板栗、核桃、榛子等，可采用湿藏法储藏。湿藏时采用坑藏或堆藏皆可。坑藏即将纯净种子与手握成团不滴水的湿沙以1∶3混合或分层放置于室外高燥处60～90 cm深的坑中，坑上覆土和秸秆等，坑中央插一束秸秆以便通气。坑内温度一般控制在0～10℃。可通过增减覆盖物调节坑内温度。堆藏在平地上进行，其他与坑藏类似。湿藏法也适合扦插枝条的冬藏。

肉质果实在储存时，也不适合干藏，故储存时，除了用较湿润的低温外，还可通过增加储藏室 CO_2 浓度，充入 N_2 的方法来处理。

3. 呼吸作用与果蔬、鲜切花储藏

水果、蔬菜和鲜切花的水分含量高，不适于用干藏法储藏。因为干燥会引起萎蔫或皱缩，导致呼吸增强，养分消耗加快，使之失去新鲜状态，故应将之储藏在温度较低和湿度较高的环境中。大多数果蔬和鲜切花适宜储藏在0～1℃、相对湿度80%～95%的环境中。

也可通过降低 O_2 浓度和提高 CO_2 浓度的方法控制果蔬、鲜切花的呼吸。气调冷藏的原理即是如此。例如苹果储藏在5% CO_2、2% O_2 及93%的 N_2 中，于4～5℃下可储藏8～10个月，而在普通空气中0℃条件下仅能储藏5～6个月。减压储藏是气调冷藏的发展，即用真空泵抽出储藏环境中的大部分空气，使氧含量降至约2%，成熟激素——乙烯的含量也随之大大下降，同时维持高湿、低温条件，可使果蔬、鲜切花长期保持新鲜状态。另外，保鲜膜（袋）结合低温以及大窖套小窖等措施，都是利用植物自身的呼吸，自动调节 CO_2 和 O_2 的浓度，抑制呼吸，延长储藏时间的简便方法。

最近研制成功一种可食用的果蔬保鲜剂，是由蔗糖、淀粉、脂肪酸和聚酯物调配成的半透明乳液。这种保鲜剂可在果蔬表面形成一层薄膜，能阻止氧气进入果蔬内。可用喷雾、涂刷或浸渍的方法将之覆盖于柑橘、苹果、西瓜、香蕉、西红柿和茄子表面，保鲜期可长达200天以上。

切花的储藏包括低温储藏、气调储藏和低压储藏。低温储藏可抑制呼吸作用和微生物繁殖，一般掌握在接近冰点但不能结冰（0.5～1℃），而热带切花的兰花不能低于10℃，亚热带切花的唐菖蒲、茉莉花等以2～10℃为宜。气调储藏则要通过控制 CO_2 和 O_2 的含量，降低切花呼吸以达到保鲜目的，一般 O_2 的浓度降到0.5%～1%，CO_2 的浓度升至

5%～10%。低压储藏是把储藏室的气压降至标准大气压以下，一般降为 5.3～8.0 kPa，从而达到抑制呼吸的目的。

切花的运输多采用低温冷藏的办法，如月季、香石竹、郁金香等切花用低压、低温技术处理，虽经长途运输，仍可新鲜如初。

切花插瓶后，还可采用某些化学物质进行处理以降低呼吸。如采用氯化钴、硫代硫酸银、甲氧基乙烯基甘氨酸、2，5-降冰片二烯、氨乙基乙烯基甘氨酸、6-苄基腺嘌呤等所谓的保鲜剂处理后，将之储于低温、高湿、高 CO_2、低 O_2 环境中，可有效抑制成熟激素——乙烯的生成，显著延长其储存时间。保鲜剂的成分与生理作用比较复杂，但无论使用何种保鲜剂都与抑制乙烯的生成、抑制呼吸作用密切相关。

第 5 节 植物生长物质

植物生长物质是一些调节和控制植物生长发育的物质。植物生长物质分两类：一类叫做植物激素；另一类叫做植物生长调节剂。植物激素是指一些在植物体内合成，并经常从产生处运送到别处，对生长发育产生显著作用的微量有机物。植物生长调节剂是指一些具有植物激素活性的人工合成的物质，它是随着植物激素的研究而发展起来的，其生理生化特性与相应的植物激素生理生化特性有密切关系。

目前，大家公认的植物激素有五类，即生长素类、赤霉素类、细胞分裂素类、脱落酸和乙烯。前三类都是具有显著的促进生长发育的物质，脱落酸则是一种抑制生长发育的物质，而乙烯则是一种促进器官成熟的物质。

人工合成或筛选出的一些植物生长调节剂有吲哚乙酸、萘乙酸、整形素、矮壮素等，这些物质在农林园艺生产中已广泛应用。

学习单元 1 植物激素

学习目标

➢熟悉五大类植物激素的生理作用

知识要求

一、生长素

生长素主要是吲哚乙酸，简称 IAA，是含氮的有机酸。

生长素具有以下生理作用：

1. 促进细胞伸长生长

生长素对伸长生长的促进作用，一般限于较低的浓度，如果增加生长素浓度，那么促进生长的作用即转为抑制作用。不同器官对生长素敏感的程度不同，一般来说，根对生长素最敏感，10^{-8} mol/L 的 IAA 促进根的伸长，但对芽和茎的伸长仅有很少反应或没有反应，随着浓度升高，开始抑制根的生长，却强烈地促进芽的生长。茎生长的最适浓度约为 10^{-5} mol/L，但此浓度已抑制根和芽的生长，如果再提高 IAA 的浓度，茎、芽和根的伸长生长将全被抑制，甚至可导致植株死亡，如图 1—8 所示。

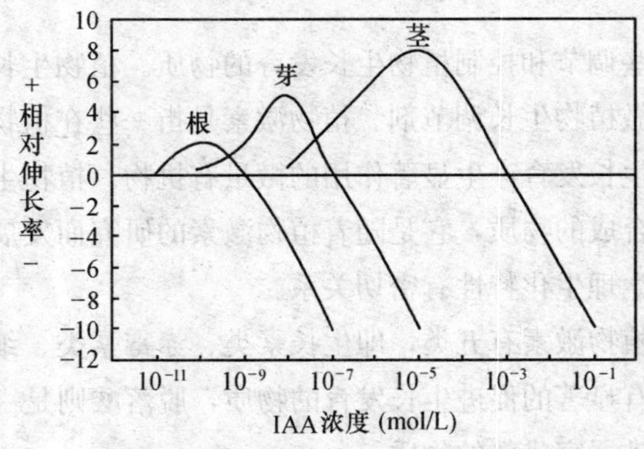

图 1—8　不同营养器官对 IAA 不同浓度的反应

2. 促进细胞分裂分化

有的植物枝条切断进一步用生长素处理，促进发根。生长素对根原基发根的主要作用，是刺激细胞的分裂。这种方法在园艺植物无性繁殖上已广泛使用。

3. 抑制器官脱落

生长素含量多的组织和器官，好像是一个营养物质输入库，这样就可以保证营养物质向正在生长的组织或器官源源供应，减少落花落果。

4. 诱导单性结实

授粉之后，子房中的生长素含量大为增加，这就促进果实长大。如果在授粉之前，用生长素喷洒或涂在柱头上，可以诱导单性结实。

此外，生长素还有性别控制（促进黄瓜长雌花）、延长种子或营养繁殖器官（如块根、块茎、鳞茎等）的休眠、控制腋芽生长、促进菠萝开花和疏果等生理作用。

二、赤霉素

赤霉素简称 GA，植物体内发现有 80 余种不同的赤霉素（GA1，GA2，…，GA60），其中活性最强、应用最广的是赤霉素 GA3。

赤霉素具有以下生理作用：

1. 促进细胞伸长生长

赤霉素能显著地促进植物茎的生长，使茎的伸长加快，但节间数并不改变。

2. 促进抽苔薹开花

某些二年生植物要求长日照和低温才能开花，当外界环境不适时，就处在莲座状态不开花。施用赤霉素可代替低温或长日照，促使这类植物抽薹开花。含笑、茶花等用赤霉素处理，可提早 3 个月左右开花。

3. 打破休眠

赤霉素能有效地打破种子和块茎的休眠，促进萌发。用赤霉素对紫苏、鸡冠等植物种子进行浸种处理，可有效打破其休眠，促进发芽，提高发芽率。

此外，赤霉素对植物生长发育还有多方面的作用，如促进黄瓜长雄花、减少花蕾脱落促进坐果，促使果粒增大，诱导单性结实等。

三、细胞分裂素

细胞分裂素是一类具有促进细胞分裂和其他数量功能的物质的总称，高等植物中有十几种细胞分裂素，简称 CTK。

细胞分裂素具有以下生理作用：

1. 促进细胞分裂和扩大

进行植物组织培养时，在培养基中加入细胞分裂素后，细胞就进行分裂，组织增大。细胞分裂素也可以使细胞体积扩大，但不伸长。

2. 诱导芽的分化

植物在进行组织培养时，愈伤组织产生根或产生芽，取决于生长素和激动素浓度的比值。当激动素/生长素的比值低时，诱导根的分化；两者比值处于中间水平时，愈伤组织只生长而不分化；两者比值较高时，则诱导芽的形成。从中可以看出，诱导形成根或芽是由生长素和激动素在不同浓度比值下完成的，而在芽的分化中，激动素则起着重要作用。

3. **抑制衰老**

离体的叶子会逐渐衰老，叶绿体破坏，叶色由绿变黄，如果把叶子插在激动素溶液里，就可以保持绿色，延迟衰老。

此外，细胞分裂素可以消除由生长素形成的顶端优势，刺激腋芽生长；可延长蔬果（芹菜、甘蓝）的储藏时间；防止果树的生理落果。

四、脱落酸

脱落酸简称 ABA。脱落酸具有以下生理作用：

1. **促进休眠**

脱落酸能促进多种多年生植物和种子的休眠。将脱落酸施用于红醋栗或其他木本植物生长旺盛的小枝上，会引起接近休眠的一些症状，如：节间缩短；营养叶变小；芽鳞、顶端分生组织的有丝分裂减少；形成休眠芽，并造成下面某些叶子脱落。

2. **促进脱落**

把带第一对叶的棉花幼苗茎切下来，用注射器把含有脱落酸的少量琼胶注于叶柄切面上或茎的切面上，经过一定时间后，在叶柄上施加一定的外力，就能促使脱叶，如图 1—9 所示。

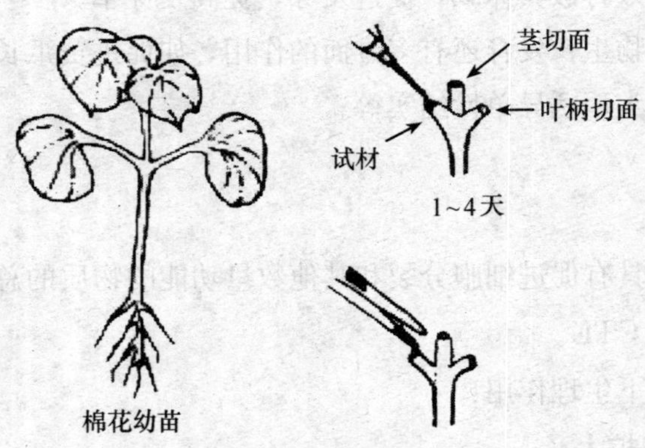

图 1—9　脱落酸促进叶子脱落

3. **促进气孔关闭**

在干旱条件下，植物叶子中脱落酸的含量大大增加，四季豆、玉米、玫瑰等叶片内脱落酸达到正常含量的 2 倍时，气孔即开始关闭。用脱落酸水溶液喷施叶面，也可使保卫细胞失去紧张度而关闭气孔，降低蒸腾速率。

此外，脱落酸对植物开花和切花保鲜有作用。它可以拮抗赤霉素对长日照植物开花的效果，使少数短日照植物在不适宜开花的长日照条件下开花，抑制月季等切花的呼吸作

用，延长切花寿命。

五、乙烯

乙烯简称 ETH。乙烯具有以下生理作用：

1. 抑制伸长生长

乙烯对一般植物根、茎及侧芽的伸长有抑制作用。黄化豌豆幼苗的茎在乙烯作用下增粗，并伴随着幼苗横向生长（见图 1—10），乙烯可抑制黄化豌豆幼苗上胚轴的伸长生长；促进其加粗生长；上胚轴失去负向性的生长特性而横向生长。这三种反应称为“三重效应”，是植物对乙烯的一种特殊反应。

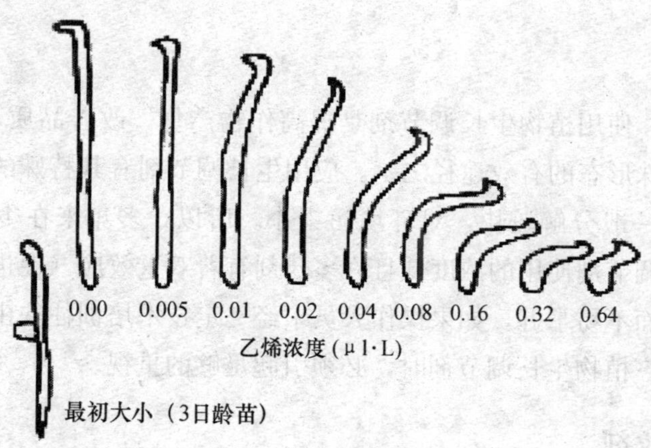

图 1—10　不同浓度的乙烯对豌豆幼苗的“三重反应”

2. 促进果实成熟

幼嫩果实中的乙烯含量极微，随着果实的长大，乙烯合成加速，呼吸作用加速，引起果实的果肉内有机物的强烈转化，最后达到可食程度。乙烯在植物体内的形成，需要有充足的氧气，在完全缺氧时，乙烯的合成就会停止，因此，人工调节环境含氧量，可延长果实储藏时间。

3. 促进脱落和衰老

衰老叶片的脱落与乙烯有关，落叶是由于叶柄基部离区产生离层而引起的。乙烯作用于离层细胞引起酶的变化，导致叶片脱落。

此外，乙烯还可促进菠萝开花；促进黄瓜等瓜类的雌花相对增多，可促进次生植物分泌及诱导某些植物扦插枝条发生不定根。

学习单元 2 植物生长调节剂

学习目标

➢熟悉常见植物生长调节剂的种类及应用

➢能够熟练掌握植物生根粉的配制及使用方法

知识要求

在植物生产上，使用植物生长调节剂是提高作物产量，改善品质，增加植物抗逆性，延长花期，改变植株形态的有效途径之一。应用生长调节剂有其特殊的优点：成本低而效果明显；这些物质一般分解较快，对环境污染小。所以，多年来在生产上广泛使用。但是，由于植物生长调节剂使用的浓度低且许多药剂有着双重效应（促进生长和抑制生长），因此在用药技术方面不易掌握，如果操作人员未经一定技术培训往往由于使用不当而导致失败。因此，在推广植物生长调节剂时，必须引起足够的重视。

一、乙烯释放剂

乙烯是气体，在大田中应用不方便。人工合成的一些乙烯释放剂可以在一定条件下放出乙烯，使用便利。乙烯释放剂有许多种，其中生物活性较高的一种叫乙烯利（乙烯风），即 2-氯乙基膦酸。乙烯利在 pH 值 4 以上，可以分解释放出乙烯。pH 值越高，产生的乙烯越多。在植物体外施用乙烯利时，易被茎、叶所吸收。

在植物组织内，一般 pH 值为 5～6，所以乙烯利在组织内释放出乙烯，对生长发育起调节作用。

乙烯利在生产上主要应用有果实催熟，改善品质，促进脱落，促进开花。

乙烯利可诱导观赏凤梨周年开花，还可促进其他一些观赏植物开花，用 100 mg/L 乙烯利处理鸢尾球茎 24 h 可提高其开花率，而 500 mg/L 的乙烯利处理能使千屈菜和翠菊的花量显著增加。乙烯利处理还能提高地栽茉莉花的产花量，但这类调节剂促进观赏植物开花的研究不如赤霉素类广泛。

另外，乙烯利还可以用于使橡胶树的排胶量增加；促进菠萝雌花的形成；增加黄瓜雌花的数量，提高产量等。

二、生长抑制物质

生长抑制物质是指对营养生长有抑制作用的化合物。根据其抑制方式的作用方式不同，生长抑制物质可分为两大类。

1. 生长延缓剂

生长延缓剂对茎的亚顶端分生组织区的细胞分裂与扩展有特殊抑制作用，使植物的节间缩短，但叶子的大小、数目和顶端优势相对来说不受影响。使用赤霉素后，茎的生长可以恢复。

花卉栽培中，用生长延缓剂可使植株矮壮、花朵密集、植株丰满，并能增强抗病、抗旱和抗寒能力，促进分枝及花芽分化。多效唑、CCC 和 B9 对菊花、一品红、长寿花、杜鹃、一串红等花卉有作用。

2. 生长抑制剂

这类物质与生长延缓剂的区别主要是前者作用于顶端分生组织区，且其作用不能被赤霉素所恢复。

属于这类的有 2，3，5—三碘苯甲酸（TIBA）及整形素等。这类物质有阻碍内源激素运输的作用，因而对生长及形态建成发生影响，可使植株的形态成为丛生状。

如整形素常用于木本植物，它能抑制顶端分生组织细胞分裂及伸长，抑制植株茎伸长，腋芽滋生，使植株发育成矮小灌木的形状，园艺上常用此塑造矮形树木盆景。

三、激素类似物

1. 合成的生长素类

如吲哚丁酸、萘乙酸、2，4—D 等是最早生产的生长调节剂，它们的作用与生长素相似，但效应的持续期较长，不易被吲哚乙酸氧化酶分解。

花卉扦插生根目前用得最多的生长素类调节剂是 NAA，如米兰用 8 mg/L 浸泡 19～20 h；茉莉用 16 mg/L 浸泡 6 h；罗汉松用 80 mg/L 速沾处理；水杉用 8 mg/L 浸泡 24 h，均可使枝条扦插生根。

浓度稍高就会抑制枝条的发育。如盆栽菊花摘心后有时还要抹去腋芽，而用 NAA 和萘乙酸乙酯（1 000 mg/L）进行叶面喷施则可显著地抑制腋芽的发育；盆栽柑橘用 125～250 mg/L PP333 进行土壤灌施可有效地控制枝梢的生长。

2. 合成的细胞分裂素类

有激动素、6-苄基腺嘌呤（BA）等。用 64 mg/L 处理柑橘幼果可防止幼果脱落；用 32 mg/L 浸渍莴苣、甘蓝等可保鲜、保绿、促进储藏。

技能要求

生根粉促进插条生根

生长素类的生长调节剂－ABT 生根粉对根原始体的形成有促进作用。因此对不易扦插生根的植物常用一定浓度的这类药品处理插条，使其易于生根成活。

操作准备

1. 仪器与用具准备。100 mL 烧杯 4 个；培养皿 1 个；钟罩 1 个；枝剪 2 把；沙床（公用）；玻璃棒 1 支；研钵 1 个；滑石粉、标签、线适量。

2. 试剂准备。50 μg/g ABT 生根粉 6 号溶液 100 mL，1 000 μg/g ABT6 号粉剂：准确称取 0.1 g ABT6 号粉剂，溶解后与 100 g 滑石粉混合，注意充分搅匀，干燥后再磨成粉末。

3. 植物材料准备。丁香、雪松、落叶松等植物的一年生枝条。

操作步骤

步骤 1　剪取枝条

每小组选取直径一致的长 15 ～20 cm 的当年生枝条 12 段，每段应带 2～3 个芽，将形态下端在水中剪成斜切面。若枝段上有叶则在上部保留 1～2 片叶子，摘去多余叶片，叶大时剪去部分叶片。

步骤 2　枝条的处理

（1）水溶液。将已准备好的 50 μg/g ABT 生根粉 6 号溶液，分别倒入烧杯中。把剪好的枝条下端浸入烧杯中，溶液浸没枝条基部 2～3 cm 即可，然后用钟罩将 4 个烧杯罩住，4 h 后取出 ABT6 号粉剂处理的插条斜插入湿润的沙床中，深度 3～4 cm。

（2）粉剂。将配好的 ABT 粉剂倒入培养皿内，取 2 段插条把下端稍加湿润，使之沾满粉剂，立即插入沙床中，深度为 3～4 cm。

步骤 3　管理

保持沙床湿润，经常浇水，注意不要冲走沙子。长出根为止。

第 6 节　植物的营养生长

植物的有机体在整个生命活动过程中，不断从环境中吸取物质进行新陈代谢，使体内积累了生活所需的物质和能量。在这个基础上，植物的个体得到了发展，营养器官根、茎、叶的体积和重量不断增加，这即是植物的营养生长。一般来说，种子植物的生长是从种子萌发开始的，而无性繁殖的植株生长是从营养体上芽的萌动开始的。

学习单元 1　植物休眠与萌发

学习目标

➢了解植物休眠的概念及生物学意义

➢熟悉种子、芽休眠的原因及破除方法

➢了解种子萌发的外界条件

知识要求

一、休眠及其生物学意义

植物的整体或某一部分在某一时期内停止生长的现象叫做休眠。

植物并不是一年四季都能生长的。它们的生长有周期性的变化。一般生长在温带的植物在春季开始生长，夏季生长旺盛，到秋季生长又逐渐缓慢，而冬季一到，叶子脱落，生长停止，这时树木就进入休眠状态，以度过严寒的冬天。一二年生植物在春夏两季生长，到了秋季形成种子后，植株枯萎死亡，以成熟的种子进入休眠状态而越冬。多年生的落叶树则以冬芽进行休眠，而多年生草本植物，地上部分死亡，植物的地下休眠器官鳞茎、球茎、根茎或块茎越冬或度过干旱时期，一般称为生理休眠。

少数植物在高温季节来临时也会引起休眠，表现为叶片脱落、芽不开展、生长停顿等，例如仙客来、风信子、水仙等，一般称为强迫休眠。

无论是种子、冬芽或其他储藏器官的休眠，对植物生存都有重要意义。种子是抗寒性强的器官，一二年生植物在成熟后形成种子，它们可以在严寒的冬季不被冻死而保存生活力。休眠芽外围有多层不透水、不透气的鳞片，是一种保护芽越冬的结构。杂草种子可以在土层下保持多年不萌发，因而其萌发非常整齐，有利于其种的延续。由此可见，植物周期性的休眠是对不良环境条件的适应并成为一种遗传特性固定下来，形成了植物的一种生长规律。

二、种子的休眠

1. 种子休眠的原因

许多植物的种子虽然处在适宜的外界条件下，仍然不萌发，这是由于种子内部因素所造成的。其原因有下列几种。

（1）种皮透气性差。有些植物的种子由于种皮厚或结构致密或种皮附有较厚的蜡质，致使水分和氧气不易进入，如豆科、藜科、锦葵科、美人蕉科及蔷薇科的大部分硬实种子。这类种子胚得不到氧的供应也不能使 CO_2 排出，从而抑制了种子的萌发。

（2）种子未完全成熟。有些植物种子的胚已经发育完全，但在适宜条件下仍不能萌发，它们一定要经过休眠，在胚内部发生某些生理生化变化，才能萌发。这些种子在休眠期内发生的生理生化过程，叫做后熟作用。例如梨、苹果、桃、白蜡树等种子必须经过这种后熟作用后才能萌发。

（3）胚未完全发育。有些物质，例如欧洲白蜡树、兰花、人参、当归和银杏等的果实或种子虽完全成熟，并已脱离母体，但胚的发育尚未完成。

（4）抑制物质的存在。种子或果实中积累有某些能抑制萌发的天然生长抑制剂，这些物质在它们未被破坏或转化之前，都会使种子处于休眠状态。这些物质存在于果肉中（如桃、李、杏、苹果、梨等），还可能存在于种皮（如苍耳、甘蓝等），也会存在于胚乳（如鸳尾等）。只有将抑制物质去除或种子经过一段时间储藏，抑制萌发物质的浓度下降后，就能解除休眠，使种子萌发。

2. 破除种子休眠的方法

（1）机械破损。适用于有坚硬种皮的种子。可用沙子摩擦、划伤或去皮等方法来促进萌发。

（2）清水漂洗。西瓜、甜瓜、番茄、辣椒等种子外壳含有萌发抑制物，播种前将种子浸泡在水中，反复漂洗，流水更佳，以去除抑制物，提高发芽率。

（3）层积处理。已知有一百多种植物的种子需经过层积处理，才能解除种子的休眠。

（4）温水处理。某些种子（棉花、小麦、黄瓜）经日晒或用35～40℃的温水处理，可以促进萌发。

（5）化学处理。对刺槐、皂荚、合欢、漆树、国槐等种子均可用浓硫酸处理（2 min～2 h后即用清水漂洗）来增加种皮的透性。或用0.1%～2.0%过氧化氢溶液浸泡棉子24 h，能显著提高发芽率。

（6）生长调节剂处理。多种生长物质（IAA、GA）能打破种子的休眠，促进种子的萌发。

（7）物理方法。用X射线、超声波、高低频电流、电磁场处理种子，也有破除休眠的作用。

三、芽休眠

芽是很多植物的休眠器官，多数温带植物，包括松柏科植物和双子叶植物，在年生长周期中明显地出现芽休眠现象。芽休眠是一种良好的生物学特性，能使植物在恶劣的条件下生存下来。

1. 芽休眠的原因

（1）日照长度。日照长度是诱导和控制芽休眠最重要的因素。对多年生植物而言，通常长日照促进生长，短日照引起伸长生长的停止以及休眠芽的形成。在各种植物中诱导芽休眠都有一个临界日照长度。日照长度短于临界日长时就能引起休眠，长于临界日长则不发生休眠。如刺槐、桦树、落叶松幼苗在短日照条件下经过10～14天即停止生长，进入休眠。大多数植物的休眠都是由于短日照引起的，而铃兰、洋葱则相反，是长日照诱发休眠。

（2）休眠促进物。促进休眠的物质中最主要的是脱落酸，其次是氰化氢、氨、乙烯、芥子油、多种有机酸等。短日照之所以能诱导芽休眠，就是因为短日照促进了脱落酸含量增加的缘故。

2. 芽休眠的解除

（1）低温处理。许多木本植物的休眠芽需经历260～1 000 h，0～5℃的低温才能解除休眠，将已解除芽休眠的植株转移到温暖环境下便能发芽生长。少数休眠植物未经低温处理而给予长日照或连续光照也可以解除休眠。

（2）温浴法。把植物整个地上部分或枝条，浸入30～35℃温水12 h，取出放入温室就能解除芽的休眠。用这种办法，可使丁香和连翘提早开花。

（3）乙醚气熏法。把整株植物或离体枝条置于一定量乙醚蒸气的密闭装置内，保持1～2天就能发芽。例如在11月中将紫丁香、铃兰根茎放在体积为1 L的密闭容器中，容器内放有0.5～0.6 mL乙醚，1～2天后取出，在15～20℃下保持3～4周就能长叶开花。

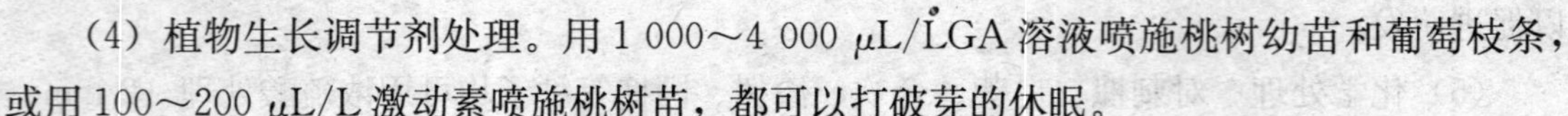

（4）植物生长调节剂处理。用 1 000～4 000 μL/LGA 溶液喷施桃树幼苗和葡萄枝条，或用 100～200 μL/L 激动素喷施桃树苗，都可以打破芽的休眠。

四、种子萌发的外界条件

当种子完成了萌发的准备阶段，即种子已完成了休眠并具有生活力，在适当的外界条件下，如水、温、气、光等，种子内各部分将发生显著变化，最后长出能独立生活的幼苗。

1. 水分

种子萌发首先吸水膨胀。种子只有吸水后，才能使种皮变软，透性增加，生理活性和酶的活性增强，各种物质转化加速进行，促进胚细胞的分裂和伸长。

栽培上为加速萌发，常在播种前进行浸种，以充分满足种子萌发时对水分的需求。但如水分过多，又会造成通气不良，土温降低，对种子萌发反而不利。

2. 温度

种子萌发需要一定的温度。温度对种子的萌发，具有最低、最适、最高三基点现象。种子萌发的温度随植物种类、原产地而有不同，大部分种子萌发的最适温度为 20～25℃。在栽培上，一般要在土温稳定在种子萌发的最低温度以上才能播种。目前，常采用温床、温室、尼龙大棚育苗，这样有利于提早播种季节。最近由石油工业副产品制成的褐色增温剂，也能提高苗床温度，将增温剂施在湿润苗床表面，能形成一层连续而均匀的薄膜，在早春晴天中午能增温 10℃，另外，掺上没有烧透的黑色谷壳灰覆盖苗床，也有提高苗床温度、促进发芽的作用。

3. 氧气

种子萌发时，呼吸作用加强，需要较多的氧气供应。如浸种过久，土壤积水或板结，都会造成缺氧现象。缺氧后种子呼吸减慢甚至产生无氧呼吸，而无氧呼吸消耗大量有机物，并产生酒精，使种子萌发减慢，细胞分裂受阻，造成小苗，严重时可产生酒精中毒以致使其腐烂死亡。

4. 光线

光线对于大多数植物种子的萌发没有影响。但有些植物的种子必须经过一定光线的照射才能萌发，如莴苣、烟草、毛地黄的种子等。有些植物种子的萌发还受光的抑制，如黄瓜、曼陀罗等。经研究证明，种子萌发受光控制，是由于光敏素的存在而引起的。

学习单元 2　植物生长的基本规律

学习目标

➢了解植物生长周期性、相关性、独立性的规律

➢熟悉影响植物生长的外界因素

知识要求

一、植物生长的基本规律

1. 植物生长的周期性

植物体的生长速度和生长量表现出一定的快慢变化，称生长的周期性现象。

（1）生长大周期。植物的一生中，无论是个别器官或是整株植株其生长速度都表现出“慢—快—慢”的基本规律。即开始时生长缓慢，以后逐渐加快，达到最高点，然后生长速度又减慢以至停止。把生长的这三个阶段总合起来叫做生长大周期。生长大周期呈“S”形曲线，又为S曲线，如图1—11所示。

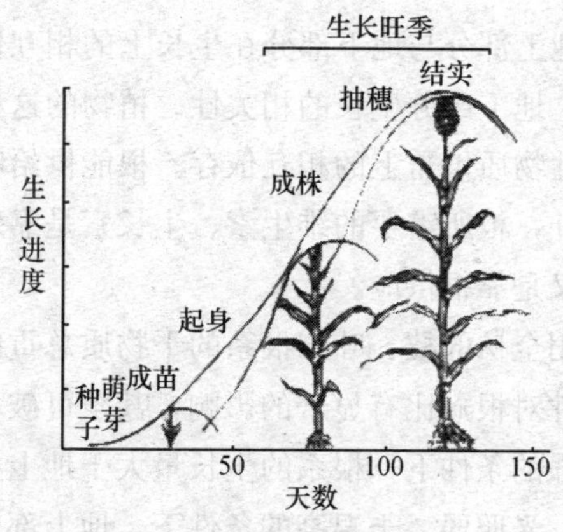

图1—11　植物生长大周期示意图

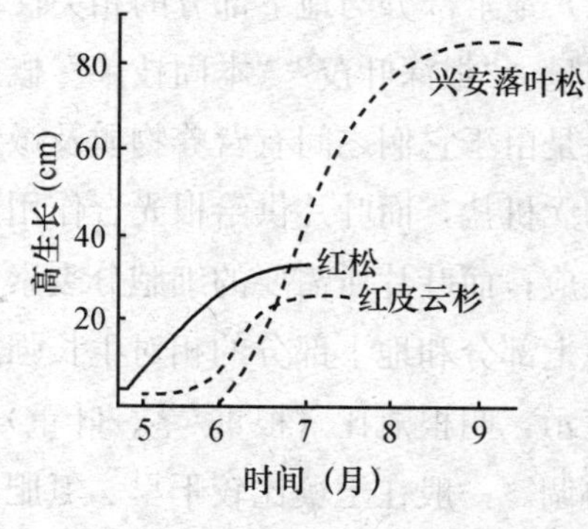

图1—12　三种针叶树高生长的季节变化

了解植物或器官的生长大周期，在摸清植株或器官的生长大周期的基础上，根据生产的需要，可以在植株或器官生长最快的时间、最快的时期到来以前，及时地采取栽培措

施，控制植株或器官的生长，以获取最大收益。

（2）季节周期。多年生植物的营养生长，都或多或少地随季节而表现出明显的季节性变化，称季节周期。在温带，春季气温上升，水分、光照适宜，植株便由休眠进入缓慢的生长；夏季气温高，光照充足，植株生长加快，并出现生长高峰；秋季气温下降，光照减弱、水分减少，植株生长缓慢；冬季出现低温，植株便停止生长，进入休眠。图 1—12 所示为三种针叶树高生长的季节变化。

根生长的周期性与整株植株稍有不同。一般春季生长最快，夏季生长较慢，秋季生长减缓，冬季生长近乎停顿。这是由于春季土壤温度和含水量均适宜，有利于根的旺盛生长；夏季高温、干旱，根的生长受到一定的限制，因为生长的适宜温度，根系比地上部要偏低的缘故；秋季土壤温度、含水量均降低，根的生长就减少，而冬季的低温影响，使根的生长停顿。通常根生长的旺盛季节，也是对矿质元素吸收最多的时期。因此，早春是进行移植和施肥的适宜季节。如早春 2—3 月（南方气候），低温阶段已经过去，植株不会再受寒害，而根系生长仍很微弱，此时移栽苗木伤根就少。并且由于地上部蒸腾量少，移栽对地上部生长影响也少，易于成活。当移栽后根系生长恢复不久，就遇 4—5 月根系生长旺季，新根便大量发生，如在此时结合施用春肥，更能加速根系的生长，从而促进地上部进入旺盛生长期。

（3）昼夜周期。植物的生长，一般表现有白天慢、夜间快的现象，称昼夜周期。

2. 植物生长的相关性

植物有机体是统一整体，在其生长发育过程中，各器官和组织的形成及生长，表现为相互促进和相互抑制的现象，称相关性。

（1）地上部分与地下部分的相关性。植物的地上部分与地下部分在生长上的相互依存十分明显。“根深叶茂”“本固枝荣”概括了地上、地下部分生长的相关性。植物的这种相关性，是由于它们之间有营养物质及微量生理活性物质供需上的相互依存。根能供给叶片水分和无机盐，而叶片供给根光合作用产物。此外，根所需要的维生素、生长素是靠地上部分供应；而叶片所需要的细胞分裂素等物质，又是靠根供应。

地上部分和地下部分的相对生长强度，通常用全株的枝、叶和根系的干物质总重的比值来表示，叫根冠比（根重/茎、叶重）。外界条件对根冠比有显著的影响，甚至可破坏二者的协调。一般在土壤比较干旱、氮肥少、光照强的条件下，根系的生长量大于地上枝叶的生长量，根冠比大；反之，土壤湿润、氮肥多、光照弱、土温高的条件下，地上部分生长加速，则根冠比小。除环境条件外，修剪整枝、深耧断根等也都能使植物根和地上部分产生相互抑制的作用。

（2）顶端优势。顶端优势（见图 1—13）是植物的顶端生长始终占优势的现象。如顶芽较侧芽生长快，主根较侧根生长快。如果除去顶芽，则靠近顶芽的侧芽就萌发，除去主根先端，则侧根大量发生。顶端优势也就是主、侧间的相关性。

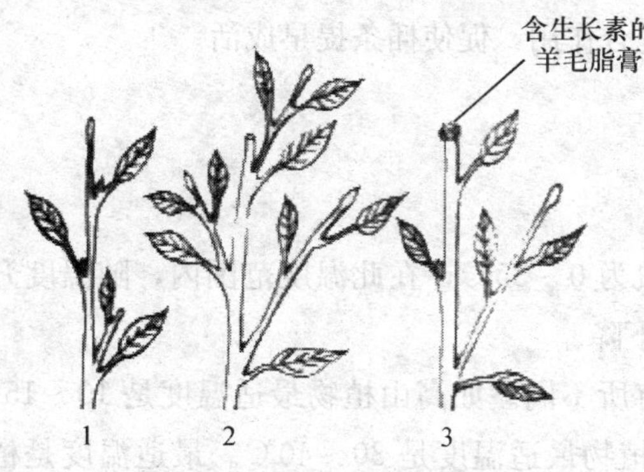

图 1—13　顶端优势

1—具有顶端的植株

2—茎顶端被去掉顶芽后侧芽开始生长

3—茎尖端口涂以含有生长素的羊毛脂膏，侧芽仍不能生长

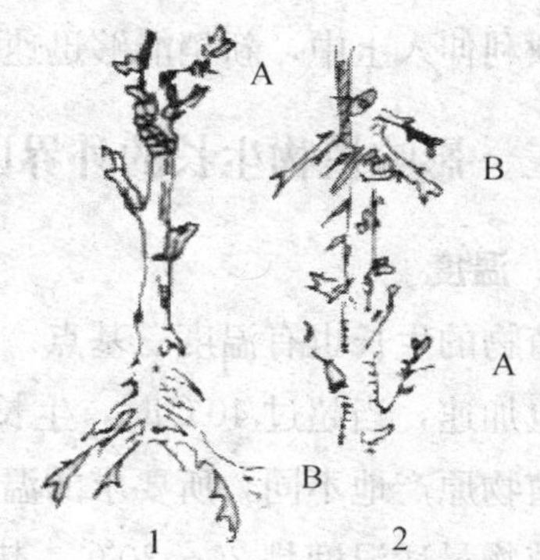

图 1—14　柳树枝条的极性

1—正常悬挂在潮湿空气中的生长状态

2—倒挂的生长状态

A—芽　B—不定根

在树木整形上，为使树木主干通直，就必须保持顶端优势，适当除掉侧枝；而绿篱、盆栽花卉因欲达矮化丛生，就必须除去顶端优势。在苗木移栽时，常要截断主枝，为的是使移栽后侧根能大量发生。但是对于栽培在较干燥的土壤上的树木，则要保持主枝的顶端优势。因为在较干燥的土壤里，主根深入土壤深层是树苗顺利生长的保证。

（3）营养器官与生殖器官的相关性。植物一生中包括营养生长和生殖生长两个阶段，两者既相互依赖，又相互制约。

一方面营养生长是生殖生长的物质基础。生殖器官花、果、种子的形成，需要大量的有机物质绝大部分是由根、茎、叶等营养器官所提供的，植物营养器官健壮，才有利于花、果、种子等繁殖器官的成熟。另一方面，营养器官生长过旺，消耗过多的养分，反而会影响生殖器官的生长。徒长的植株往往花期延迟，结实不良或造成大量的花果脱落。

同样，植物的生殖生长也会影响营养生长。草本植物，大量开花结实以后，营养器官日见衰弱，植株最后衰老、死亡。多次开花结实的木本植物，很容易看到生殖生长对营养生长的不良影响。竹子的营养生长转入生殖生长，往往造成竹林的枯萎死亡。其原因是生殖生长消耗了大量的营养物质。

生产上通过水肥控制，抑制植株徒长，适时地向生殖生长转化，适时开花、结果。在树木养护管理中，要适当疏花、疏果，有利于营养生长和生殖生长。

3. 生长的极性

极性是植物体或其离体部分的两端具有不同的生理特性。根部在形态学下端长出，而新枝则在形态学上端长出，如图 1—14 所示。植物的极性一经形成，是不会轻易改变的，因此，在应用植物的某种器官切成多段枝条扦插繁殖时，应当避免倒插，以便发生的新根能够顺利伸入土中，新梢能够迅速伸出进行光合作用，促使插条提早成活。

二、影响植物生长的外界因子

1. 温度

植物的生长也有温度三基点。其范围一般为 0～35℃，在此温度范围内，随温度升高生长也加速，当超过 40℃时，生长速度开始下降。

植物原产地不同，所要求的温度范围也有所不同。如高山植物最适温度是 10～15℃；温带植物最适温度是 20～30℃，热带亚热带植物最适温度是 30～40℃。最适温度是植物生长最快的温度，但往往在生长最适温度时，植物呼吸作用消耗也增加，因此植物生长虽快，但不健壮。植物体只有处于比最适温度稍低的温度时，生长才快而健壮，此温度称协调最适温度。

温度对植物生长的影响还表现为“温周期”现象。即白日高、夜间低的昼夜温差维持一定差距而周期变化时，有利于植物生长，其原因主要是夜温下降可以降低呼吸强度，有利于干物质的积累。在温室栽培中，夜间降温有利于植物生长。

不同器官对温度的要求不同，一般根系生长的温度要比地上部分低。

2. 光照

光是植物生长的必要条件，植物在光照下才能进行光合作用，调运有机物；而且光也影响叶绿素的形成。延长光照时间或在连续光照之下，可使植物合成更多的光合产物，使生长加快几倍，因此人工补充光照，已在培育某些树苗和观赏植物方面广泛应用。

另外，不同波长的光对植物的影响也不一样，波长较长的红、橙光能促进植物细胞伸长，而蓝、紫光对多数植物有矮化的效应。高山大气稀薄，紫外光容易透过，高山植物就长得特别矮小。生产上如用蓝色塑料薄膜育苗，可使幼苗生产茁壮，鲜重、干重均大。

3. 水分

水分对于植物的营养生长十分重要。当水分亏缺时，细胞的伸长生长很快停止，细胞随即进入分化期。在盆景制作中通过控制生长早期的水分可塑造成功矮小苍劲、老态龙钟等具有独特风格的盆景植物。由于早期缺水阻碍生长引起组织的迅速分化和成熟，而减少了以后恢复生长的机会。自然界植物受到早期干旱的抑制，也常会降低整个生长季节中株高和直径的生长。

营养生长早期供水过多也不好。土壤水分过多，抑制了根的呼吸作用，从而降低了根的吸水、吸肥能力，影响植物生长。

第7节　植物的生殖生理

学习单元1　营养生长转向生殖生长的条件

学习目标

➢了解营养生长转向生殖生长的条件

知识要求

一、花前成熟

我国有句民谚："桃三、杏四、李五年"说的是果树第一次开花之前必须要经过的生长时间。植物只有长到一定的年龄，达到一定的内在生理状态时，才能在适宜的环境条件诱导下开花。植物能够接受外界条件诱导而开花的生理状态，称为花熟状态。在达到花熟状态之前的时期，称为幼年期（或花前成熟期）。处在幼年期的植株是不能接受自然条件的开花诱导的。因此，植物通过幼年期的生长，是植物接受开花诱导的先决条件。

二、春化作用

许多植物的生长发育进程与季节的温度变化相适应。如一些植物在秋季播种，入冬前经过一定的营养生长，然后度过寒冷的冬季，在第二年春季旺盛生长，并于春末夏初开花结果。如果将秋季播种的植物进行春播，则不能开花或延迟开花。这种低温促进植物开花的作用称为春化作用。

需要春化的植物包括大多数二年生植物（如紫罗兰、萝卜、胡萝卜、白菜、甜菜、荠菜、天仙子等），一些一年生冬性植物（如冬小麦、冬黑麦、冬大麦等）和一些多年生草本植物（如勿忘我、郁金香、麝香百合、牧草）和一些木本植物（如榆叶梅）。需要春化作用的植物，经过低温处理才能顺利开花，但这些植物经过低温春化后，往往还要在较高温度和长日照条件下才能开花。因此，春化作用只能对植物开花起诱导作用。

各种植物通过春化阶段所要求的低温范围和时间长短是不同的，大多数二年生花卉要求的低温在 0～10℃，时间通常在 10～20 天。春化进行的快慢，还决定于植物的品种和所处的环境条件。起源于北方的冬性较强的品种，要求较低的低温，进行的时间也较长；起源于南方的冬性较弱的品种，通过春化阶段的温度可稍高些，进行时间也可短些；而春性品种春化要求的温度可以更高，时间可以更短。也有许多植物，对低温春化的要求是不严格的，其生育期中即使不经过春化阶段，也能开花，只是开花延迟或开花减少。如秋播花卉三色堇、雏菊等改为春播，花期由原来的 3—4 月延迟至 5 月后，并开花量也减少。

接受低温春化作用的部位是茎尖成芽的分生组织。多年生木本植物可以休眠芽的分生组织接受自然低温春化的很多二年生花卉，在绿色幼苗的状态下才能顺利接受低温春化，在种子状态中不能通过春化阶段。

植株在低温春化处理过程中突然遇到高温，会使春化作用逐步解除。春化进行的时间越短，高温解除的作用越明显。当春化处理的时间达到一定程度后，春化效果逐渐稳定，不易被两温解除。同时，低温春化处理的效果可以积累，也就是说，如中途停止处理，原来已经产生的效果仍然存在，如再继续进行时，不必从头开始。

三、光周期的影响

1. 光周期现象

在自然条件下，光照与黑暗总是不断地交替着，在不同纬度地区和不同季节里昼夜的长短发生有规律的变化（见图 1—15），这种昼夜长短光周期的变化称为光周期。

起源于北方的植物类型和品种，其开花结实常要求较长的日照，起源于南方的植物类型和品种，则要求较短的日照。这种每天昼夜长短影响植物开花的现象，叫做光周期现象。根据植物对光照长短的要求，一般可将植物分为三类：

（1）长日照植物。长日照植物是指在生长的某阶段内，在 24 h 的昼夜周期中，日照长度长于一定时数才能成花的植物。对这些植物来说，在此阶段内延长光照可促进或提早开花，相反，如延长黑暗则推迟开花或不能成花。这类植物原产地多在温带、寒带的高纬度地区，其花期常在初夏前后。属于长日照植物的有：小麦、大麦、油菜、菠菜、萝卜、白菜、甘蓝、紫罗兰、倒挂金钟、金光菊、山茶、桂花、木槿、唐菖蒲、天仙子等。

（2）短日照植物。短日照植物是指在其生长的某阶段内，在 24 h 的昼夜周期中，日照长度短于一定时数才能成花的植物。对这些植物适当延长黑暗或缩短光照可促进或提早开花，相反，如延长光照则可推迟开花或不能开花。这类植物多数原产热带、亚热带低纬度地区，其花期常在春季或深秋。属于短日照植物的有：水稻、玉米、大豆、高粱、苍

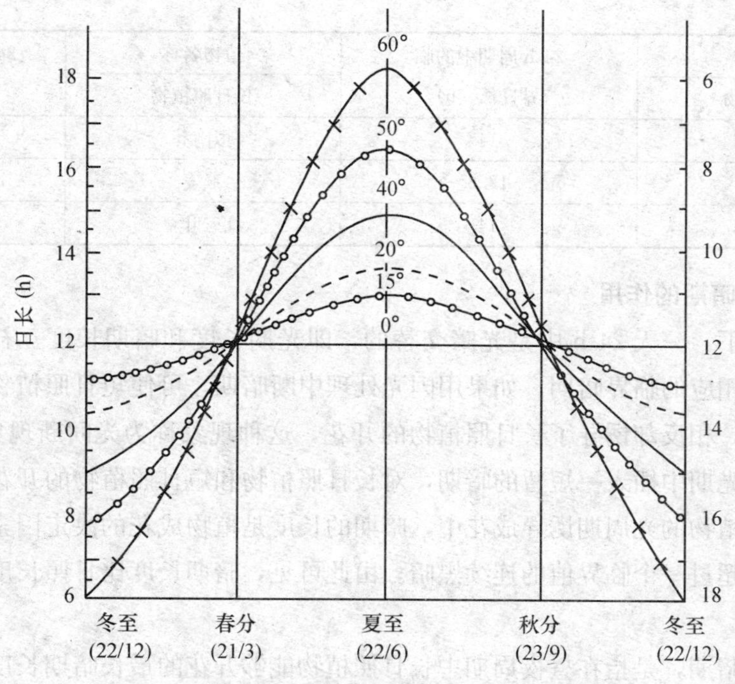

图 1—15 北半球不同纬度地区昼夜长的季节性变化

耳、紫苏、大麻、黄麻、烟草、菊花、一品红、秋海棠、蟹爪兰、落地生根、蜡梅、孔雀草等。如菊花需满足少于 10 h 的日照才能开花。

(3) 日中性植物。这类植物的成花，对光照时数没有严格的要求。只要其他条件合适，任何日照时数都能使其开花。在一年中花期很久，除低温或高温季节外，其他时间都可以开花。如凤仙、栀子、紫茉莉、扶桑、香石竹、月季、仙客来、黄瓜、茄子、辣椒、番茄、菜豆、君子兰、向日葵、蒲公英等。

长日照植物在短光照环境下，或短日照植物在长日照环境下，不会开花或延迟开花，这个表现为不开花状态的光照长度界限，叫做临界日长，或称临界光周期。

不同植物开花时所需的临界日长不同，表 1—2 列举了一些植物的临界日长。

表 1—2　　一些短日照植物和长日照植物的临界日长

植物名称 短日照植物	24 h 周期中的临界日长（h）	植物名称 长日照植物	24 h 周期中的临界日长（h）
菊花	15	天仙子	11.5
苍耳	15.5	菠菜	13
大豆	17	大麦	10～14

续表

植物名称 短日照植物	24 h 周期中的临界日长（h）	植物名称 长日照植物	24 h 周期中的临界日长（h）
美洲烟草	14	拟南芥	13
一品红	12.5	燕麦	9
红叶紫苏	14	红三叶草	12

2. 光期与暗期的作用

自然条件下，一天 24 h 中是光暗交替的，即光期长度和暗期长度互补。所以，有临界日长就会有相应的临界暗期。如果用闪光处理中断暗期，可使短日照植物不能开花，而继续营养生长，相反却诱导了长日照植物的开花，这种现象称为光间断现象，如图 1—16 所示。如果在光期中插入一短暂的暗期，对长日照植物和短日照植物的开花反应没有什么影响。因此在植物的光周期诱导成花中，暗期的长度是植物成花的决定因素，尤其是短日照植物，要求超过一个临界值的连续黑暗。由此可见，暗期长度比日照长度对植物开花更为重要。

所谓临界暗期，是指在昼夜周期中长日照植物能够开花的最长暗期长度或短日照植物能够开花的最短暗期长度。因此短日照植物实际上就是长夜植物，而长日照植物实际上是短夜植物。

虽然对植物的成花来说暗期的作用更为重要，但光期也是必不可少的。

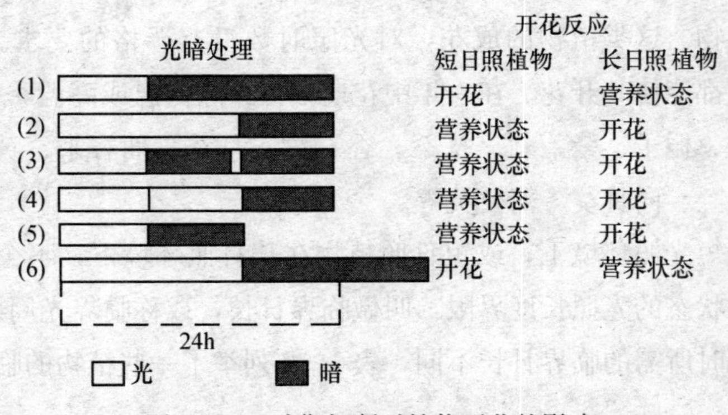

图 1—16　暗期间断对植物开花的影响

3. 光周期感受器官和传导

大多数植物光周期刺激的感受器官是成熟的叶片，如图 1—17 所示。感受的刺激，可传导到芽的分生组织，在那里引起花原体的形成。叶片的光周期刺激还可通过嫁接向来受光用期处理的植株传递，并诱发其开花，如图 1—18 所示。

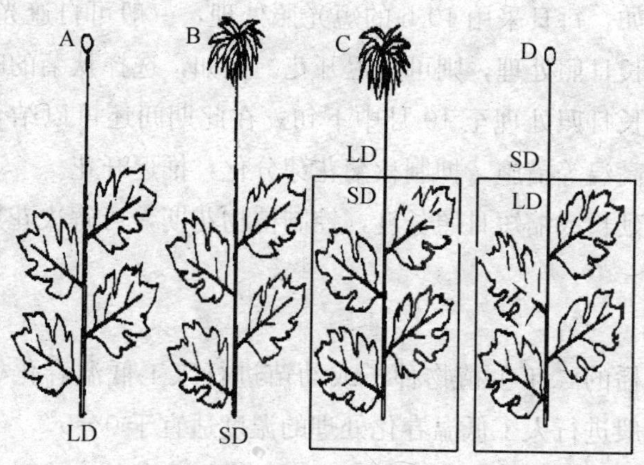

图 1—17 光周期处理对菊花的影响

A～D—4 种处理 LD—长日照 SD—短日照

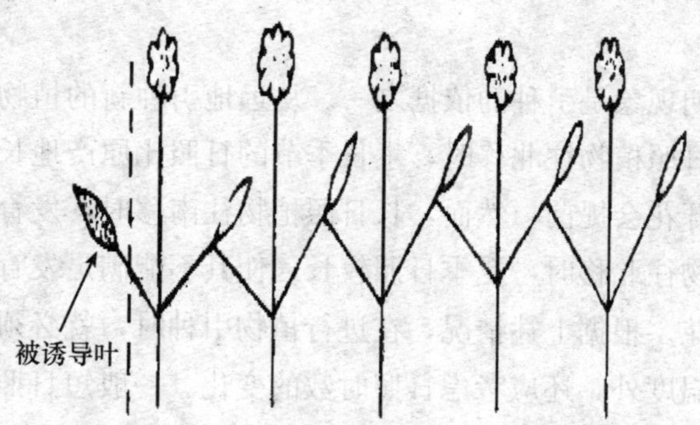

图 1—18 苍耳嫁接试验（一片诱导叶的成花激素可以传导使植物成花）

四、营养条件

植物体内碳水化合物与氮化合物的比值高时，植物开花，而比值低时不开花，称为 C/N 学说，C/N 学说对植物生产实践有一定的指导意义，即通过控制肥水的措施来调节植物体内的 C/N 比，从而适当调节营养生长和生殖生长。在果树栽培中，也可用环剥的方法，使上部枝条积累较多的糖分，提高 C/N 比值，促进花芽分化，提高产量。

五、成化理论在植物生产中的应用

1. 调节开花

光周期的人工控制，可以促进或延迟开花。秋菊是菊花中要求短日照诱导成花的品种类型，花期常在 10 月至 11 月下旬。为了使花期提前至 7—4 月，从夏季开始就人为提前创造短日照条件。例如，每日采用 10 h 的短光照处理，一般可自遮光处理后约 10 天，花芽便开始分化。秋菊长日照处理，则可延迟开花。例如，选择秋菊的晚花品种，在花芽分化期的 9 月以前，用长日照处理至 10 月中下旬。在此期间还可以结合摘心、打顶、多施氮肥、或在夜间提供高温等措施，抑制秋菊花芽分化，推迟开花。

另外，在温室中延长或缩短日照长度，控制植物花期，可解决花期不遇问题，对杂交育种也将有很大帮助。

2. 确定播种期

生产上将改在春播的二年生植物种子或幼苗进行人工低温春化处理，就可以在当年春、夏正常开花。一般进行人工低温春化处理的温度适宜于 0～5℃。

一些二年生草本植物采用分期播种的同时又结合温室栽培，在苗期进行人工低温春化处理，待植株营养体长到一定大小时，再进行人工补充长日照处理等一系列措施，可以达到一年四季都有植株陆续开花，如雏菊、金鱼草、瓜叶菊等，调节播种可年年开花。

3. 引种

在生产上，光周期现象是引种的依据之一。从远地引种新的植物品种时，必须注意它对光周期的要求。长日照植物往北移时，生长季节的日照比原产地长一些，易于满足它对长日照的要求，所以开花会提前；然而，长日照植物往南移时，发育延迟，有时甚至不能开花结实。短日照植物往北移时，夏季日照较长，使其不能满足发育要求而延迟开花；如往南移时，则提早开花。根据上述情况，在进行植物引种时，就必须注意引种地与原产地生态条件的比较。除温度外，还应考虑日照时数的变化。一般短日照植物如南种北引，应引生育期短的品种；北种南引，应引生育期长的品种。长日照植物则相反，南种北引，应引生育期长的品种；北种南引，应引生育期短的品种等。

学习单元 2　植物生殖器官的形成与器官脱落

学习目标

- 了解植物花器形成的基本规律及影响因子
- 了解植物授粉受精的基本概念
- 了解果实形成的生理过程及影响因子
- 了解器官脱落的原因及影响因子

➤熟悉单性结实及影响因子

知识要求

一、花器形成

在花芽分化过程中，同时进行着性别的分化。在雌雄同株异花的植株中，一般总是雄花先开，雌花后开。植物生长的外界环境条件如温度、营养、光周期以及植物生长物质等都能影响植物性别的分化。

二、授粉与受精

1. 授粉

花粉落到雌蕊的柱头上后，花粉外壁中所含的识别蛋白和柱头上的蛋白质接受体相互作用。如果相互亲和，花粉粒膨大并正常萌发；如果不亲和，则花粉管的生长很快就停止。

2. 受精

受精即指雄蕊花粉中的精子与雌蕊子房中的卵子结合形成合子的过程。被子植物经常发生双受精现象，即花粉管中释放出两个精子分别与子房中的卵子和极核受精，双受精有利于植物的生存和进化。

三、单性结实

自然界中，有些植物的胚珠并未受精，子房也能发育成果实，且果实中不含种子。植物这种不经过受精作用而形成无种子果实的现象，称为单性结实。单性结实有天然单性结实和刺激性单性结实。

1. 天然单性结实

天然单性结实是指不需要经过授粉受精作用就产生无籽果实的现象。如番茄、南瓜、黄瓜、无籽柑橘、香蕉、菠萝、凤梨、葡萄、樱桃等。这些植物的祖先都是靠种子繁殖的。由于种种原因，个别植株或枝条发生突变形成无籽果实，人们用营养繁殖的方法把突变植株或枝条保存下来，形成无籽品种。裸子植物中云杉、冷杉、落叶松属等也有未经过授粉而长成的含有瘪籽的球果。

2. 刺激性单性结实

刺激性单性结实（也称诱导性单性结实）是指必须给予某种刺激才能产生无籽果实的现象。生长素类物质（如 IAA、NAA、2，4-D）可诱导一些果实如番茄、茄子、辣椒、西瓜等植物单性结实；赤霉素能诱导一些品种的苹果、桃、葡萄单性结实。处理后，不仅得到无籽果实，而且可以减少脱落，提高产量。

四、果实成熟

当植物受精后，受精卵发育成胚，胚珠发育成种子，子房壁发育成果实，这就形成果实。

果实成熟过程中，还会出现呼吸作用突然升高的现象，称为呼吸高峰或跃变期。呼吸高峰的出现与乙烯的大量产生有密切关系。抑制呼吸高峰，可减少储藏物质的消耗，延长果实的储藏期。但果实的催熟则要求呼吸高峰提早到来。

五、植物的衰老与器官脱落

植物体、器官或其他生命活动单位自然终止生命活动的败坏过程统称为衰老。植物按其生长习性以不同的方式衰老。一二年生植物开花结实后，整株植物衰老死亡；多年生草本植物，地上部分每年死去，根系和其他地下系统仍然生活多年；多年生的木本植物茎和根生活多年，但是叶子和繁殖器官每年衰老脱落。

正常条件下，老叶的脱落与成熟果实的脱落是器官衰老的自然特性。但在营养失调、干旱、雨涝及病虫害等因素的影响下，可使器官提早脱落，应设法防止。

第 8 节　植物的逆境生理

植物生长的环境条件出现剧烈变化，致使其不能够正常生活，这种不良环境称为逆境。如水分缺少或过多，温度太低或过高，土壤中的盐碱过多，工业生产和交通运输中排放的废渣、废水、废气的影响。

植物对不同的逆境做出各种不同的生理反应，称为逆境生理或抗性生理。植物对逆境具有一定的忍受、抵抗和适应能力，表现为植物在逆境中受害程度的不同。植物在逆境条件下生存的能力，称为植物的抗逆性。抗逆性一般包括两个方面：一是避逆性，是指植物能够创造一种内环境，或在形态结构上、生理生化上具有某种特性，使植物避开不良环境的影响。如仙人掌体内储藏大量水分，可以避免干旱的危害。二是耐逆性，是指植物在逆境条件下，具有较大的忍受力，能够存活下去。如缺水条件，有些苔藓和地衣并不死亡，一旦水分供应充足，就可恢复生长。

学习单元1　植物的抗旱性和抗涝性

学习目标

➢了解干旱、水涝对植物的危害

➢了解植物抗旱性和抗涝性表现

➢了解提高植物抗旱性和抗涝性的途径和方法

知识要求

一、植物的抗旱性

1. 干旱的危害

环境中水分过度缺乏对植物的危害，称为干旱。

干旱的类型可分为三种。一是土壤干旱。它是指土壤中缺乏能被植物吸收利用的水分，根系吸水困难，出现萎蔫，植物生长困难或完全停止生长。二是大气干旱。它是指大气温度高，日照强度大，空气相对湿度低，风速大，尽管土壤中有充足的水分，根系生理活动也正常，但植物蒸腾作用失去的水分大于根系吸收的水分，致使植物呈萎蔫状态。一般夜晚可恢复常态。三是生理干旱。它是指根系生理活动受到障碍，不能正常吸收水分，在蒸腾作用下，使植物缺乏水分出现萎蔫，不能正常生长的现象。

2. 植物的抗旱性

植物长期生活在干旱缺水条件下逐渐产生的对干旱的抵抗和适应能力称为抗旱性。

仙人掌、兰科、景天科等植物，它们对干旱的适应形式是叶片退化转变成刺，或肥厚的茎转化成肉质多浆的厚叶。它们的气孔白天关闭以减少蒸腾，夜间开放以吸收大量的二氧化碳。草原地区的针茅属、茧草，沿海地区的旱柳、碱蓬和许多石棉科植物以及一些伞形科植物，它们常具有密生茸毛的坚硬的革质叶子或叶缘经常卷成管状、气孔下陷等特征以降低蒸腾。许多抗旱性强的植物则根系发达，根冠比大，当遇到干旱时，能从较深的土层中得到足够的水分来补偿。

提高植物抗旱能力的方法有：

（1）播种前对萌动种子给予干旱锻炼。

（2）在幼苗期减少水分，使之经受适当的缺水锻炼，可使植物根系发达，体内干物质积累较多，叶片保水力强，增加抗旱能力。

（3）增施磷钾肥。磷钾肥均能提高抗旱能力。

（4）使用抗蒸腾剂。如磷酸苯汞、α—羟基喹啉硫酸盐等，可以促使气孔关闭，从而降低蒸腾作用，提高抗旱能力。

（5）选育新的抗旱品种。

二、植物的抗涝性

1. 水分过多对植物的危害

土壤中水分饱和对植物的不利影响，称为湿害。地面积水，植物地上部分的全部或局部被水淹没，对植物生长造成不利影响，称为涝害。

湿害使植物生长发育不良，原因是：①土壤水分饱和，缺乏氧气，根系有氧呼吸困难，导致吸水、吸肥受到阻碍。②好气性细菌（如氨化细菌）正常活动受阻，影响了矿质营养的供应；嫌气性微生物活动增强，如丁酸细菌活跃，增大了溶液的酸度，影响植物对矿质营养的吸收。③缺氧导致一些还原型有毒物质的产生，直接伤害根部。

涝害对植物伤害极大，原因是：①植物地上部光合作用显著减弱，甚至停止。②有氧呼吸受抑制直至被无氧呼吸代替，大量储藏物质被消耗并同时积累酒精。③无氧呼吸使根系缺乏能量，从而降低了根系水分和矿质的吸收，使新陈代谢不能正常进行，最终致使植物死亡。

2. 植物的抗涝性

植物对水分过多的忍耐能力，称为抗涝性。

许多水生植物如荷花、慈姑等，有较为特殊的通气组织，皮层中的细胞间隙很大，且从叶片一直连贯到根。是植物地上部向地下部运送氧气的通道。植物淹水导致体内产生大量乙烯。乙烯可以刺激植物体通气组织的发生和发展，以及有助于不定根的生成，使植物对水涝适应性增强。

抗涝性强的植物，大多喜生于河流、溪沟旁和比较低洼潮湿的地区，如水松、柳类、枫杨、落羽杉、柿、梨等；抗涝性弱的植物，一般都是生长在排水良好的地区，如杨树、松树、梧桐、桃、无花果等，这些植物不耐湿涝，稍有积水就会受害；抗涝性中等的植物，主要是幼苗期和衰老期易受涝害。生长衰弱，受病虫害的植株也易受涝害。

学习单元 2　植物的抗寒性和抗热性

学习目标

➢了解寒害、热害对植物的危害

➢了解植物抗寒性和抗热性表现

➢了解提高植物抗寒性和抗热性的途径和方法

知识要求

一、植物的抗寒性

1. 低温对植物的危害

低温对植物的危害按低温程度和受害情况，可分为冻害和冷害两种。

冻害是指冰点以下的低温引起的植物体内结冰对植物的伤害。冷害是指植物在零度以上的低温下受伤害的现象。原产于热带和亚热带的喜温植物，在生长发育中遇到 0～10℃低温即受到伤害。

2. 植物的抗寒性

植物在长期进化过程中，对冬季的低温，在生长习性和生理生化方面都具有种种特殊适应方式。

一年生植物主要以干燥种子形式越冬；大多数多年生草本植物越冬时地上部死亡，而以埋藏于土壤中的延存器官（如鳞茎、块茎等）度过冬天；大多数木本植物或冬季植物以落叶或在生理生化上产生变化而有所适应，增强抗冻能力。

提高植物抗寒性的根本途径是选育出抗寒性强的品种；进行低温锻炼使植物有个逐渐适应低温的过程，可以提高植物的抗寒能力，减轻伤害。

二、植物的抗热性

1. 高温对植物的危害

由高温引起植物伤害的现象，通称为热害。

植物受高温危害后，会出现各种热害病征：树干（特别是向阳部分）干燥、裂开；叶片出现死斑，叶色变褐、变黄；鲜果（如葡萄、番茄等）烧伤，后来受伤处与健康处之间形成木栓，有时甚至整个果实死亡；出现雄性不育，花序或子房脱落等异常现象。

2. 植物的抗热性

植物的抗热性与植物的种类有关。喜冷植物，在零上低温（0～20℃）环境中生长和发育，当温度在15～20℃以上即受高温伤害；中生植物，在中等温度10～30℃环境下生长和发育，温度超过35℃就会受伤；喜温植物，它们在30～65℃中生长，其中有一些在45℃以上受伤害，称为适度喜温植物；有一些在65～100℃才受伤害，称为极度喜温植物。不同生长习性的高等植物耐热性不同。生长在干燥炎热环境中的植物，耐热性大于生长在潮湿和凉冷环境的植物。不同器官及不同生长期其生长叶的耐热性大于嫩叶，更大于衰老叶；休眠种子的耐热性最强，随着种子吸水长大，耐热就逐渐下降，开花期耐热性较差。果实成熟时，越成熟，耐热性越强。油料种子耐热性大于淀粉种子；细胞含水量大，细胞汁液浓度低，耐热性差，反之则强；但是肉质植物例外，它的含水量较大，而耐热性却很强。

高度锻炼可提高植物的抗热性。干燥种子的抗热性强，随着含水量增多，抗热性下降。

学习单元3　植物的抗盐性

学习目标

➢了解盐分过多对植物的危害

➢了解植物抗盐性的方式

知识要求

一、盐分过多对植物的危害

在气候干燥和地下水位较高的地区及沿海地带，土壤含盐量较多。盐分过多对植物的危害，称为盐害。

土壤盐分过多，特别是一些易溶解的盐类（如 NaCl、Na_2CO_3、$NaSO_3$ 等）过多时，对植物是有害的，其原因在于：土壤盐分过多，使植物吸水困难，造成生理干旱；形成不平衡溶液，造成单盐毒害；使酶的活性改变，物质代谢紊乱。

二、植物的抗盐性

植物的系统发育中产生了对盐碱的适应能力，并形成了各种抗盐碱类型的植物。根据植物抗盐碱的能力可分为：

1. 聚盐植物

这类植物具有高度的抗盐能力，能在盐碱土上生长，如盐角草、碱莲等。

2. 泌盐植物

这些植物的茎、叶表面有盐脉，能将根吸收的盐，通过盐腺分泌到体外，可被风吹落或雨淋洗，因此不易受害，如柽柳、匙叶草等。

3. 稀盐植物

生长在盐渍土壤上的这类植物，组织含水量高，能将根系吸收的盐分稀释，从而降低了细胞盐浓度以减轻危害。

4. 拒盐植物

这些植物的细胞原生质选择性强，“拒绝”一部分离子进入细胞，能稳定地保持离子的选择吸收。这类植物能在一般的盐碱上吸收水分，如艾蒿、长冰草、胡颓子等。

提高植物抗盐性的途径可从以下两方面着手：培育抗盐性高的植物品种；用一定浓度的盐溶液处理吸水膨胀的种子，在可塑性高的幼龄期增强对盐渍化的适应。

学习单元4　大气污染对植物的影响及抗性

学习目标

➤了解大气污染对植物的影响

➤了解植物对大气污染的抗性

知识要求

一、大气污染物

SO_2、N_2O_3、O_3、硫氢化合物等物质以及由它们转化的二次污染物，在大气中的浓度和作用时间达到引起植物和人体健康或造成建筑物品损伤时，称为大气污染。对植物影响较大的，存在又比较普遍的大气污染物有硫氧化物、氮氧化物、臭氧、氟化物等有害气体及烟尘、粉尘等颗粒物。酸雨也是大气污染的一种最常见表现。

二、大气污染物对植物的危害

大气污染物对植物的伤害可分为直接伤害和间接伤害。

直接伤害，根据污染物的浓度和作用时间分为急性伤害、慢性伤害和隐性伤害三种类型。当浓度高、短时间作用后，植物叶片很快出现各种坏死斑、落花、落果，甚至枯萎死亡，这是急性伤害。当植物长期与低浓度污染物接触，不产生明显的伤害症状，只是生长发育不良，出现早衰等现象，这是慢性伤害。从植物表面上看不出任何伤害迹象，但正常的生理活动已受到影响，称为隐性伤害。

间接伤害，一是表现在诱发病虫害发生。主要原因是污染削弱了植物生长势，植物代谢发生了变化，为病虫害发生提供了“温床”。另外，大气污染对菌根产生影响，使根瘤数量减少。

三、植物对大气污染的抗性

植物对大气污染的抗性是不同的。一般来说，木本植物比草本植物抗性强；在木本植物中，阔叶树比针叶树强，常绿树比落叶树强。同一树种，幼龄树比老龄树的抗性强。

一般植物具有某些形态解剖学特征，如针状叶、鳞片状叶叶片厚，叶面密生茸毛，角质层厚，蜡腺发达，气孔数量少，气孔凹陷，气孔腔内有腺毛，气孔能及时关闭等，可阻止或减少有害气体进入体内，避免有害气体的侵袭。如银杏对大气氟的污染有较强的抗性，因为它的叶片有蜡层保护，对于氟的吸收积累量很低。榆树因它的叶片对氟污染物具有较高的吸收积累量，故对大气氟污染也有较强的抗性。有些植物重新萌发的能力很强，受到大气污染侵害时，虽然产生受害症状，如芽枯死，叶片退绿、坏死或脱落，但短期内便能重新萌生新芽、新叶，很快恢复生长。

思 考 题

1. 根据本章所学的理论，结合生产实践，谈谈如何根据植物生长规律进行合理灌溉。

2. 为什么施肥时要注意薄肥勤施？

3. 影响光合作用的外因有哪些？结合具体植物分析如何调节这些因子以提高植物的光合强度。

4. 植物生产过程中哪些情况应促进呼吸？哪些情况应抑制呼吸？具体采用哪些方法

来进行调节？

5. 在园林植物栽培养护管理过程中应如何综合考虑植物生长调节剂的运用？

6. 结合具体植物，说明在营养生长过程中应如何调节各外界因素以促进植物的生长？

7. 植物成花理论在生产上有什么运用？

8. 对于大量引种的南方植物，如何提高其冬季的抗寒性？

第 2 章

园林植物生态

第 1 节　生态学基础

学习目标

➢了解生态学被提出、得到发展和逐步兴起的背景

➢熟悉对生态学、植物生态学在园林绿化中的认知

➢掌握生态学和植物生态学概念

知识要求

一、生态学兴起的背景

公元 19 世纪以来，随着经济和科技的发展、世界人口剧增和人类对自然资源及环境的开发和利用，带来了环境、人口、资源和全球性变化等关系到人类自身生存的重大问题，以及在近代的数学、物理、化学和工程技术的不断前进和渗透下，尤其是电子计算机、高精度的分析测定技术、高分辨率的遥感仪器和地理信息系统等高精技术为生态学发展准备了条件。在此背景下，生态学得到了进一步兴起和壮大。

二、学习植物生态学的意义

生态学与人类的生存在时空尺度，在自然、社会和经济等方面有着紧密的联系，可促进人类更好地认识、管理、恢复、创建生态系统，能够也应该成为未来人类与自然生态系统共存的理论依据和行动指南。植物生态学是以植物与环境间关系为核心的一门科学。通过开展这门学科的学习，以期达到对植物个体、种群、群落等知识的掌握；提高对植物在涵养水源、改善环境等方面作用的认识；探讨和建立生态文明、近自然城市生态园林；为生态安全、抵制有害生物入侵、保护植物多样性等方面开展更为有力的工作。

三、生态学概念

生态学一词由德国学者 E · H · Haeckel 于 1866 年提出，他认为：生态学是研究生物有机体与其无机环境之间相互关系的科学。

生态学发展至今，其内涵和外延都有了变化，需要结合近代生态学发展动向。公认度较高、涵盖面较广的一种描述为：生态学是研究生物生存条件、生物及其群体与环境相互作用的过程及其相互规律的科学；其目的是指导人与生物圈（即自然、资源与环境）的协调发展。

四、生态学发展简史

生态学的发展可概括为三个阶段，即萌芽期、成长期和现代生态学发展期。

1. 生态学萌芽时期（公元前 2 世纪到 16 世纪欧洲文艺复兴时期）

关于生态学的知识，原始人类在进行渔猎生活中，就积累着生物的习性和生态特征的有关生态学知识，只是尚未形成系统的、成文的科学而已。作为有文字记载的生态学思想萌芽，在我国和希腊古代著作和歌谣中均有此反映。

2. 生态学的建立与成长时期（公元 16 世纪到 20 世纪 50 年代）

这一时期是生态学建立、生态学理论形成、生物种群和群落由定性向定量描述、生态学实验方法发展的辉煌时期。

3. 现代生态学的发展期（20 世纪 50 年代至今）

这一时期是生态学蓬勃发展的年代。20 世纪 50 年代以来，人类的经济和科学技术获得了史无前例的飞速发展，既给人类带来了进步和幸福，也带来了环境、人口、资源和全球变化等关系到人类自身生存的重大问题。在解决这些重大问题的过程中，生态学与其他学科相互渗透、相互促进，并获得了重大的发展。

五、植物生态学的研究内容

植物生态学研究的中心内容，就是研究植物与环境相互关系的规律。可以分为三个方面：植物个体与环境的生态关系、植物群体与环境的关系以及在生态系统物质循环和能量流动中植物的作用。

研究植物与环境间的相互关系，其范围涉及多门学科，在植物学科中与植物分类、形态解剖、生理、遗传等学科有关；在环境方面与土壤、地形、气候等学科有关。此外，数学、物理、化学、新技术等也日益渗透到生态学的内容中来。

植物生态学的研究内容，可以分为个体生态学和群体生态学两个部分：

1. 个体生态学

主要研究植物个体与环境间的关系；以个体为研究对象，探讨环境因子对植物个体的影响以及它们对环境的响应。

2. 种群生态学

主要研究植物种群与环境间的关系；以植物种群为研究对象，以种群统计特征、种群动态、种群调节、生活史对策、物种关系等为主要内容，探讨环境因子对植物种群的影响以及它们对环境所产生的反应。

3. 群落生态学

主要研究植物群落与环境间的关系；以植物群落为研究对象，以群落的特征、物种组成、群落的结构和群落的动态等为主要内容，揭示环境因子与植物群落的相互关系。

4. 生态系统生态学

植物是生态系统的有机构成部分，生态系统生态学以生态系统过程、功能和服务为主要研究内容。

六、生态学原理在园林上的应用

早在20世纪初，西方就出现了为保护自然景观而建造的生态园林；20世纪六七十年代生态园林真正得到重视。迄今，城市生态园林的理论尚在发展之中。2004年生态园林与城市可持续发展高层论坛就生态园林城市与可持续发展问题进行了深入研讨，并提出建设“生态园林城市”就是要利用生态学的原理，规划、建设和管理城市，进一步完善城市园林。

对于广大园林工作者来说，应以植物生态学理论为指导，贯彻“以人为本，以生态效益为首”的理念，充分利用植物生态学原理来指导城市园林。

1. 植物选择

在进行园林造景的同时，还需要从生态学原理出发，把园林当做是一个微生态系统来营建，即吸纳和采用生态学整体性原则。在植物选择上，要通盘考虑好植物种群稳定性、城市特殊生境适应性和功能正常性等问题。选用具有观赏价值高、抗逆性强、生态保健功能强、经济效益高和具有丰富的历史文化底蕴、地方特色和人文个性的园林植物为材料。

以生态学原理选择植物，中心问题是如何发挥植物的光合效能，而植物光合效能的大小又主要决定于该种植物叶面积大小。关于这一点，跟农业和果树栽培相较而言，园林植物应用在这一点上的考虑还比较欠缺。

2. 植物配置

建设城市园林要充分利用生态学原理，应考虑到植物的层次性、多样性以及各树种间和草木间群落的稳定性等问题，特别是针对树木间的生化相克和对人体产生过敏或有碍健康的各种问题都应考虑周全。在植物群落配置上，无论是广场或绿色隔离带或片林，都不应是纯林，做到乔、灌、草有机结合，从生态学理论出发，不宜建造过多的人造景物。有以下几点关于园林植物配置的生态学原则需要加以重视：①生态位原则；②互惠共存原则；③物种多样性原则；④生态效益原则；⑤艺术原则。

3. **完善城市园林建设要点**

城市园林的建设，要以景致美观、配置精良、便于养管等为目标，切实发挥好城市园林植物的生态效应，如维持城市碳氧平衡、蒸腾吸热降低城市热岛效应、净化城市空气等。现提出以下要点，以期完善城市园林建设：

（1）以生态学理论为指导加强城市园林生物多样性保护

生物多样性是促进城市园林自然化的基础，也是提高生态系统功能的前提，所以城市园林应恢复和重建城市物种多样性以发挥城市园林的生态效益。

（2）构建人与自然的和谐环境

一方面要保持绿色环境的自然特点，满足人类对自然的心理需求；另一方面应考虑借助人工设施的建设，完善园林空间的功能属性。应综合权衡园林中的乔、灌、草植物配比是否合理，是否适应当地生活环境，城市园林能否兼顾景观与使用功能，能否真正发挥生态功能等。

（3）城市园林建设应走可持续发展之路

遵循生态学原理，建设多层次、多结构、多功能的植物群落，在城市建立人与自然互相依存、共同发展的新秩序，才能使城市园林发挥它的生态效益、经济效益与社会效益。运用可持续发展的理念和生态学原理进行城市生态园林的建设，应充分考虑植物的生长习性、生长速度、生命周期等因素，以及绿地的性质、土壤环境等综合条件，优化城市园林植物配置，使城市园林植物群落保持可持续发展。

第2节　生态环境的基本知识

学习单元1　环境类型

学习目标

➢了解环境的概念

➢熟悉环境的类型

知识要求

生态学中的环境是指生态系统中生物有机体周围一切要素的总和，包括生物生存空间内的各种条件，可以将环境划分为自然环境和人工环境。

一、自然环境

自然环境包括大气圈、水圈、岩石圈、土壤圈、生物圈。

1. 大气圈

大气圈是地球表面包围整个地球的一个气体圈层，是地球表面向外界星际的过渡空间。大气质量的99%集中在离地表29 km之内。

根据温度变化情况把大气圈划分为四层：对流层、平流层、中间层和电离层。

2. 水圈

水圈包括占地球表面71%的海洋、内陆水域和地下水。水体中溶解有各种无机和有机营养物质，以及溶解在水中的CO_2和O_2，它们为植物生长和水生生物的分布提供了物质基础。

3. 岩石圈

岩石圈是指地球的地壳部分，常称为大陆圈。

4. 土壤圈

土壤圈是地表岩石经风吹、日晒和雨淋，逐步风化分解成母质，经过生化作用形成土壤层。

5. 生物圈

生物圈是地球表面全部生物及与之相互作用的自然环境的总称，是由岩石圈、土壤圈、水圈和大气圈的交接空间构成的。

二、人工环境

广义的人工环境包括所有的栽培植物、引种驯化以及所有农作物所需要的环境，还有人工经营管理的森林、草地、绿化造林，甚至自然保护区以内的一些控制、防治等措施。

狭义的人工环境是指在人工控制下的环境，如现代的温室环境，如大棚、地膜、植物园温室等。

三、环境分级

在上述地球大环境下，又可以划分为各种不同的环境级别，主要包括区域环境、生境、植物体小环境（体表环境、体内环境）等。

学习单元2　环境因子与生态因子

学习目标

➢了解生态因子的分类及其作用特征

➢熟悉环境因子与生态因子的关系

➢掌握生态因子对生物的作用及生物的适应

➢掌握生物的生态适应及对环境的影响

知识要求

一、环境因子与生态因子的概念

1. 环境因子

环境因子是指构成环境组成的下一个层次的基本单元。如属于气候要素的气温、降水、湿度、风等。

美国生态学家R. F. Daubenminre（1947）将环境因子分为三大类：气候类、土壤类和生物类；七个并列项目：土壤、水分、温度、光照、大气、火和生物因子。

Dajoz（1972）依据生物有机体对环境的反应和适应性进行分类，将环境因子分为第一性周期因子、次生性周期因子及非周期性因子。

Gill（1975）将非生物的环境因子分为三个层次。第一层，植物生长所必需的环境因子，如温、光、水等；第二层，不以植被是否存在而发生的对植物有影响的环境因子，如风暴、火山爆发、洪涝等；第三层，存在与发生受植被影响，反过来又直接或间接影响植被的环境因子，如放牧、火烧等。

2. 生态因子

生态因子是指在环境因子中对生物的生长、发育、生殖、行为和分布等生命活动有直接或间接影响的环境因子。

生态因子的类型多种多样，分类方法也不统一。简单、传统的方法是把生态因子分为生物因子和非生物因子。前者包括生物种内和种间的相互关系，后者则包括气候、土壤、

地形等。

（1）气候因子。气候因子也称地理因子，包括光照、温度、水分、空气等。

（2）土壤因子。土壤是气候因子和生物因子共同作用的产物，土壤因子包括土壤结构、土壤的理化性质、土壤肥力和土壤生物等。

（3）地形因子。地形因子如地面的起伏、坡度、坡向、阴坡和阳坡等，通过影响气候和土壤，间接地影响植物的生长和分布。

（4）生物因子。生物因子包括生物之间的相互关系，如捕食、寄生、竞争和共生等。

（5）人为因子。把人为因子从生物因子中分离出来是为了强调人之作用的特殊性和重要性。人类活动对自然界的影响越来越大和越来越带有全球性，分布在地球各地的生物都直接或间接受到人类活动的巨大影响。

二、环境因子与生态因子的关系

环境因子与生态因子的相同之处主要表现在均属环境要素范畴，均对生物产生影响。不同之处主要在于环境因子的内涵要宽于生态因子，环境因子对生物所起作用的直接性不如生态因子明显。

三、生态因子作用

1. 生态因子的作用及规律

（1）综合性。每一个生态因子都是在与其他因子的相互影响、相互制约中起作用的，即生态因子的综合作用。任何因子的变化都会在不同程度上引起其他因子的变化。例如光照强度的变化会引起大气和土壤温湿度的改变。环境对植物的生态作用，通常是各个生态因子共同结合在一起，综合对植物起作用。

（2）非等价性。对生物起作用的诸多因子的作用是非等价的，个别因子是起主要作用的主导因子。主导因子的改变常会引起其他生态因子发生明显变化或使生物的生长发育发生明显变化，如光周期现象中的日照时间和植物春化阶段的低温因子就是主导因子。

（3）不可替代性和可调剂性。生态因子虽非等价，但都不可缺少，一个因子的缺失不能由另一个因子来代替。但某一因子的数量不足，有时可以由其他因子来补偿。例如光照不足所引起的光合作用的下降可由 CO_2浓度的增加予以补偿。

（4）直接作用和间接作用。在对植物的生长发育状况和分布原因的分析过程中，必须区别生态因子的直接作用和间接作用。如地形因子中的起伏、坡向、海拔、经纬度等，需要通过影响光照、温度、雨量、风速、土壤性质等的改变而对植物发生影响。

（5）阶段性和限制性。植物在生长发育的不同阶段往往需要不同的生态因子或生态因

子的不同强度。例如低温对冬小麦的春化阶段是必不可少的，但在其后的生长阶段则是有害的。

2. 生态因子对植物的作用及植物的适应

（1）光因子的生态作用

1）光强与植物。光对植物的形态建成和生殖器官的发育影响很大。植物的光合器官叶绿素必须在一定光强条件下才能形成，许多其他器官的形成也有赖于一定的光强。在黑暗条件下，植物就会出现“黄化现象”。在植物完成光周期诱导和花芽开始分化的基础上，光照时间越长，强度越大，形成的有机物越多，越有利于花的发育。光强还有利于果实的成熟，对果实的品质也有良好作用。

不同植物对光强的反应不尽相同，根据植物对光强适应的生态类型可分为阳性植物、阴性植物和中性植物（耐阴植物）。

2）光质与植物。在光合作用过程中，并非光谱中所有波长的光均能为植物所利用，只有可见光能被光合作用加以利用。可见光区（波长为400～760 nm）这部分辐射通常称为生理有效辐射，占总辐射的40％～50％。可见光中红、橙光是被叶绿素吸收最多的成分，其次是蓝、紫光，绿光很少被吸收，因此又称绿光为生理无效光。此外，长波光（红光）有促进延长生长的作用，短波光（蓝紫光、紫外线）有利于花青素的形成，并抑制茎的伸长。

3）光照长度与植物的光周期现象。地球的公转与自转，引起地球上日照长短的周期性变化，长期生活在这种昼夜变化环境中的生物，借助于自然选择和进化形成了各类生物所特有的对日照长度变化的反应方式，这就是生物的光周期现象。

根据对日照长度的反应类型可把植物分为长日照植物、短日照植物、中日照植物和中间型植物。

光周期对植物的地理分布有较大影响。短日照植物大多数原产地是日照时间短的热带、亚热带；长日照植物大多数原产于温带和寒带。如果把长日照植物栽培在热带，由于光照不足，就不会开花。同样，短日照植物栽培在温带和寒带也会因光照时间过长而不开花。这对植物的引种、育种工作有极为重要的意义。

（2）温（度）因子的生态作用。任何生物都是在一定的温度范围内活动，温度是对生物影响最为明显的环境因素之一。

1）温度对生物生长的影响。生物正常的生命活动一般是在相对狭窄的温度范围内进行；根据对生物的作用，可以将温度分为最低温度、最适温度和最高温度，即生物的三基点温度。当环境温度在最低和最适温度之间时，生物体内的生理生化反应会随着温度的升高而加快，代谢活动加强，从而加快生长发育速度；当温度高于最适温度后，参与生理生化反应的酶系统受到影响，代谢活动受阻，进而影响生物正常的生长发育。当环境温度低于最低温度或高于最高温度，生物将受到严重危害，甚至死亡。不同生物的三基点温度是不一样的，即使是同一生物不同的发育阶段所能忍受的温度范围也有很大差异。

2）温度、积温对生物发育的影响。温度与生物发育的关系一方面体现在某些植物需要经过一个低温“春化”阶段，才能开花结果，完成生命周期；另一方面反映在有效积温法则上。

通常把生物整个生长发育期或某一发育阶段内，高于一定温度度数以上的昼夜温度总和，称为某植物或某发育阶段的积温，积温可分为有效积温和活动积温两种。

有效积温的计算方法是用某一段时间内的平均温度，减去生物学零度，将差值乘以该时期的天数，即：$K=(X-X_0)Y$。其中 K 表示有效积温（℃·d），X 是该时期的平均温度（℃），X_0为生物学零度（℃），Y 为天数（d）。

活动积温的计算方法比较简单，它是从某一时间内的平均温度减去物理学零度，将差值乘以该时期的天数。

不同植物种（品种）在整个生育期内要求的积温总量不同，一般是起源或栽培于高纬度、低温地区的植物需要积温总量少；起源或在培育低纬度、高温地区的植物需要积温总量多。如向日葵要求有效积温 1 500～2 100℃·d；柑橘类需要 4 000～4 500℃·d，椰子需要 5 000℃·d 以上等。

3）极端温度对生物的影响

①低温对生物的影响。温度低于一定数值，生物便会受害，这个数值称为临界温度。在临界温度以下，温度越低生物受害越重。低温对生物的伤害可分为寒害和冻害两种。

②高温对生物的影响。温度超过生物适宜温区的上限后就会对生物产生有害影响，温度越高对生物的伤害作用越大。高温可减弱光合作用，增强呼吸作用，使植物的这两个重要过程失调；破坏植物的水分平衡，促使蛋白质凝固、脂类溶解，导致有害代谢产物在体内的积累。

4）生物对温度的适应。生物对温度的适应是多方面的，包括分布地区、物候的形成、休眠及形态行为等。

极端温度是限制生物分布的最重要条件。高温限制生物分布的原因主要是破坏生物体内的代谢过程和光合呼吸平衡，其次是植物因得不到必要的低温刺激而不能完成发育阶段。低温对生物分布的限制作用更为明显。对植物来说，决定其水平分布北界和垂直分布上限的主要因素就是低温。

物候是指生物长期适应于一年中温度的节律性变化，形成的与此相适应的发育节律。例如大多数植物春天发芽，夏季开花，秋天结实，冬季休眠。

植物对低温的形态适应表现在芽及叶片常有油脂类物质保护，芽具有鳞片，器官的表面有蜡粉和密毛，树皮有较发达的木栓组织，植株矮小，常呈匍匐、垫状或莲座状；对高温的适应表现在有些植物体具有密生的绒毛或鳞片，能过滤一部分阳光，发亮的叶片能反射大部分光线，以及叶片垂直排列，减少吸光面积等。

(3) 水因子的生态作用。水是生物最需要的一种物质，水的存在与多寡，影响生物的生存与分布。在园林植物养管中，根据植物不同时期的需水量，采取合理灌、排等措施，来调节植物与水分的关系，以满足植物对水分的需要，保持园林植物良好生长。

水具有气态、液态和固态三相变化。气态水主要是以空气湿度的形式存在；液态水包括露、雾、云、雨等形式；固态水的形式有霜、雪、冰雹三种。雨按其成因，可以分为地形雨、对流雨、气旋雨、台风雨四种。

1) 水的生态作用。水是任何生物体都不可缺少的重要组成成分。各种生物的含水量有很大的不同。生物体的含水量一般为 60%～80%，有些水生生物可达 90%以上，而在干旱环境中生长的地衣、卷柏和有些苔藓植物仅含 6%左右。

水是生命活动的基础。生物的新陈代谢是以水为介质进行的，生物体内营养物质的运输、废物的排除、激素的传递以及生命赖以存在的各种生物化学过程，都必须在水溶液中才能进行，而所有物质也都必须以溶解状态才能进出细胞。

水对稳定环境温度具有重要意义。水的密度在 4℃时最大，这一特性使任何水体都不会同时冻结，而且结冰过程总是从上到下进行。水的热容量很大，吸热和放热过程缓慢，因此水体温度不像气体温度那样变化剧烈。

2) 植物对水因子的适应。根据栖息地，通常把植物划分为水生植物和陆生植物。

①水生植物及其对水因子的适应。水生植物是指能够长期在水中正常生活的植物。根据水生植物的生活方式与形态特征等，一般将其划分为挺水植物、浮水植物和沉水植物。

②陆生植物及其对水因子的适应。陆生植物是指能够长期在陆地上正常生活的植物。根据陆生植物的生活方式与形态特征等，一般将其划分为湿生植物、中生植物和旱生植物。

陆生植物在长期的进化过程中，形成了一系列对陆生环境的适应机制。一般来说，陆生植物保持水分平衡的结构和功能比较健全，根系和输导组织均比较发达。

(4) 土壤的生态作用。土壤是陆地生态系统的基础，其组成部分包括矿物质、有机质、土壤水分和土壤空气。

1) 土壤的生态学意义。土壤是细菌、真菌、藻类、原生动物、软体动物、节肢动物和少数高等动物等许多生物的栖息场所，是生物进化的过渡环境，也是植物生长的基质和营养库。土壤提供了植物生活的空间、水分和必需的矿质元素。另外，土壤还是污染物转化的重要场地，土壤中大量的微生物和小型动物，对污染物都具有分解能力。

2）土壤的物理化学性质对生物的影响

①土壤温度。土壤温度对植物种子的萌发和根系的生长、呼吸及吸收能力有直接影响，还通过限制养分的转化来影响根系的生长活动。一般来说，低的土温会降低根系的代谢和呼吸强度，抑制根系的生长，减弱其吸收作用；土温过高则促使根系过早成熟，根部木质化加大，从而减少根系的吸收面积。

②土壤水分。土壤水分与盐类组成的土壤溶液参与土壤中物质的转化，促进有机物的分解与合成。土壤水分太少引起干旱，太多又导致涝害，都对植物的生长不利。土壤水分还影响土壤内无脊椎动物的数量和分布。

③土壤空气。土壤空气组成与大气不同，土壤中 O_2 的含量只有 10%～12%，在不良条件下，降至 10%以下，这时就可能抑制植物根系的呼吸作用。土壤中 CO_2 浓度则比大气高几十到上千倍，植物光合作用所需的 CO_2 有一半来自土壤。但是，当土壤中 CO_2 含量过高时（如达到 10%～15%），根系的呼吸和吸收机能就会受阻，甚至会窒息死亡。

④土壤酸碱度。土壤酸碱度与土壤微生物活动、有机质的合成与分解、营养元素的转化与释放、微量元素的有效性、土壤保持养分的能力及生物生长等有密切关系。

3）土壤质地与结构对生物的影响。土壤质地与结构常常通过影响土壤的物理化学性质来影响生物的活动。

（5）大气的生态作用

1）大气污染及大气污染物。大气污染通常是指由于人类活动或自然过程引起某些物质进入大气中，呈现出足够的浓度，达到足够的时间，并因此危害了生物以及人体的舒适、健康和福利或环境污染的现象。

凡是能使空气质量变差的物质都是大气污染物。目前已知的大气污染物有 100 多种。大气中直径小于或等于 2.5 μm 的颗粒物，简称 PM2.5（PM-particulate matter-颗粒物）是受到广泛关注的大气污染物。PM2.5 产生的主要来源，是日常发电、工业生产、汽车尾气排放等过程中经过燃烧而排放的残留物，大多含有重金属等有毒物质。全球 PM2.5 最高的地区在北非和中国的华北、华东、华中全部。世界卫生组织（WHO）认为，PM2.5 小于 10 是安全值，而中国的这些地区全部高于 50 接近 80，比撒哈拉沙漠还要高很多。PM2.5 对人体心血管、呼吸系统的危害极大。

2）植物的监测和净化作用。部分植物对大气污染中某些有害物质比较敏感，可以用来作为监测有毒物质，即植物对大气污染的监测。如利用紫花苜蓿、菠萝、胡萝卜、地衣监测大气中的 SO_2；唐菖蒲、郁金香监测大气中的 HF；复叶槭监测 Cl_2 和 HCl；女贞监测 Hg 等。

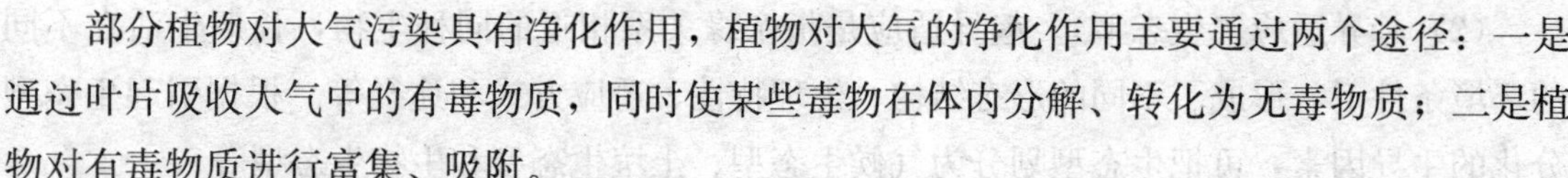

部分植物对大气污染具有净化作用，植物对大气的净化作用主要通过两个途径：一是通过叶片吸收大气中的有毒物质，同时使某些毒物在体内分解、转化为无毒物质；二是植物对有毒物质进行富集、吸附。

(6) 生物因子对生物的影响。生物因子主要有食物、捕食者、寄生物和病原微生物。生物间的相互关系既表现在种内个体之间，也存在于不同的种间，主要有八种类型，见表2—1。

表 2—1　生物之间相互关系类型

类型	A	B	特点	类型	A	B	特点
竞争	－	－	彼此互相抑制	共生	＋	＋	彼此有利，分开后不能生活
捕食	＋	－	A 杀死或吃掉 B	互惠	＋	＋	彼此有利，分开能独立生活
寄生	＋	－	A 寄生于 B，对 B 有害	偏利	＋	0	对 A 有益，对 B 无影响
中性	0	0	彼此互不影响	偏害	－	0	对 A 有害，对 B 无影响

与非生物因子相比，生物因子对生物的影响有以下特点：一般情况下，生物因子只影响到种群中的某些个体；生物因子对生物种群的影响程度通常与种群的密度有关；生物因子在相互作用、相互制约中产生了协同进化；生物因子一般仅直接涉及两个物种或与其邻近密切相关物种之间的关系。

四、植物的生态适应类型

1. 生物的生态适应

生物在与环境长期的相互作用中，形成具有生存意义的特征。依靠这些特征，生物免受环境因素的不利影响，并有效地从生境中获取所需的物质、能量。自然界的这种现象被称为“生态适应”。生态适应是生物界中极为普遍的现象，一般包括趋同适应和趋异适应两种适应类型。

(1) 趋同适应（生活型）。趋同适应是指不同种类的生物，由于长期生活在相同或相似的环境条件下，通过变异、选择和适应，在形态、生理、发育以及适应方式和途径等方面表现出相似性的现象。

按趋同作用的结果，可把植物划分为不同的生活型。不论植物在分类系统上的地位如何，只要它们的适应方式和途径相同，都属同一生活型。生活型的划分有不同的方法，例如将植物分为乔木、灌木、半灌木、木质藤本、多年生草本、一年生草本、垫状植物等。有学者以芽对冬季条件的适应，将植物划分为高位芽、地上芽、地面芽和一年生植物，长期以来为人们普遍采用。

（2）趋异适应（生态型）。趋异适应是指亲缘关系相近的同种生物，长期生活在不同的环境条件下，形成了不同的形态结构、生理特性、适应方式和途径等。根据引起生态型分化的主导因素，可把生态型划分为气候生态型、土壤生态型和生物生态型等。

生态型的研究，为选种、育种、引种工作提供理论依据，也是人们有目的地、定向地改造植物种以及加速新种形成的途径之一。

2. 生物对环境的影响

生物不仅能够被动地适应环境，而且还能主动地影响环境、改造环境，使环境保持相对稳定，向有利于生物生存的方向发展。如森林尤其是热带雨林，对于调节气候、维持空气 O_2 和 CO_2 的平衡、保持水土有着不可替代的作用。

第3节 植物种群生态学

学习单元1 植物种群基本概念及特征

学习目标

➢了解种群的统计特征

➢掌握种群的定义

知识要求

一、概念

种群是在一定时空中的同种生物个体的集合。

二、种群的统计特征

1. 密度和相对丰度

一个种群的全体数目多少，叫种群的大小，如采用单位面积或容积的个体数目表示种群大小，就叫密度。

相对丰度是一种人为的标准指标，“相对”可以用时间来表示，如每小时遇见的个体数，也可以用各种百分比表示，如某种植物占据的样地百分比等。

2. 出生率

出生率是单位时间内新产生的个体数目占该时期该种群个体总数的比率。

3. 死亡率

死亡率是单位时间内死亡的个体数目占该时期该种群个体总数的比率。

4. 迁入和迁出

迁入和迁出是种群变动的两个主要因子，它描述各地方种群之间进行基因交流的生态过程。

5. 年龄结构

年龄结构即为各个年龄级的个体数目与种群个体总体的比例。年龄金字塔（按从小到大龄级比例绘制的图形）表示种群的年龄结构分布。种群的年龄结构与出生率和死亡率有关，利用它能预测未来种群的动态。

图 2—1a 是增长型种群，其年龄锥体呈金字塔形，基部宽阔而顶部狭窄，即种群中幼体个体数量＞年老的个体数；表明出生率＞死亡率，种群个体数量增长。

图 2—1b 是稳定型种群，其年龄锥体大致呈钟形，即种群中幼年个体数量≌年老个体数量；表明其出生率≌死亡率，种群个体数量稳定。

图 2—1c 是下降型种群，其年龄锥体呈壶形，基部狭窄而顶部宽阔，即种群中幼体个体数量＜年老的个体数；表明死亡率＞出生率，种群个体数量下降。

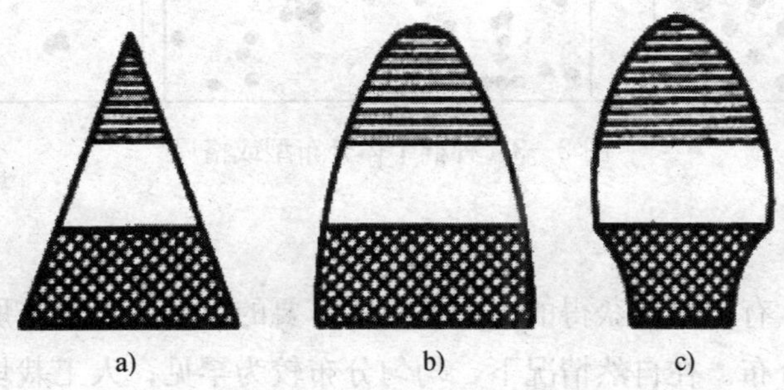

图 2—1　种群年龄金字塔图

6. 存活率

存活率是死亡率的倒数。存活个体的数目通常比死亡个体的数目更有意义。对一个特定的种群，存活率通常以存活曲线表示，存在三种理想化的存活曲线，如图 2—2 所示。

(1) 凸型存活曲线（如曲线 A 所示）：表示种群在接近于生理寿命之前，只有个别死

亡，即几乎所有的个体都能达到生理寿命。

（2）对角线型存活曲线（如曲线 B_1、B_2、B_3 所示）：表示个体各时期的死亡率基本均等。

（3）凹型存活曲线（如曲线 C 所示）：表示幼期死亡率很高且变化明显，后期的死亡率低且趋于稳定。

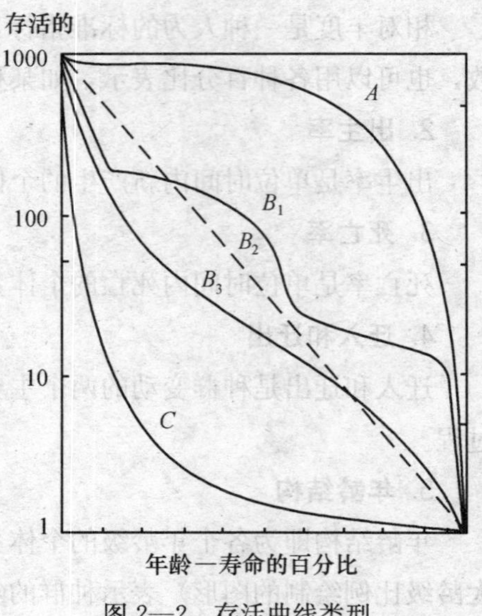

图 2—2　存活曲线类型

三、种群中个体的分布格局

一个种的个体与环境的相互关系，会影响到种群所在生活环境内个体在空间上的布局，这种布局被称为种群中个体的空间分布格局。种群中个体的空间分布格局通常可分为均匀分布、随机分布、集群分布三种类型，如图 2—3 所示。

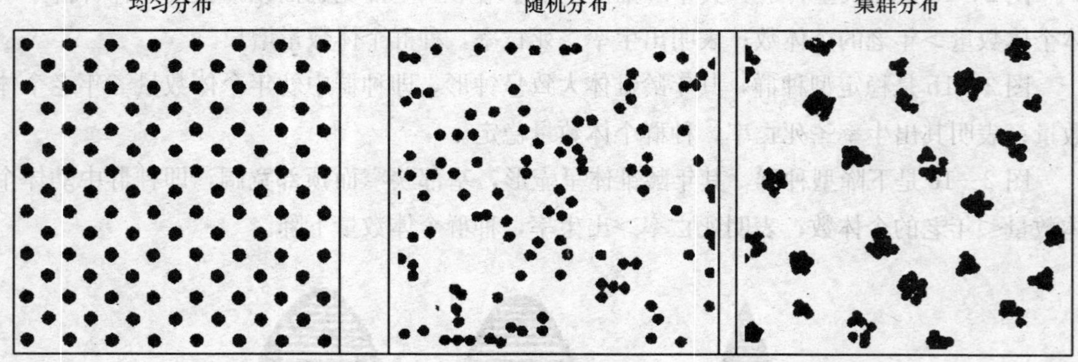

图 2—3　种群个体分布型或格局

1. 均匀分布

个体等距分布；有机体可获得的空间比其所需要的空间大，分布所受的阻碍较小，种群中的个体均匀型分布。在自然情况下，均匀分布较为罕见；人工栽培的群落一般是均匀分布的。

2. 随机分布

个体的分布是偶然性的，每一个体出现的机会均等。随机分布在自然界也比较少见，只有某一主导因素随机分布等情况下的种群才会随机分布。

3. 集群分布

个体成群或成团分布；在大多数自然情况下，种群常呈集群分布，这是最广泛的分布

格局。

在一个群落内，种群中的个体分布格局并非只按其中一种类型分布，有时可以形成两种或三种分布格局。

学习单元2　种群中物种关系

学习目标

➢熟悉物种内关系的内涵
➢掌握物种间关系的类型

知识要求

个体与物种间相互关系有八种类型，具体见表2—2。从理论上讲，任何物种对其他物种的影响均有三种形式，即有利、有害或无利无害的中间态，用＋、—、○表示，详见表2—3。

表2—2　个体与物种间相互关系类型

原因	种间	种内
利用同样有限资源，导致适合度降低	竞争	竞争
摄食另一个体的全部或部分	捕食	自相残杀
个体紧密关联生活具有相互利益	互利共生	利它或互利共生
个体紧密关联	寄生	寄生

表2—3　物种关系的相互影响

相互作用型	物种1	物种2	相互作用的一般特征
中性作用	○	○	两个物种彼此不受影响
竞争：直接干扰型	—	—	相互直接抑制
竞争：资源利用型	—	—	资源缺乏时的间接抑制
偏害作用	—	○	种群1受抑制，种群2无影响
寄生作用	＋	—	种群1寄生者，通常较宿主2的个体小
捕食作用	＋	—	种群1捕食者，通常较猎物2的个体大

续表

相互作用型	物种 1	物种 2	相互作用的一般特征
偏利作用	＋	○	种群 1 偏利者，而宿主 2 无影响
原始合作	＋	＋	相互作用对两种都有利，但不是必然的
互利共生	＋	＋	相互作用对两种都必然有利

一、种内关系

存在于生物种群内部个体间的相互关系称为种内关系。

1. 密度效应

植物除了有集群生长的特征外，更主要的是个体间的密度效应。在一定时间内，当种群的个体数目增加时，就必会出现邻接个体之间的相互影响，称密度效应或邻接效应。

2. 植物性别

大多数植物种，其个体具有雌蕊和雄蕊的两性花即雌雄同花。另一些植物种的个体具有雌雄两类花，雄花产生花粉，雌花产生胚珠，所以是雌雄同株而异花的。

二、种间关系

种间关系包括竞争、互利共生等，是构成生物群落的基础。

1. 种间竞争

种间竞争是指两个或更多物种利用同一资源而产生的相互作用。

2. 寄生

寄生是指一个种（寄生物）寄居于另一个种（寄主）的体内或体表，靠寄主的体液、组织或已消化物质获取营养而生存。寄生关系以营养和空间关系为基础，寄生者以寄主的身体为生活空间，并靠吸取寄主的营养而生活。

3. 共生

（1）互利共生。互利共生是不同种的两个个体之间的一种互惠关系，可增加双方的适合度。

（2）偏利共生。两个不同物种的个体间发生一种对一方有利的关系，称为偏利共生。

4. 其他关系

（1）生态位。生态位即是物种在生物群落中的地位以及与食物和天敌的关系。

（2）种间结合和他感作用

1）种间结合。种间结合是两种或多种植物经常紧密生长在一起，在相似环境下会同时重复出现的植物组合现象。

2）他感作用。植物通过向体外分泌代谢过程中的生物、化学物质，对其他植物产生直接或间接的影响。他感作用的物质包括乙烯、香精油、酚及其衍生物，不饱和内脂、生物碱、配糖体等。

三、附生

有些植物不跟土壤接触，其根群附着在其他树的枝干上，利用雨露、空气中的水汽及有限的腐殖质（腐烂的枯枝残叶或动物排泄物等）为生，如蕨类、兰科的许多种类。

第 4 节　植物群落生态学

学习单元 1　植物群落基本概念及特征

学习目标

➢熟悉群落的基本特征

➢掌握群落的概念

知识要求

一、基本概念

1. 生物群落概念

生物群落是指一定时间内居住在一定空间范围内的生物种群的集合。

2. 群落命名

群落命名一般指植物群落的命名，植物群落的命名就是给表征每个群落分类单位的群落确定名称。

对于群落的分类和命名的方法，常见的有以下几种：

(1) 根据群落中的优势种来命名。如红松林群落、云杉林群落、马尾松林群落、木荷林群落等。

（2）根据群落所占的自然生境来命名。如山泉急流群落、砂质海滩群落、岩岸潮向带群落、岩壁植被群落等。

（3）根据优势种的主要生活型来命名。如热带雨林群落、草甸沼泽群落、亚热带常绿阔叶林群落等。

（4）根据群落中的特征种来命名。如木荷群丛等。

（5）根据群落动态来进行分类和命名。

二、一般特征

1. 群落的物种组成

（1）群落的物种组成。任何生物群落都是由一定的生物种类组成的。调查群落中的物种组成是研究群落特征的第一步。为了掌握群落中物种的组成，通常要确定最小面积，以便掌握群落结构特征、精简工作量。

（2）组成种类的性质分析。在植物群落研究中，常根据物种在群落中的作用而进行分类，即将植物划分为优势种、建群种、亚优势种、伴生种、偶见种等。

2. 群落的数量特征

（1）物种丰富度。物种丰富度是指群落所包含的物种数目，是研究群落首先应该了解的问题。

（2）多度与密度。群落内各物种的个体数量的总和即多度。密度是指单位面积上生物的个体数。

（3）频度。频度是指某物种在样本总体中的出现率。

（4）盖度。植物枝叶所覆盖的土地面积叫投影盖度简称盖度。盖度可以用百分比表示，也可用等级单位表示。

（5）优势度与重要值。优势度是确定物种在群落中生态重要性的指标，优势度大的种就是群落中的优势种。确定植物优势度时，指标主要是种的盖度和密度。森林群落中 Curtis 等（1951）提出用重要值来表示每一个物种的相对重要性。

学习单元 2　植物群落外貌和结构

学习目标

➢了解植物群落的外貌

➢熟悉植物群落的结构

➢能够辨识城市公园绿地中的植物群落类型

知识要求

一、群落外貌

群落外貌是指生物群落的外部形态或表相而言。它是群落中生物与生物间，生物与环境相互作用的综合反映。陆地生物群落的外貌主要取决于植被的特征，即组成群落的植物种类形态及其生活型，水生生物群落的外貌主要取决于水的深度和水流特征。

二、群落结构

1. 群落的垂直结构

群落的垂直结构主要指群落的分层现象。陆地群落的分层与光的利用有关。森林群落从上往下，依次可划分为乔木层、灌木层、草本层和地被层等层次。藤本植物和附生、寄生植物等，它们并不形成独立的层次，而是依附于直立的植物体上，称为层间植物；往往将之归入实际依附的层次中。

2. 群落的水平结构

群落的水平格局，其形成主要与群落构成成员的分布状况有关。大多数群落的物种常形成相当高密度集团的斑块状、镶嵌。

3. 群落的时间格局

光、温度和湿度等许多环境因子有明显的时间节律（如昼夜节律和季节节律等），受这些因子的影响，群落的组成与结构也随时间序列发生有规律的变化，即群落的时间格局。植物群落中表现最明显的时间格局是季相，如温带草原外貌一年四季的变化。

学习单元3　植物群落演替

学习目标

➢了解植物群落演替的概念和过程

➢掌握公园绿地植物群落的类型

➢掌握植物群落形成的阶段及其演替特征

知识要求

一、演替概念

演替是一个群落被另一个群落取代的过程，它是群落动态的重要特征。

二、群落的形成与发育

1. 群落的形成

群落的形成可从裸地上开始，也可从已有的群落开始。一般而言，群落形成都要经历物种扩散、定居、竞争等阶段。群落的形成过程可简单地分为先锋群落阶段、郁闭未稳定的阶段和郁闭稳定的阶段三个阶段。

2. 群落的发育

群落的发育是指一个群落从开始形成到被另一个群落代替的过程。群落的发育分为群落发育初期、群落发育盛期和群落发育末期三个阶段。

三、演替系列

生物群落的演替过程，从植物的定居开始，到形成稳定的植物群落为止，这个过程叫做演替系列。一个群落接着一个群落相继不断地为另一个群落所代替，直至形成顶极群落，这一系列的演替过程就构成了一个演替系列。

演替系列分为原生演替系列和次生演替系列两大类。原生演替系列包括从岩石开始的旱生演替和从湖底开始的水生演替；次生演替系列包括热带东部常绿阔叶林群落和草原的次生演替等。

四、演替的特征

1. 演替方向

大多群落的演替都有着共同的趋向性，而且是不可逆的，趋向一般从低等生物逐渐发展到高等生物，小型生物发展到大型生物，生活史从短到长，群落层次从少到多，营养阶层从低到高，竞争从无到有再到激烈，最后趋于动态稳定。

2. 演替速度

一个先驱种的某些个体，从荒原上形成一个种群，以此发展成一个初级群落，可能需要一个极其漫长的自然选择过程。

3. 演替效应

在演替过程中，对生境产生一些不利于自身生存而有利于其他物种生存的因素，从而会出现物种替代的现象。

学习单元4　园林植物群落

学习目标

➢了解园林植物群落类型及其特征

➢掌握植物群落调整优化的基本方法

➢掌握城市公园绿地群落的调整优化

知识要求

一、园林植物群落的主要类型及其特征

园林植物群落是相对于自然植物群落而言的，它是基于园林造景目的经人工建造而成的植物群落，可称为栽培群落。园林植物群落大体可分为纯林群落和混交群落。

1. 纯林群落和混交群落

（1）纯林群落。纯林群落是指在园林中，通过植物造景构建技术将相同植物种群有机配置而成的栽培群落。

（2）混交群落。混交群落是指在园林中，通过植物造景构建技术将不同种群的植物有机配置而成的栽培群落。

2. 纯林群落和混交群落的主要特征

（1）纯林群落的主要特征。纯林群落的主要特征有：①物种组成较为单一；②种群物种内部竞争关系日趋激烈；③群落结构较为简单；④景观多样性较为单调。

（2）混交群落的主要特征。混交群落的主要特征有：①物种组成较丰富；②群落的稳定性较高；③物种关系以互惠共生为主要关系；④群落结构较为多样；⑤景观多样性较为丰富。

二、园林植物群落的调整优化

在现代园林中，相当数量的植物群落存在郁闭度偏高、结构单一、功能衰退等植物群落，为此，需要对这些植物群落进行调整和优化。

1. 调整优化的主要原则

在对园林植物群落进行调整优化之时，往往需要根据现状制定调整优化的方案，以此来提高物种多样性、丰富群落结构、促进群落稳定、改善群落功能、提升群落面貌。基于前述目标，一般需要遵循几条主要原则：

（1）生物多样性原则。物种多样性是群落多样性的基础，它能增强群落的抗逆性和韧性，有利于保持群落的稳定，减少甚至避免有害生物的入侵。

（2）适地适树、因地制宜原则。借鉴本地自然环境条件下的种类组成和结构规律，选用具有良好生态效益的树种调整优化园林植物群落。

（3）生态位原则。综合考虑群落中植物的生态位是否合理分化，将具有相同或相似生态位的植物列为调整的首选对象，选择生态位分化明显的植物用做优化。

（4）景观性原则。根据美学原理和人们对群落的观赏要求进行调整优化，丰富群落美感，提高观赏价值。

（5）艺术性原则。植物景观设计中，植物的树形、色彩、线条、质地及比例要有一定的差异和变化，注意植物间的相互作用关系，使之具有柔和、平静、舒适和愉悦的美感。

2. 调整优化的主要方法

（1）群落密度。对于过密的植物群落，采取抽稀/疏林/去除物种等手段来降低群落密度。调整的对象一般按照去弱留强、去劣留优等方法选定。对于较为稀疏的群落，则要根据适地适树等原则，添加一定数量的植物，增强群落对自然资源的利用效率进而提升群落的景观面貌。

（2）物种组成。主要通过调整群落物种组成的优势种、建群种、亚优势种、伴生种、偶见种比例，优化和凸显不同植物在群落内的作用。

（3）群落结构。为改变群落结构单一、促进群落对太阳辐射有效利用、扩大群落生态位分化和提升群落景观面貌，可从空间结构（垂直向、水平向）和时间格局两个方面着手群落结构的调整和优化。在垂直向上，通过调整冠层高度、种群年龄结构等来丰富群落结构和优化群落生态位；在水平向上，通过调整斑块、镶嵌的配比和布局等来优化群落格局。主要通过调整群落的季相变化来优化群落时间格局。

（4）群落外貌。主要是通过调整群落内不同生活型的组成比例，优化群落物种组成。概言之，通过调整优化，使乔灌比、落叶和常绿植物数量比趋于合理（通常为3：1），下木层配置一定比例适生草花地被（覆盖率一般为80%）。

第5节　生态系统生态学

学习单元1　生态系统基本概念

学习目标

➢了解生态系统概念

➢熟悉生态系统的生态平衡

知识要求

一、生态系统基本概念

生态系统是指在一定的空间和时间内共同栖居着的所有生物（即生物群落）和非生物成分（环境），通过物质循环和能量流动而发生相互作用，构成的一个相互依存的统一的生态学功能单位。

二、生态系统平衡概念

1. 生态平衡的含义

生态平衡指一个生态系统在特定时间内的状态，在这种状态下，其结构和功能相对稳定，物质与能量输入输出接近平衡，在外来干扰下，通过自然调节（或人为调控）能恢复原初的稳定状态。

生态平衡概念包括两方面含义：①生态平衡是生态系统长期进化所形成的一种动态平衡；②生态平衡反映的是生态系统内生物与生物、生物与环境之间的相互关系所表现出来的稳态特征。

2. 生态平衡的三个基本要素

三个要素是系统结构的优化与稳定性，能流和物流收支平衡以及自我修复和自我调节功能的保持。

衡量生态系统处于生态平衡状态的具体内容包括：①时空结构上的有序性；②能流、物流的收支平衡；③系统自我修复、自我调节功能的保持，抗逆、抗干扰、缓冲能力强。

3. 生态平衡失调及其原因

（1）生态平衡失调的概念。当外来干扰超出生态系统自我调节能力，而不能恢复到原初状态的现象称为生态失调或生态平衡的破坏。

（2）生态平衡失调的原因。作用于生态系统的外部压力可以从两方面来干扰、破坏生态平衡：一是损坏生态系统的结构，导致系统的功能降低；二是引起生态系统的功能衰退，导致系统的结构解体。

学习单元 2　生态系统的结构

学习目标

➢了解生态系统的结构

➢熟悉生态系统的组成

知识要求

一、基本成分

任何一个生态系统都是由生物成分和非生物成分两部分组成的。

- 生态系统
  - 非生物成分
    - 无机物：氧、氮、二氧化碳、水和各种无机盐等
    - 有机物：蛋白质、糖类、脂类和腐殖质等
    - 气候因素：温度、湿度、风、雨、雪和辐射等
  - 生物成分
    - 生产者：绿色植物、光合细菌和其他自养生物
    - 消费者：植食动物、肉食动物、杂食动物和寄生动物等
    - 分解者：微生物、原生动物和食腐动物等

生态系统包括下列四种主要组成成分。

1. 非生物环境

非生物环境包括参加物质循环的无机元素和化合物，联系生物和非生物成分的有机物质（如蛋白质、糖类、脂类和腐殖质等）和气候或其他物理条件（如温度、压力）。

2. 生产者

生产者指能利用简单的无机物质制造食物的自养生物，主要包括所有绿色植物、蓝绿藻和少数细菌等自养生物。

3. 消费者

消费者是针对生产者而言，即它们不能利用无机物质制造有机物质，而是直接或间接地依赖于生产者所制造的有机物质，因此属于异养生物。消费者归根结底都是依靠植物为食（直接取食植物或间接取食以植物为食的动物）。

4. 分解者

分解者是分解动植物的残体、粪便和各种复杂的有机化合物，吸收某些分解产物，最终能将有机物分解为简单的无机物的异养生物，主要包括细菌和真菌、某些原生动物和蚯蚓、白蚁、秃鹫等大型腐食性动物。

二、营养结构

1. 食物链

植物所固定的能量通过一系列的取食和被取食关系在生态系统中传递，把生物之间存在的这种单方向营养和能量传递关系称为食物链。食物链有三种类型，即捕食食物链、碎屑食物链、寄生食物链。

（1）捕食食物链。是生态系统中最重要的食物链形式，它是由生态系统中的生产者与消费者之间、消费者与消费者之间通过捕食与被捕食的关系形成的。如植物→昆虫→蛙→蛇；草→蝗虫→百灵鸟→沙狐。特点是以绿色植物为起点到植食动物，进而到肉食动物。

（2）碎屑食物链。在生态系统中有着重要的作用，是生态系统的物质循环不可缺少的

部分。营腐生生活的生物通过分解作用在不同生物尸体的分解过程中形成的相互联系。如：植物残体→蚯蚓→线虫类→节肢动物。

（3）寄生食物链。指生态系统中一些营寄生生活的生物之间存在的营养关系。如：鹿→蚤→原生动物→细菌→病毒；黄鼠→跳蚤→鼠疫细菌。

2. **食物网**

由于在食物链中位节或顶位节出现了杂食性或广食谱的动物，使得多条食物链相互交叉，形成的网状食物关系。

3. **营养级**

指处于食物链某一环节上的全部生物种的总和，因此营养级之间的关系是指一类生物和处于不同营养层次上另一类生物之间的关系。例如，作为生产者的第一个营养级。所有以生产者（主要是绿色植物）为食的动物都属于第二个营养级，即植食动物营养级。第三个营养级包括所有以植食动物为食的肉食动物。以此类推，还可以有第四个营养级（即二级肉食动物营养级）和第五个营养级等。

学习单元3 生态系统的主要过程和功能

学习目标

- 了解生态系统的主要过程
- 了解典型自然生态系统
- 熟悉生态系统功能

知识要求

一、生态系统的主要过程

1. **生态系统的物种流动**

物种流指物种的种群在生态系统内或系统之间时空变化的状态。

2. **生态系统的能量流动**

（1）生态系统中能量存在的形式。能量在生态系统中以多种形式存在，主要有太阳辐射能、化学能、机械能、电能和生物能等5种。生态系统中这些不同形式的能量可以储存和相互转化，如辐射能量可以转变成其他的运动形式能。

（2）生态系统中的能源和能流路径。太阳辐射能是生态系统中的能量的最主要来源；除太阳辐射外，对生态系统发生作用的一切其他形式的能量统称为辅助能，辅助能分为自然辅助能（如潮汐作用、风力作用、降水和蒸发作用）和人工辅助能（如施肥、灌溉等）。

生态系统中能量流动的主要路径为：能量以日光形式进入生态系统，以植物物质形式储存起来的能量，沿着食物链和食物网流动通过生态系统，以动物、植物物质中的化学潜能形式储存在系统中，或作为产品输出，离开生态系统，或经消费者和分解者生物有机体呼吸释放的热能自系统中丢失。生态系统是开放的系统，某些物质还可通过系统的边界输入如动物迁移、水流的携带、人为的补充等。

3. 生态系统的物质循环

（1）物质循环的基本原理——物质不灭定律和质能守恒定律。

物质不灭定律认为，化学方法可以改变物质的成分，但不能改变物质的量。

质能守恒定律认为，质量和能量是一个统一体，其总量在任何过程中都保持不变。

（2）生物地球化学循环的类型。根据物质在循环时所经历的路径不同，并根据物质循环过程中是否有气相的存在，可分为气相型和沉积型两个类型。

1）气相型。其储存库是大气和海洋。气相循环具有明显的全球性，如 CO_2、N_2、O_2 和 H_2O 等均属这种类型。值得提出的是，气相循环与温室效应，酸雨、酸雾、臭氧层破坏这三个全球性环境问题密切相关。

2）沉积型。许多矿物元素其储存库在地壳里。沉积循环一般情况下没有气相出现，因而通常没有全球性的影响，并且其速度缓慢容易受到干扰，是一种“不完全”的循环。

（3）几种重要物质的循环

1）水循环。陆地、大气和海洋中的水，形成了一个水循环系统。水在生物圈的循环，可以看做是从水域开始，再回到水域而终止。水域中，水受到太阳辐射而蒸发进入大气中，水汽随气压变化而流动，并聚集为云、雨、雪、雾等形态，其中一部分降至地表。到达地表的水，一部分直接形成地表径流汇入海洋；一部分渗入土壤内部，其中少部分为植物吸收利用，大部分通过地下径流进入海洋。植物吸收的水分中，大部分用于蒸腾，只有很小部分为光合作用形成同化产物，并进入生态系统，然后经过生物呼吸与排泄返回环境，如图 2—4 所示。

2）碳循环。碳是生命骨架元素。环境中的 CO_2 通过光合作用被固定在有机物质中，然后通过食物链的传递，在生态系统中进行循环。其循环途径有：①在光合作用和呼吸作用之间的细胞水平上的循环；②大气 CO_2 和植物体之间的个体水平上的循环；③大气

图 2—4　水的全球循环

CO_2—植物—动物—微生物之间的食物链水平上的循环。这些循环均属于生物小循环。此外，碳以动植物有机体形式深埋地下，在还原条件下，形成化石燃料，这便是碳的地质大循环，如图 2—5 所示。

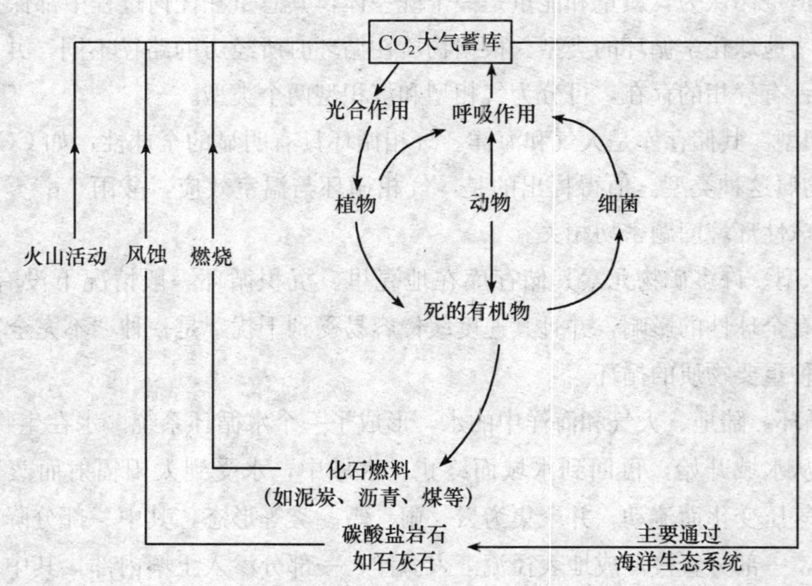

图 2—5　生态系统中的碳循环

3）氮循环。氮是生命代谢元素。大气中氮的含量为 79%，总量约 3.85×10^{15} T，但它是一种很不活泼的气体，不能为大多数生物直接利用。只有通过固氮菌的生物固氮，闪电等的大气固氮，火山爆发时的岩浆固氮以及工业固氮四条途径，转为硝酸盐或氨的形态，才能为生物吸收利用，如图 2—6 所示。

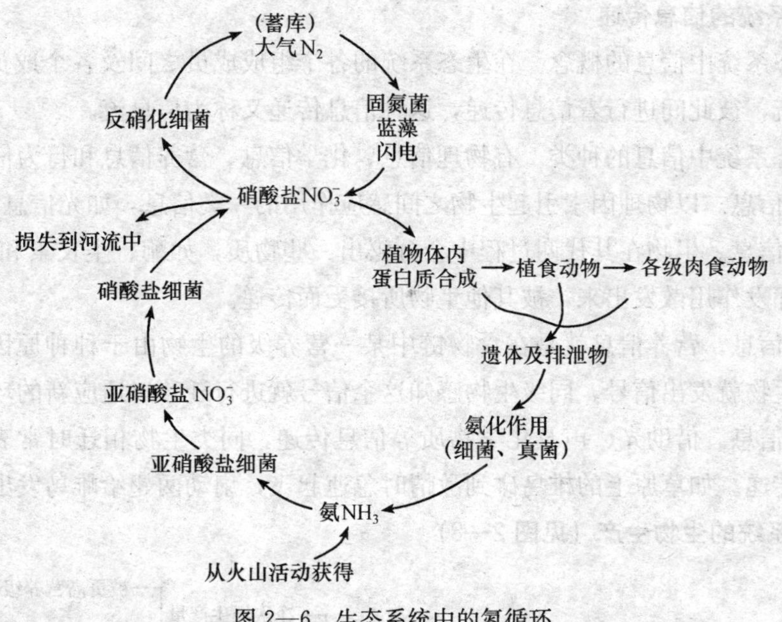

图 2—6　生态系统中的氮循环

4）磷循环（见图 2—7）。磷是生命信息元素。磷循环属典型的沉积循环。磷以不活跃的地壳作为主要储存库。岩石经土壤风化释放的磷酸盐和农田中施用的磷肥，被植物吸收进入植物体内，含磷有机物沿两条循环支路循环：一是沿食物链传递，并以粪便、残体归还土壤；二是以枯枝落叶、秸秆归还土壤。各种含磷有机化合物经土壤微生物的分解，转变为可溶性的磷酸盐，可再次供给植物吸收利用，这是磷的生物小循环。在这一循环过程中，一部分磷脱离生物小循环进入地质大循环，其支路也有两条：一是动植物遗体在陆地表面的磷矿化；二是磷受水的冲蚀进入江河，流入海洋。

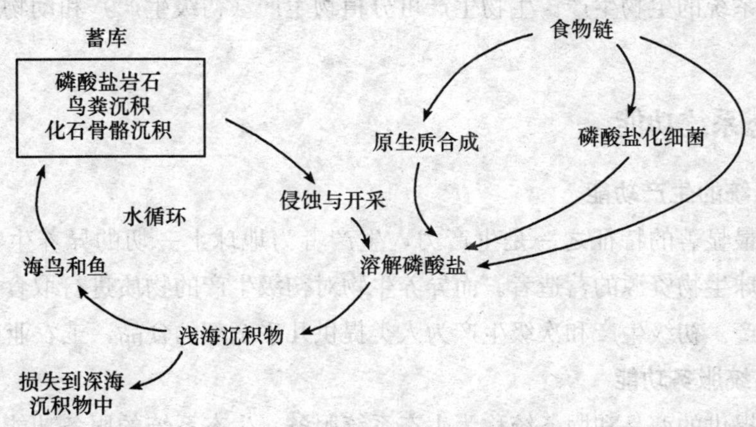

图 2—7　生态系统中的磷循环

4. **生态系统的信息传递**

（1）生态系统中信息的概念。在生态系统的各个组成成员之间及各个成员的内部都存在着信息交流，彼此间进行着信息传递，这种信息传递又称为信息流。

（2）生态系统中信息的种类。有物理信息、化学信息、营养信息和行为信息四种。

1）物理信息。以物理因素引起生物之间感应作用的一类信息，如光信息、声信息等。

2）化学信息。生物在其代谢过程中会分泌出一些物质，如酶、生长素和促老激素等，经外分泌或挥发作用散发出来，被其他生物所接受而传递。

3）营养信息。营养信息就是在食物链中某一营养级的生物由于种种原因而变少，另一营养级的生物就发出信号，同级生物感知这个信号就进行迁移以适应新的环境。

4）行为信息。借助光、声及化学物质等信息传递，同类生物相迁时常表现各种有趣的行为信息传递。如草原上的雄鸟碰到敌情时急速起飞，扇动两翅给雌鸟发出警报。

5. **生态系统的生物生产（见图 2—8）**

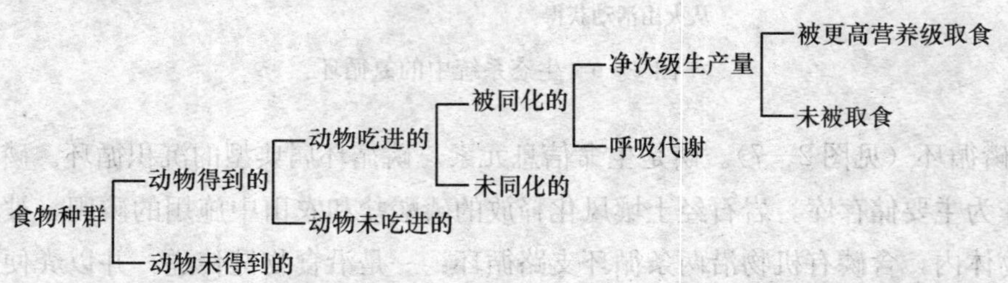

图 2—8　生物生产的一般过程

生物生产是生态系统的重要功能之一，生态系统不断运转，生物有机体在能量代谢过程中，对能量、物质重新进行组合，形成新的产品（碳水化合物、脂肪和蛋白质等）的过程，称为生态系统的生物生产。生物生产可分植物生产（初级生产）和动物生产（次级生产）两大类。

二、生态系统功能

1. **生态系统的生产功能**

生态系统最显著的特征之一是生产力，生产者为地球上一切的异养生物提供营养物质，它们是全球生物资源的营造者。而异养生物对初级生产的物质进行取食加工和再生产而形成次级生产。初级生产和次级生产为人类提供几乎全部的食品，工农业生产的原料。

2. **生态系统服务功能**

生态系统提供的商品和服务统称为生态系统服务，生态系统的服务功能可以概括为以下几个方面。

(1) 生物多样性的维护。生物多样性是自然生态系统生产和生态服务的基础和源泉。生物多样性可提供多方位的服务。森林不仅为人类提供木材，还储藏了百万年前的太阳能，为今天提供了煤、原油和天然气。通过维护和恢复过去系统中曾有过的动物、植物和微生物及其相互关系，以发挥出它们在生态系统中的作用，促进和改善生态系统服务性能。

(2) 传粉、传播种子的功能。植物靠动物传粉是互惠共生的特化形式。在已知繁殖方式的 24 万种植物中，大约有 22 万种植物包括农作物，需要动物帮助。不仅传粉，有些植物种类亦需要动物帮助传播扩散种子。有些种类甚至必须要一些动物的活动才能完成种子的扩散。有些动物具有储存和埋藏食物的行为。许多植物物种分布区的扩大和局部种群的恢复都取决于动物的活动。

许多类型植被的正常存活和更新取决于与其有关动物的存在和数量，其中包括一些高生产力的森林类型。

(3) 保护和改善环境质量功能。空气、水和土壤中的有毒物质经过生态系统的吸收和降解得以消除或减少，环境质量得到改善。

(4) 减缓干旱和洪涝灾害。森林和植被在减缓干旱和洪涝灾害中具有重要作用，成为水利的屏障。在降雨时，植被的枝叶树冠截留雨水，减少了雨点对地面的直接冲击，植被的根系深扎于土层之中，这些根系和死植物枝干支持和充实土壤肥力，并且吸收和保护了水分。森林和植被中的土壤拥有的孔隙、裂缝和空洞，既是水的储藏库，也是水往地层深处移动的通路。

湿地生态系统在全球和区域性的水循环中起着重要的调节和缓冲作用。湿地草根层和泥炭层，具有较强的持水能力，是巨大的储水库，能够削减洪峰的形成和规模。为江河和溪流提供水源，有助于区域水的稳定性。湿地有助于调节气候，防止环境趋于干旱。

(5) 生物防治功能。在自然生态系统中，有害生物往往受到天敌的有效控制。利用天敌或某些生物的代谢物去防治有害生物，称为生物防治。天敌多种多样，有瓢虫、步行虫、蜘蛛和鸟类等捕食者，有寄生蜂、寄生蝇和线虫等寄生物，有真菌、细菌和病毒等致病菌。这些天敌在自然生态系统中发挥着控制有害生物，限制潜在有害生物数量的作用。

(6) 土壤形成及其改良功能。土壤层是自然生态系统经过千百年生物、物理和化学过程产生而形成的，并由整个生态系统维持更新。

1) 土壤是植物生长的基质和营养库。绝大多数植物以土壤作为生活的基质。土壤为植物提供了生活的空间、水分和必需的矿质元素。

土壤是植物的营养库。植物生长发育需要的 N、P、K 等无机元素和有机质源自土壤。

2) 土壤酸碱度对养分有效性的影响。酸碱度能影响养分的有效性。在不同的酸碱度下，土壤矿质元素有效性不同。pH 值约为 6.5 时，养分的有效性最高。

3）土壤生物是土壤的积极改良者。土壤微生物对有机物进行降解，被还原成营养物质。土壤中生活着大量动物，这些动物在土壤形成的过程中起着很重要的作用。它们参与土壤有机质的捣碎、分解和腐烂等过程，从而提高土壤的肥力。

（7）净化空气和调节气候。植物有过滤各种有害物质净化空气的功能。有的树叶表面绒毛能分泌黏液、油脂；有的可吸附大量飘尘；有的可吸收二氧化硫、氟化物等气体。

自然生态系统在不同空间尺度上影响着大气和气候。生态系统在演化过程中使大气成分发生了巨大变化。植物吸收二氧化碳进行光合作用，有效地调节了空气的成分。植被在生长过程中，从土壤中吸取水分，通过叶面蒸腾，把水蒸气释放到大气中，从而改变了当地温度、云量和降雨，增加了水循环。

（8）防风固沙，保堤护田。防护林和林带可以防止和减轻风的危害。刮风时，气流受到林木的阻挡和分割，一部分气流从树梢上绕过，一部分气流透过林间枝叶，分割成许多方向不同的小股气流，风力变弱。沙柳、沙蒿、旱柳等植物对固定沙丘、削弱风速起到了极大的作用。红树林可以消滞海岸潮间带潮汐的影响，起着保护堤岸的作用。

（9）休闲、娱乐。自然生态系统中洁净的空气和清澈的水，有助于人身心健康，人的性格和理性智慧得以丰富而健康地发展。不少野生动物以其美妙的形色、姿态、声韵或习性给人以感受，带来生活情趣。千姿百态的植物风景区是人们娱乐、疗养的上佳场所。

三、典型自然生态系统

1. 森林生态系统

森林生态系统是以乔木为主体的生物群落及其非生物环境综合组成的生态系统，可分为热带雨林、亚热带常绿阔叶林和寒温带针叶林等生态系统。与陆地其他生态系统相比，森林生态系统是陆地生态系统中生物总量最高、稳定性最好、结构最完整、能量转换和物质循环最旺盛、生态效应最强的生态系统。其主要特点和优势主要有以下几点：

（1）占据空间大。森林在占据空间方面的优势表现在三个方面：一是水平分布面积广，中国北起大兴安岭，南到南海诸岛，东起我国台湾地区，西到喜马拉雅山，在广阔的国土上都有森林分布，森林占有广大的空间。二是森林垂直分布高度，一般可以达到终年积雪的下限，在低纬度地区分布可以高达 4 200～4 300 m。三是森林群落高度高于其他植物群落。

（2）林木寿命较长。森林的主要组成是树木，树木生长期长，有些树种的寿命很长。据资料记载，榆树能活 500 年；桦树能活 600 年；樟树、栎树能活 800 年；松、柏树的寿命可超过 1 000 年。

2. 湿地生态系统

湿地生态系统是指由湿地生物群与其相互作用的地理环境所构成的自然系统。湿地可在广义上理解为“被间歇的或永久的浅水层覆盖的土地”。

(1) 湿地生态系统的主要特点。湿地生态系统的主要特点包括五个方面，即：①系统的生物多样性，兼具陆生和水生动植物；②系统的脆弱性，容易受到水文、土壤和气候的影响；③生产力高效性，拥有最高的初级生产力；④效益的综合性，既具有调蓄水源、净化水质、保存物种等基本生态效益，也具有为工农业、能源、医疗业等提供原料的经济效益，同时还有作为物种研究和教育基地、提供旅游等社会效益；⑤系统的易变性，是脆弱性表现的一种特殊形态，意为当水量减少以至干涸时，湿地生态系统演替为陆地生态系统，当水量增加时，该系统又演化为湿地生态系统，水文决定了系统的状态。

(2) 我国主要湿地。我国共有 30 处湿地被列入国际《湿地公约》，它们是：黑龙江扎龙自然保护区、青海鸟岛自然保护区、海南东寨港红树林保护区、香港米埔湿地、江西鄱阳湖自然保护区、湖南东洞庭湖自然保护区、吉林向海自然保护区、黑龙江洪河自然保护区、黑龙江三江自然保护区、黑龙江兴凯湖自然保护区，内蒙古达赉湖自然保护区、内蒙古鄂尔多斯自然保护区、大连斑海豹保护区、江苏大丰麋鹿自然保护区、江苏盐城沿海滩涂湿地、上海崇明东滩自然保护区、湖南南洞庭湖自然保护区、湖南西洞庭湖自然保护区、广东湛江红树林保护区、广东惠东港口海龟保护区、广西山口红树林保护区、辽宁双台河口湿地、云南大山包湿地、云南碧塔海湿地、云南纳帕海湿地、云南拉什海湿地、青海鄂陵湖湿地、青海扎凌湖湿地、西藏麦地卡湿地、西藏玛旁雍错湿地。

(3) 上海崇明东滩自然保护区简介。上海崇明东滩自然保护区位于东经 121°50′～122°05′、北纬 31°25′～ 31°38′；占地约 326 km²，属长江口典型的河口湿地；处于我国候鸟南北迁徙的东线中部，是候鸟迁徙途中的集散地，也是水禽的越冬地；在崇明东滩，记录的鸟类达 312 种，迁徙水鸟上百万只，其中国家一级保护动物 4 种，国家二级保护动物 43 种。根据调查统计，有 8 种达到或超过世界种群 1%，3 种达到或超过停歇地，大于 0.25%标准；1999 年崇明东滩正式加入东亚—澳大利亚涉禽迁徙保护网络，2002 年 1 月，湿地国际秘书处正式接纳崇明东滩为国际重要湿地。

四、生态系统的健康

生态系统健康的相关研究具有重要的应用价值，其丰富了现代生态学的研究内容，并为生态学的发展注入了新的活力。生态系统健康研究在自然科学、社会科学和健康科学之间架起了一座桥梁，为全球生态环境问题的解决带来了新的希望。

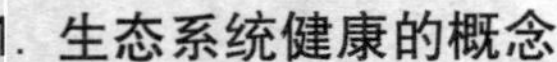

1. 生态系统健康的概念

生态系统健康是指生态系统所具有的稳定性和可持续性，即在时间上具有维持其组织结构、自我调节和对胁迫的恢复能力。

2. 生态系统健康的基本特征

(1) 不受对生态系统有严重危害的生态系统胁迫综合征的影响。

(2) 具有恢复力，能够从自然的或人为的正常干扰中恢复过来。

(3) 在没有或几乎没有投入的情况下，具有自我维持能力。

(4) 不影响相邻系统，即健康的生态系统不会对别的系统造成压力。

(5) 不受风险因素的影响。

(6) 在经济上可行。

(7) 维持人类和其他有机群落的健康，生态系统不仅是生态学的健康，而且包括经济学的健康和人类健康。

思 考 题

1. 绿化工作人员可以从生态学中汲取到哪些有益的知识，同时请思考植物生态学对于园林绿化的建设和养护有哪些可资借鉴的理念?

2. 简述物种、种群、群落、生态系统之间的关系。

3. 共生可分为互利共生和偏利共生，这二者间的区别和联系是什么?

4. 植物为了适应外界环境条件，会产生一系列变化，可大致归纳为趋同适应和趋异适应。试描述这两种适应的内涵，它们与环境之间有什么联系?

5. 试述由水底裸地发展至森林群落的全过程。

6. 水土资源是生物赖以繁衍生息的最基础生活资料，水、土均具有自净作用，一旦所受污染超出其自净能力后便会遭到污染，进而形成食品安全问题。请问，水土污染通过哪些途径影响食品安全?

第3章

园林土壤肥料

第 1 节　土壤肥料在生态园林中的地位与作用

学习目标

➢了解土壤肥料在生态园林中的作用

➢掌握土壤肥力的定义及应用

➢掌握运用适地适树的原理

知识要求

一、土壤肥料与生态园林

土壤是覆盖在陆地表面能够生长植物的疏松层，是陆生植物生长的天然介质，为植物生长提供必需的矿物元素、空气和水分。由于植物根系和土壤之间具有极大的接触面，因而它是生态系统中物质与能量交换的重要场所；同时，它本身又是生态系统中生物部分和无机环境互相作用的产物。在自然界中，土壤处于大气圈、岩石圈和生物圈之间，是联系有机界和无机界的枢纽。

生态园林的核心是园林事业的发展与环境保护的协调，把我国传统的园林精华与现代化的先进技术结合起来。因此，生态园林的建立和发展需要现代科学技术，包括土壤肥料科学技术为其服务。同时，园林土壤肥料科学技术的发展和提高也离不开生态园林的正确方向作保证。

二、土壤肥力

1. 土壤肥力的定义

土壤肥力是土壤的本质特征，通常说的土壤肥力就是土壤供给和调节植物生长发育所需要的水、肥、气、热等生态因素的能力，简称为水、肥、气、热。水分和养分能被植物根系直接吸收，可称为营养条件；空气和热状况可称为环境条件。土壤各种肥力因素不是孤立的，而是相互联系和相互制约，并不断运动变化的。土壤肥力的高低，是由土壤内在物质和能量存在的状况，及其被植物利用转化的程序所决定的。

2. 土壤肥力的生态相对性

生态上适用于此种土壤的植物，其吸收利用的能力强，土壤表现为肥力较高。而生态上不适于此种土壤的植物，其吸收利用的能力弱，土壤表现为肥力较低，所以，土壤肥力是具有生态性质的，这就是土壤肥力的生态相对性。植物生态差别越大，土壤肥力生态相对性就越明显。

例如，雪松、黑松要求高燥、疏松、排水良好的土壤条件，而柳树、池杉却能在低洼河边生长；水杉耐水湿，但不耐盐碱，泡桐耐盐碱却不耐水湿；杜鹃、茶花、五针松等要求酸性土壤，而侧柏、南天竹、圆叶乌桕、油橄榄、铁线蕨等却在石灰性土壤中生长良好。

三、适地适树

园林植物的生物学特性，把植物种在适宜的土壤上，就是“适地适树”原则。要真正做到“适地适树”，应该根据园林植物所要求的土壤生态条件，人为地调节和改良土壤肥力因素，使其适合于园林植物所需要的土壤生态条件。

第 2 节　土壤形成与土壤剖面形态

通过风化作用，坚硬的大块岩石变成松散的大小不等的碎粒，使得空气和水分可以流通和透过，其中微粒部分也具有一定的吸持和保蓄水分的能力，为土壤的形成创造了条件。

学习单元 1　土壤形成的因素

学习目标

➢了解各因素对土壤形成的影响

➢掌握母质的概念

知识要求

土壤是在以生物为主的 5 种成土因素综合作用下形成的，这 5 种成土因素是母质、地形、气候、生物、成土时间。

一、母质对土壤形成的影响

1. 母质的概念

土壤母质是岩石经过风化（物理、化学长期的作用）分解成的粗细不同颗粒，其中包括一些从岩石中分析出来的可溶性盐类。这些碎屑，有的保留在原地。

2. 母质的形成

上海地区的土壤主要由长江冲积母质演变成的，处于长江入海口的宽广江面，江水流速慢，江水冲积得到的土壤颗粒细，土中营养元素丰富，形成残积物，称为残积母质；有的在流水、风力、冰川等作用下被迁移形成冲积物、风积物、冰碛物等，称为运积母质。

母质的精细决定着土壤的质地，母质的层次决定着土壤的质地剖面排列及其他一些土壤理化性质，这些都对植物的生长有深刻的影响。

二、气候对土壤形成的影响

气候对土壤形成的作用是十分复杂的。如气温高低变化以及降水的多少直接影响着土壤中物质转化的速度和强度。

三、生物对土壤形成的影响

生物在土壤形成过程中起主导作用。在生物作用下，母质逐步演变成有肥力的土壤，并随着土壤肥力的提高，为更高级生物出现提供了条件，所以生物进化和土壤肥力互为因果，是土壤肥力螺旋上升的过程，也是有机体和环境发展进一步的统一。土壤生物对土壤形成的影响主要体现在 3 个方面：（1）累积 N 素：固 N 生物、固 N 菌、三叶草、大豆等；（2）富集养分：广泛分布的植物根系吸收、富集养分；（3）形成土壤结构：根系穿插、微生物合成腐殖质，从而促进土壤良好结构的形成。

四、地形对土壤形成的影响

地形在土壤形成过程中所起的作用也是多方面的。首先，不同坡度和不同方位的坡向，接受太阳的热量情况不同。南坡接受的热量多，所以土温高；而北坡相反，接受的热量少，所以土温低。南坡又称阳坡，北坡又称阴坡。由于地形不同，在接受的太阳能、水

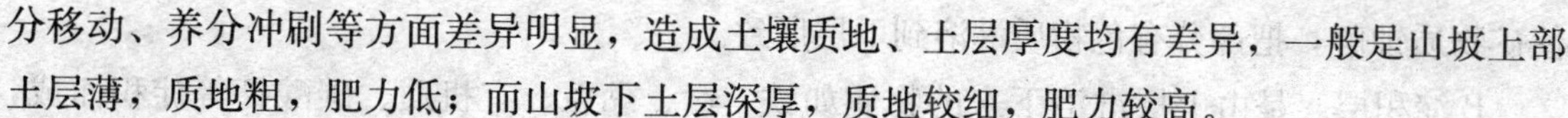

分移动、养分冲刷等方面差异明显，造成土壤质地、土层厚度均有差异，一般是山坡上部土层薄，质地粗，肥力低；而山坡下土层深厚，质地较细，肥力较高。

五、土壤形成的时间因素

成土年龄长短对土壤的形成和特点影响大，成土时间长，受气候、生物作用时间长，与母质、母岩差异大；成土时间短，受气候、生物作用时间短，与母质、母岩差异小。气候、地形可影响改造的方向、速度、强度和结果。

六、人类活动对土壤形成的影响

人类生产活动对土壤形成的影响也不容忽视，主要表现在通过改变成土因素作用于土壤的形成与演化。

学习单元 2　土壤的发生学层次

学习目标

➢了解自然土壤的发生学层

➢熟悉耕作土壤的剖面示意图

知识要求

一、土壤发生学层

在土壤形成过程中，土壤发生学层由于受各种自然因素的影响，母质中一些物质发生分解、迁移、化合、淀积等，也就是物质发生重新分配，使原来不分层的母质，逐渐在形态上分化为不同的层次，土壤这些层次就叫做土壤发生学层。

自然土壤的发生学层可归纳如下：

A00 枯枝落叶层。在森林中最明显，由未腐烂的植物残体组成。

A0 已经半腐解的枯枝落叶层。

A1 腐殖质层。一般颜色较暗。

A2 灰化层。在针叶林植被下形成的土壤所特有的层次，呈现灰色，这是由于有机酸使矿物质蚀解，把部分有色物质淋溶到下层所致。

B 淀积层。是由上层淋溶下来的物质如铁、锰、黏粒、有机质、碳酸钙等淀积而成，比较紧实。

C 母质层。

二、土壤剖面

1. 土壤剖面的概念

土壤剖面是指从地表垂直向下到母质层所出现的垂直切面。在土壤形成过程中，土体中的物质也在变化，产生移动和淀积，使土体上下发生层次分化，形成一定的剖面形态和土体构型。不同的土壤形成条件，影响到土体中的物质运动特点不同，也就带来剖面形态的不同。通过了解土壤剖面，可掌握成土因素对其造成的影响、肥力特性等，它是区别土壤类型的一种重要方法。土壤剖面形态特征的鉴别内容主要有：土壤颜色、质地、结构、松紧度、新生体、侵入体等。

2. 耕作土壤剖面示意图

如图 3—1 所示，耕作土壤的剖面中，表层是耕作层，其下有犁底层，再下是人为影响较小的心土层和底土层，土壤剖面是自然成土过程和耕作熟化过程的外在反映。各层次的水、肥、气、热等因素是相互影响的，表土层受成土过程影响较深，加上人们的经济活动，其腐殖质积累多，根系密集，土壤结构较疏，对植物生长影响很大，但心土层和底土层也不能忽视，特别是栽培具有高大枝干和强大根系的多年生林木，更有特殊作用。

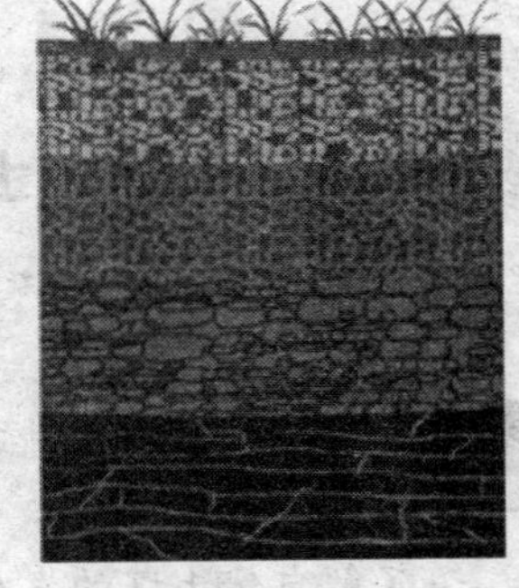

图 3—1　耕作土壤剖面示意图

学习单元 3　上海土壤

学习目标

➤掌握上海土壤的特点

➤了解上海主要的土壤类型及其分布

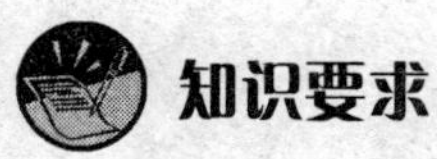

知识要求

一、上海土壤主要母质类型及特点

上海位于长江三角洲前缘，太湖平原东侧。地理坐标为东经 120°51′～121°45′，北纬 30°41′～31°50′。全市土地总面积为 6 340.5 km^2，其中陆地面积为 6 218.65 km^2。地下水位高，土壤渍水严重。

二、上海主要土壤类型及分布

1. 盐土

母质为江海盐渍沉积物，具有强烈的石灰反应，呈碱性，pH 值 8.3 左右。盐土主要分布于崇明北部和川沙、南汇、奉贤、金山等县的滨海地带。

2. 沙泥

母质为新江海沉积物，土壤质地为轻壤至中壤，不沙不黏，结构疏，耕性良好，有一定的保水、保肥能力，耕层有机质含量 2.3%左右，适宜于各种作物生长，是上海市土壤肥力较高的土壤类型，有石灰反应，pH 值 8.0 左右，主要分布在东部滨海平原和江口沙洲区。

3. 泥头

母质以江海相沉积为主，土壤质地一般为中壤至重壤，有机质含量 2.3%～3.0%，中、下层有石灰反应，pH 值为 6.6～7.8，土壤耕性好，透水透气，保肥、供肥状况良好。泥头土壤主要分布在嘉定、川沙、南汇、奉贤等广大地区，是上海地区分布最广的一种土壤类型。

4. 沟干泥

沟干泥以老江海母质为主，土壤呈青灰色，土壤质地黏重，多为重壤至轻黏土，pH 值为中性或中性偏酸，耕作困难，通透性差，养分释放慢，保肥力强，供肥性较差。沟干泥土壤主要分布在淀泖柢地、松江、青浦、金山等地。

5. 黄棕壤

黄棕壤母质为各种火成岩的残积物和坡积物，土体为棕黄色或棕色，中性偏酸到酸性反应，表层有机质含量在 4%左右。土壤质地上部为轻壤，下部为中壤到重壤，黄棕壤主要分布在上海市西部平原十余座孤丘上。

第 3 节　土壤的基本性质

学习单元 1　土壤的物理性质

学习目标

- 了解土壤质地与土壤肥力之间的关系
- 熟悉通过土壤比重、容重、孔隙度初步判断土壤质量
- 掌握土壤密度、容重、孔隙度的定义

知识要求

一、土壤质地

1. 土壤粒级

土壤粒级是土壤中矿质颗粒按粒径大小划分成的等级，粒级的基本级别有 4 级，即石砾、砂粒、粉粒（也叫粉沙粒）和粘粒。

石砾（1～3 mm）是岩石风化留下的残屑，其所含的矿物成分和母岩基本一致，速效性养分很少，吸持水分的能力也很差，但通透性很好。

砂粒（0.05～1 mm）的主要矿物成分是石英，还有少部分白云母、钾长石等原生矿物的碎屑，无可塑性和黏结力，松散，有效养分贫乏，吸湿性和保肥能力很弱，大孔隙多，排水快，通气良好。

粘粒指直径小于 0.002 mm 的颗粒，主要成分是次生黏土矿物和硅、铁、铝的含水氧化物。因土粒细小，具有很大的表面积，因而有很强黏结力和吸附能力，成为土壤单粒中最活跃的粒级。

粉粒（粉沙粒）的颗粒大小介于砂粒与粘粒之间（0.002～0.05 mm），主要由细小的原生矿物（石英、长石、云母）和次生的非晶质二氧化硅组成，每克粉粒的总表面积为 1 m^2，吸附能力小，物理性质介于砂粒与粘粒之间，它们聚集在一起时很容易形成坚实的

板结层。

2. 土壤质地概念

土壤中各粒级土粒的配合比例，称为土壤质地。

3. 土壤质地分类

根据物理性砂粒和物理性粘粒所占比例的质地进行简明分类，见表 3—1。

表 3—1　　土壤质地分类（简明方案）　　%

质地名称		物理型沙粒（>0.01 mm）含量	物理型黏粒（<0.01 mm）含量
砂土	松砂土	100～95	0～5
	紧砂土	95～90	5～10
壤土	砂壤土	90～80	10～20
	轻壤土	80～70	20～30
	中壤土	75～70	25～30
	重壤土	55～40	45～60
黏土	轻黏土	40～25	60～75
	中黏土	25～15	75～85
	重黏土	<15	>85

4. 土壤质地与土壤肥力的关系

土壤质地对土壤的水、肥、气、热影响很大，对土壤的认识往往也是从土壤质地开始。

（1）砂土。颗粒粗，粒间孔隙大，比较疏松通气，透水性好，有机质容易分解，但蓄水能力小，保肥力差，含植物养料少。沙土昼夜温差大，早春及白天土温易上升，称为热性土。沙土上应选择干旱耐瘠薄的树种，如松、槐、杨。

（2）黏土。黏土粒细，粒间孔隙小，通气透水不良，易旱易涝，有机质分解缓慢，保肥能力强，含植物营养素比较丰富，肥劲稳而长，作物不徒长或烧苗。这类土壤改良时，可采取客土掺沙，翻沙压淤，深耕晒垡，重施有机肥，播种绿肥等措施。

（3）壤土。其沙粒适中，兼有砂土和黏土的优点，通气透水，又能保肥保水，水气矛盾不突出，一般水、肥、气、热比较协调，耕性好，是园林绿化较理想的土壤。

5. 土壤质地的简易测定

土壤质地在野外一般的环境条件下可以简易测定，即根据土壤湿润情况下人的手感得出。

砂土——粗糙感，无黏性，不能形成细条。

砂壤土——开始能揉成不完整“香肠状”的粗短条。

轻壤土——能够搓成较细的长条，但长条放在地上却捡不起来，易断。

中壤土——搓成的细长条能捡起来，但若弯成环就断裂。

重壤土——可弯成环，但环上有裂缝。

黏土——手感细滑，黏性强，能弯成完整的没有裂缝的环。

二、土壤密度、容重和孔隙度

1. 土壤密度

单位容积固体土粒（不包括粒间孔隙）的干重与4℃时同体积水重之比。土壤矿物质平均密度为2.60～2.70，通常以平均值2.65表示，称为土壤常用密度值。

2. 土壤容重

单位体积原状土壤（包括粒间孔隙体积）的干重称为土壤容重。容重的单位是克/立方厘米（g/cm^3）。土壤容重可以反映土壤的孔隙状况和松紧程度，是土壤松紧度的一个指标。土壤容重一般在1.0～1.8。

土壤容重与树木花卉根系的发育有密切的关系。杉木在容重为1.4～1.45的土壤中生长良好，而容重大于1.68时生长差；杂交杨在土壤容重为1.18～1.43时生长良好，容重1.51～1.64时生长差。大多数盆栽花卉要求容重小于1.0情况下才适宜生长。几种常见的花卉适宜的土壤容重见表3—2。

表3—2　几种花卉适宜的土壤容重　g/cm^3

花卉名称	土壤容重	花卉名称	土壤容重
杜鹃	0.1～0.3	香石竹	0.9～1.1
菊花	0.7～1.1	仙客来	0.5～0.7
山茶	0.2～0.5	樱草	0.7～1.0
月季	0.9～1.1	瓜子海棠	0.7～0.9
石楠	0.2～0.5	非洲菊	0.6～1.1
大岩桐	0.4～0.7	天竺葵	0.7～0.9
一品红	0.6～0.9	非洲紫花地丁	0.5～0.7
秋海棠	0.3～0.5	西洋八仙花	0.4～0.7

3. 土壤孔隙度

在自然状态的土壤中，所有孔隙的体积占土壤总体积的百分数，叫做土壤的孔隙度。土壤孔隙度可以根据土壤的密度和容重进行计算和判断，见表3—3。

表 3—3　　土壤容重和土壤松紧度、孔隙度的关系

松紧程度	容重（g/cm^3）	孔隙度（%）
极松	＜1.00	＞60.0
松	1.00～1.14	60～56
适合	1.14～1.26	56～52
稍紧	1.26～1.30	52～50
紧	1.30～1.45	50～45
极紧实	＞1.45	＜45

土壤孔隙度（%）＝（土壤密度－土壤容重）/土壤密度×100%

对园林植物生长来说，土壤孔隙度大于50%为好。其中大孔隙（＞0.1 mm）占1/5～2/5时，水、气比较协调，大孔隙小于10%于植物生长不良。

土壤三相比是指土壤的固相、液相、气相比例。不同质地、不同有机质含量的土壤有不同的三相比，如含有机质较少的砂土，其中固相和气相比例较大，而液相比例很小。土壤三相比可以通过土壤孔隙度进行计算，假定某土壤的容重是1.35 g/cm^3，孔隙度是49.5%，则该土壤的固相比为50.5%。

学习单元2　土壤的化学性质

学习目标

- 了解土壤胶体、阳离子交换量、盐基饱和度的定义
- 掌握土壤电导度和酸碱度的含义及土壤酸碱度与植物营养元素的关系

知识要求

一、土壤胶体

土壤固体颗粒中，凡直径小于0.001 mm的土壤微细粒子都具有胶体性质，都属于土壤胶体的范围。土壤胶体是土壤固体颗粒最细小的部分，因而也是物理性质和化学性质最活跃的部分。

1. 土壤胶体的类型

按照成分来源可分为 3 种类型：

（1）有机胶体。主要是腐殖质，它是有机物质腐殖化的产物。由于腐殖质中的羧基和酚基的氢解离，使腐殖质具有负电荷，因此能吸附带正电荷的阳离子。

（2）无机胶体。它是岩石风化所产生的微细胶粒，如高岭石、蒙脱石、伊利石及铁铝氧化物等。

（3）有机无机复合胶体。它是有机胶体和无机胶体相互作用的产物，吸收性强，又叫做土壤吸收性复合体，土壤中的养分也大部分集中在土壤有机无机复合体中。

2. 土壤胶体的性质

（1）巨大的表面能。1 g 胶体粘粒，其总表面积至少为 1 g 粗沙的 1 000 倍。巨大的表面能是土壤胶体吸持大量水分、养分的重要原因。

（2）带电性。土壤胶体经常是带负电荷的，它能吸收保持许多阳离子养分，既避免淋失，又可供植物吸收利用。

（3）分散性和凝聚性。土壤胶体有两种不同状态，一是胶体微粒分散在水中成为胶体溶液状态，称为溶胶；二是胶体微粒彼此凝聚，呈无定形絮冻状的胶体，称为凝胶。由溶胶联结聚成凝胶的作用，叫做凝聚作用。由凝胶分散成为溶胶的作用，叫做分散作用。

二、阳离子交换量（CEC）与盐基饱和度

1. 阳离子交换量（CEC）

阳离子交换量（CEC）：土壤在一定 pH 值（通常为 7）时吸收阳离子的数量，称为阳离子交换量。通常以 1 000 g 土壤吸附阳离子的厘摩尔数（cmol/kg）来表示。阳离子交换量的大小，可以表示土壤保肥能力的强弱。一般大于 20 cmol/kg 的土壤为保肥力强的土壤，10～20 cmol/kg 为保肥力中等的土壤，小于 10 cmol/kg 时为保肥力弱的土壤。

在碱性环境中，胶体的负电荷增加，阳离子交换量也会提高。对交换量小的苗圃土壤，可采取改良土壤质地、增加有机肥料和改良酸碱反应等办法来提高保肥能力。对大面积林地和沙地可通过合理的树种混交，抚育采伐或灌水等办法，促进凋落物的分解和提高土壤腐殖质地的含量，从而提高土壤的保肥能力。黏土的阳离子交换量是各质地土壤中最高的。

2. 盐基饱和度

土壤胶体上吸附多种阳离子，按其性质可分两大类：一类是盐基离子即金属离子，如 Ca^{2+}、Mg^{2+}、K^{+}、Na^{+}等，另一类是酸基离子，如 H^{+} 和 Al^{3+}。在全部阳离子中，盐基离子所占的百分数称为盐基饱和度。

盐基饱和度（%）=（交换性盐基离子总量/阳离子交换量）×100%

土壤盐基饱和度和养分有效性密切相关，也是土壤肥力指标之一。一般认为，盐基饱和度保持在70%～90%较为理想。

三、电导度（EC值）

电导度表示各种离子的总量。它和硝态氮之间存在着相当高的相关性，可由EC值来推断土壤中氮素的含量，作为是否需要施用氮肥的参考依据，见表3—4。

表3—4　　电导度和花卉施肥　　土/水比1∶2，25℃，ms/cm

植物的耐盐性		盐分等级	需肥情况
敏感	中等		
<0.37	<0.5	低	必须施肥
0.37～0.75	0.5～1.0	低—中	施肥到0.75或1.0
0.75～1.30	1.0～1.75	中—高	适宜范围不需肥
1.30～2.0	1.75～2.75	高—非常高	不能施肥，有必要对盐分淋洗

四、土壤酸碱度pH值

1. 土壤酸碱度的概念

土壤溶液中存在着极少量的氢离子和氢氧离子，它们的相对数量决定着土壤的酸碱反应。某些土壤溶液中氢离子大大超过氢氧离子，所以呈酸性；另一些恰好相反，呈碱性；还有一些氢离子和氢氧离子的浓度相等，呈中性。土壤活性酸度的大小通常以pH值表示。pH值是指氢离子浓度的负对数。

2. 土壤酸碱性与植物营养元素的关系

土壤酸碱性对植物生长发育的影响主要体现在，土壤酸碱性与其他土壤肥力因素之间的关系。在pH值4～8的培养液中一般植物均能生长，但在土壤中的范围却大大缩小。

（1）氮素。在通气不良的酸性土壤中，硝化作用受到抑制，土壤中以铵态氮为主；在通气良好的中性土壤中，硝态氮占优势。土壤过酸过碱也会削弱固氮菌的活动，直接影响土壤中氮素的含量。

（2）磷素。当pH值小于4.5～5.0时，土壤溶液中Fe^{3+}，Al^{3+}等离子活动性大，与磷酸形成不溶性化合物，降低了磷素的有效性。pH值为7.5～8.5时，则磷酸与钙发生作用形成难溶性的磷酸盐。土壤pH值6～7是植物利用磷的最好范围。

（3）钾素和钙素。在强酸性土壤中，因盐基的高度淋溶作用，钾和钙大量淋失。故强酸性土壤常发生缺钙、钾现象。

（4）铁、锰、铜、硼、锌。土壤反应趋于碱性时，它们中大多数溶解度降低形成氢氧化物沉淀，植物对这些元素的吸收困难导致缺乏；如果土壤太酸，营养元素溶解度增加，会使作物产生中毒症状。就整个相关性而言，pH 值接近 6～7 时，植物营养素最容易变为有效态。多数情况下，土壤 pH 值调节到适合于磷，其他植物营养素数量也就足够。

3. 指示植物

在自然界里有些植物对于土壤碱条件要求严格，它们只能在某一特定的酸碱范围内生长。如铁芒、映山红、石松等是盐碱土指示植物，蜈蚣草、柏木是石灰性土壤指示植物，盐蒿、碱蓬、柽柳等是盐碱土指示植物。

4. 土壤酸化

在石灰性土壤上（或碱性土壤）栽培喜酸性花卉，必须对土壤进行改良。利用有机质与土壤混合以降低土壤的 pH 值，如粉碎的枯枝落叶、松针叶、树皮、木屑、泥炭等经过加氮处理，以降低 C/N 比，然后混入土中，可以比较安全有效地起到降低土壤 pH 值的作用；另外，也可用硫黄粉或硫酸亚铁使土壤变酸。每 10 m^2 加 0.5 kg 硫酸亚铁，可降低 0.5～1 单位 pH 值，对于黏重土壤，用量在此基础上增加 1/3。国外栽培杜鹃，土壤 pH 值在 5.5 以上时，就用下列配方进行浇灌：硫酸铵 180 g/100 L，硫酸亚铁 120 g/100 L。

第 4 节　土壤生物及其作用

土壤生物活性和肥力直接或间接地与土壤生物有关。土壤生物是土壤具有生命力的主要成分，在土壤形成和发育过程中起主导作用，也是评价土壤质量和健康状况的重要指标之一。

学习单元 1　土壤生物类型和生活条件

学习目标

➤了解土壤的主要生物类型和生活条件

知识要求

土壤中的生物数量大、种类多，包括微生物、植物和动物，其中以微生物最多，如细菌、放线菌、真菌和蓝藻等，每公顷土壤表层有几吨到几十吨的微生物。

一、土壤动物

土壤动物是指长期或一生中大部分时间生活在土壤或地表凋落物层中的动物。它们直接或间接地参与土壤中物质和能量的转化，是土壤生态系统中不可分割的组成部分，对土壤性质影响较大。较为人类熟知的优势土壤动物类群主要包括原生动物、土壤线虫、蚯蚓、弹尾和螨目。土壤中蚯蚓的数量是衡量土壤肥力的重要指标。

二、土壤细菌

土壤细菌是一类单细胞且无完整细胞核的生物。它占土壤微生物总数的 70%～90%，每克土中有 100 万个以上细菌。细菌菌体通常很小，直径为 0.2～0.5 μm，长度约几微米，因而土壤细菌生物量并不高。土壤中存在各种细菌生物群，其中主要有纤维分解细菌、固氮细菌、氨化细菌、硝化细菌和反硝化细菌等。它们在土壤元素循环中起着主要作用。

1. 纤维分解细菌

通常纤维分解细菌适宜中性至微碱性环境，所以在酸性土壤中纤维素分解菌活性明显减弱。纤维分解细菌的活动也受到分解物料 C/N 比率的影响，一般情况下，细菌细胞增长所需的 C/N 比率为 4/1～5/1，同时，在呼吸过程中还要消耗几倍的碳，因而当分解物料 C/N 比率在 20/1～25/1 时，纤维分解细菌能很好地进行分解活动。

2. 固氮细菌

土壤中固氮微生物种类很多，它们每年可从大气中固定氮素达 1 亿吨。其中固氮细菌在固氮微生物中占有优势地位，大约有 2/3 的分子态氮是由固氮细菌固定的。固氮细菌可分为自生固氮细菌和共生固氮细菌两类。

3. 氨化细菌

氨化细菌是参与氨化作用的微生物种类，所需最适土壤含水量为田间持水量的 50%～75%，最适温度为 25～35℃。氨化细菌适宜在中性环境中生长，酸性大的土壤添加石灰可增加氨化细菌的活性。土壤通气状况决定了氨化细菌的优势种群，但通气状况好坏不影响氨化作用的进行。

4. 硝化细菌

微生物氧化为硝酸并从中获得能量的过程称硝化过程。参与硝化过程的土壤微生物为硝化细菌，包括亚硝酸细菌和硝酸细菌两个亚群。硝化细菌属化能无机营养型，适宜在pH值6.6～8.8或更高的范围内生活。硝化细菌最适温度为30℃，低于5℃和高于40℃，硝化作用甚弱。许多森林土壤pH值常低于5.0，所以在森林土壤中硝酸盐含量通常很低，而积累的铵盐较高。

5. 反硝化细菌

微生物将硝酸盐还原为还原态含氮化合物或分子态氮的过程称反硝化过程。引起反硝化过程的微生物主要是反硝化细菌。反硝化细菌最适宜的pH值是6～8，在pH值为3.5～11.2范围内都能进行反硝化作用。反硝化细菌最适温度为25℃，但在2～65℃范围内反硝化作用均能进行。

三、土壤真菌

土壤真菌的菌体多呈分枝丝状菌丝体，少数菌丝不发达或缺乏菌丝的具真正细胞核的一类微生物，是构成土壤微生物生物量的重要组成部分。

土壤真菌是常见的土壤微生物，它适宜酸性，在pH值低于4.0的条件下，细菌和放线菌已难以生长，而真菌却能很好发育。所以在许多酸性森林土壤中，真菌起了重要作用。土壤真菌属好气性微生物，通气良好的土壤中多，通气不良或渍水的土壤中少；土壤剖面表层多，下层少。

四、土壤放线菌

土壤放线菌是指生活于土壤中呈丝状单细胞、革兰氏阳性的原核微生物。土壤放线菌数量仅次于土壤细菌，是细菌数量的1%～10%。土壤中的放线菌和细菌、真菌一样，参与有机物质的转化。多数放线菌能够分解木质素、纤维素、单宁和蛋白质等复杂有机物。放线菌在分解有机物质过程中，除了形成简单化合物以外，还产生一些特殊有机物，如生长刺激物质、维生素、抗菌素及挥发性物质等。

五、土壤藻类

土壤藻类是指土壤中的一类单细胞或多细胞、含有各种色素的低等植物，可分为蓝藻、绿藻和硅藻三类。

学习单元 2　土壤生物的作用

学习目标

➢了解土壤生物与土壤有机质形成之间的联系

➢了解土壤生物与土壤团粒结构形成之间的关系

知识要求

一、土壤生物与土壤有机质

土壤有机质是土壤微生物生命活动所需养分和能量的主要来源。土壤微生物的种群，数量和活性随有机质含量增加而增加，具有极显著的正相关关系。土壤有机质的矿质化率低，不会像新鲜植物残体那样对微生物产生迅猛的激发效应，而是持久稳定地向微生物提供能源。因此，富含有机质的土壤，其肥力平稳而持久，不易造成植物的徒长和脱肥现象。

土壤动物中有的（如蚯蚓等）也以有机质为食物和能量来源。有机质能改善土壤物理环境，增加疏松程度和提高通透性（对沙土而言则降低通透性），从而为土壤动物的活动提供了良好的条件，而土壤动物本身又加速了有机质的分解（尤其是新鲜有机质的分解），进一步改善土壤通透性，为土壤微生物和植物生长创造了良好的环境条件。土壤中的自养细菌和含有叶绿素的藻类和蓝藻，通过光合作用，可以把无机元素和简单化合物转化为有机质，并进一步合成为原生质。异养生物如异养细菌、真菌等都是直接或间接从自养生物取得有机物的，它们分解并吸收自养生物的原生质合成为新的有机物；而在分解过程中所释放的二氧化碳和有机或无机酸又直接作用于矿物质。土壤动物则以微生物或植物为食，死后又为微生物所分解，从而又丰富了土壤的有机质。植物根的生长能改善土壤条件，死后分解也增加了土壤的有机质。

二、土壤生物与土壤团粒结构形成

土壤结构和土壤肥力是密切相关的，良好的土壤结构的形成离不开土壤生物的作用。植物根系把土体分成大量的团粒，许多土壤生物，如真菌中的腐殖霉属、长蠕孢属等均可合成一些有机物质或类似于土壤腐殖质的物质，把微团粒黏结起来，菌体本身的侵入，也

可机械地把团粒固结起来。土壤动物如蚯蚓和某些昆虫可以通过吞食消化把植物的残余有机物与土壤搅拌混合，搬运到土壤下层，为微生物的生长提供了适宜条件，而微生物的作用又使腐殖质形成得更多，更利于土壤团粒的形成；会钻穴的动物不但能改善土壤的通气和透水状况，也便于不会打洞的动物活动，并且由于它们常把枯枝落叶搬进洞内和土壤混合，因而也有加速腐殖质的形成，改善土壤结构和提高肥力的作用。总之，土壤的性质影响着其中的生物群落的组成和活动，而生物群落的组成状况和活动又不断改变着土壤的性质。在一定的条件下，土壤中有机质含量在0.1%～0.2%以上，气温、水分适宜，又有必要的空气，则土壤生物群落就可以发展扩大，活动频繁，使有机质不断分解、合成、增长，团粒结构不断形成，提高土壤肥力，并且形成良性循环；反之，如果长期施用化肥，土壤中有机质日益减少，土壤生物群落也大大缩小，土壤团粒结构受到破坏，就必然降低土壤的肥力并形成一种恶性循环。因此，要保持和提高土壤肥力，就必须在施用化肥的同时，也施用适量的有机肥料，使土壤中的有机质保持在0.1%～0.2%以上，给土壤生物的生存和发展提供有利条件。

第 5 节　园林土壤

学习单元 1　城市绿地土壤

学习目标

➤了解城市土壤的特点

➤掌握城市绿地土壤常用的改良措施

知识要求

城市绿地土壤就是指生长园林植物绿化地块的土壤，如公园、街道绿地、专用绿地、居民住宅区绿地及苗圃、花圃等。

一、城市绿地土壤的特点

从生态学观点看，土壤与环境是一个统一整体。高密度的城市人口、频繁的建筑活动、大规模的道路施工，使城市绿地土壤土源复杂，土层扰动较多，并夹杂有大量建筑垃圾。

1. 特点

（1）自然土壤层次紊乱。由于城市建筑活动频繁，城市绿地原土层被扰动，表土经常被移走或被底土盖住。土层中常掺入在建筑房屋、道路施工时挖出的底层僵土或生土，打乱了原有土壤的自然层次。

（2）土体内混有不同程度的侵入体。侵入体主要指砖块、瓦片、煤渣、石砾等，集中在表面 30 cm 土层中，不仅会影响植树的挖坑作业，也会妨碍植物生长，影响土壤的保水、保肥性，使土温变化剧烈，不利于植物正常生长，因此必须加以清除。

（3）市政管道设施多。街道绿地土壤内铺设各种市政设施，如电缆、煤气、污水管道等，这些构筑物隔断了土壤毛细管道的整体联系，占据了树木根系的营养体积，影响树木根系的伸展，对树木生长有一定的影响。

（4）土壤物理性状差。土壤表层受行人践踏，土壤容重及土壤紧实度较高，土壤三相比中固相相对偏高，气相偏低，土壤透气性和渗水性很差，这些都会严重影响根系的生长发育。

（5）土壤中缺乏有机质。土壤中有机质来源于动植物残体，而城市土壤表层的植物残落物大部分被清除，很少回到土壤中，致使城市绿地土壤中的有机质日益枯竭。土壤的有机质过低，不但土壤养分缺乏，还会使土壤物理性状恶化。

2. 污染与防治

很多绿地土壤受到不同程度的污染，工厂烟囱排放的二氧化硫，汽车尾气排放的二氧化硫和氮氧化物，都会对土壤产生影响。此外，工业废水、废渣及农药也会造成土壤的污染。

污染土壤防治主要采用客土、生物修复等措施进行。防治的根本办法是彻底挖去污染土层换上新土的排土和客土法，以根除污染物。但如果是地区性的污染，采用客土法是不现实的。耕翻土层，即采用深耕，将上下土层翻动混合，使表层土壤污染物含量减低。这种方法动土量较少，但在严重污染的地区不宜采用。生物修复技术是 20 世纪 80 年代以来出现和发展的清除和治理环境污染的生物工程技术，主要是利用生物特有的分解有毒有害物质的能力，去除污染环境如土壤中的污染物，达到清除环境污染的目的。

二、城市绿地土壤的改良措施

1. 换土

植树时如果种植穴内瓦砾含量多，栽种前可将大瓦砾拣出，并掺入一定比例的土壤。对土壤质地过黏、不透气、排水不良的土壤掺入砂土，并多施厩肥、堆肥等有机肥。若土层中含沥青物质太多，应全部更换成适合植物生长的土壤。

2. 增加土壤透气性

（1）设置围栏等防护措施。为避免人踩车轧，可在绿地外围设置铁栏杆、篱笆或绿篱。公园大树周围设置一圈坐椅，既保护了大树周围土壤不受游人践踏，又为游人提供了遮阳舒适的休息环境。

（2）改善树穴环境。街道两侧人行道的植树带，可用草或其他地被植物来代替沥青、水泥等铺装，这样有利于土壤透气性和降水下渗，增加土壤水分储量。

（3）采用透气铺装。用上面宽、下面窄的倒梯形水泥砖铺装，铺装后砖与砖之间不用水泥浆缝，下面形成三角形孔道以利于透气。除此，还可用打孔水泥砖、铁篦子等透气铺装设置在行道树的周围。在国外，常见周围铺垫一层坚固硬壳，不仅能承受人踩的压力，还可保墒、保温、保护土壤免受风吹雨水冲刷的作用。

（4）采取特殊的通气措施。公园绿地重点保护的古树名木可采取埋置树木枝条的方法。

1）开穴。在树冠投影外边缘处开穴，每棵树开 4～8 个穴，穴长 120 cm 左右，穴深 80 cm。

2）剪根。对树木的细根应当修剪，剪口平滑，以促发新的须根。

3）备条。利用修剪下来的紫穗槐、国槐等豆科树木枝条（直径 1～5 cm），截成 35～40 cm 枝段捆成直径 20 cm 枝束备用。

4）埋条。穴内垫 10 cm 的粗沙后铺一层成捆的枝条，上面撒少量熟土，再施入有机肥，均匀撒施 10 cm 熟土，再放第二层树枝条。在坑内距树的一头竖放一捆枝条，以增强地下与地表的通气效果，最后平整地表。

3. 增加有机物料

土壤与环境的物质、能量交换是土壤肥力增强的根本原因。将植物残落物重新归还给土壤，通过微生物的分解作用、腐殖化作用，不仅增加了土壤中的养分，还可改善土壤的物理性状。

4. 改进排水设施

对地下水位高的绿地，应加强排水管理。如挖排水沟或筑台堆土，建成起伏地形以抬高树木根系的分布层。在土壤过于黏重而易积水的土层，可挖暗井或盲沟。暗井内填充砾石的粗砂。盲沟靠近树干的一头，以接到松土层又不伤害主根为准，另一头与暗井或附近的透水层接通，沟心填进卵石、砖头，四周填上粗砂、碎石等。

学习单元 2 栽培介质

学习目标

➤了解国内外常见的栽培介质的配制

➤掌握常用的栽培介质的理化性质

知识要求

一、常用的几种栽培介质及其理化性质

1. 泥炭

泥炭又称草炭、泥煤。由沼泽植物残体在空气不足和大量水分的条件下，经过不完全分解而成。泥炭容重小，为 0.2～0.3 g/cm³，孔隙率高达 44%～84%，CEC 高，是配置盆栽土壤较理想的主材料。泥炭在欧美园艺上运用很广泛。它也是制造腐殖酸类肥料的好材料。

2. 蛭石

蛭石是水化的镁铝硅酸盐，是在 800～1 100℃加热条件下生成的云母状物质。蛭石在加热中水分消失，矿物膨胀相当于原来体积的 20 倍，增加了通气孔隙和持水能力。蛭石的容重小，为 100～130 kg/m³，呈中性至碱性，pH 值 7～9，CEC 较高，吸水量可达 500～650 kg/m³。使用新的蛭石时，不必消毒。它是播种繁殖的好介质，但长期使用时，它的结构会破碎，能变成浆状物质，难以通气和排水。

3. 珍珠岩

珍珠岩是粉碎岩浆岩加热到 1 000℃以上时所形成的膨胀岩石，容重小，约 100 kg/m³，通气良好，无营养成分，阳离子交换量较低，pH 值较高，为 7.0～7.5，珍珠岩含有钠、铝和少量的可溶性氟。氟对某些观叶植物具有伤害作用，特别是在 pH 值较低时，表现比较明显，使用前必须经过 2～3 次淋洗。

4. 木屑

大多数木屑都有很高的 C/N 比，C/N 比高达 500～600，交换量低，仅为 6 cmol/kg，其中含有对幼苗有毒害作用的树脂、松脂、单宁等物质。木屑通过加氮，加水堆腐，在微生物的作用下，可以降低 C/N 比，提高交换量到 15～60 cmol/kg，并能增加腐殖质的含量和降低有毒物质的含量。一般加氮的数量应占硬木屑干重的 1%，而软木屑需氮量以控制在 0.5%左右为好。好红杉、花旗松每立方米大约需要 1.8 kg 的 NH_4NO_3，硬木屑如东棉木、栎、银枫等每立方米要用 3.6 kg 的 NH_4NO_3。

5. 陶粒

陶粒是一种黏土或页岩，约在 800℃烧成的团粒状颗粒，具有粉红色的表面，从切面看内部为蜂窝状的孔隙构造。北京陶粒石的页岩陶粒 5～10 mm，容重为 600～700 g/L，能漂浮在水上，无菌、无病虫，具有适宜的持水量和交换量，用于盆栽混合介质，能明显改善通气性。盆栽介质虽然从体积上讲可以用 100%的陶粒，但实际上一般只用占体积 10%～20%的陶粒。

二、盆栽介质的配制

通常盆栽介质是由两种以上的介质混合而成的，混合介质在物理和化学性质上比任何一种介质单独使用要好。例如，泥炭和沙，泥炭和木屑，泥炭和珍珠岩，木屑和稻壳等。

盆栽混合介质总的趋向是降低盆土的容重，增加总孔隙度，增加水分和空气的含量。任何介质和土壤混合，若要充分体现该介质的性能，其用量至少应等于总量的 1/3～1/2。一般混合后的盆土，容重应低于 1.0 g/cm^3，通气孔隙应不小于 10%。

1. 盆栽介质的理化性质

盆栽植物生长好坏，主要取决于盆栽的理化性质，常见盆栽的理化性质见表 3—5。

表 3—5　常见盆栽介质的理化性质

材料	容重（g/cm^3）	持水量（%）	通气孔隙（%）	交换量（cmol/kg）	C/N 比
甘蔗渣	低	高	低	中	高
树皮	低	中	中	中	高
陶粒	中	中	高	中	低
泥炭	低	高	高	高	中
珍珠岩	低	中	高	低	低
稻壳	低	低	高	中	中
沙	高	低	中	低	低
木屑	低	高	中	中	高

续表

材料	容重（g/cm³）	持水量（%）	通气孔隙（%）	交换量（cmol/kg）	C/N 比
刨花	低	中	高	中	中
蛭石	低	高	中	高	低
椰糠	低	高	中	中	中
砻糠灰	低	中	中	低	低
煤渣	中	低	中	低	低
低	0.25	20	5	10	1∶200
中	0.25～0.75	20～60	5～30	10～100	1∶200～1∶500
高	>0.75	>60	>30	>100	1∶500

2. 盆栽介质实例

（1）英国乔纳斯盆土

1）播种用。按容积比混合：壤土 2 份，泥炭 1 份，沙 1 份。每立方米加 1.2 kg 过磷酸钙、0.6 kg 碳酸钙。

2）盆栽用。按容积比混合：壤土 7 份，泥炭 3 份，沙 2 份。每立方米加蹄角粉 1.2 kg、硫酸钾 0.6 kg、碳酸钙 0.6 kg。

（2）美国康奈尔大学盆土。需要高持水量的观叶植物：2 份水鲜泥炭，1 份园艺蛭石，1 份园艺珍珠岩。

每立方米混合介质加 4.8 kg 粉碎的石灰石，加 2.4 kg 过磷酸钙，0.6 kg 硝酸钾，1.2 kg 玻璃微量元素，0.3 kg 硫酸铵，0.5 kg 硫酸亚铁，混合均匀，堆放 2 周后再使用。

（3）上海有关园林科研单位经多年栽培试验，采用以下混合介质，也取得了良好的效果。

育苗介质——1 份泥炭，1 份焦糠，1 份泥炭，1 份珍珠岩，1 份黄沙。

扦插介质——1 份珍珠岩，1 份蛭石，1 份黄沙。

盆栽介质——1 份堆腐木屑，1 份泥炭，1 份堆腐醋渣。每立方米加 1.5 kg 过磷酸钙、1 kg 硝酸钾、1 kg 硝酸铵、0.5 kg 硫酸亚铁，混合均匀，堆放 2 周后再使用。

（4）上海高架道路旁悬挂容器混合介质。30%壤土，30%珍珠岩，20%煤渣，10%泥炭，5%豆饼粉。每立方米加 1.5 kg 过磷酸钙、1 kg 硫酸亚铁。

三、土壤消毒

连作土壤中的有害微生物密度高，容易发生病害，因此土壤消毒的目的是把有害微生物的栖生密度降至不使作物发病的程度，但不可把土壤中的微生物全部杀灭至无菌状态。

1. 土壤药剂消毒

氯化苦（CCl_3NO_2），三氯硝基甲烷是一种高效、有警戒性的剧毒熏蒸剂，既可杀虫灭鼠，还能杀菌和防治线虫。消毒时，在每平方米的面积内，打 25 个深约 20 cm 的小穴，每穴相距 20 cm，用玻璃漏斗插入穴内，每穴灌药 5 mL，每平方米共灌药 125 mL。施药后，立即覆盖土穴，踏实，并在上面泼水，以延缓药液挥发，提高药效。气温在 20℃以上保持 10 天，15℃以上保持 15 天，然后将处理过的土壤多次翻耕，使土壤中残留的氯化苦充分散失，以免影响以后植物根系发育。氯化苦对人、畜有剧毒，使用时要戴防毒面具和橡皮手套。

2. 土壤蒸汽消毒

蒸汽消毒的优点为消毒时间短，只需温度下降后即可种植，对附近的植物无害，还可以促进土壤团粒化，促进难溶性养分溶化，使土壤理化性质得以改善。操作方法：用内径为 3 cm 的不锈钢或铝制导管，每隔 13 cm 在其下方两侧各开一直径为 3 mm 的小孔，用以喷出蒸汽。两管之间的距离为埋入深度的 1.25 倍以内。土表覆盖塑料薄膜，然后送入蒸汽，不久土壤表面达到蒸汽温度，冒出蒸汽，即停送蒸汽，利用余热继续消毒。除金属管外，也可用帆布水龙带代替。

第 6 节　化学肥料

学习单元 1　氮肥、磷肥、钾肥

学习目标

➤掌握氮肥、磷肥、钾肥的主要作用

➤掌握氮肥、磷肥、钾肥的主要品种及施用技术

知识要求

一、氮肥

1. 氮肥的作用

氮肥是各类肥料中最重要的一种。氮是组成蛋白质、叶绿素、生物碱的重要元素，一

些含氮化合物可在植物体内流动，而且大体上是由老叶向新叶流动。

土壤中氮元素充足，苗木生长茁壮，叶大而多，叶色浓绿，一级苗多，若氮素不足，则苗木矮小瘦弱，叶稀色黄，老叶枯黄脱落，枝梢停止生长，多为二级或三级苗。

施用氮肥要适时适量，氮肥过多，植物茎叶生长过旺、徒长，开花延迟或不开花，叶的细胞壁变薄，叶嫩多汁，极易受病、虫之害，抗害、抗旱功能减弱。

2. 氮的品种、性质和施用

(1) 铵态氮肥。氮肥中氮素形态为氨（NH_3）或铵离子（NH_4^+），如碳酸氢铵、硫酸铵、氯化铵、氨水等。铵态氮肥中除氨水、液铵是液体外，其余皆是白色固体晶粒。其共性：

1）易溶于水，形成铵离子，易被植物和土壤吸收，不易流失，故肥效持续期比硝态氮长，可作基肥。

2）经微生物作用可氧化成亚硝酸氮及硝态氮。铵态氮肥进入土壤后，在通气良好，温度适宜（25～30℃），水分为田间持水量的50%～60%，pH值为中性至微碱性环境中，一般5～7天经土壤硝化细菌的作用，50%以上的铵态氮变成了硝态氮。铵态氮变为硝态氮后，增强了它在土壤中的移动性，故易被水淋洗。

3）遇碱性物质，铵态氮肥易分解出氨气使氮素损失。

$$(NH_4)_2SO_4+Ca(OH)_2 \rightarrow 2HN_3\uparrow+2H_2O+CaSO_4$$

因此，在储存、施用时，不要与石灰、草木灰或其他碱性物质混合。在苗圃、花圃中，施用铵态氮肥，不要撒施，应采用开泡条施盖土的方法，避免由于氨的挥发，伤害植株，损失肥料，又污染环境。

铵态氮肥主要有硫酸铵、氯化铵、碳酸氢铵和氨水等。

硫酸铵［$(NH_4)_2SO_4$］简称硫铵，含氮量为20%～21%，白色结晶，易溶于水，植物根系可立即吸收利用，为速效氮肥。由于植物选择性吸收的原因，植物吸收NH^{4+}比吸收SO_4^{2-}多，因此SO_4^{2-}残留于土壤中，使土壤反应趋于酸性，所以称为生理酸性肥料，适用于喜酸性土壤的花木，如杜鹃花、茶花、五针松等，若用硫酸铵浇灌盆花，可配成1 000～1 500倍施用。

氯化铵（NH_4Cl）含氮量24%～25%，白色或黄色结晶，易溶于水，肥效较快，吸湿性小，易于储存，属生理酸性肥料。氯化铵对种子发芽和幼苗生长有不良影响，不宜作种肥，同时，它所含氯离子对果树、茶树、云杉、烟草、马铃薯、甘薯、甜菜、甘蔗等的品质有不良影响，也不宜施用。盐碱地不宜施用氯化铵。

碳酸氢铵（NH_4HCO_3）含氮量15%～17%，白色结晶，易溶于水，吸湿性强，水溶液呈碱性，在高温和湿润的空气中很不稳定，储运时应严密包装，防水防潮，随拆包随施用。施肥时宜深施，施后填土覆盖，以免氮素损失。碳酸氢铵可作基肥，也可作追肥，但切忌作种肥；可加水100～200倍浇施，若制成颗粒深施或与有机肥、磷、钾肥配合施用，效果更好。

（2）硝态氮肥。常用的硝态氮肥是硝酸铵（NH_4NO_3），简称硝铵，含氮量32%～35%。硝酸铵易溶于水，有吸湿性，易助燃，有爆炸性。它既含有NH_4^+又含有NO_3^-，在土壤中NO_3^-不被吸附，活动性大，易于流失，特别在水田中还会引起反硝化作用，造成氮素损失。在多雨地区或多雨季节，不宜作基肥和种肥。运输储存和使用时，勿受高温和撞击，以免发生爆炸。

硝酸钠（$NaNO_3$）是单一的硝态氮肥，含氮量15%～16%，由于植物吸收NO_3^-比吸收Na^+多，使Na^+残留在土壤中，土壤溶液反应趋向碱性，所以称为生理碱性肥料。硝酸钠一般也仅作追肥。

（3）酰胺态氮肥。尿素［$CO(NH_2)_2$］是常用的一种酰胺态氮肥。其含氮量46%，是目前我国含氮量最高的固体氮肥。尿素为白色结晶，略带黄色，中性，溶于水后不解离。将其施入土壤，除少量被植物直接吸收利用外，大部分需经微生物分泌尿酶的作用，转化成铵态氮，才能被植物吸收利用。

$$CO(NH_2)_2+2H_2O\xrightarrow{\text{尿酶}}(NH_4)_2CO_3$$

尿素在土壤中的转化速度与温度关系很大，当水分适宜，呈中性反应，尿素随温度提高，转化加快，气温10℃需7～10天，20℃时需4～5天，30℃时两天即能全部分解。当尿素转化成碳酸铵或碳酸氢铵后，能暂时增加土壤的碱性，对种子或幼苗产生不利影响，尿素中含有少量有毒物质缩二脲，可使蛋白质变质，影响种子的萌发，所以尿素不宜作种肥，可作基肥和追肥。尿素用于根外追肥效果较好。根外追肥浓度为0.5%～2%，应根据不同类型植物酌情稀释。喷雾时尽量喷在叶片背面，因为叶片背面气孔多，肥液容易进入叶肉组织被植物吸收。肥液湿润叶片的时间与喷肥效果有关。一般应保持叶片湿润时间在30～60 min，可适当加入少量黏着剂如中性洗衣粉。喷肥时间以早晚大气湿润，有露水时为宜。

3. 氮肥的利用率和氮肥增效剂

为了减少氮素损失，提高氮素化肥的利用率，可采取以下一些措施：

（1）铵态氮肥深施。铵态氮肥施工土层6 cm以下，可增加土壤对铵的吸附作用，减弱硝化作用，减少氮素挥发，提高利用率。

（2）应用氮肥增效剂。氮肥增效剂又称硝化抑制剂，目前我国推广和试验应用的增效剂有2-氯-6（三氯甲基）吡啶（代号为CP），2-氨基-4氯-6甲基嘧啶（AM），其用量为所用氮肥的0.5%～5%，与氮肥混合使用，能抑制土壤硝化作用。据试验认为，针叶树喜铵态氮，阔叶树喜硝态氮，因而硝化抑制剂对针叶树具有较好的效果。

二、磷肥

1. 磷肥的作用

磷是植物的能源库，是三磷酸腺苷（ATP）的重要成分，而ATP是植物体内合成反应所需的能源。此外，它也是核酸、核蛋白的成分，直接影响到遗传作用。

缺磷时，影响核酸、核蛋白的合成，使细胞的形成和增殖受到抑制，导致植物生长发育停滞，根系发育不良，叶片狭窄，叶色暗绿，严重时为古铜色或紫红色。缺磷时，会使苗木侧芽退化，枝梢短。花芽分化期缺磷，会影响开花、结实，或成熟期延迟。但供磷过多，则强烈促进作物呼吸，消耗大量糖分和能量，导致营养生长减弱，反而降低产量，还会引起锌、铁、镁等元素的有效性降低。

磷在植物体内也是可以再利用的营养元素。新吸收的磷酸盐经常向代谢旺盛的幼嫩部分集中。当做物继续生长并形成更幼嫩的组织时，它又会再次向新生的组织运转，如此可反复多次。在作物生长后期，大部分磷酸盐最后可从茎、叶转运到种子中去。因此，作物吸收磷的时期越早，磷对作物生长发挥作用的时间越长，为此，磷肥宜作基肥及种肥施用。

2. 磷肥的品种、性质和施用

磷肥根据溶解程度可分为水溶性、弱酸溶性和难溶性磷肥。

(1) 水溶性磷肥。属速效性磷肥，易溶于水，有利于植物吸收。它包括过磷酸钙和重过磷酸钙。

1) 过磷酸钙。其简称普钙，是磷酸一钙和硫酸钙的混合物，含磷量12%～18%，呈灰白色粉末状，含有一定量的游离酸，有吸湿性和腐蚀性，易吸湿结块。

过磷酸钙施入土壤后，磷酸根与土壤中钙、铁、铝形成难溶性磷酸盐，这种过程称过磷酸钙的化学固定作用，由此降低了磷肥的肥效。pH值过高或过低，均可产生化学固定作用。中等酸度时（pH值为6.5～7.0）磷肥肥效最高。由于过磷酸钙是易溶肥料，在土壤中易被固定，移动性小，因此，施肥时应考虑以下4点：

①集中深层施肥。为减少肥料与土壤的接触，可采用穴施或条施，将肥料集中在主要的吸收根层中。

②与有机肥混合施用。磷肥与质量较高的厩肥或堆肥混合堆沤后施用，可以减少磷的固定，可提高肥效30%～40%。

③根外追肥。把过磷酸钙配成0.5%～1%的溶液，浸泡一昼夜，然后取上面清液进行

根外追肥，喷施方法与尿素相同。

④制造颗粒肥料。其与氮、钾肥按一定比例混合制成直径 3～5 mm 的颗粒，有利于磷肥肥效提高。

2）重过磷酸钙［$Ca(H_2PO_4)_2H_2O$］。重过磷酸钙简称重钙。它含磷 2 倍或 3 倍于普钙，又称双料或三料过磷酸钙，是一种高效磷肥。其主要成分为磷酸一钙，不含或很少含硫酸钙等杂质，便于长途运输。

重过磷酸钙为灰白色颗粒或粉状物，含有效磷（P_2O_5）36%～52%，易溶于水，水溶液呈酸性反应。腐蚀性、吸湿性比过磷酸钙强，因不含铁、铝等杂质，吸湿结块后不致发生磷肥退化现象，便于储存和施用。

重过磷酸钙施入土壤后其变化和普钙相似，因含有效磷较多，施用量可以按 P_2O_5 含量，适当减量施用。

（2）弱酸溶性磷肥。其不溶于水，易被弱酸溶解，故称弱酸溶性磷肥，主要成分为磷酸氢钙（$CaHPO_4$）。主要品种有钙镁磷肥、沉淀磷肥、钢渣磷肥、脱氟磷肥等。弱酸溶性磷肥在土壤中移动性小，不易流失，宜作基肥，适宜在酸性土上施用，若与有机肥料混合堆制后施用效果更好，在我国北方石灰性土壤上与过磷酸钙混合施用效果较好。钙镁磷肥呈碱性反应，忌与铵态氮肥直接混合。

（3）难溶性磷肥。难溶性磷肥是指不能溶于水，也不能溶于弱酸而只溶于强酸的磷肥，也称酸溶性磷肥。例如，磷矿粉、骨粉和矿质海鸟粪等。其主要成分为磷酸三钙［$Ca_3(PO_4)_2$］，适宜在酸性土壤上施用，在石灰性土壤上，一般对当季作物无明显肥效。

三、钾肥

1. 钾肥的作用

钾在植物体内含量很高，在叶内与生长点大量存在。一般认为钾能调节气孔开关，并可调节酶的离子结构。由于钾在植物体内流动大，且可再利用，故缺钾时老叶先出现缺钾症状，老叶的叶缘先发黄，进而变褐，焦枯似灼烧状。如新叶出现缺钾症状，则表明严重缺钾。

过量钾的供应，不仅可能影响各种离子间的平衡，浪费化肥用量，降低施肥的经济效益，还会抑制植物对镁、钙的吸收，促使出现镁、钙的缺乏症，影响产量和品质。

2. 常用钾肥的品种、性质、施用方法

（1）硫酸钾。K_2SO_4，含钾（K_2O）48%～52%，白色或淡黄色结晶，易溶于水，吸湿性小，属生理酸性的速效性钾肥。

硫酸钾可作基肥、追肥、种肥和根外追肥施用。作种肥时用量一般为 1.5～2.5 kg/

亩；作根外追肥时浓度为0.5%～1%；作基肥时应与有机肥混合施用，每亩施肥量7.5～10 kg。其对忌氯作物、果树、茶、观赏植物的产量和品质都有良好效果，对十字花科等需硫作物尤其有利。

（2）氯化钾。KCl含钾（K_2O）50%～60%，白色结晶，易溶于水，属生理酸性的速效肥料，吸湿性大，易结块。

施用方法与硫酸钾相同，但应注意氯化钾因氯不宜作种肥，不宜在盐碱地长期使用，对忌氯作物的产量和品质也有不良影响。必须施用时，应及早施入，利用降水或灌溉水把氯离子淋洗出去。作基肥时，每亩用量5～10 kg。氯化钾适用于麻类、棉花等纤维作物，可提高产量及品质。

（3）草木灰。草木灰是植物燃烧后的残灰，含有多种营养元素。如磷、钾、钙、镁、铁及微量元素，其中以钾、钙为主，磷次之。草木灰的钾以碳酸钾为主，90%能溶于水，是速效钾肥。所含的磷呈弱酸溶性的钙镁磷酸盐，有效性较高。草木灰不含氯或很少含氯，可用于对氯敏感的作物。

草木灰是一种碱性肥料，不能与铵态氮肥混合施用，也不能与人粪尿、厩肥等混合施用，以免引起氮素的挥发损失。草木灰可作基肥、追肥、种肥，其水溶液也可用于根外追肥。草木灰以集中施用为主，一般可沟施或穴施，深约10 cm，施后覆土，撒施前可与2～3倍湿土拌和，或喷洒少量水分略加湿润，以免飞扬，每亩用量25～50 kg。

学习单元2 复合肥料

学习目标

- 了解复合肥料的概念
- 掌握复合肥料的含量标志说明
- 掌握几种常见的复合肥料

知识要求

一、复合肥料的概念

含有氮、磷、钾三要素中两种以上的化学肥料为复合肥料。例如含有氮、磷、钾三要素中两者的称二元复合肥料，如磷酸铵、磷酸二氢钾、硝酸钾等；同时含有氮、磷、钾三要素的肥料称为三元复合肥料，如铵磷钾肥、尿磷钾肥、硝磷钾肥等；在复合肥料中添加一种或几种微量元素的称为多元复合肥料。此外，在复合肥料中科学地添加植物生长调节剂、除草剂、抗病虫农药等称为多功能复合肥料。

二、复合肥料的含量标志说明

复合肥料的营养成分和含量，用其所含的氮、磷、钾三要素来标志，三要素的代表符号和顺序为 N-P_2O_5-K_2O，分别用阿拉伯数字表示，“0”表示不含该元素，一般称为肥料分析式或肥料配方。如磷酸二铵包装袋上标出养分为 18-46-0，即表示每 100 kg 该肥料中含有效氮（N）18 kg，有效磷（P_2O_5）46 kg，有效成分总量：18 kg＋46 kg＝64 kg，肥料中没有钾素。若肥料包装袋标出养分含量为 15-8-12（S），附在最后符号（S）表示肥料中的钾是用硫酸钾作为原料，不含氯元素，适合于烟草等忌氯作物上施用。还有的复合肥料用 15-15-15-1.5Zn，表明每 100 kg 该肥料除含氮磷钾三要素外，还含有 1.5 kg 的锌。

三要素比例，是指将肥料分析式简化为 10 以内的简单比例。例如 3-9-3 和 4-12-4，其肥料分析式虽不同，但三要素比例均为 1-3-1。

三、几种常见的复合肥料

1. 磷酸铵［$NH_4H_2PO_4$・$(NH_4)_2HPO_4$］

磷酸铵，又称安福粉。它是磷酸一铵和二铵的混合物，呈白色结晶状或灰色颗粒状，含氮量 16%～20%，含磷（P_2O_5）50%～56%，是一种氮少磷多的复合肥料。在缺磷的土壤上施用效果明显，适用于多种作物，可作基肥、追肥，用量每亩 12.5 kg 左右，作种肥每亩 2.5 kg 左右为宜。花卉进入生殖生长期时，施用磷酸铵，可促进开花和结实。

2. 硝酸钾（KNO_3）

硝酸钾，又名火硝，为白色或微黄色结晶，含氮量为 13%～15%，K_2O 为 45%～46%。硝酸钾呈中性，吸湿性小，易溶于水，是速效性肥料。

硝酸钾宜作追肥，应少量多次施用，适用于球根花卉以及喜钾植物，如鸡冠花、葡萄、茶等，若施用于一般植物，可适当补加氮肥和磷肥。硝酸钾受振受热易爆炸，应注意安全。

3. 磷酸二氢钾（KH_2PO_4）

其为白色晶体或粉末，含 P_2O_5 50%，K_2O 35%，易溶于水，呈酸性反应，吸湿性小，是速效肥料，由于价格较贵，目前只作浸种和根外追肥用，浓度以 0.1%～0.2%为宜，浸种时间 18～20 h。立秋后向菊花喷施磷酸二氢钾水溶液，月季花孕蕾前一个月或盛暑过后一个月每隔 10 天喷一次，共喷 3～4 次，可加大生长量，开出硕大艳丽的花朵。

4. 铵磷钾复肥

其是由硫酸铵、硫酸钾和磷酸盐按不同比例混合而成的三元素复合肥，主要品种有 12-24-12，10-20-15，10-30-10 等。其物理性质良好，所含氮、磷、钾三种养分均为水溶性，可作基肥或追肥，目前多用在经济植物上，由于肥料中的磷的比例大，在花木营养生长时，施用此肥可适当增施单质氮、钾肥，以提高肥效。

四、掌握复合肥合理用量

复合肥料种类多，成分复杂，养分含量各不相同，盲目施用必然造成某种营养元素施用过量或某种营养元素不足，致使养分比例失调。因此，施用前必须根据复合肥的成分、含量和植物养分的需要，计算出肥料用量。以基肥为例，计算如下：

已知复合肥料 18-9-12，计划每公顷基肥用量为氮（N）75 kg，磷（P_2O_5）60 kg，钾（K_2O）75 kg，计算需要多少复合肥和其他单质化肥。

计算步骤如下：

1. 先算出 75 kg 氮素需要的复合肥量

75÷18％＝417（kg）

2. 计算出 417 kg 复合肥中所含磷钾的数量及其与实际需要量的差值

含 P_2O_5 量：417×9％＝37.5（kg）

含 P_2O 量：417×12％＝50（kg）

需要补充 P_2O_5 量：60－37.5＝22.5（kg）

需要补充 P_2O 量：75－50＝25（kg）

3. 若用普钙（含 P_2O_5 12％）和氯化钾（含 K_2O 60％）来补充磷和钾，其需要量为：

需补充普钙：22.5÷12％＝188（kg）

需补充氯化钾：25÷60％＝42（kg）

根据结果可知，每公顷基肥用量复合肥为 417 kg，加上 188 kg 普钙和 42 kg 氯化钾即可。

学习单元 3　微量元素肥料

学习目标

- 了解微量元素肥料对植物生长的意义
- 掌握主要几种微量元素的缺乏症状

知识要求

园林植物的正常生长发育，不仅需要氮、磷、钾等大量元素，也需要多种微量元素，如铁、硼、锰、铜、锌、钼等。土壤中微量元素含量是足够的，但由于受某些土壤条件影响，微量元素常呈无效态，所以需要补施微量元素肥料。但微量元素从缺乏到过量之间的临界范围是很窄的，而且不同植物或同一植物不同品种对微量元素的敏感程度是不一样的，因此施用微量元素肥料时对浓度要特别慎重。

一、铁肥

铁与叶绿素合成有关，也是一些酶的金属成分，植物缺铁首先从上部幼叶开始显现，幼叶叶脉间失绿黄化，而叶脉仍保持绿色，黄绿相嵌呈网纹状，以后完全失绿，甚至整个叶片呈黄白色，而下部老叶仍保持正常绿色。

1. 硫酸亚铁（$FeSO_4 \cdot 7H_2O$）

硫酸亚铁，又名绿矾，是常用铁肥。纯品为绿色结晶。由于亚铁在土壤中会很快转化成不溶性高铁，所以目前多采用喷施，可用0.2%～0.5%的水溶液，略加黏着剂（如中性洗衣粉）。由于铁在植物体中不易移动，喷施后只有肥液喷着点叶色转绿，会影响观赏效果，可间隔数日连续喷施几次。将硫酸亚铁与有机肥混合施用，可以减少土壤固定，增进肥效，施用量为0.5 g/m²。

2. 螯合态铁肥

如Fe-EDTA是人工合成的有机铁肥，含铁5%～14%，易溶于水，不易被土壤固定，对植物有效性高，但价格比无机铁肥高，所以施用不普遍。

二、硼肥

硼与糖分和钙质传送有关，与植物生长点生长有关。缺硼的共同特征是植物矮小，茎节间短粗，顶端生长受阻而枯死，根系发育不良，有时只开花不结实，生育期推迟。苹果的"缩果病"，柑橘的"硬化病"，康乃馨的"茎裂病"都和缺硼有关。

1. 硼泥

硼泥是工业废渣，含有低量的硼（0.2%～2%），可与过磷酸钙或有机肥混合，作苹果、柑橘等的基肥，每株施硼泥 1.5～2 kg。

2. 硼酸（H_3BO_3）

其含硼 17%，白色结晶，易溶于水，是常用硼肥。据报道，在花卉育蕾前，喷布几次 4 000 倍硼酸稀释液，可提高花蕾的数量和质量。

3. 硼砂（$Na_2B_4O_7 \cdot 10H_2O$）

其含硼 11%，白色细结晶，易溶于 40℃温水中。硼砂可用于叶面喷施，浓度为 0.1%～0.2%。

三、锌肥

锌在植物体中既参与生长素（吲哚乙酸）的合成，又是多种酶的组成成分。

植物缺锌表现为植株矮、节间短、叶片小、叶色失绿等，常见的缺锌病是果树的小叶病。

1. 硫酸锌（$ZnSO_4 \cdot H_2O$）含锌 35%，易溶于水。

2. 氯化锌（$ZnCl_4$）含锌 48%，易溶于水。

3. 螯合态锌肥如 Zn-EDTA，是一种人工合成的有机态锌肥，含锌 14%，易溶于水。土壤中速效锌浓度小于 0.6×10^{-6}，施锌最见效，锌肥可用做基肥和追肥，基肥用量 750 g/亩，锌肥与尿素配合施用，效果明显，与过磷酸钙混合使用，锌的有效性降低，根外追肥时锌浓度为 0.05%～0.1%。

四、锰肥

锰是一些氧化还原酶的催化剂，与铁的关系很密切。若植物体内锰量太高会导致铁缺乏，反之亦然。严重缺锰时，叶脉间出现黑褐色斑点，进而斑点增多扩大，布及整个叶片。

1. 硫酸锰（$MnSO_4 \cdot 3H_2O$）含锰 26%～28%，易溶于水，是常用的锰肥。

2. 氯化锰（$MnCl_2$）含锰 17%，易溶于水。可作基肥、根外追肥，最好与生理酸性肥料混合后条施或穴施，用量 1 000～4 000 g/亩。根外施肥浓度为 0.05%～0.1%。

五、其他

1. 铜肥

铜是一些氧化还原酶的成分，与植物色素形成有关。缺铜植株生长瘦弱，易折断，新生叶失绿、发黄、卷缩，叶片出现黄褐色坏死斑点。

铜与有机质形成稳定的络合物而降低铜的溶解度，因此在有机质多的泥炭土和沼泽土中常出现缺铜，另外，施氮肥过多，也易造成缺铜。磷对铜也有拮抗作用。硫酸铜（$CuSO_4 \cdot 5H_2O$）蓝色结晶，含铜24%～25%，是一种常用铜肥。

施用硫酸铜作基肥每亩1～2 kg，每3～5年一次。拌种每千克种用0.6～1.2 g，浸种浓度为0.01%～0.05%，浸12 h。叶喷浓度为0.02%～0.04%，为防药害可加0.15%～0.25%熟石灰。

2. 钼肥

钼能促进硝态氮的同化作用，并有提高叶片光合作用强度和促进植物体内维生素合成的作用。植物缺钼多发生于老叶，如十字花科植物，常见缺钼症状为叶片瘦长、畸形扭曲、老叶变厚焦枯。

钼是唯一的一种在碱性土壤中比在酸性土壤中易溶解的微量元素。钼酸铵[$(NH_4)_6Mo_7O_{24} \cdot 4H_2O$]含钼50%～54%，易溶于水。钼酸钠[$Na_2MoO_4 \cdot 2H_2O$]含钼35.5%，易溶于水。钼肥可作基肥、追肥和根外追肥，用量很小，一般10～100 g/亩钼酸铵即可。根外追肥使用浓度为0.02%～0.05%的钼酸铵溶液。

铁、铜、锰、锌等微量元素肥料，在土壤pH>6.5时会氧化或产生氢氧化物沉淀，不能被植物吸收。现在一些进口氮、磷、钾多元复合肥，含有6种微量元素，其中铁、铜、锰、锌等微量元素做成螯合物，如Fe-EDTA或Fe-DTPA，这样即使在高pH值土壤中，植物仍可吸收利用，但价格较贵，如果在孕蕾前作根外追肥用，使用方便、用量省、效果明显，很适合花卉上施用。

第7节　有机肥料

学习单元1　有机肥料的特点与作用

学习目标

➢了解有机肥料的作用与特点

➤掌握常用有机肥的施用要点

知识要求

一、有机肥料

1. 概述

通常把含有较多有机质，来源于动植物有机体及畜禽粪便等废弃物的肥料，称做有机肥料。一般可分为商品有机肥和农家自积有机肥（农家肥）。商品有机肥有泥炭、饼肥、骨粉、血粉以及经处理的城市垃圾。由农家自行种、养、积制的农家有机肥主要有绿肥、厩肥和堆沤肥。在我国，人粪尿也是一种重要的有机肥。

有机肥是不断维持与提高土壤肥力从而达到使土壤可持续利用的关键肥料，使用有机肥也是生态系统中各种养分资源得以循环再利用和净化环境的关键一环。有机肥还能持续、平衡地给作物提供养分，从而显著改善作物的品质。

2. 有机肥和无机肥的优缺点

有机肥和无机肥的比较见表3—6，从对比可以看出，有机肥和无机肥各有优缺点，应当配合施用，可以取长补短，缓急相济，充分发挥其效益，使有机肥改良土壤、培肥地力、增加产量和改善品质等作用得到进一步发挥。

表3—6　有机肥与无机肥的比较

	有机肥料	无机肥料
1	养分全面，含量低	养分单一，含量高
2	肥效缓慢，持久	速效，短效
3	含有机质，有改土作用	不含有机质，无改土作用
4	就地取材，价格低廉	工厂制造，价格较贵
5	体积大，运输施用困难	体积小，运输使用方便
6	需堆腐后施用	清洁卫生，无病虫害，可直接施用

3. 生物有机肥国家标准简介

生物有机肥标准（NY 884—2004）由中华人民共和国农业部种植业管理司提出。起草单位为农业部微生物肥料质量监督检验测试中心和中国农业科学院土壤肥料研究所。该标准规定了生物有机肥的要求、检验方法、检验规则、标识、包装、运输和储藏。标准将生物有机肥定义为，指特定功能微生物与主要以动植物残体（如畜禽粪便、农作物秸秆等）为来源并经无害化处理、腐熟的有机物料复合而成的一类兼具微生物肥料和有机肥效应的肥料。

二、园林植物常用有机肥

1. 堆肥

堆肥是利用枯枝落叶、秸秆、杂草、人畜粪尿、垃圾、污泥和一定量的泥土堆积腐熟而成的肥料。近年来，为促进绿化植物废弃物的循环利用，改善绿化土壤质量和生态环境，提升绿化行业管理水平，促进“节约型”和“生态型”的绿化建设，利用枯枝落叶等绿化废弃物进行堆肥处置技术日益完善，应用范围逐步扩大。

2. 饼肥

饼肥是油料作物籽榨油后剩下的残渣。饼肥含氮量高，并含有相当数量的磷、钾及各种微量元素，其分解迅速，易于发挥肥效，是适于各种土壤和园林植物的优质有机肥料。

在花卉栽培上，常用饼肥泡水，充分腐熟后，兑水浇施。如豆饼或菜子饼 1 份，加水 10 份，浸泡 3 个月，使其腐熟后，再兑水施于松、柏类或观叶植物。棉子饼腐熟后呈酸性反应，宜施于喜酸性花卉。为改善饼肥腐熟中产生的臭味，减少氮素损失，并增加铁营养，建议在饼肥水中加入 1%硫酸亚铁。

3. 绿肥

凡是将绿色植物直接翻压或割下堆沤作为肥料施用的叫做绿肥。

绿肥种类很多，分豆科和非豆科绿肥，按生长季节分为夏季和冬季绿肥，还有多年生绿肥和肥料树。大多数豆科绿肥在盛花至初荚期的鲜物质产量最高，养分含量也最高，茎叶嫩，易分解，这时刈割堆沤或就地翻压埋入土中最适宜。在苗圃地埋的深度一般 10 cm 左右即可，但盖土要严，新鲜绿肥在土壤中腐烂要 15～20 天，腐烂过程中要放出大量 CO_2，消耗氧气，并生成一些还原性物质和有机酸类，最后分解成矿质养料并形成腐殖质。所以，绿肥在分解时期对种子发芽和植株生长都是不利的。因而苗圃要压青后两周左右进行播种或移植，绿肥每亩用量 1 000 kg 左右。

绿肥可以在苗圃地进行轮作和套作。在幼林地和经济林地上套作或间作，可以提高土壤肥力，促进林木生长。

学习单元 2 堆肥

学习目标

➢了解堆肥的基本物料与常用设备

➢掌握堆肥过程中各种技术条件的指标

知识要求

一、堆肥的物料及设备

1. 物料

堆肥物料按性质可分为 3 类：

(1) 粪引物。主要为人、畜、禽粪尿，这类材料含氮丰富，并有大量微生物。粪引物是保证微生物活动的养料物质，是堆肥发酵不可少的原料，也是影响粪肥质量的主要因素。

(2) 酿熟物。其主要为粉碎的枯枝落叶、秸秆、有机垃圾、植物残体、杂草等。这些物质富含纤维素和半纤维素，是造肥过程中升温的原料。

(3) 吸附物。其主要为干肥土、河塘泥、污泥等，本身含有一定量养分，还是吸水、吸肥的主要物质。

以上堆肥原料大致比例为：吸附物∶酿熟物∶粪引物＝5∶3∶2，可依当地自然资源灵活搭配，就地利用。堆肥材料虽含有一定量的养分，但大都不能直接被作物吸收利用。通过堆腐，使有机肥料尽快释放养分，还可经过发酵产生的高温杀灭寄生虫卵和各种病原菌，杀死各种危害作物的病虫害及杂草种子，实现无害化的目的，同时还消除了有机物在分解过程中产生的有机酸等毒素物质。避免这些毒素物质会抑制种子萌发，伤害植物根系，甚至使作物黄化、枯萎而死亡。未腐熟的厩肥还容易诱发针叶树苗猝倒病。

2. 设备

随着堆肥技术在不同固体废弃物处理中的广泛应用，与之相关的堆肥设备得到了极大的发展。堆肥设备包括物料处理、翻堆、反应器和除臭设备。

物料处理设备包括粉碎、混合、输送和分离设备。翻堆设备可由拖拉机等牵引或自行推进，可分为3类：斗式装载机或推土机、垮式翻堆机、侧式翻堆机。中、小规模的条垛宜采用斗式装载机或推土机，大规模的条垛宜采用垮式翻堆机或侧式翻堆机。如果采用反应器堆肥系统，设备系统还包括反应床、通风设备等。除臭设备处理系统包括化学除臭器、生物过滤器等。

二、堆肥的技术条件

堆肥的整个腐解过程，是一系列微生物活动的复杂过程，包括堆制材料的矿质化和腐殖化过程。堆肥初期以矿质化为主，后期则为腐殖化占优势。堆肥质量好坏、腐熟的快慢，不仅取决于原料和堆积方法，更决定于堆积过程中微生物生活所需的条件。其适宜的条件是：

1. 水分

堆肥材料的含水量应掌握在最大持水量的60%～70%（即加水到手握成团，触之即散的状态最为适宜），冬季酌减。应注意的是，由于堆内高温后水分消耗多，要注意及时补水。

2. 空气

堆积前期土壤不宜太紧，保持适当通气条件，以利好气性微生物活动，促进分解养分释放。而堆积后期应加土压实，使之厌气分解，以利腐殖质形成和养分保存。

3. 温度

堆肥前期好气分解，须保持高温在50～60℃，后期厌气分解，温度下降，腐熟保肥阶段温度控制在30℃左右最为适宜。调节温度，一般是利用马粪中好气性高温纤维分解菌和增加酿熟材料比例来增加堆温。此外，也可采用及时翻捣和封泥保温的方法。

4. 碳氮比

微生物生命活动要求的碳氮比为25～30∶1，但堆积原料的碳氮比是60～100∶1，甚至更高，应按原材料的0.2%～0.3%补充氮素，即每500 kg原料补充人粪尿100～150 kg。另外，必要时还应接种微生物，如少量腐熟的堆肥或马粪等。

5. 酸碱度

微生物喜在中性至微碱性环境中生活，腐熟过程中会产生有机酸，应按每50 kg原料加石灰1～1.5 kg或草木灰2～2.5 kg，以调节酸碱度。

第 8 节 新 型 肥 料

学习单元 1 新型肥料概述

学习目标

➢了解新型肥料的特点

➢了解目前常见的新型肥料类型

知识要求

一、新型肥料的特点

对新型肥料，至今没有统一的标准。我国科技部和商务部《鼓励外商投资高新技术产品目录（2003)》中有关新型肥料目录包括：控（缓）效肥料、复合微生物肥料、生物有机肥料及有机复合肥等。

与常规肥料相比，新型肥料具有以下 5 个方面的特性：

1. 功能拓展或功效提高。肥料除了提供养分作用以外，还具有保水、抗寒、抗旱、杀虫、防病等其他功能，所谓的保水肥料、药肥等均属于此类。

2. 形态更新。指肥料的形态出现了新的变化，如除了固体的肥料外，根据不同目的而生产的液体肥料、气体肥料、膏状肥料等，通过形态的变化，改善肥料的使用效能。

3. 新型材料的应用。新型材料包括肥料原料、添加剂、助剂等，使肥料品种呈现多样化、效能稳定化、易用化、高效化。

4. 运用方式的转变或更新。针对不同作物、不同栽培方式等特殊条件下的施肥特点而专门研制的肥料，尽管从肥料形态上、品种上没有过多的变化，但其侧重于解决某些生产中急需克服的问题，具有针对性，如叶面肥等。

5. 间接提供植物养分。如某些微生物接种 VA 菌根真菌等。

二、新型肥料的类型

新型肥料从形态上来讲，可以分为固体新型肥料，如控（缓）效肥料、不同作物的专用复混肥料等；液体肥料，如清液型、悬浮型和泥浆型复合肥料等；气体肥料，如二氧化碳气肥等。

新型肥料从功能上来讲，可以分为养分型，即含各种作物所需的营养元素，如各种氮、磷、钾及微量元素等各类肥料；功能型，这类肥料具有除草、杀虫、防病、抗病、增加果实的颜色、缩短作物的生育期等功能。此外，某些新型肥料属于兼用型，既具有养分型的特点，同时又具有一定的功能。

以控（缓）效肥料为例，按溶解方式一般分为 4 类：(1) 物理障碍因素控制的水溶性肥料。如对水溶性的氮肥采用物理方法（包膜）控制其释放速度。(2) 微溶的无机物质。它是用微溶性的含氮无机化合物制成的，如金属磷酸铵。(3) 化学或生物降解微溶有机物质。它是利用微溶性的含氮化合物在被微生物或化学作用分解时释放出尿素，以持续地供给作物养分，如脲醛缩合物、草酰胺、异丁烯环二脲。(4) 水溶性或浓度较高的有机化合物。这类物质在土壤中逐渐分解，释放出氮素，如烷基化尿素、胍基尿素等。从控（缓）效肥料控释的营养元素种类来看，包括氮、磷、钾以及一些微量元素。

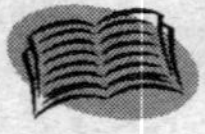

学习单元 2　常见的新型肥料

学习目标

- ➤了解有机缓释氮肥的种类
- ➤了解新型磷肥和叶面肥料的主要特点
- ➤掌握叶面肥料使用的注意事项

知识要求

一、缓效氮肥

氮肥是世界上用量最多的化学肥料，其损失在氮、磷、钾三要素肥料中最大。研制缓效氮肥的目的是为了降低氮肥的溶解速度，使氮肥在溶解过程中持续地满足作物不同生育期对氮素的需求，防止大量施用氮肥时，因局部浓度过高所导致的伤害作物种子、幼苗或灼伤叶片等不良后果，以达到提高氮肥利用率的目的。缓释氮肥按其化学性质可以分为4种类型：合成缓溶性有机氮肥、包膜肥料、缓溶性无机肥料、天然有机质为基体的各种氨化肥料。这里主要介绍合成的有机缓效氮肥。

有机缓效氮肥主要是以尿素为基体与醛反应而形成低水溶性聚合物，只有经化学或生物化学作用才能逐步分解，供作物吸收利用。

1. 脲甲醛

脲甲醛施入土壤中后，主要靠微生物分解，不易淋失，在适宜的条件下，最后分解为甲醛和尿素，而尿素进一步水解成二氧化碳和氨供植物吸收利用，甲醛则留在土壤中，在它未挥发或分解之前，对作物和微生物均有副作用。由于脲甲醛中含冷水溶性氮较少，故施在一年生的植物上时，必须配合施用一些速效氮肥，以避免作物前期因氮素供应不足而生长受抑。

2. 脲乙醛

随土壤温度的升高及酸度的增加，脲乙醛在土壤中溶解度增大，因此适宜施在酸性土壤中。它在土壤中分解的最终产物是尿素和β-羟基丁醛，其中尿素能被作物吸收利用，β-羟基丁醛也易被微生物氧化分解成二氧化碳和水，没有残毒。对不断刈割的草坪有良好的效果。

3. 脲异丁醛

脲异丁醛易被微生物水解为尿素和异丁醛。温度越高，pH值越低，则水解作用也越快。粒径为0.7～2.5 mm的异丁叉二脲颗粒适用于草坪和观赏植物，不必掺入其他速效氮肥。日本将异丁叉二脲压制成34 mm×34 mm×20 mm的砖形“IB砖片”肥料，被称为“超缓效肥”，能持续供应养分3～5年，主要用于林业、城市绿化以及果树、茶叶等经济作物。

二、新型磷肥

新型磷肥是指高浓度或超高浓度的长效磷肥，主要有聚磷酸盐、磷酸甘油酯、酰胺磷脂等，此外，还包括包膜缓释磷肥，如包膜磷酸一铵等。这里主要介绍聚磷酸盐。

1. 主要特点

聚磷酸盐可与金属离子形成可溶性络合物，从而减少磷在土壤中的固定；制成液体肥料时，加入微量元素后仍呈可溶态；能在土壤中逐步水解为正磷酸盐。它是一种缓慢释放的长效磷肥，一次足量施用可满足作物整个生育期的需要。

2. 施用注意事项

在酸性土壤上施用聚磷酸盐不宜被铁、铝固定，在石灰性土壤中易于溶解，有效性高，特别适合于边远地区缺磷的土壤施用。

在聚磷酸盐中以美国生产的聚磷酸铵（16-62-C）最为重要，总有效成分为78%。它是一种白色小颗粒，粒径1.4～2.8 mm。田间与盆栽试验表明，不论在酸性、中性或碱性土壤上，聚磷酸盐均可以为作物提供有效磷源。在中性和碱性土壤上，它的施用效果往往优于正磷酸盐。在酸性土壤上与正磷酸盐相等。此外，据美国的试验，聚磷酸盐具有较长的后效，它的后效超过了正磷酸盐。

三、叶面肥

叶面肥是将含有植物营养元素的液体与一定量的表面活性剂或雾化剂配制成的一种新型液体肥料。

1. 主要特点

与土壤施肥相比，叶面肥具有以下特点：

（1）养分吸收比土壤施肥快。据研究，在玉米4叶期喷施锌肥，3.5 h后，上部叶片吸收已达11.9%，中部叶片达8.3%，下部叶片达7.2%；48 h后，上部叶片吸收已达53.4%。因此，常作为及时治疗作物缺素症和补救因淹水、冻害而损伤作物的有效措施。

（2）由于尿素类物质对表皮细胞的角质层具有软化作用，可以加速其他营养物质的渗透，所以尿素成为叶面肥重要的组成成分。

（3）叶面肥减少了土壤对养分的固定作用及反硝化、淋失等作用导致的养分损失，提高了肥料的利用率。

（4）在外界不利的环境条件下，在根系吸收能力下降时及时补充养分。

（5）叶面肥用量较小，而养分的利用效率高，一些养分被吸收后，进入子粒的密度大，如作物成熟期喷施尿素，有78%～94%的养分进入子粒。

（6）可以与其他农业药剂同时喷洒，节省工时。

需要指出的是，由于叶面肥的喷施浓度和一次的施用量均有限，因此，它对作物所需养分的供应，只能作为根系吸收养分的补充形式，而不能代替土壤施肥。

2. 施用注意事项

为了增强叶面肥的作用效果，喷施叶面肥时应注意以下4个方面：

（1）喷施的浓度。叶面肥的喷施浓度，以既不伤害作物的叶面，又节省肥料、提高肥效为目的。

（2）掌握喷施时间。溶液湿润叶面时间要求能维持0.5～1 h，为此，一般以傍晚无风时进行喷施较宜。晴天时早上 9 时以前或下午 16 时后，中午和刮风天不能喷肥，以免肥液在短时间内挥发，如果喷施后 3～4 h 下雨，应重新喷施。

(3) 施用量。叶面肥喷施的浓度必须严格遵循使用说明，一般喷施 2～3 次。一般每公顷喷施 600～750 kg 溶液。

(4) 加入黏附剂。为提高肥效，也可在喷洒溶液中加少量湿润剂，扩大吸收面积，可用中性肥皂或表面活性剂，浓度为 0.1%～0.2%，喷施时期则因肥料种类及生育期而异。

第 9 节　园林植物施肥

学习单元 1　施肥的基本原理

学习目标

➤掌握施肥的 4 个基本原理

知识要求

一、养分归还学说

植物从土壤中吸取其生活所必需的矿质养分，每次收获必然将土壤中某些养分带走，如果不能及时归还作物从土壤中所吸取的养分，则土壤将逐渐贫瘠化。园林绿地中每年修剪树木、除草等养护也同样带走不少从土壤中吸取的矿质养分，应当将这些修剪下的树枝、杂草，进行粉碎处理后，回归土壤。否则，土壤所耗损的养分就得不到补充，地力也同样会下降，从而影响园林植物的正常生长。

二、最小养分律

植物为了生长发育，需要吸收各种养分，但是决定植物产量的却是土壤中那个相对含量最小的有效养分。无视这个限制因素，即使继续增加其他营养成分也难以提高植物产量。在花木生产中也常会出现只注意氮肥的施用而忽视磷、钾肥的施用，使花木常常出现由于缺钾而诱发的许多生理病害，如早菊的叶枯病。应注意分析，补充最小养分。

三、报酬递减律

投入到一定土壤中的劳动和投资所得到的报酬，随劳力和投资量的增加而递减。这可以从肥料双匝的两个阶段加以说明：

第一阶段是产量随施肥量增加而增加。

第二阶段是产量随施肥量增加而增加，但效益递减，仍保持大于零的正值。

第三阶段是增加施肥量时，产量出现负值，纯属不合理的施肥阶段。

在生产实践中，不应不惜工本单纯追求高产，盲目增加施肥量，其后果轻则浪费肥料，减少收益，重则减产减收，造成严重浪费，甚至污染环境。

四、各因素的综合作用

一般认为，影响作物生长的基本条件有 6 个，即光、热、水、空气、养分和机械支持（扎根）。除光以外，其余全部或部分与土壤有密切关系。作物的生长取决于这些因素的适当配合和综合作用。

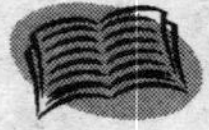

学习单元 2　施肥技术

学习目标

➢掌握常见的施肥方法

➢掌握花卉施肥、树木施肥、草坪施肥的要点

知识要求

一、常见施肥方法

1. 撒施

将肥料均匀撒于土表并结合犁耙把肥料翻入土中的施肥方法称为撒施。撒施一般在未栽种植物前，用于施基肥，或植物生长期间密度较高的情况下无法采用深施、条施、穴施等时，所采用的施肥手段。一般单人即可操作，只需将肥料直接均匀地撒在农田土壤上即

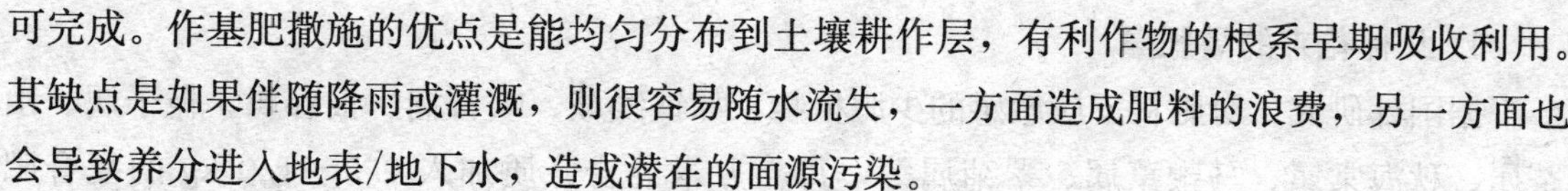

可完成。作基肥撒施的优点是能均匀分布到土壤耕作层，有利作物的根系早期吸收利用。其缺点是如果伴随降雨或灌溉，则很容易随水流失，一方面造成肥料的浪费，另一方面也会导致养分进入地表/地下水，造成潜在的面源污染。

2. **条施**

条施又称为沟施，适宜于点播、条播及需定植的作物，在植物种子行或幼苗行旁边，再开一条肥料沟，均匀施入肥料，并覆土。适用于下列情况：一些容易被土壤固定的肥料，如磷肥；肥料用量少；作物间距较大；作物根系发育较差，而土壤肥力较低。这种施肥方法的优点是：肥料近根，容易被吸收利用，因而肥料利用率较高；肥料与土壤接触面小，营养元素被固定的程度低，有效时间比撒施长。

3. **环状和放射状施肥**

环状施肥法是指在树冠外围垂直的地面上挖一环形沟施入肥料的方法。一般沟深 0.3 m，沟宽 0.5～0.7 m，施肥后用回填土踏实。如果来年再施肥，在第一年施肥沟外侧再挖施肥沟，以此逐年扩大施肥范围。经济林和人工造林单株施肥常用此法。放射状施肥法是指在距树干一定距离处，以树干为中心向树冠外围挖数条放射状直沟施入肥料的方法。一般沟长与树冠相齐，沟宽 0.3～0.5 m，施肥后覆土。来年再施肥时交错位置。经济林和人工造林单株施肥常用此法。

4. **穴施**

穴施是指在植物根系比较密集处的表土层挖出一个小坑，将肥料放入坑中，并覆土盖好的施肥过程。“穴施”普遍用于旱地作物施肥，是苗木移栽常用的施肥方法，如城市路旁绿化造林。它相对于撒施具有减少肥料损耗，提高利用率和提早发挥肥效的优点，但肥料“穴施”要比撒施多花些施肥工夫。

5. **灌溉施肥**

国际上发达国家高度重视水资源和肥料的高效利用。灌溉施肥技术是将灌溉与施肥有机结合的一项新技术，主要是借助新型微灌系统在灌溉的同时将肥料配兑成肥液一起输入到作物根部土壤，可以精确控制灌水量、施肥量与施肥时间，有助于作物对养分的吸收，减少了灌溉用水和肥料的投入，实现水肥资源的集约利用，有利于提高作物的产量及减少肥料对环境的污染。

二、花卉施肥

一般化学肥料，浓度高，溶解度大，使用时要注意。这里介绍几个施肥实例，供实践时参考。

1. 几种花卉的需肥量

据国外研究，对肥料反应敏感的少肥植物，如铁线蕨、欧石楠、报春属、栀子属、山茶属、秋海棠属、马鞭草属、翠菊属等，每立方米混合介质加入 0.5～1.0 kg 的复合肥料；对肥料反应一般的中肥植物，如花叶兰、小苍兰、非洲菊、仙客来、蓬莱蕉、虎尾兰属、玫瑰属、八仙花属、万寿菊、百日草等，每立方米混合介质加入 1.5 kg 的复合肥料；对肥料反应不敏感的耐肥植物，如天竺葵、大戟、韭洲紫苣苔、菊花、香石竹等，每立方米混合介质加入 3 kg 复合肥料。

2. 盆栽花卉的施肥量

盆栽土壤各种肥料的成分以每升盆土施用 0.1～0.5 g 为合适。不同盆栽植物对施肥量要求不同。应提倡“薄肥勤施”的原则，切忌施浓肥。

三、树木施肥

1. 肥料的选择

充分腐熟的厩肥养分比较全面，浓度比化肥低得多，不易灼伤树木，最适合于移栽小树时的基肥。对于一般遮阴观赏树木，偏重于施用氮肥，氮、磷、钾的比例以 10∶6∶4 或 10∶8∶6 较好。上海地区多为石灰性土壤，所以对于原产于酸性土壤的观赏树木，如广玉兰、雪松、香樟等，不要施用有碱性残余物的化学肥料，如石灰氮、钢渣磷肥等，应当施用生理酸性肥料，如硫酸铵、硫酸钾、氯化铵等。对于杜鹃、月桂、茶花等喜酸性植物，要避免施用碱性肥料。

2. 施肥量的确定

较为安全的施肥量是按树木胸径大小来估算。每 3 cm 胸径施堆肥 1.0～2.0 kg，胸径在 15 cm 以上的树木，每 1 cm 的胸径施 250～500 g 的混合完全肥料。胸径小于 15 cm 的小树，可按上述施用量减半施用。例如一棵香樟树胸径 20 cm，总计可施 5～10 kg 的混合完全肥料，或 7～14 kg 堆肥。若胸径为 10 cm 的香樟树，只能施 1.3～2.5 kg 的混合完全肥料，或 3 kg 堆肥。

3. 施肥的范围

肥料必须施在树根能够吸收得到的地方。硝态氮肥移动性大，而钙、镁、磷、钾容易被土粒表面吸附，故树木施肥的范围应该就是吸收根的位置，而吸收根大部分集中在距树冠外缘 2/3 处。在树干 30 cm 范围内不能施用干的化肥，施后可能伤害主根和树干的基部。根系浅的树木易受干旱，易被风刮倒，故施肥深度以 30～45 cm 为好，且不要将干化肥撒于地表。沟施的方法是围绕树冠一周挖沟，沟宽 60 cm，深 30～45 cm。沟中施混合肥料，这种施肥的缺点是施肥范围只限于根区的一小部分，挖沟时会损伤部分根系。生长在草地上的树木可采用打洞施肥法，既省去翻动草皮的麻烦，又能使肥料均匀地分布到根区里。洞的分布间隔 50～60 cm，深 30～45 cm，按施肥的总量平均分配到每个洞穴里，再填入少量的泥炭土或表土，最后用脚踏紧。树木施肥可在晚秋或早春进行；秋季施肥应在顶端生长停止以后，施肥的次数可根据情况由 1 年多次到 3～4 年 1 次。

四、草坪施肥

草坪植物虽然都具有耐瘠薄的特点，但对人工建造的草坪来说，施肥是草坪管理中一项重要的养护措施。施肥能保持草坪叶色浓绿，生长繁茂，促进其平衡生长，增强草坪对杂草的竞争能力和耐践踏力。

1. 施肥需给草坪提供全面营养

草坪植物主要是叶片生长，且需经常刈割，一般无开花结果的要求，所以氮是草坪植物需要最多、最为关键的营养元素。颗粒复合肥是草坪养护中使用最普遍的，常用的氮、磷、钾比例为 2∶1∶1，但应根据情况调整，如生长季前期可用 3∶1∶1，生长后期应用 1∶1∶1。

2. 施肥量

肥料施用量和频率由许多因素决定，如草种、天气状况、生长季的长短、土壤质地、灌溉量、草坪周围的环境条件等。匍匐翦股颖和改良的狗牙根生长较快，是重肥草坪草，而细叶羊茅、假俭草等生长较慢，对肥料的要求比较低。气温适宜，草坪草生长旺盛的季节应多施肥，如冷地型草坪草最重要的施肥时间是春季和秋季，暖地型草坪草最重要的施肥时间是春夏季。土壤贫瘠时需要的肥料较多。生长季越长，需要的肥料也越多。灌溉量大，土壤养分易淋失，应适当增加施肥。阳光充沛地草坪比遮阴地草坪常常需要更多的肥料，运动场草坪比一般草坪需要更多的肥料。

3. 施肥方法

草坪的施肥方法一般有撒施和喷施两种。

(1) 颗粒肥撒施法。小面积草坪可人工撒施，通过少量多次和不同方向交叉施肥，可防止施肥不匀造成的花斑。大面积草坪多用机械撒施，机械施肥的优点是均匀而且效率高，常用机具是离心式手推施播机。

(2) 液肥喷施法。这种方法的优点是施肥均匀，而且吸收利用快，但要注意浓度控制，应在 0.2%～0.3%的范围内，浓度过大容易造成草坪灼伤。这种方法施肥强度低，只适用于紧急施肥和高频率施肥。

4. 高速公路护坡草坪的管理与施肥

由于公路护坡通常比较陡（45°～60°），所以人工进行草坪建植困难，人工播种很难使种子附着陡坡土面，雨水来临时，播下的种子很容易被冲刷。目前主要采用高压喷播机械，用高压的方法把种子、肥料、保湿剂及黏合剂混合喷射到陡峭的护坡表面，常用复合肥，施肥量为 250～300 g/m²，雨季来临，喷播的种子在黏合剂、保湿剂和肥料共同作用下，迅速生长覆盖坡面，从而有效防止水土流失。

思 考 题

1. 土壤酸碱度与植物营养元素存在怎样的关系？
2. 根据城市绿地土壤的特点，可以采取哪些措施进行土壤改良？
3. 与无机肥料相比，有机肥料的优点体现在哪些方面？
4. 如何合理施用叶面肥？
5. 根据养分归还学说原理，说明枯枝落叶循环利用的必要性。
6. 肥料包装袋标出养分 12-9-20，有什么含义？
7. 根据树木生长的特点，说明树木施肥的范围及基本量的确定。

第4章

园林植物保护

第 1 节　昆虫分类学基本知识

学习单元 1　昆虫的命名

学习目标

➢了解分类检索表基本知识

➢熟悉昆虫分类、昆虫命名的基础知识

知识要求

一、昆虫分类系统介绍

昆虫分类学是研究昆虫的命名、鉴定、描述及其系统发育和进化的科学，是昆虫学和动物分类学的一个重要分支学科，是认识昆虫、预测某种未知昆虫的生活习性的重要手段。

昆虫分类的阶梯与其他动、植物所用的阶梯一样，包括界、门、纲、目、科、属、种7个等级。种是分类的基本单位。它是客观存在的实体，集合亲缘相近的种为属，集合亲缘相近的属为科，再集合亲缘相近的科为目等。但在实际应用时，这些等级又显得不够用，有时在种以上的分类等级间还添加新的分类单元。如在“门”下添加“亚门”，“纲”下添加“亚纲”，“目”下添加“亚目”，“总科”“科”下添加“亚科”，“族”“属”下添加“亚属”等。现以蔷薇白轮盾蚧［AULACASPIS ROSAE（BOUCHE）］为例，说明昆虫分类的一般阶梯：

门：节肢动物门 ARTHROPODA

纲：昆虫纲 INSECTA

目：同翅目 HOMOPTERA

总科：蚧总科 COCCOIDEA

科：盾蚧科 DIASPIDIDAE

属：白轮盾蚧属

种：蔷薇白轮盾蚧 AULACASPIS　ROSAE

昆虫分类最基础的单元是“种”，在分类学的历史上，关于“种”的基本概念问题，始终是唯物主义者同唯心主义者在生物学领域里长期争论的焦点，在历史上曾有许多分类学家的不同定义。中国科学院动物研究所陈世骧教授于 1977 年提出了新的物种定义：“物种是繁殖单元，由又连续又间断的种群所组成；物种是进化单元，是生物系统线上的基本环节，是分类学的基本单元。”这个定义以 3 种单元说明了什么是“物种”，又以进化论观点说明了种以下分类的理论依据，是现在物种定义中较为完善的一个。

在大自然中昆虫种类很多，全世界的昆虫约有 1 000 万种。目前，已经定名的有一百多万种，还有许多种类尚待人们去认识。我国也不例外，作为世界园林植物的王国之一，由于生态条件各异，类型复杂，园林植物品种繁多，因而昆虫种类极为丰富。根据 1985 年全国园林植物病虫害普查的不完全统计结果，全国园林植物害虫已有五千多种，而目前了解的更是远远不止这些。

众所周知，生物的进化都是由低级到高级，由简单到复杂，昆虫也不例外。在众多的昆虫种类之中，存在着血缘远近、亲疏关系。昆虫分类学就是建立在亲缘关系的基础上，采取对比分析与归纳的方法，了解昆虫种与种、类与类间的异同，反映不同类型昆虫间的亲缘关系，探讨昆虫种和亚种的形成及变异。亲缘关系相接近的种类，它们的形态特征就相似，对环境的要求、生活习性、发生发展规律也越加接近。因此，掌握昆虫分类学的基本知识，是搞好园林植物病虫害防治的基础，能使人们正确识别害虫和其天敌昆虫，进而掌握昆虫的发生、发展规律，有效地保护和利用天敌昆虫，控制有害昆虫的发生与蔓延。

1. 昆虫的命名

昆虫的名称一般有中名和学名之分。此外，还有一些俗名。

(1) 昆虫的中名。它是由中国的昆虫分类学家所定名。

(2) 昆虫的学名。它是科学名称，是全世界统一的通用名称。它是由一个属名后跟一个种名共同组成，也称“双名法”。学名的属名和种名一律采用拉丁字或拉丁化的斜体字表达，学名后通常附加上定名人的姓氏或其缩写字母。

例如，红蜡蚧是中名，其学名为：*Ceroplastes rubens* Maskell

属名　种名　定名人

种以下的分类单元则以“三名法”表示，即在属名、种名后加上亚种名。亚族以上的名称多有一定的字尾，如亚族——INA，亚科——INAE，科——IDEA，总科——OIDEA。目的名字不定，-PTERA 是含翅的意思，非翅征的目无此字尾。

(3) 昆虫的俗名。它是人们根据昆虫的寄主、形态特征等所起，如桑毛虫、大皮虫、草鞋蚧等。

2. 昆虫纲常见的目

对于昆虫纲下面究竟分成多少个目，在不同分类系统中是不一致的。如林奈（1758年）分为7个目，Comstock（1925年）分为24个目，Brues Melander（1932年）分为31个目，Imms（1944年）分为24个目，蔡邦华（1955年）分为33个目，陈世骧（1958年）分为33个目，周尧（1978年）分为33个目。

各个分类系统分目数量不一的主要原因有两个方面：林奈受到当时科学水平的限制，仅能将昆虫纲分为7个目；许多分类学家对一些小目的分或合的问题，有意见分歧，如近年广泛讨论的将半翅目与同翅目合为半翅目。

在园林绿化中，常见的昆虫分布在鳞翅目、鞘翅目、同翅目、半翅目等。

二、分类检索表基本知识

分类检索表（identification key）是鉴定昆虫种类的工具，它广泛应用于各分类阶元的鉴定。检索表的编制是用对比分析和归纳的方法，从不同阶元（目、科、属或种）的特征中选出比较重要、突出、明显而稳定的特征，根据它们之间的相互绝对性状，作成简短的条文，按一定的格式排列而成。检索表主要有单项式与双项式两种。

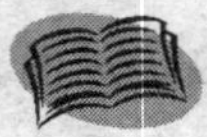

学习单元2 园林害虫常见目、常见动物介绍

学习目标

➢了解昆虫纲常见目的主要特征及代表性昆虫

知识要求

一、园林植物常见昆虫各目特征介绍

昆虫各目的分类特征主要是利用翅的有无、形状、对数、质地，口器、触角、足、腹部附肢的形态，变态的类型等。

昆虫共分为33个目（也有分为32个目，将半翅目与同翅目合并为一个半翅目）园林上常见的昆虫分属于13个目。

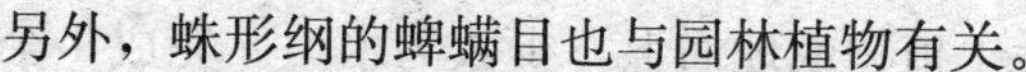

另外，蛛形纲的蜱螨目也与园林植物有关。

1. **鳞翅目【LEPIDOPTERA】**

蛾类和蝶类均属于此目。它是昆虫纲中的第二大目。体型小至大，颜色变化大，有的非常美丽。复眼发达，单眼 2 个或无。触角细长，多节，有丝状、羽状、球杆状等。口器虹吸式。翅 2 对，发达，但有些种类雌成虫的翅退化或无翅。翅膜质，翅面、身体以及附肢有毛和鳞片覆盖。翅面上有各色鳞片构成的各种线纹和斑纹，成虫的胸足一般发达，跗节 5 节，一并有爪 1 对。幼虫大多为多足型。头部坚硬，呈圆形，蜕裂线呈倒“丫”形，位于头部中央，口器咀嚼式，触角 3 节，位于单眼下侧方，胸部 3 节，分节明显；胸足 3 对，跗节末端具 1 爪。腹部 10 节，第十节背面有骨化的臀板，腹气门 8 对，位于 1～8 腹节两侧。腹足一般 5 对，着生于第三～第六和第十腹节上，第十腹节上的足又称臀足。腹足有时减少、退化或无，如尺蛾只在第六和第十腹节上各具 1 对腹足，部分夜蛾幼虫第一对腹足或第一、二对腹足退化等。

腹足端部常具趾钩，趾钩的存在是鳞翅目幼虫和其他幼虫相区别的一个重要特征。幼虫身体表面常有各种毛被物，如毛瘤或毛簇、枝刺、峰突、角突等。幼虫的胸、腹部常有明显的花纹或纵条纹。

该目中一些种类的幼虫是园林植物上主要的食叶性害虫，如丝棉木金星尺蠖、黄尾毒蛾、黄杨绢野螟、樟巢螟、刺蛾等。

2. **同翅目【HOMOPTERA】**

园林植物中常见“五小害虫”中的蚜虫、蚧虫、粉虱、木虱等种类以及蝉、叶蝉、蜡蝉等均属于此目。此目的昆虫体型小至大，形态变化多样。头部为后头式，口器刺吸式，喙通常 1～3 节，从头的后端生出。复眼多发达，单眼有或无。触角多为刚毛状或丝状。前翅膜质，或略加厚，或近似革质，但不成半鞘翅，静止时在体背上呈屋脊状，后翅膜质。有的种类无翅。跗节 1～3 节。许多种类有蜡腺，分泌各种蜡质覆盖虫体。

3. **鞘翅目【LOKEOPTERA】**

所有的甲虫均属此目。该目是昆虫纲中的第一大目，占昆虫纲种类的 40%。身体大小和形态变化大，体壁坚硬，头部发达，有的额与头顶向前延伸成“喙”状。复眼发达，一般无单眼。触角一般 11 节，有各种形状，如丝状、念珠状、锯齿状、棍棒状、膝状、鳃叶状等。口器咀嚼式，上颚发达、坚硬。前胸发达，中胸、后胸背板被鞘翅所掩盖，仅中胸小盾片外露。甲虫的足一般适于步行，由于生活习性不同，足在功能、形态上有许多变化。跗节 4 或 5 节，前翅特化成角质，坚硬如刀鞘，无翅脉；后翅 1 对，膜质，通常纵横折叠，隐藏于鞘翅下，有少数翅脉。腹部一般 10 节，第一腹节退化，背面一般可见 8 节，腹面可见 5～7 节。

本目的昆虫均为完全变态。大部分生活于植物或地面上，少数为水生。完成 1 个世代的时间长短不一，多数为 1 年 1 代，也有 1 年几代或几年 1 代的。幼虫有胸足 3 对，一般缺腹足，尾须有或无，气门 9 对，口器咀嚼式，单眼 1～6 对。幼虫形态变异较大。大多数甲虫为植食性，如叶甲、天牛、金龟子以及一些瓢甲等为园林植物的主要害虫；也有捕食性和寄生性种类，如瓢虫、步甲、虎甲等，捕食其他昆虫，芫菁幼虫寄生于蝗虫卵或蜂巢内，它们是害虫的天敌昆虫。

4. 等翅目【ISOPTERA】

该目昆虫统称为白蚁，小型至中型，体软，体色大多为白色或淡黄色。口器咀嚼式，触角念珠状。有长翅、短翅、无翅类型。具翅者，翅 2 对，膜质，其形状、大小和脉序都相同，翅常可沿翅基肩缝处脱落。跗节 4 或 5 节，有 2 爪。尾须短，1～8 节。

白蚁属不完全变态，卵呈卵形或长卵形。生殖蚁包括雌雄两性，多具翅，每年春夏之交即达性成熟。大多数在气候闷热、下雨前后，从巢内飞出，群集飞舞，求偶交配，往往落到地面交配后，翅即脱落，钻入土中，繁殖新群落。蚁后寿命较长，可生活 6～15 年，一生能产卵数百万个。

5. 半翅目【HEMIPTERA】

该目的昆虫统称蝽或蝽象。体型小至大，体壁坚硬，多呈椭圆形、盾形而略扁平。口器刺吸式，自头端伸出，远离前足基节。触角 3～5 节，多为丝状。单眼 2 个或缺。前胸背板宽大，中胸小盾片发达，多呈三角形。翅 2 对，前翅基部革质，端部膜质，后翅膜质，栖息时平覆体背，也有些种类翅退化或无翅。多数种类有臭腺，后胸侧板靠近中足基节处有 1 臭腺孔。足有时特化，跗节通常 3 节，也有 2 节或 1 节的。腹部通常 10 节，无尾须。

不完全变态。卵的形状与产卵方式因种类而异，有鼓形、长卵形、长肾脏形，产在植物表面或组织内。多数种类 1 年 1 代，以成虫越冬。本目的昆虫除少数水生外，大部分为陆生。其中一部分为植食性，为害农、林、观赏植物，刺吸茎、叶、花或果实的汁液，如麻皮蝽（*Erthesina fullo Thunberg*）。有些种类能造成园林植物严重受害，影响景观面貌，如危害月季、桃、海棠、梅的梨网蝽（*Stephanitis nashi Esaki et TAkeya*），危害杜鹃的杜鹃网蝽（*Stephanitis pyrioides Scott*），危害香樟的樟脊网蝽（*Stephanitis macaona Drake*），危害菊花的绿盲蝽（*Lygus lucoryum Meyer-Dur*）。水生种类中有一部分为捕食性，还有生活于室内、吮吸人血、传染疾病的，如“臭虫”。该目还有一部分为天敌昆虫，它们捕食鳞翅目的幼虫、卵，蚜虫，叶蝉，飞虱，蓟马，叶甲幼虫，蚊、蝇。如益蝽（*Picromerus lewisi Scott*）、姬蝽（*Nabidae*）、猎蝽（*Reduviidae*）、花蝽（*Anthocoridae*）等。

6. 螳螂目【Mantedea】

该目多为中型至大型的昆虫。体细长，呈扁筒形或扁平叶状。体色为绿、褐、灰色，有的种类还带有金属光泽；头部呈三角形，活动自如，下口式。触角细长，多节。复眼大。前胸显著延长，能活动，背板侧缘圆滑或有微齿列，有中纵隆起，侧板退化。中后胸宽短。前足为捕捉足；中后足细长，适于步行；翅发达，但有些种类翅小或无翅，静止时平覆于体背。前翅革质，后翅扇状，膜质透明，臀区大，有复杂的翅脉，常纵折覆于前翅下。

两性卵生，卵产于卵囊内，卵囊通常称为“螵蛸”，由黏性物质凝固附着在树枝、树皮、墙壁和其他物体上。新孵化的若虫籍丝从卵囊垂下，靠风力扩散。若虫蜕皮，因种类不同，完成1代需1年或1年以上。

成虫肉食性。广泛捕食蝇类、叶蝉、蝗虫、鳞翅目的幼虫以及蜘蛛或其他小动物，是多种害虫的天敌昆虫。螳螂有自残性，雌虫能嚼食雄虫。

7. 缨翅目【THUSANOPTERA】

该目的昆虫统称蓟马，体型小，体长1～2 mm。体色有黄、褐、黑色。体表面光滑或有网状纹及皱纹。头方形或长方形，下口式。口器锉吸式，又称刮吸式。触角6～9节，呈念珠状、绒状、棍棒状。复眼发达，单眼2～3个，无翅型常缺单眼。翅狭长，边缘有很多长而整齐的缨状缘毛，故称缨翅。静止时，翅平放于腹部背面。跗节1～2节，足的末端有泡状的中垫，爪退化，故又称泡脚目。腹部10节，无尾须。

卵呈肾形或长卵形，产于植物组织内或植物表面、树皮下、裂缝中、虫瘿内。除少数种类卵胎生外，多为卵生。许多种类能进行孤雌生殖。

过渐变态。每年发生的代数因地区及种类而异，通常1年5～7代，以若虫、成虫、蛹越冬。有些蓟马能进行孤雌生殖。

绝大多数为植食性，有的是园林植物的重要害虫，如烟草蓟马（*Thrips tabacilind*）、中华皮蓟马（*Haplothrips chinensis priesner*）、花蓟马［*Frankliniella intonsa*（*Trybom*）］、红带滑胸针蓟马（*Selenothrips rubrocinctus*）(G)；少数为捕食性的天敌昆虫，如塔六点蓟马（*Scolothrips takahashi Prieser*）捕食螨及别种蓟马或其他昆虫的幼虫及卵。

二、园林植物中其他有害生物

1. 蛛形纲蜱螨目

蜱螨属于节肢动物门蛛形纲的一群微小动物，体长多在2 mm以下，甚至小于0.2 mm。体型多为椭圆形，螨只有两体段：突出在躯体前方的口器部分称为颚体；头、胸、腹连成一体，称为躯体。成螨与若螨有足4对，而幼螨仅有3对。螨无翅、无触角。

螨行孤雌生殖，螨从卵孵化后，一般经过 6 个龄期，即前幼螨、幼螨、第一若螨、第二若螨、第三若螨、成螨。

害螨在园林绿化中常造成叶枯黄、褪色、失绿、变异、瘿瘤，如二斑叶螨、樟小爪螨、柑橘小爪螨、锈壁虱；益螨是一些害虫和害螨的天敌，如植绥螨、钝绥螨。

2. 多足纲鼠妇

鼠妇又称“潮虫”，属软甲纲等足目。鼠妇的种类较多，它们身体大多呈长瓜子形，长 5～15 mm，背腹扁平十分显著，呈灰褐色、灰蓝色。受到惊吓后会卷曲成团，是草食的陆栖类群，口器是咀嚼式，为甲壳动物中唯一完全适应于陆地生活的动物，不属于昆虫，一般生活在潮湿、温暖以及有遮蔽的场所，在温室等地发生较多。

3. 多足纲马陆

马陆，又名千足虫，倍足纲节肢动物，陆生。身体有多节，头部有触角，生活在潮湿地方，大多以枯枝落叶为食，有时会啃食植物幼苗，因此可能被认为是害虫。部分种类遇袭击即假死片刻（把自己蜷缩起来）。马陆性喜阴湿，一般生活在草坪土表及土块、方块下面，或土缝内，白天潜伏，晚间活动危害。潮湿环境中，树干上也常发现马陆。一般危害植物的幼根及幼嫩的小苗和嫩茎、嫩叶。

4. 蜗牛

蜗牛并不是生物学上一个分类的名称。一般是指腹足纲的陆生所有种类。蜗牛一般生活在比较潮湿，有植物丛或地被植物可躲避太阳直晒，并且没有人为干扰的地方。在休眠时分泌出的黏液形成一层钙质薄膜封闭壳口，全身藏在壳中，当气温和湿度合适时就会出来活动，时常危害地被植物或花卉植物。

第 2 节 植物病害及诊断

学习单元 1 植物病害基本知识

学习目标

➤熟悉绿化植物病害概念、症状及常见种类

一、植物病害的概念

植物由于受到病原物的侵害或不良环境的影响，从生理组织到形态会发生一系列的病理变化，最终导致植物出现病症，称为植物病害。植物病害有以下特点：

1. 有一定的病原

任何植物病害都是由一些生物的或不良的环境条件引起的。简单地说，导致植物病害发生的原因统称为病原。病原依其性质分为非生物因素和生物因素两大类：

(1) 非生物因素。主要是指周围不良的环境条件，包括物理因素和化学因素，化学因素有营养、水分、空气和化学物质（农药、激素），物理因素有温度、湿度、光照、风等。由非生物因素引起的病害，不能相互传染，无侵染过程，称为非侵染病害或生理性病害。

(2) 生物因素。指引起病害的有害生物，主要包括真菌、原核生物、病毒、线虫和寄生性种子植物五大类。这些引起病害的有害生物也叫病原生物，简称病原物，植物病原真菌和细菌又叫病原菌。由生物因素引起的病害，能相互传染，有侵染过程，称为侵染性病害。

2. 有一个病理过程

这是病害最基本的特征，是一个从内部生理到组织结构，再到外部形态的复杂动态变化过程，是植物与病原进行斗争、逐渐加深、不断发展的持续过程。

3. 表现一定的症状

植物病害最终的表现是植物的内部或外观出现异常，正常的生长发育受阻。

二、植物病害的症状

症状是植物发病后内部生理活动和外观的生长发育所显示的某种异常状态。症状根据其表现部位可分为内部症状和外部症状。内部症状是指病株体内细胞形态或组织结构发生的变化，常需借助显微镜观察；外部症状指病株外表所显示的各种病变，可分为病状和病症。病状是指发病植物本身所表现出来的反常现象，主要有萎蔫、变色、腐烂、畸形、坏死等；病症是指病原物在病部上表现出来的特征性结构，主要有霉状物、点状物、粉状物、锈状物、颗粒状物等。症状是诊断病害的主要依据。

三、植物病害的分类

在实际的研究过程中，常根据病原的性质将病害划分为非侵性病害及侵染性病害。

1. 非侵染性病害

由非生物因素引起的病害，没有侵染性，不能传染，也叫生理性病害。近年来，这类病害发生越来越重，种类越来越多，在上海市常见的香樟黄化病是较具代表性的非侵性病害之一。另外，还有水分失调引起的旱害、涝害等，温度不适引起的日灼、冻害等，有毒气体引起的烟害、药害等。

2. 侵染性病害

由生物因素引起的病害，具有侵染性，在植物之间可以相互侵染，也叫侵染性病害。根据病原物的种类又可分为真菌病害、细菌病害、病毒病害、线虫病害及寄生性种子植物引致的病害等。侵染性病害和非侵性病害相互联系、相互影响，非侵性病害常使植物生长势衰弱或造成伤口，引起和加重侵染性病害的发生，侵染性病害也可导致植物非侵性病害的发生。

此外，根据病害的传播方式还可将病害分为气传播病害、雨水传播病害、土传播病害、机械传播和昆虫传播等，根据症状可分为叶斑病、萎蔫病、丛枝病、花叶病、白粉病、煤污病、锈病、黄化等，根据植物受害部位可分为根部病害、叶部病害、茎部病害、花部病害、果实病害等。

学习单元2 植物病原

学习目标

➢掌握常见植物病原的基础知识

知识要求

一、植物病原真菌

真菌是一类营养体，通常为菌丝体，有细胞壁，以吸收为营养方式，是通过产生孢子进行繁殖的真核生物。真菌分布广泛，多数是腐生，少数为寄生和共生。真菌有益方面可食用、药用、工业发酵等；有害方面可引发动、植物病害，引起人、畜食物中毒，使食品、储藏物质霉烂等。真菌种类有 12 万余种，已记载的植物病原真菌有 8 000 种以上，可引起 3 万余种植物病害，占植物病害总数的 80%，属植物病害第一大病原物。

1. **常见概念介绍**

(1) 菌丝体。真菌在营养生长阶段的结构叫营养体。其类型由简到繁分为原质团、单细胞、假菌丝、两型菌丝、菌丝体等。菌丝体是植物病害中的常见类型，是由一团丝状物组成，为绝大多数真菌典型的营养体。把组成菌体的一团丝状物统称为菌丝体，把组成菌体的每一根丝状物叫菌丝。菌丝通常呈圆筒状，分枝或无分枝。菌丝有无隔菌丝和有隔菌丝两种基本类型。

(2) 菌组织体。由菌组织形成的具有一定形态和功能的特殊结构叫菌组织体。常见的有菌核、子座、菌索。

1) 菌核。由菌组织组成的坚硬休眠体，大小、形状、颜色各异，小如菜子，大如拳头状。成熟后颜色多为褐色或黑色。

2) 子座。由菌组织或菌丝体核部分寄主组织结合形成的容纳子实体的结构。形成有垫状、壳状、柱状、头状或棍棒状等。子座是产生子实体的结构，它一般紧密地附着在基物上，子实体常生于其上（外子座）或其中（内子座）。

3) 菌索。菌组织形成的绳索状结构，外形似植物的根。

2. **真菌的繁殖**

真菌由子实体产生孢子。真菌的繁殖方式主要有无性繁殖和有性繁殖两种。

(1) 无性繁殖。真菌不经过核配和减数分裂的方式，直接产生后代新个体叫无性繁殖。基本特征是营养繁殖，无有性结合过程。无性繁殖产生的各种孢子叫无性孢子。无性繁殖能力很强，对病原菌种群扩大以及病害传播和流行起重要作用。

(2) 有性繁殖。真菌的有性生殖是通过两个性细胞或性器官的结合而产生后代的生殖方式。有性繁殖产生的孢子称有限孢子。有性繁殖一般都发生在真菌侵染植物后期，既能保持杂种优势，又具有度过不良环境的作用，往往越冬后成为初侵染来源。

3. **真菌的生活史**

真菌从孢子萌发开始，经过生长和发育，最后又产生同一种孢子的整个过程，称为真菌的生活史。真菌生活史和病害的发生、发展规律紧密联系，是制定防治措施的依据之一。具有以下 3 方面的特点：

(1) 发育上的阶段性

从形态功能上可分为营养阶段和繁殖阶段。

从核的变化上可分为单倍体阶段、双核阶段和二倍体阶段。多数真菌的生活史以单倍体为主，营养体为单倍体，高等真菌单倍体为单核，高等真菌多倍体为多核。

从繁殖方式上可以分为无性阶段和有性阶段。无性阶段即真菌进行无性繁殖的阶段，此阶段在生长季节时常发生，在真菌的生活史中往往可以独立地多次重复，产生无性孢子数量极大，对真菌种群的扩大和植物病害的传播、发展作用很大。有性阶段是真菌进行有性生殖、产生有性孢子的阶段，此阶段多半是在营养生长后期、寄主植物休眠期、环境不适情况下或经过休眠后发生的，在整个生活史中往往仅出现一次，对真菌种群的复壮和度过不良环境起作用，往往成为翌年病害的初侵染来源。

（2）形态上的多样性。许多真菌在整个生活史中可以产生 2 种或 2 种以上的孢子。如锈菌有的可产生性孢子、锈孢子、夏孢子、冬孢子和担孢子 5 种孢子。

（3）寄主上的转主性。多数植物病原真菌在一种寄主植物上就可以完成生活史，称单主寄生。有的真菌在不同的生活史阶段必须在两种亲缘关系不同的寄主植物上生活才能完成生活史，叫转主寄主。如桧柏-梨锈病，冬孢子和担孢子产生于桧柏上，性孢子和锈孢子则产生于梨树上，桧柏为转主寄主。

4. 真菌病害的特点

（1）侵染来源。主要有病残体、土壤、肥粪、田间病株及种子、苗木等繁殖材料。病残体、土壤、肥粪是真菌的主要侵染来源，多数真菌能以菌丝体、菌丝变态、有性或无性繁殖体等各种菌态和以腐生、习居、寄居或休眠等方式在这些场所越冬。

病株和种子、落叶、苗木繁殖材料也是重要的侵染来源。

（2）传播途径。自然条件主要以孢子形式通过气流、雨水、介体等途径传播，也能以多种形式通过人为因素传播，有的还能通过菌丝的扩展进行近距离传播。

（3）侵入和扩展。真菌主要以芽管、菌丝形式通过直接穿透寄主表皮、自然孔口、伤口的途径侵入寄主。

真菌侵入后在寄主体内扩展，有局部侵染和系统侵染两种方式。局部侵染病菌危害叶片、果实、枝干、根部等组织，形成局部的坏死、腐烂等，病部产生种种病征。系统侵染病菌主要在维管组织或随寄主生长点扩展蔓延，造成全株萎蔫、黑穗等症状。

（4）症状。真菌病害的症状以腐烂、坏死居多，另外还有萎蔫、畸形。多数病害具有粉状物、锈状物、霉状物、点状物、菌丝等明显特征。

二、植物病原细菌

在绿化植物中，相对植物真菌病害，细菌病害相对较少。

细菌的基本形态有球状、杆状和螺旋状。个体大小差别很大。细菌大多单生，也有双生、串生和聚生的。植物病原细菌大多是杆状菌，少数为球状。

植物病原细菌可以在种子或无性繁殖器官（块根、块茎、鳞茎等）内外越冬或越夏，是重要的侵染来源。土壤和病残体中也存在大量致病细菌。植物病菌病害可以通过雨水、灌溉水、昆虫、线虫或工具传播，与植物病原真菌一样，可通过自然孔口、伤口传播。

植物病原细菌大都是非专性寄主，一般与寄主接触后先将寄主细胞或组织杀死，然后进一步获得营养，所以，导致的病状主要有坏死、萎蔫、腐烂、少数畸形 4 种类型，病征是有菌溢现象。

三、植物病毒

形态完整、具侵染性的病毒颗粒称为病毒粒体或毒粒，是病毒的基本单位。植物病毒粒体的主要形态为球状、杆状和线状。

植物病毒是专性寄生，离体病毒在自然条件下一般不能长期存活，因此，它的来源都与活体有关。种子和无性繁殖材料，如块根、块茎、接穗等是病毒的主要侵染来源，土壤、昆虫也是病毒的来源之一。

植物病毒的侵入不会造成寄主细胞死亡和微伤，这种微伤是由嫁接、机械摩擦、昆虫取食等途径造成。一旦与植物建立寄主关系后，植物外部一般表现为变色、坏死和畸形，腐烂和萎蔫很少见。

变色包括花叶型和黄化型两种类型。典型的花叶型是深绿和浅绿相间，此外还有斑驳、黄斑、黄条等。黄化型是叶片均匀褪绿黄化。

畸形包括皱叶、卷叶、丛状、矮化、萎缩、缩果、癌肿等。

坏死主要有坏斑、枯斑、条斑和组织坏死等。

四、植物病原线虫

线虫是一类低等的无脊椎动物，属于动物界中的线虫门，对植物造成危害较大，如松材线虫萎蔫病对黑松等易感植物可造成毁灭性的危害。

线虫一般有卵、幼虫、成虫三种虫态。幼虫、成虫形态一般差异不大，多呈线形，圆筒状，两端稍尖，通常为半透明；头部一端平钝，尾部为鞭状、钝圆或棒状，变化较大。

土壤是线虫生成的主要来源之一，如根结线虫等。线虫的传播包括主动传播和被动传播，主动传播是指线虫在寄主根际周围活动和在土壤中的近距离传播，传播距离有限。被动传播是指线虫通过媒介物携带而进行的传播，是线虫远距离传播的主要方式，主要途径有水流、风、虫及鸟类。

植物受线虫侵染后主要表现为全株性和局部性两种症状。全株性症状表现为植株生长缓慢、衰弱、矮小，叶色泽变淡，叶片黄萎、萎蔫，严重时整株枯死。局部性症状主要有畸形或坏死，形成叶瘿等；地下部分表现为根部生长点被破坏而停止生长或卷曲，根上形成肿瘤或过度分枝，根部组织坏死和腐烂等。

五、寄生性植物

植物大多数是自养的，少数植物由于根系、叶片退化或缺乏足够的叶绿素而营寄生生活，称为寄生性植物。寄生性植物绝大多数属于高等的种子植物，少数属于低等的藻类植物。在绿化植物中，常见的菟丝子、桑寄生、槲寄生等都属于前者。寄生性种子植物以种子进行繁殖，多为一年生的草本植物和多年生的灌木，均无根，有吸盘，丛生或簇生状。

六、非生物病原

植物在生长过程中无时无刻不受外界非生物因素的影响，当外界环境条件超出了植物本身的忍耐限度，植物生长发育就会出现异常，发生生理性病害或非侵染性病害。

在非生物病原中主要有化学因素及物理因素。

1. 化学因素

导致非侵染性病害的化学因素主要有营养失调、水分失调、空气污染以及农药激素等化学物质。

（1）营养失调。营养失调包括营养缺乏、营养比例失调或营养过量。营养失调原因复杂，营养缺乏或过量、肥料都可导致营养失调。

1）营养缺乏。氮、磷、钾、镁、锌等元素在植物体内可以被重新利用，并由植物下部组织向上输导，所以，营养缺乏的症状首先表现在下部叶片。钙、硼、铜、锰、硫、钼等元素在植物体内不能被重新利用，不能由下向上传输，所以，营养缺乏症状往往出现在植物的上部组织。

2）营养过量。营养元素过量对植物也可造成毒害。可能是元素本身对植物的直接伤害，也可能是因土壤的酸碱度、离子浓度过大或营养失衡等造成间接伤害。营养过量可引起褪绿、焦枯、矮化等症状。

（2）环境污染。主要是指空气污染，另外还有水源和土壤污染及酸雨等。空气污染最主要的来源是化学工业排出的废气，其中有些气体如乙烯、氨、氯气等，不会扩散太远，其危害仅限于污染源附近；而另一些如二氧化氮、臭氧、二氧化硫等污染物，对不同植物造成的危害不同，引起的症状各异。二氧化硫导致叶片失绿或脉间漂白，氟化氢导致叶缘或叶尖变黄褐色枯死，氯化物使叶色漂白、脉间坏死、叶缘焦枯、小叶卷曲并提早脱落，氮化物使幼嫩叶片叶缘变红褐或黄褐色。

（3）农药激素。各种农药（杀虫剂、杀菌剂、杀线剂、除草剂等）和化学肥料，如使用浓度过高、用量过大或使用对象、使用时期不适宜，均可对植物造成化学伤害。药害常常在叶面上或叶柄基部出现坏死的斑点或条纹，叶片褪绿变黄，严重时凋萎脱落。一般来讲，植物的幼嫩组织或器官容易发生此类药害，一些无机铜、硫杀菌剂和有机砷类杀菌剂容易引起急性药害（用药 2～5 天发生）。

不适当地使用除草剂或植物生长调节剂也会引起药害。特别是目前除草剂使用频繁，有些对药剂较敏感植物在受药后会出现变褐、枯死等症状。

2. 物理因素

导致非侵染性病害的物理因素主要有温度、湿度、水分、光照和风等。

（1）温度。温度是植物生理、生化活动得以顺利进行的基础。各种植物的生长发育有它们各自的最低、最适和最高温度，超出了它们的适应温度范围，就可能造成不同程度的损害。温度包括气温、土温和水温 3 个方面，不适宜的温度表现为高温、低温和剧烈变化的气温。

高温往往与强光相结合，是造成植物日灼的因素，如桃叶珊瑚、鸢尾日灼病。土温、水温过高也会造成植物幼嫩茎干灼伤。

低温引起植物冻害。主要造成幼茎或叶片变黑、干枯、死亡。

剧烈的变温对植物的影响往往比单纯的高、低温更大。如昼夜温差过大，温度升降速度过快，可以使木本植物的枝干发生灼伤或冻裂。

（2）水分、湿度。水分供应不足使植物生长受到限制，引起植物萎蔫、焦枯等症状；水分过多引起土壤中氧气供应不足，造成根部不能进行正常的生理活动，导致根部变色或腐烂，地下部分叶片变黄、萎蔫、脱落等症状。同样，水分的骤然变化也会引起病害。

（3）光照。光照的影响包括光强度和光周期。光照不足导致植物徒长，影响叶绿素的形成和光合作用，使植株黄化，组织结构脆弱，容易发生倒伏或受到病原物的侵染。光照过强很少单独引起病害，一般都是与高温、干旱相结合。

光照时间的长短会影响植物的生长和发育。植物按照光周期现象分为长日照、短日照和中性植物。研究结果表明，光可以调控植物的基因、形态变化和多种酶活性。

学习单元 3 植物病害的诊断

学习目标

➤掌握园林植物病害的常见诊断方法

知识要求

植物病害的诊断是根据得病植物的特征、所处的场所和环境条件，经过调查和分析，对植物病害的发生原因、流行条件和危害等作出准确的判断，其目的是了解病害发生的原因，确定是否是某种病害。准确诊断是控制病害的前提，防治病害的依据。诊断时，首先要熟悉病害，了解各类病害的特点，其次要全面检查，仔细分析。诊断是从症状等表面特征来判断其病因，确定病害种类。鉴定是将病原物的种类和病害种类同已知的种类作比较，确定其科学名称或分类上的地位。

一、诊断的程序和方法

对于常见的、症状明显的病害，凭经验容易诊断。但遇到一些不熟悉的、新的或难以确定的病害时，首先应从症状入手，确定病原，即确定是不是所怀疑的原因，是属于侵染性的病害还是非侵染性的病害。确定侵染性病害是由真菌、细菌、病毒、线虫或其他病原物引起，非侵染性病害是由营养失衡还是环境不适等其他原因引起的；然后再鉴定病原，确定其种类。可以遵循以下基本的步骤和方法：病情调查、显微镜检、试验验证、病原鉴定和专项检测。

1. 病情调查

观察和了解植物病害群体和个体的表现及相关情况。观察和了解时应注意以下 4 方面：

（1）群体表现。包括病害在整个绿地、绿带内如何分布，其时间动态和空间动态如何变化，是个别零星发生还是大面积成片发生，是由点到面发展还是短时间同时发生，发病部位是随机的还是一致的，开始发病的时间、植物的生长发育阶段等。

（2）个体表现。包括症状的局部和整体、地下和地上、内部和外部、病症和病状表现及症状的变化、气味等。

（3）相邻表现。相邻绿地及整个区域的发生情况，不同类型的植物发生情况。

（4）相关情况。询问病史与查阅有关档案，是否以前发生过，查阅以前是否有为害报道。了解植物品种及栽培管理情况，包括植物来源、种植时间、水肥管理、药剂使用情况等。调查生长环境及气象条件，包括土壤环境、周围生态（地势、工厂、生物、水源）及近期或更早时间的温度、湿度、降雨等变化情况。

这是诊断的第一步，通过以上调查，结合各种病害特点，可以初步确定病害类型，缩小进一步诊断的范围，对其作出大致的估计。对于病症不明显或者明显但又不能断定是否由病原生物引起的病害，就要进行第二步显微镜观察。

2. 显微镜检

这是病害诊断和鉴定最常用的方法之一，主要是观察和了解是否有病原物及其形态。观察方法因病原而异，真菌、线虫及部分病毒内含体可直接通过光学显微镜观察，细菌用油镜观察。观察时应注意：（1）采样要典型，症状必须表现明显，症状不明显的可在25～28℃下保湿培养1～2天；（2）时间要适宜，太早观察不到，太迟腐生菌干扰或病原孢子释放；（3）部位要完整，发病主要病位、其他部分甚至整株；（4）制片要正确，病害正背面、内外部、刮切兼顾，要多取几个部位，多制作几个切片观察；（5）观察要仔细，注意光线的调节，注意病原物与杂质、植物组织的区别，注意观察病原物不同部分，不能仅仅根据观察到的孢子或其他某个部位就下结论。

通过这一步，对一些病害根据症状和观察到的病原物形态就可以确定其病原，再进一步进行鉴定以确定病原物种类。而对有些病害通过镜检无法确定病原，如病部发现多种微生物，不能确定时，或观察不到任何微生物又不能确定其是否存在时，一般要进行下一步验证。

3. 病原鉴定

病原鉴定是确定病名和病原物的分类地位，确定是什么病，病原学名是什么。以不同病原物分类鉴定指标为依据，先了解所要鉴定病原物的有关性状，再通过查阅资料对照比较。

4. 试验验证

通过一系列试验过程来确定病原。对于像病毒性和一些生理性有时难以确认的病害，可以先通过嫁接、摩擦接种等方法进行传染性试验，确定是哪一类病害后，再进行试验验证。该验证需遵循柯赫氏法则。其他的验证方法，如专项检测中的理化方法、噬菌体方法、血清学方法等，在绿化植物病害诊断中，由于技术及设备的限制，在实践中不常用，在此不作进一步论述。

以上是病害诊断和鉴定基本的、传统的步骤和方法。在实际操作中，要注意病害和症状的复杂性，虫害和病害的区别，一种病害及伴生病害的区别等。

二、非侵染性病害的诊断

对非侵染性病害的诊断通常从以下几个方面着手：一是进行病害现场的观察和调查，并了解有关环境条件的变化；二是依据侵染性病害的特点和侵染性试验的结果，尽量排除侵染性病害的可能；三是病原鉴定。

1. 病情调查

（1）观察病害特点。非侵染性病害一般具有以下特点：1）病害发生一般表现为较大的面积同时发生，发病时间短，如由于大气、水、土壤的污染或气候因素引起的冻害、干热风、日灼等病害。2）病害田间分布较均匀，病程度由轻到重，但没有由点到面的过程，即没有发病中心。3）发病部位在植株上分布比较一致，有些表现在上部或下部叶片，有些表现在叶缘，有些表现在花、嫩枝、生长点等器官，有些表现在向阳或迎风的部位等。4）症状没有病征表现，病斑不规则。5）在适当的条件下，有的病状可以恢复。

（2）了解环境条件。非侵染性病害是由环境因素引起的，了解环境条件对诊断非常重要，一般包括地形、地势、土壤、栽培、管理、气象、生态等。

2. 病害确定

在以上观察和调查的基础上，若还不能确定是否是非侵染性病害，则可根据情况作进一步诊断。对于不能确定是否有病症时，可以通过病组织保湿培养和普通显微镜观察，看有无病症和病原物，借以与细菌、真菌、线虫病害初步区分。当与病毒、菌原体等病害难以区分时，可按病毒病害的诊断方法，如组织解剖、传染试验等作进一步的诊断。

3. 病原鉴定

经过以上步骤和分析，确认为非侵染性病害后，再根据可疑病因或假设通过化学分析、人工诱发、化学治疗、指示植物等方法，进一步确定和鉴定具体病因。化学分析法是指对病株组织或病田土壤进行化学分析，测定其成分和含量，并与正常值比较，从而查明哪种成分过多或过少，以确定病原。人工诱发法是根据初步分析的可疑病因，人为地提供类似的条件，如低温、缺素或药害等，对植物进行处理，观察其是否发病，即所谓的胁迫试验。化学治疗法是指经过初步分析可疑病因，采取治疗措施，如怀疑缺某种元素，可以对植株喷洒、注射或浇灌营养液等方法，观察症状能否减轻或恢复健康。指示物法是指根据可疑病因，选择对该病因敏感、症状表现明显且稳定的植物作为指示植物，将其种植在发病环境中，观察症状反应，一般用于植物缺素症鉴别。

三、侵染性病害诊断

侵染性病害种类多，诊断比较复杂，一般是在观察基础上，结合不同病害的特点，经过症状鉴别、镜检、验证试验，再进一步进行鉴定。在实际观察时，应了解侵染性病害的一些特点：（1）病害发生时一般不表现为大面积同时发生，不同地区，绿地间发生时间不一致。（2）病害在绿地间分布较分散、不均匀，有由点到面、由少到多、由轻到重的发病过程。（3）发病部位（病斑）在植株上分布比较随机。（4）症状表现多数有明显的病征，多数病害的病斑有一定的形状、大小。（5）一旦发病后多数症状难以恢复。在此基础上，再按不同病原物的病害特点和鉴定要求，进行诊断和鉴定。

1. **真菌病害**

(1) 症状鉴别。真菌病害症状多为坏死、腐烂和萎蔫，大多数在病部有霉状物、粉状物、点状物、锈状物等病征。

(2) 镜检验证。对于不能确定的病害，通过刮、切、压、挑等方法制片，观察孢子、子实体或营养体的形态、类型、颜色及着生情况等。镜检时，病征不明显的，进行保湿培养；保湿培养后仍没有病征的，可选用合适的培养基进行分离培养。

(3) 种类鉴定。一般情况下，通过病菌形态观察可以鉴定到属，对于常见的病害，根据病原类型，结合症状和寄主，可确定病原真菌的种及病名。

2. **细菌病害**

(1) 症状鉴别。多数植物细菌病害症状特点表现为坏死、萎蔫、腐烂和畸形等，病部病征有菌脓、菌膜、菌痂。坏死病斑多受叶脉限制，为角斑或条斑，初期有水渍状或油渍状边缘，半透明，常有黄色晕圈。萎蔫性病害，病株茎基部横切面用手挤后可见菌脓，且维管组织变褐，腐烂组织常伴有臭味，无菌丝。

(2) 镜检检查。对于一般的细菌性病害，简便而可靠的诊断技术是镜检，观察组织中有无菌溢现象。检查时，选择典型、新鲜、早期的病组织，用流水冲洗干净，吸干水分，在病部用剪刀剪下长0.5～1 cm的组织，放在载玻片的中央，滴一滴无菌水，用解剖针将组织撕破，加上盖玻片，静置10 min后镜检，若观察到病组织周围有大量的细菌云雾逸出，可确定为细菌病害。

(3) 种类鉴定。一般常见的病害经过实地观察、症状鉴别和镜检为细菌时，就可确定病名和病菌种名。

3. **线虫病害**

(1) 症状鉴别。线虫病的病状有矮化、黄化、萎蔫、坏死、腐烂、畸形（根结、叶扭曲）等，病征有的在植物的根表、根内、根际，土壤中可见到线虫。

(2) 镜检验证。对于病部产生肿瘤或虫瘿的线虫病，可以制作切片用光学显微镜观察，为了观察更清楚，也可用碘液对切片染色，线虫可染成深褐色，植物组织呈淡黄色。对于不产生肿瘤或虫瘿，在病部难以观察到虫体的病害，可采用漏斗分离法，收集到线虫后进一步观察。

(3) 种类鉴定。根据观察到的线虫形态特征，结合寄主、致病性的特点，与相关资料对照、比较和分析，然后确定其种类。

4. **病毒病害**

症状鉴别：症状主要表现为变色（花叶、斑驳、环斑、黄化等）、畸形、坏死，无病征，多为系统性侵染，病状多从顶端开始出现，然后在其他部位陆续出现。

由于病毒检查对技术及设备的要求较高，一般要用电镜检查，在此不再作进一步的阐述。

寄生植物引起的病害，在寄主植物上或根际上肉眼可以看到寄生物，如菟丝子等。

学习单元 4　植物病害调查方法

学习目标

➤掌握植物病害的基本调查方法

知识要求

病害的调查是植物病理学研究的一项基本工作，植物病害的分布范围、发生时期、危害程度、症状变化、影响因素、抗性表现、损失估计、防治效果等都需要通过调查、记载才能掌握和了解。

一、病害调查方法

根据调查的目的，病害调查方法大致分为一般的和系统的调查两种。

一般调查又称普查，是对一个地区的病害种类、分布和发病程度进行全面、宏观的调查。当有关区域病害发生情况的资料很少时，可进行一般调查。一般调查要求调查面积广，取样地点有代表性，但对调查的精度要求并不十分严格。一般调查的时间最好在发病盛期进行，调查次数 1～2 次即可。

系统调查是在一般调查的基础上，对病害的各方面进行深入、细致、动态的调查。系统调查要求定时、定点、定量多次调查，强调调查数据的规范性、准确性、连续性、可比性和全面性等，按统一的调查记载标准和方式进行。

病害调查时，需对病害取样。取样方法因病害种类、调查性质和要求而异，但必须是可靠和可行的，取样时需要考虑样本数目、取样地点、取样部位、样本大小和取样时间等。

二、病情记载

病害调查时需要对病情进行记载，以便了解和比较病害发生的程度，常用的病情记载内容有发病率、严重度和病情指数。

1. 发病率

它是发病单元数占调查总单元数的百分率，表示发病的普遍程度，但不能反映发病的严重程度。

2. 严重度

它表示发病单元受害的严重程度。一般用单元发病的面积或体积占该单元总面积或总体积的百分率表示。也有用分级法表示，即将发病的严重程度由轻到重划分出几个级别。分级标准可用文字、绘图或图像等方法表明，要求明确和具体，易于了解。

3. 病情指数

它是将发病率与严重度结合起来，全面反映植物群体发病程度的综合指标。病情指数的计算方法因严重度表示方法的不同而异，若严重度用不同级别表示，得到的结果是每一级中有多少个个体，则病情指数计算公式为：

病情指数＝∑（各级病叶数或株数×各级代表值）/（调查总叶数或株数×最高级代表值）

严重度用百分率表示时，则病情指数计算公式为：

病情指数＝普遍率×平均严重度×100

注：式中的平均严重度是多个严重度调查值的平均值，不包括发病率为零的记载。

病情指数对调查和试验结果的分析是有利的，一般应用于比较防治效果和研究环境条件对病害的影响等方面，对整株、叶片、果实、器官等病害都适用。病情指数虽然包含发生量和严重程度两方面的因素，有时却反映不出发生量与严重度的差别。另外，使用过程中如分级标准和各级的代表值确定不当，也可能发生一定的偏差。

第3节　园林常见杂草

学习单元1　杂草知识

学习目标

➢掌握常见园林杂草的概念、类型及习性

知识要求

一、杂草的概念

草是自然界中不可缺少的物种之一。在城市园林绿化中，乔、灌、草的有机结合，对于维护城市生态平衡起着重要的作用。绿地、林地中生长着的野草，不但反映了自然界中的物种多样性，增添了景观效果，而且不少还是天敌昆虫的密源植物，它们默默地维护着生态的平衡。近来，我国的植物专家提出，如果不是特别需要，一般不要除草，没有必要把道路两侧树丛下的草刮得干干净净。野草布满林地和路边，加上灌木是很理想的植物群落。在城市中，人们为了生活、娱乐和美观，将品种一致、生长一致的草，经人工繁殖，种植在一定的面积上，这就是人工草坪。被选作种植的草，称为草坪草。随着提倡回归大自然，生物多样性的环保意识的不断增强，人们将那些造型美观、独特，丛植在城市绿地、草坪之中或水边供人们欣赏的草，称为观赏草。所谓杂草，是指那些在园林绿地或草坪草中与园林植物、草坪草互相争夺养分、水分、矿物质、光照和空间，有碍园林绿化景观，或引起人体不适的草类。

二、杂草的类型及生长习性

杂草根据其生活史和生长习性可分为 3 类：

1. 一年生杂草

在一年内完成其生活史。一年生杂草的种子有在春季第一次发芽的，有在春末和夏季之间发芽的，也有在春天和秋天之间发芽以及在秋天发芽的。

2. 二年生杂草

也称越年生杂草，即在两年内完成其生活史。二年生杂草的种子在春、秋两季都可发芽。

3. 多年生杂草

能生长多年。常以休眠状态越冬，春季恢复生长。它们能生存在多个生长季节，也能用种子繁殖。

学习单元2　园林常见杂草

学习目标

➢了解综合治理原则

➢掌握园林常见杂草主要特征

➢能够识别园林常见杂草种类

知识要求

一、园林常见杂草

1. 豚草【*Ambrosia artemisiifolia*】

一年生直立草本植物，是一种广泛传播的世界性恶性害草。菊科。叶具长 2～4 cm 的短叶柄，下部对生，上部互生，多呈一回羽状全裂或三回羽状全裂或深裂，叶多毛，叶面深绿色，叶背灰绿色。花单性，雌雄花各组成独立的头状花序，雄性花多并有短柄，若干个雄性花序下垂，着生于一个长的总花序轴上，雌性花无柄，单生、簇生或轮生于雄花序下面的叶腋中。种子繁殖。豚草的花能引发人患哮喘病、花粉病、过敏性鼻炎，是对人类危害最大的一种杂草。园林绿地中发现豚草必须拔除。

2. 葎草【*Humulus scandens*】

一年生攀缘性阔叶杂草。大麻科。茎和叶柄都有倒生的钩刺。叶通常对生，叶片呈掌状，深裂 5～7 个，直径 7～10 cm，叶边缘有粗锯齿，叶两面均生粗糙刺毛，叶背有黄色小腺点，叶柄长。雌雄异株，雄花小，着生在圆锥形的总状花序上；雌花和苞片结合成近圆形的穗状花序。瘦果，扁圆形，淡黄色。在园林绿地、林地中较为常见。

3. 牛筋草【*Eleusine indica*】

一年生禾草，又称蟋蟀草。禾本科。在春末和夏季发芽。高 15～90 cm。成株须根较细而稠密，为深根性。秆丛生，扁平，秆和叶强韧，叶鞘压扁而具脊，叶条形，中脉显著。穗状花序两至数枚，呈指状排列簇生于秆顶，有时其中 1 或 2 枚单生于其花序的下方；小穗成双行密集于穗轴的一侧。果实表面有波状皱纹。种子黑褐色。种子繁殖。

4. 马唐【*Digtaria sanguinalis*】

一年生禾草，禾本科。在春季和整个生长季节都能发芽。遇水即可发芽。幼苗深绿色，密被柔毛；高 40～100 cm。成株秆丛生，基部展开或倾斜，着土后节易生根或具分枝，光滑无毛。叶鞘松弛抱茎；叶片粗糙，条状披针形，两面疏生软毛或无毛，叶基部圆形。总状花序 3～10 个，呈指状排列于茎顶，小穗通常孪生。颖果均椭圆形。种子繁殖。与草坪草竞争力强，有扩展生长习性。

5. 空心莲子草【*Alternanthera philoxeroides*】

多年生阔叶杂草，也称水花生、革命草。苋科。属两栖植物，即陆地和水里都能生长。具肉质储藏根，具形成不定芽能力。茎基部匍匐，上部上升或全株偃卧，节着地生根，中空，有分枝。叶对生，倒卵状披针形或长椭圆形。头状花序具总花梗，生于叶腋，花被 5 片，白色。上海地区只有无性繁殖，无有性繁殖。

6. 马齿苋【*Portulaca oleracea*】

一年生阔叶杂草，肉质草本。马齿苋科。茎匍匐或斜升，茎略带红色。全体光滑无毛。叶互生或假对生，倒卵形，先端钝圆、截形或微凹，有短柄，叶上覆盖蜡质。花 3～5 朵生枝顶，花小，黄色，花瓣 5 片。蒴果圆锥形。种子黑色。

7. 地锦【*Euphorbia humifusa*】

一年生阔叶匍匐性杂草，又称红丝草。大戟科。茎纤细，含白色乳汁，多分枝，常带红色。叶对生，长圆形，先端钝圆，基部歪斜。叶绿色或淡红色，叶缘具细齿。杯状伞房花序，花单生于叶腋，淡红色。蒴果三棱状球形。种子卵形，黑褐色。

8. 波斯婆婆纳【*Veronica persica*】

一年生或越年生阔叶杂草，也称阿拉伯婆婆纳，玄参科。在春天和秋天发芽。全株有短柔毛。茎基部多分枝成丛，纤细，匍匐或上升，高 15～45 cm。茎基部叶对生，上部叶互生，叶片三角状卵形，基部截形至心形，叶缘粗锯齿状。花序顶生，花枝苞片叶状与茎叶同形，互生，花生于苞腋间，花蓝紫色，具辐状条纹，短于花萼。蒴果近肾形。种子呈舟形或长圆形。

9. 打碗花【*Calystegia hederacea*】

多年生阔叶杂草，又称小旋花，旋花科。全株光滑无毛。白色根状茎横展，茎蔓生或缠绕，叶互生，三角状戟形。花单生于叶腋，花冠漏斗形，花色粉红和白。蒴果卵圆形。种子三棱状卵圆形，黑褐色。

10. 异型莎草【*Cyperus difformis*】

一年生莎草，莎草科。在春末和夏季发芽。秆丛生，纤细，扁三棱状。叶基生，短于秆，叶上表面中脉处具纵沟，背面突出成脊。叶鞘棕红色。叶状苞片 2～3，长于花序；长侧枝聚于伞花序，小穗聚于花序伞梗顶端，密集成头状。小坚果三棱状倒卵形，淡褐色。

11. **猪殃殃**【*Galium aparine*】

一年生或越年生阔叶杂草，茜草科。多枝、蔓生或攀缘状。成株茎四棱，棱上和叶背中脉及叶缘均长有倒钩刺。叶 4～6 片轮生，条状倒披针形。聚伞花序腋生或顶生。花小，黄绿色。果实球形，表面密生钩状刺毛。

12. **白茅**【*Imperata cylindrica var. Major*（*Nees*）*C. E. Hubb.*】

多年生禾草，禾本科。有长匍匐根状茎横走于地下，黄白色，节具鳞片及不定根。秆直立，节有柔毛。叶多集结于基部，长条形。圆锥花序圆柱状，分枝短而密集，小穗基部密生丝状长柔毛，把小穗完全隐藏。种子及块根繁殖，生命力强。

13. **双穗雀稗**【*Paspalum distichum*】

多年生禾草。禾本科。成株具根茎；秆匍匐地面，节上生根。夏秋高温时，匍匐茎生长迅速，先端直立或斜倚，侵占力极强。叶鞘松弛，叶片平展，条状披针形。总状花序 2 个呈指状排列于秆顶，小穗成两行排列于穗轴一侧。颖果浅褐色，长椭圆形。

14. **天胡荽**【*Hydrocotyle sibthorpiodes*】

多年生阔叶杂草，又称眼心草，伞形科。茎纤细而匍匐，节上生根。叶互生，圆形或近肾形，基部深心形，5～7 个浅裂，叶缘有齿。伞形花序腋生，花小，绿白色，密集成球形。果扁圆形。种子和茎节生根繁殖。

15. **香附子**【*Cyperus rotundus*】

多年生莎草，又称回头青，莎草科。具匍匐根状茎和椭圆形块状茎，有香味。秆锐三棱形，直立，散生。叶基生，短于秆，叶鞘棕色。长侧枝聚于伞花序。小穗条形，有白色透明的翅，3～5 个排成伞形花序。鳞片紫红色。小坚果长圆形，三棱状。种子与块茎繁殖。

16. **酸模**【*Rumex acetosa*】

多年生阔叶杂草，蓼科。幼苗全株光滑无毛，根系发达。成株高 30～100 cm，有酸味。主根粗短，有少数须根，断面黄色。茎直立，细弱，通常单生不分枝。基生叶和茎下部叶箭形，有长柄。茎生叶小，披针形，无长柄。圆锥花序顶生，分枝稀疏；花单性，雌雄异株，花小。瘦果椭圆形，具三棱，暗褐色，有光泽。种子及不定芽繁殖。

17. **蒲公英**【*Taraxacum mongolicum*】

多年生阔叶杂草，菊科。根肥厚而肉质，圆锥形。全株有白色乳液。叶莲座状平展，倒披针形，逆向羽状深裂。头状花序，总苞钟状，舌状花黄色。瘦果椭圆形，暗褐色，常稍弯曲，具纵棱 12～15 条，并有横纹相连，棱上有小突起；冠毛白色。根再生力强，不易根除。

二、草坪杂草的综合治理

为了使草坪能持续地发挥其观赏效益、生态效益、社会效益和经济效益，人们常常需要对草坪草进行精心的养护管理。其中对草坪杂草的综合治理，是草坪养护管理工作的重要组成部分。

一个生长势旺盛的草坪，首先表现在其草坪草本身对周围生态环境的适应能力和对草坪杂草的竞争能力上。除了少数例外，倘若草坪草在适宜其生长发育的环境条件下生长，其发育能力和与其他物种的竞争能力就会大大增强，否则，其生长发育能力便会逐渐削弱，导致杂草丛生。

因此，对草坪杂草治理的主导思想是：促进草坪草正常而健康地生长。围绕这个主导思想，应采取综合治理措施有效控制草坪杂草的危害。

1. 正确选择草坪，要根据种植草坪草的目的和种植地的生态环境，选择抗性强、发芽率高、无杂草的草坪种子或草皮。

2. 严格按照草坪栽植的要求，规范施工，严把质量关。特别是要注意草坪土壤的质量、平整度，草坪的灌排水系统、水的低渗透性等。

3. 及时修剪、刈草。一般暖季型草坪在生长季节每月需刈草两次。

4. 科学的水肥管理。正确掌握不同品种草坪草对水的需求，适时浇水、排水、防洪、防涝、抗旱。了解草坪草对土壤肥力的要求，提倡适时使用有机肥，不断增加土壤中的腐殖质。因为只有在富含腐殖质的土壤中，草坪草才能借助菌根，吸收生长所需的微量元素，茁壮成长。菌根是植物、某种真菌和聚集在根部的特定细菌的共栖现象。这种活跃的复合体可以直接把土壤中的微量元素释放出来，提供给草坪草。在富含腐殖质的土壤中，无须施用磷肥，土壤本身即可供给草坪草廉价的粗磷；健康土壤中积聚在豆科植物根部的固氮菌，自然摄取氮的过程只需在常温、常压下即可进行。土壤中的细菌只需利用落到地面上的太阳能即可完成这一任务。通过植物根部的代谢将能量输送给植物，或直接从腐殖质土壤中摄取能量。从空气中摄取的氮可以缓慢而不断地被植物所吸收，而不会破坏植物正常的物质交换。由于化学肥料中含有大量高浓度的水解盐，极易破坏土壤中复杂的生物化学过程，因此，要尽可能地避免使用化学肥料。

5. 科学地开展杂草控制。在草坪草长势差的情况下，杂草的生长占据了优势地位，这时就要人工进行干预。人工干预的目的是为了帮助草坪草尽快恢复生机。

（1）人工挑草、锄草。这种方法虽然古老，费时、费工，但仍然是现今世界上草坪除草的主要手段之一。尤其是在北美和欧洲的一些发达国家，人们为了保护生态环境不继续受到污染，在城市的公共绿地及草坪中禁止使用化学除草剂，所以人工除草无疑仍是一种有效的控制杂草的方法。在我国沿海的深圳、广州、中山等发达城市，大片的草坪也是采用人工挑草的方法控制杂草的危害。

（2）化学除莠。目前，用于防除草坪杂草的化学除草剂，根据其性能可分为以下 3 大类：

1）触杀性除草剂。植株部分接触了这类除草剂后被杀死。触杀性除草剂见效快，往往在几个小时内就能见到成效，常用来清除一年生杂草。

2）内吸传导性除草剂。此类除草剂能被植物的外部组织（叶、茎、根）吸收并在植物体内移动，对整个植株起到杀除作用。此类除草剂又分为选择性的和非选择性的。选择性的除草剂仅对某一类杂草有很高的活性而不伤害其他草类，而非选择性的除草剂则用同一种剂量能防除大多数杂草，也包括草坪草。

3）土壤封闭处理剂。此类除草剂用于土壤表面，能在很长时间内保持杀死萌芽状态的杂草种子的效力，从而防止杂草再生。此类除草剂在草坪管理中不常应用。

开展草坪化学除莠工作的第一步是搞清草坪草的种类以及该草坪草中的杂草群落，正确识别杂草种类；第二步是确定草坪化学除莠的有效方式、化学除草剂的种类和防除杂草的适用期。化学除草剂的种类很多，使用前要先做小面积试验，还应请教当地具有丰富经验的草坪专家，做到心中有数。

虽然，化学除草剂在短期内能迅速、及时地控制杂草，但它毕竟不是自然界中的原有成分，长期频繁地使用，必然会对园林生态系统产生不良影响。比如，促使杂草群落中敏感性杂草减少，耐药性杂草滋生，并向多年生难除的杂草群落演变；破坏草坪草正常的生理生化功能；影响土壤微生物区系；使化学除草剂中的有害物质在土壤中积累。因此，要逐步减少化学除草剂的使用量及次数，采取综合治理的方法控制草坪杂草。

第 4 节　园林有害生物综合治理方法

学习单元 1　园林植物有害生物的发生特点

学习目标

➢了解园林有害生物发生的环境特点

知识要求

园林病虫害的防治是在“预防为主，综合治理”的方针指导下，以园林技术措施为基础，充分利用园林生物群落间相互依存、相互制约的客观规律，因地制宜地选用生物、物理、化学等防治手段，以达到安全、有效、经济控制病虫害，促进和保护园林植物健康生长的目的。

园林植物病虫害发生的环境特点：

一、园林生态系统是人类效仿自然的杰作

1. 植物配置属于人类工程

园林生态系统是人类效仿自然的杰作。它的主要功能是为人类改善生活环境。绿色植物能够净化空气、降低噪声、保护环境、改善气候，使人们能够更好地生活。在这个系统中，作为其主体和基础的园林植物种群，是人们根据主观愿望移地而栽植的。园林植物种类繁多，形态各异，特性也不尽相同，它们从原产地到了新的环境中，需重新组成群落，与新的环境因子进行循环。倘若植物生长的新环境符合其生理要求，又能与其他生物有机地结合，就进入了良性循环，逐步形成一个相对稳定的园林生态系统；如果一个园林生态系统在组建时，植物配置合理，经过短期物种间的竞争，“适者生存”，各物种间形成稳定的群落，加之人类活动干扰少，这个园林生态系统就相对稳定，病虫害发生少。如上海有些街道绿地、小游园，几乎不用打药，植物长势旺盛；又如鲁迅公园、中山公园、杨浦公园内，各有一个面积不大的湖中岛，岛上有几十种植物。十几年来岛上的动植物共生共存，昆虫种类较为丰富，植物、害虫、天敌间处于平衡状态，完全用不着人为干预。倘若新引进的植物种群配置不合理，植物的生长环境不适宜，植物长势衰弱，则给各种病虫害的发生和交互感染提供了有利的条件。例如，在园林植物设计中，将桧柏、龙柏与梨、海棠等蔷薇科植物配置在一起，或将松、栎树混交，与松树、芍药种在一起，就为转主寄生的桧柏梨锈病、松栎锈病、松芍药锈病的发生创造了条件；又如将半荫树种洒金桃叶珊瑚种在强光下，会导致该植物产生焦叶病；杜鹃也是半荫树种，如果设计在强光下，就会引起杜鹃网蝽严重危害等。

2. 园林生态系统也存在不平衡现象

一个稳定的园林生态系统，通过不断的良性循环，植物枝繁叶茂，当长到过于稠密时，生态系统则会出现不平衡现象：一是过于稠密的枝叶影响了植物的通风透光和光合作用，致使植物长势趋于衰弱；二是这种情况若不及时调节，园林植物中的“五小”害虫类，蚜、螨、蚧、粉虱、蓟马等将在有利于它们发展的环境中呈几何状态发展，导致害虫

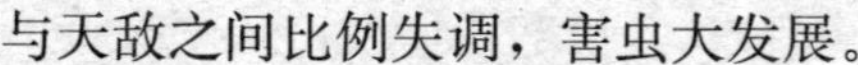

与天敌之间比例失调，害虫大发展。

二、人类活动关联着病虫害的发生

1. 植物材料交换频繁，人为传播病虫害

温室花卉、露地花木、园林绿地中的树木不断地引进、移出，致使某些病虫害互相传播、蔓延、扩散、危害，而它们的天敌却远远没有跟上，造成益害之比失控。例如，近年来发生的巴西木、发财树上的蔗扁蛾，杜鹃上的杜鹃叶蜂，香樟上的樟叶蜂，红叶李上的顶斑筒天牛，千头椿上的沟眶象，瓜叶菊上的美洲斑潜蝇等。

2. 环境条件恶劣或改变，给病虫害的发生提供了滋生的条件

由于城市中基础设施、建筑结构复杂，立地条件差，以致行道树、绿地中的园林植物的地下部分常常受到地下构筑物、地下管道、煤气管道、电缆等诸多地下设施的影响，使其生长发育受到限制；有些地段地下水位高，使根呼吸受阻或窒息；有些地段可供植物生长的土层不足 50 cm，土壤贫瘠。另外，植物的地上部分也常受到人类活动的干扰，如在行道树树冠中穿过的空中电缆电线；因防台风而过度地修剪；汽车排出的尾气，工厂排放的有毒气体、废水、废渣也会对附近的植物产生直接的危害；行道树周围铺设水泥路面，则严重影响行道树根的呼吸与生长。这些城市中人为造成的环境条件，不利于植物正常生长，导致植物长势衰退，弱寄生的病菌和害虫就会乘虚而入。

3. 化学药剂的大量使用，导致有害生物的猖獗发生

由于人们对有害生物的控制认识不足，大量、多次地滥用化学药剂，甚至随意加大化学药剂的使用浓度，期盼着高浓度、大剂量的药剂能够将害虫彻底消灭干净，但事实却是相反。近年来在草坪草中大规模发生的斜纹夜蛾，就是一种抗药性极强的害虫，有人曾将这种害虫放入未稀释的高毒农药甲胺磷中，也未能将其杀死。这样做不仅使害虫产生抗药性，而且破坏了环境，杀伤了天敌，害虫失去了自然界中天敌的制约而更加猖獗。例如，澳洲瓢虫是一种控制吹绵蚧的优势天敌昆虫，20 世纪 60 年代初，美国加利福尼亚州橘园曾大量喷洒 DDT，杀死了对 DDT 敏感的澳洲瓢虫，使吹绵蚧失去控制而出现毁灭性的爆发。当吹绵蚧爆发成灾时，人们才意识到澳洲瓢虫存在的重要意义。

学习单元 2　园林植物有害生物综合治理方法

学习目标

➢掌握植物有害生物综合治理的基本原理及常见方法，指导一线防控

知识要求

一、园林植物病虫害综合治理的原理

有害生物的综合治理（Integrated pest management）是 1967 年由联合国粮农组织提出的，其主要内容是："以生态学的原理和经济学的原则为依据，采用最优化的技术组配方案，把有害生物的种群数量比较长期地稳定在经济损失水平以下，以获得最佳的经济效益、生态效益和社会效益。"

继 IPM 之后，国际上又给有害生物的综合治理增加了新的内涵：

PPM：预防性害物治理。

EBM：依据生态害物治理。

BPM：生物集约型害物治理。

EBPM：基础生态害物治理。

这些观点都是以降低化学农药的使用，恢复与保护地球自然生态平衡为目标而提出的。

1997 年由 IPM 联盟提出了 IPM 的新定义："IPM 是通过组合生物、栽培、物理、化学等措施，以最低的经济、健康和环境风险，实现一个可持续发展的害物治理。"

有害生物综合治理的理论，打破了过去片面地用杀虫率高低来衡量防治效果的传统观念，强调了人类要维护自然界中的生态平衡。

近年来，科学家又提出了有害生物生态控制的理论（EPM）。EPM 把人类健康、环境保护作为目标，既考虑到生产者的短期经济效益，又考虑其长期经济利益，既注意经济效益，又注意生态效益、社会效益，对现阶段指导害虫治理工作具有重要的意义，应加强研究、示范与推广。

二、园林植物病虫害的治理技术

园林植物病虫害的治理技术大致可分为：植物检疫、园林业防治、生物防治、物理防治、化学防治。它们各自在综合治理中担负着重要的任务。

1. 植物检疫

植物检疫，是一个国家或地区用法律、法令的形式，禁止某些危险性的病、虫、杂草人为地传入或传出。对已发生或传入的危险性病虫、杂草采取有效的措施消灭或控制蔓延。因此，植物检疫又称法规检疫。植物检疫是从根本上控制病虫害问题的重要方法之一，也是保护绿化成果，维护我国国际声誉的重要工作。植物检疫根据其任务和工作范围不同，分为对内检疫和对外检疫。

(1) 对内检疫。又称国内检疫。主要由各省（直辖市）、自治区的检疫机关会同邮政、铁路、航空、港口及有关部门，根据《中华人民共和国进出口动植物检疫条例》及检疫对象，执行检验，并采取有效措施。对内检疫的任务是将国内局部地区发生的危险性病虫草害控制封锁在一定范围之内，以防其在省际和各地区间传播蔓延。对内检疫是对外检疫的基础。

(2) 对外检疫。又称国际检疫。由国家设立的专门检疫检验机构，在沿海港口、国际机场以及国际交通要道，对出口、入口及过境的物品进行检疫和处理。受验物品经查明不带有检疫对象时，才能发证放行。对外检疫的任务一是防止国外的危险性病虫、草的传入，二是按照交往国的要求控制国内的病虫、草向国外传播。对外检疫包括出口检疫、进口检疫及过境检疫。

植物检疫工作的对象主要是人为传带的危险性病虫、杂草，而非所有的病虫、杂草。

1) 确定检疫对象必须遵循的原则

①必须是我国尚未发生或国内局部发生的危险性病虫、杂草。

②必须是对农业、林业、园林业确有严重威胁，而防、除又极为困难的。

③必须是人为传播的，即容易随植物材料、种子、苗木、所附泥土、包装物等传播的。

④根据交往国提供的检疫对象名单。

2) 植物检疫一般步骤

①开展病虫以及杂草的普查、抽查或专门调查。

②明确检疫对象。

③划分疫区、保护区。对保护区加强防范；对疫区进行严格控制，禁止从疫区调出任何可能带疫的材料，并对疫区的检疫对象进行封锁、隔离与扑灭。

3）植物检疫的检验与处理

检验分为产地检验、抽样检验、试种检验。处理的方法主要有：禁止调运、退回、销毁、禁止播种、指定地点做消毒处理、责令改变运输路线、限制使用地点、使用方法、使用期限等。

2. 园林业防治

园林业防治是利用园林栽培养护技术措施，有目的地创造和经常保持抑制某些病虫害大发生的条件，使园林病虫害的发生率降低到不影响景观水平之下。

园林业防治是病虫害控制的基础。园林业防治的措施主要有：

（1）选择抗病虫的植物品种。在规划设计、引种时，注意选择抗性强的植物品种和无病虫害的植物材料。

（2）适地适树，合理栽植。栽种园林植物时，要掌握植物的生物学特性，了解植物所需要的生态环境。例如，阳性树种要种在阳光充足的地方；一般栽植过密、通风透光差，易引起白粉病、蚧虫、粉虱等病虫害的发生。栽植时还应考虑到虫害相同的树木、花卉避免混作。如为防治松干蚧的大发生，黑松、马尾松、油松应避免混种在一起。

（3）加强水肥管理。合理的施肥，能够改良土壤，增加地力，促进植物生长发育，提高植物的抗逆能力。但是，如果施肥不当，也可助长害虫的发生危害。一般来说，大量使用氮肥，会促使植物幼嫩组织大量徒长，易导致白粉病、锈病、叶斑病和地下害虫蛴螬等的发生。例如，高羊茅草坪偏施氮肥，造成草坪徒长，抵抗力减弱，纹枯病发生严重。施用未经腐熟的有机肥，常易遭致蟋蟀、蝼蛄的集中危害。不科学的植物灌溉技术，无论是灌水方法、灌水时间、灌水量都会影响植物病害的发生。

（4）科学修剪。修剪的时间、次数及修剪的技术要符合植物本身的生态习性。科学地修剪整枝，能促进树木的生长发育。树木通过科学的修剪，修去病虫枝、徒长枝，可增强树势；对于枝叶过密的树木，通过修剪、整枝，可以通风透光，抑制蚧虫、蚜虫的危害。相反，不科学的修剪，只能造成植物长势衰退，病虫害愈加严重。

（5）促进生境多样化。园林生境多样化，能给天敌提供补充食料或越冬、隐蔽场所，增强天敌的活动，延长其寿命。在欧洲和加拿大的研究表明，果园有蜜源植物覆盖且不打药水，园子里的天幕毛虫卵和苹果蠹蛾幼虫的寄生卵都显著高出没有蜜源植物覆盖的同样的果园。

（6）清园。清园指清掉或消灭病虫害的滋生地、避难所或越冬场所。

（7）轮作。轮作是一种久已确立的、一试即灵的防治措施。它对于那些离开寄主植物便不能长期存活的有害生物特别有效，如植物病原、线虫、某些昆虫、杂草。在解决多种线虫问题上，它既经济又有效。

3. 生物防治

生物防治是指利用生物及其代谢产物防治病虫害的方法。生物防治不仅能改变生物种群的组成成分，而且能直接消灭大量的害虫，对人、畜、植物、天敌、环境都安全，不会引起害虫的再猖獗和抗性，能对一些害虫有长期的抑制作用，是综合治理的重要组成部分。

生物防治的内容主要包括天敌昆虫的应用、昆虫病原微生物的应用、有益动物（益鸟、益兽）的应用、昆虫激素的应用等。

（1）天敌昆虫的应用。利用天敌昆虫控制害虫，又称为以虫治虫。根据天敌昆虫的取食方式，可分为捕食性天敌和寄生性天敌。

1）捕食性天敌昆虫。捕食性天敌昆虫的种类很多，在昆虫纲已有记载的一百多万种昆虫中，捕食性的占28%，如瓢虫、步行虫、草蛉、胡蜂、食蚜蝇、猎蝽、花蝽、食蚜蝇蚊以及捕食螨和蜘蛛。这类天敌的食量一般较大，在其生长发育过程中，必须吃掉几十个甚至几百个害虫才能完成发育，因此在自然界抑制害虫的作用十分显著。

2）寄生性天敌昆虫。主要包括寄生蜂和寄生蝇。寄生蜂的种类很多，其寄生习性也较复杂，是目前生物防治中应用昆虫天敌防治害虫较广、效果显著的重要天敌。例如，应用赤眼蜂防治松毛虫等害虫已大面积推广应用，取得很好效果，昆虫天敌已由人工繁殖发展到自动化工厂生产；应用周氏啮小蜂防治美国白蛾等鳞翅目害虫，利用丽蚜小蜂防治温室白粉虱等，都取得了很大的成功。

（2）昆虫病原微生物的应用。昆虫病原微生物主要有细菌、真菌、病毒和线虫等。利用昆虫病原微生物控制害虫，也称为以菌治虫。

我国应用较多的有苏云金杆菌、白僵菌、多角体病毒等。这些病原微生物已被开发利用形成产品，得到了大面积使用。尤其是苏云金杆菌的产品，在防治园林害虫方面，取得了显著的效果。

苏云金杆菌（简称Bt），是一种病原细菌。它主要通过害虫的消化道入侵虫体，导致害虫得败血病，或使害虫的一些器官组织受到细菌毒素的破坏，致使害虫死亡。感病的害虫食欲减退，口吐黏液，身体肿胀，死后体色变深，体瘫软、恶臭、腐烂。

另外，用野杆菌、放线菌株84防治细菌性根癌，枯草杆菌防治香石竹茎腐病及立枯丝核菌、齐整小菌核菌、腐霉菌等病菌引起的病害也取得了成功。

白僵菌是一种病原真菌，其孢子或菌丝从害虫体壁入侵体内，以虫体各种组织和体液为营养而繁殖出大量菌丝体，菌丝体又产生孢子，随风和水流扩散而再侵染。害虫感病后，食欲减退，虫体萎缩，身体布满白色菌丝，死后虫体僵硬。

木霉菌也是一种真菌，常用来防治白绢病、白粉病及一些根部病害。

（3）有益动物的应用。有益动物包括益鸟、益禽、益兽。在我国的一千一百多种鸟类中，能捕食昆虫的鸟占了绝大多数。利用益鸟治虫：一是采取保护措施，不要随意捕杀鸟类；二是招引鸟类，如挂鸟巢箱，为鸟提供栖息的环境。

家禽、家畜也能消灭不少害虫，可加以利用，如养鸡、鸭除虫等。我国西北地区曾放养鸭群控制蝗虫危害获得成功。

青蛙和蟾蜍是众所周知的有益动物，它们能捕食在地面上活动的各种害虫，对于这类动物要加以保护。

（4）昆虫激素的应用。昆虫分泌的激素有多种，一般分为两类：一类是内激素。这类激素在昆虫体内引起异常的生理现象，例如蜕皮激素、保幼激素和脑激素等。目前应用最多的是蜕皮激素，这类激素主要是扰乱、破坏昆虫几丁质的合成，破坏害虫的正常发育，使之畸形、死亡。

另一类是外激素，这类激素排到昆虫体外引起同种的其他个体产生特异的行为，例如性外激素、集合激素、报警激素等。这类激素主要采取性引诱剂、迷向剂诱杀等方法。

4. 物理及机械防治

应用各种物理因子如光、电、色、温湿度等及机械设备来防治害虫的方法。

常用的方法有：

（1）人工器械捕杀。根据害虫的生活习性，利用人力或简单器具捕杀害虫。如用高枝剪剪去樟巢螟、天幕毛虫等的虫巢，人工摘除蚊母虫瘿、蓑蛾护囊，挖除越冬虫茧，钩杀天牛幼虫，刷除蚧虫、蚜虫，捕捉天牛、金龟子成虫。

（2）诱集和诱杀。利用害虫的趋性或其他习性进行诱集，人为设置灯光、诱饵、诱木、潜所来诱杀害虫。如设置黑光灯诱杀有趋光性的害虫，设置黄盘诱杀有趋黄性的蚜虫，设置糖醋液诱杀夜蛾科的害虫，在树干束草、堆积石砾引诱多种害虫。

（3）阻杀。人为设置障碍阻止害虫发生，如设置水障、药障等。

（4）高温杀虫、灭菌。利用烈日暴晒、热水浸种、红外线辐射杀虫灭菌。

5. 化学防治

化学防治是指用化学药剂防治病虫、杂草及有害动物的方法。药剂防治具有效果好、见效快、操作方法简便等优点。药剂防治在园林病虫害的综合治理中占有重要的地位。当前，随着保护人类生存环境的意识不断加强，药剂的种类已从高效、高毒、高残留、高污染转向高效、低毒、低残留及无公害，以便尽可能地减少其不良影响。

（1）药剂的分类

1）药剂按其作用方式分类

①触杀剂。药剂与虫体接触后，通过昆虫的体壁进入体内，或封闭昆虫的气门，使昆

虫中毒或窒息死亡。

②胃毒剂。药剂随同害虫取食的植物一同进入害虫的消化系统，经消化道通过肠壁进入血腔，引起害虫中毒死亡。

③内吸剂。药剂能被植物吸收，并在植物体内传导到植物的各个部分，害虫取食了带毒植物的汁液而中毒死亡。

④熏蒸剂。药剂由液体或固体转化为气体，以气体状态通过害虫的呼吸系统进入虫体，使之中毒死亡。

⑤诱杀剂。药剂能引诱害虫前来取食，使其中毒而死。

⑥拒食剂。药剂被害虫取食后，致使害虫的正常生理功能遭到破坏，食欲减退，很快终止进食，最终因饥饿而死亡。

⑦忌避剂。药剂分布于植物体后，驱使害虫避开。

2）药剂按其用途分类。可分为杀虫剂、杀菌剂（包含保护剂、治疗剂）、杀螨剂、杀线虫剂、除草剂、灭鼠剂等。各种用途的药剂不能互相替代使用。

3）药剂按产品加工的不同剂型分类

①粉剂。适于撒布、拌种、制作毒饵，不能用做喷雾。

②可湿性粉剂。适于兑水稀释后喷雾。

③乳剂（乳油）。兑水稀释后喷雾。

④胶悬剂。可用做超低量喷雾和兑水稀释后喷雾

⑤颗粒剂。只能用于土壤处理，园林上主要用于根埋。

⑥烟剂。主要用于山区林地、苗圃和温室。

4）药剂按其成分分类

①微生物药剂。用微生物或其代谢产物制成的药剂。

②植物性药剂。用植物产品提炼制成的药剂。

③激素性药剂。用激素制成的药剂。

④有机性化学农药。用有机磷酸酯类、氨基甲酸酯类、有机氮类、拟除虫菊酯类、有机硫类、有机砷类等制成的药剂。

⑤无机性化学农药。用无机物制成的药剂。

（2）药剂的使用

1）药剂配制要准确。要严格按照药剂说明书上的配比浓度稀释配制，不要随意加大用药浓度。特别是一些化学药剂，随意加大浓度不仅易使害虫产生抗药性，杀伤天敌、污染环境，而且会增加成本，尤其是害虫的死亡率与药剂的浓度并不完全成正比。一般要求随配随用，避光保存。

2）药剂使用要适时。要做到准确掌握药剂使用时间，首先要掌握防治对象的发生规律。如防治蚧虫，只要掌握其幼虫的孵化期，就能得到事半功倍的效果。

3）药剂使用要安全。在城市生态环境中要禁止使用剧毒药剂。作业人员喷药时应在上风口，要按规定配备必要的劳动保护用品。使用药剂时，不许进食与吸烟。药剂要有专人保管，专库存放，避免日晒雨淋。

学习单元 3　预测预报基础知识

学习目标

➤熟悉昆虫预测预报的基础知识

知识要求

一、园林昆虫的调查

为了解害虫的种类、数量、分布、危害情况，需要进行害虫调查。防治药效试验前后的害虫种群密度调查，是确定药效的主要依据。天敌昆虫的利用也需要从调查入手。

调查要求正确、省时、省力，调查结果要尽可能符合客观实际。这就需要对调查地点做适当的取样，使样点具有代表性，能反映客观实际。

1. 昆虫调查的主要内容

包括种类和数量调查、分布调查、生物学和发生规律调查、危害率和损失等的调查。

2. 取样方法

取样的基本方法有以下 4 种：

（1）棋盘式取样。适用于植株稠密、不宜分行的草坪、地被等。它的取样点比较均匀，准确性较高，但费时。

（2）对角线式取样。可分为双对角线式、单对角线式和“Z”字式。这些取样方法比较省事，具有相当高的代表性，应用较广，可根据不同植物、不同昆虫的具体情况灵活应用。

（3）平行线式取样。它是以林带或行道树的行来进行检查的。可以每隔若干行检查一行，或检查其中的一段；也可在检查的行或段中，逐株或隔株检查。这种方法也较省事。

（4）随机取样。这是对植物栽植不规则的或无规律的区域进行取样的一种取样方法，可随时采用。但必须要注意，随机取样不是随意取样，即各个取样单位被选择的机会均等，而不要凭主观任意安排。

3. 取样单位与样本数量

一般的取样单位有：（1）面积与长度；（2）植株、枝条、叶片。调查的样本数，按照数理统计的要求，一般不得少于 30 个。

一般地下害虫，在地面栖息或在球类、整形植物和密植植物上的昆虫，常以面积为单位，计算每平方米或每平方尺内的昆虫种群数量。

行道树或林木上的害虫，特别是钻蛀性的害虫，可以植株、枝条作为统计单位。

一般对于食叶性害虫可以叶片或植株作为统计单位。

对于极其活跃的昆虫以密度调查比较困难，因而常用捕虫网扫捕若干次，统计获得的网虫数，如蝗虫、跳甲、飞虱等。

一般对蚜、螨、蚧的调查，可先抽取样本植株，然后再在样本植株的东、南、西、北枝条上，清点上、中、下 3 个叶片的昆虫种群数量，进行统计。

4. 调查结果的记录

在调查中，应随时记录调查结果。为了便于统计，常用表格的形式记录。在设计表格时，应包括调查日期、地点、害虫（或天敌昆虫）种类、虫态、种群数量、植物种类、样点（或株）号，药剂试验还要包括药剂种类、浓度，小计、总计、平均、备注等，还应有周围环境、调查时的天气状况等的记载。

二、预测预报类别及内容

园林植物昆虫的预测预报，是根据主要园林害虫的发生规律及植物的物候现象，结合气象等资料，对将要发生的虫情况进行全面分析，作出其发生期、发生量、危害程度等估计，预测主要园林植物害虫未来的动态，并提前向有关部门报告，使害虫的治理工作有的放矢。预测预报要测报在发生之前，而不是在危害之前。

1. 预测预报的类别

预测预报按测报时间的长短可分为短期预报、中期预报、长期预报。

（1）短期预报。预测几天至 20 天之内的病虫动态，一般在 10 天左右。

（2）中期预报。预测 20 天至一个季度的病虫动态，一般在一个月以上。

（3）长期预报。预测一个季度以上的病虫动态。

目前，在我国园林业中，短期预报用得最多。中、长期预报需要同一地区同一地点多年的病虫动态、气象等历史资料的积累，方能作出较为正确的判断。近年来，广大园林植保工作者正朝这个方向努力。

2. 预测预报的内容

预测预报按其内容可分为发生期预报、发生量预报以及扩散蔓延预报、灾害程度预报等。最常用的是发生期预报和发生量预报。

（1）发生期预报。预报昆虫的发生时间，这类预报对于抓住有利时期，采取有效措施控制病虫害，起到十分重要的作用。例如，应用药剂防治园林植物上的蚧虫，就是要抓住若虫盛孵期、若虫泌蜡之前的防治时期；应用渗透性的药剂防治蛀干性害虫天牛幼虫，就是要掌握在天牛幼虫进入树木的木质部之前；防治杭州新胸蚜，要掌握在该蚜未在蚊母叶内产卵之前，否则，蚊母叶上就会出现瘿瘤。为了维护自然界中有害生物与天敌的自控能力，还应预报天敌昆虫的发生动态，以便适时保护、利用、引入天敌昆虫。

（2）发生量预报。预测昆虫的发生量。害虫数量的增减，是害虫在其生长发育过程中受各种环境生态因子综合影响的结果。例如，冬季为暖冬，春季干旱少雨，蚜虫会大发生；冬季严寒干旱，则会增加在地下越冬害虫的死亡率。

3. 预测预报的方法

预测预报的方法常用的有以下 4 种：

（1）历期预测法。此方法通过实地调查掌握害虫的发育进度，如化蛹进度、羽化进度等。一般是在某种害虫前一两个虫态开始调查，查明其发育进度，确定其发育百分率达始见期、始盛期、高峰期、盛末期、终见期，并以此为基础，分别加上当地、当时气温下的各虫态的平均历期，推算出后一虫态的相应日期。

（2）期距预测法。利用积累多年的害虫发生规律的历史资料，分析总结出适合当地发生的主要害虫的两个世代或两个虫态之间的时间间隔值，并参考气象情况作出预测。这种有规律的带有必然性的时间间隔称为“期距”。

（3）物候预测法。利用自然界中各种生物现象出现的季节规律性，对主要病虫害进行预测。例如，当广玉兰叶芽、花芽抽出 8 cm 时，是日本壶蚧的若虫盛孵期；珊瑚叶芽开裂和展叶始期，是草履蚧盛孵期；合欢始花至盛花期，是红蜡蚧若虫高峰期。

（4）有效积温预测法。在掌握了某种主要害虫的世代或某一虫态的发育起点温度和有效积温后，结合当地近期气象预报的平均温度，根据有关公式和实地的虫情进行预测。

思 考 题

1. 鳞翅目害虫是上海市园林植物的主要害虫之一，请根据分类学的知识，简要描述鳞翅目成虫、幼虫的主要特征。

2. 园林植物病害对植物的危害较大，在防治中尤其应注意对症下药，请指出侵染性病害与非侵性病害的主要区别。

3. 结合预测预报相关知识，提出对园林植物鳞翅目害虫的综合治理方法。

4. 列举几种园林植物害虫的天敌，并对其中一种天敌的应用情况作简要说明。

5. 结合工作调查，分别列举一种园林植物的主要害虫、病害、杂草，并给出有效的防控措施。

第 5 章

园林树木的养护修剪

园林树木的养护修剪是一项日常性的技术工作，是树木整形修剪的一个重要组成部分。为了提高养护工作者的技能素质，本课程从原理、类型、方法、技术等不同层面，全面阐述园林树木的整形修剪与养护修剪技术。

第 1 节　树体结构与树木的生长发育

学习单元 1　树体结构

学习目标

➢了解树木的分枝形式与树体结构的关系

➢熟悉园林树木的各种树体结构与芽、枝的不同类型

知识要求

树木地上部分呈主体骨架状态的器官是茎。茎是相对稳定的，但其不同的架构和分布状态，形成了树木多种不同的树体结构类型。

首先，树体结构会随着树种生活型的不同而不同。乔木、灌木都有主干（树干），也必然有中干，中干是生长主枝的主干延伸部分。丛生性灌木没有主干，也没有中干。

其次，树体结构会随着树木分枝形式的不同而不同。树木的分枝形式有三种，单轴分枝的中干会长期延伸，所以很长。合轴分枝与假二杈分枝的中干会较早地停止延伸，所以都比较短。

另外，树体结构还会随着人工干预的多少而发生或大或小的变化。

不同的树体结构类型使树木的树形显得不同，但是，同样的树体结构类型，也会因树种的不同而具有不同的树形。所以，树体结构的类型并不很多，而树形却会随着树种的不同而变化多端。

一、树体结构的类型

1. 单轴分枝类型

单轴分枝的树种生活型相同，都是乔木，由于中干的延伸部分相当发达，特称为“中央领导干”。主干、中干、中央领导干三者成为一条直线，并处于树体的轴心和优势地位，使整个树体显得端正、挺拔。

同是这个类型的不同树种，其主干高度会有很大差别。分枝低的如雪松，分枝中等的如水杉，分枝高的如杨树（见图5—1）。它们的树形是不同的，但它们的树体结构是一致的。

2. 合轴分枝和假二杈分枝类型

合轴分枝的园林树种是多数，其生活型、树形可能不同，而它们的树体结构却基本类似，中干生长到一定程度就不再延伸了，于是就由一些级次不同的数个主要枝条共同向空中伸展，构成树冠的骨架。它们都没有中央领导干，而树冠却比较宽阔，如乔木的香樟、灌木的木槿（见图5—2）。

假二杈分枝的园林树种较少，虽然分枝形式与合轴分枝不同，但是生活型、树形和树体结构的情况都与合轴分枝的树种大同小异，如乔木的丁香、灌木的蜡梅（见图5—3）。

图5—1　杨树结构

图5—2　木槿结构

图5—3　蜡梅结构

这两种分枝形式的树种加在一起数量众多，涵盖了大部分园林树木。

3. 各种多枝类型

这是一个由合轴分枝或假二杈分枝的部分树种组成的特殊类型，枝条数量多，级次模糊，分枝形式与树体结构的关系不大，它们有3类。

（1）丛生型灌木。这类树种没有主干，也没有中干与主枝。树体由许多从根际萌发、年龄不同的枝条组成，结构极其简单。枝条多、枝条级次不明、根蘖发达是它们的共同特征，如迎春（见图5—4）。

（2）多枝型亚灌木。这类树种的生活型介于丛生与灌木之间，主干似无似有，而枝条众多是相同的。在苗期还可以勉强区分枝条的级次，但很快就模糊不清了。人们可以按照需要培养成丛生状或灌木状（即主干无或有），如溲疏（见图5—5）。

图5—4　迎春结构

图5—5　溲疏结构

（3）多枝型亚乔木。这类树种的生活型介于灌木与小乔木之间，有主干，但可短可长。苗期可以清楚区分枝条级次，但是随着生长，枝条的级次会越来越不易区分，到最后形成一个枝多而丰满的树冠。人们可以按照需要培养成为灌木或者小乔木（即主干短或长），如桂花（见图5—6）。

4. 人工主导的类型

（1）藤木。藤木即藤本树种，是一种特殊的生活型，本身没有固定的株形。其树体结构是根据不同的垂直绿化形式加以不同的人工诱导形成的，显得比较自然。

图5—6　桂花结构

（2）绿篱、球类等。这种类型完全用人工方式迫使树体按人们设计的方向发展，通常以轮廓造型为主。除绿篱、球类外，还包括其他几何体造型和雕塑式造型。其树体结构都很简单，与树种原来的生活型或分枝形式已没有太多关系。

（3）贴植树。贴植树的造型效果相差很大，说明其树体结构状态还是离不开原来的生活型或分枝形式，效果好是因为顺应了这种关系，果差的则多数是违背了这种关系。

（4）桩景树。桩景树有各种不同的风格，相对来说，通常显得比较自然，说明桩景树的树体结构与原来的生活型、分枝形式尚保留着较多的联系。

二、芽的类型

1. 叶芽与花芽、混合芽

按照芽的性质，把芽分成叶芽、花芽、混合芽 3 类。有时也把混合芽归入花芽之中，再把花芽分成纯花芽、混合芽。

树木的芽有巨大作用。从观赏角度说，行道树、庭园树要注重叶芽的一些特性，掌握它们的生长发育规律，以造就人们欢迎的树形。花木树种则对叶芽、花芽的特性都要重视，以形成人们喜爱的开花（结果）效果。

2. 芽的位置和数目

着生在枝条固定位置上的芽称为“定芽”。其中位于枝条顶端的称为顶芽，位于枝条节上的称为腋芽或侧芽。腋芽多生长在叶腋内，无论互生、对生还是轮生，每个叶腋内着生一个腋芽的称为单芽，同一个叶腋内着生两个以上腋芽的称为复芽。一组复芽内，饱满、发达的称为主芽，相对瘦弱的则称为副芽。

图 5—7　桃的并生芽

主、副芽的排列形式有 3 种：主芽与副芽左右并列的称为并生芽，如红叶李、桃（见图 5—7）；上下重叠的称为叠生芽，如无患子、桂花（见彩图 5—1）；主芽与副芽生在一起难以区分的称为簇生芽，如紫荆。

3. 不定芽与潜伏芽

着生位置不固定的芽称为不定芽。不定芽可以在节上发生，也可以在节间发生，甚至在根上也会发生。

一个阶段内不萌发也不枯落、仍然具有生命力的芽称为潜伏芽，也称隐芽。潜伏芽从形成到萌发所经历的时间称为潜伏期。潜伏期的长短就是其生命力强弱的表现，称为潜伏力。如桃的潜伏芽只有一年的潜伏期，这叫潜伏力弱；石榴的潜伏芽可维持 8～10 年的潜伏期，这叫潜伏力强。

不定芽没有固定位置，有一定规模的群发性。潜伏芽有相应固定的位置，一般在枝条基部较多，萌发时也没有不定芽那么集中，所以是不同的。但有一点相同，就是在受到刺激后都会萌发。无论不定芽还是潜伏芽，萌发后形成的新梢通常都称为萌蘖，以示与一般新梢的区别。

三、枝条的类型

1. 中干与主枝

除丛生性灌木外，无论是大乔木还是小灌木，只要有一段或长或短的主干，就必然有中干。中干是主干的延伸，上面分布的枝条称为主枝。

单轴分枝的树木除了具有中干上发生的主枝外，还具有中央领导干上发生的次级主枝。合轴分枝和假二杈分枝的树木中干都比较短，在不长时间内会自然衰退（也有人为除去的），它们没有中央领导干，也没有次级主枝。

2. 各级分枝

枝条上的腋芽萌发新梢，形成该枝条的分枝，原来的枝条就称为母枝。分枝往往有数个，分枝的生长方向与母枝的生长方向有很大不同。

主枝的分枝称为侧枝，主枝是侧枝的母枝。侧枝的分枝称为小侧枝，侧枝是小侧枝的母枝。小侧枝再发生分枝，就不再另外命名。

一年内有多次生长的树种，在同一个年度的生长周期中新梢也会发生分枝，第一次分出的称为二次枝，原来的新梢就成了母枝。从二次枝上再分出的称为三次枝，二次枝就成了母枝。

3. 各级延长枝

枝条上的顶芽萌发新梢，形成该枝条的延长枝，延长枝与母枝的生长方向基本一致。如果一个树种没有顶芽，它的延长枝就由枝端第一个腋芽萌发的新梢代替，这个“准延长枝”会保持与母枝大致上相同的延伸倾向。因此，所有枝条都有延长枝。

为了区分各种延长枝，把主枝的延长部分称为主枝延长枝，侧枝的延长部分称为侧枝延长枝，小侧枝以下不再命名。

一年内有多次生长的树种，在同一个年度的生长周期中，新梢也常会发生延长性质的嫩梢，称为副梢。

4. 各级枝组

一个枝条上发生了分枝和延长枝，就有了上下级次的关系，它自己成为母枝，母枝与分枝、延长枝就形成了“枝组”。所以，枝组就是一个枝条与它下属枝条的组合。树体上的枝组，其大小不一，是个相对的概念。

其中，延长枝是枝组生长方向和生长势的代表，特称“带头枝”。

最大的枝组是主枝与侧枝的组合，主枝是母枝，侧枝是它的分枝，而侧枝上的小侧枝、侧枝延长枝及以下的一切小枝，都是这个枝组的成员。这种“主枝级”的大枝组，带头枝是主枝延长枝，称为“主梢”。

单轴分枝的树种，除了有各个“主枝级枝组”的主梢外，还有中央领导干的主梢，这个“特级主梢”不同于其他主梢，整个植株只有一个，特称顶梢。

单轴分枝的树种有多个主梢、一个顶梢。合轴分枝和假二杈分枝的树种也有多个主梢，但是没有顶梢。

最小的枝组是一、二次枝甚至二、三次枝新梢的组合，它们的带头枝是副梢，凡一年内有多次生长的树种一般都有这种枝组。

5. 枝条的其他名称及其定义

(1) 按枝条性质和功能的不同，可把枝条分成营养枝（生长枝）、开花枝（结果枝）两大类。

营养枝是只生长不开花的枝条。其中生长过度旺盛的称为徒长枝，生长明显不足的称为纤弱枝。有些树种的营养枝还有长枝、短枝的区分。

纯花芽树种，具有花芽的枝条称为开花枝（果树称结果枝），开花枝的母枝称为开花母枝（果树称结果母枝）。有些纯花芽树种的开花枝还有长花枝、中花枝、短花枝的区别，如桃、梅。

混合芽树种，具有混合芽的枝条称为开花母枝，混合芽萌发后带花的新梢或枝条称为开花枝，如牡丹、八仙花。

生长充实且能孕育开花枝或混合芽的营养枝称为中间枝，中间枝是培养新开花母枝的后备力量。

(2) 按枝条生长态势的不同，把枝条分成直立枝、斜生枝、水平枝、下垂枝、逆行枝等。这些不同的生长态势，除了与树种的分枝形式有关外，也与枝条生长势的强弱有关。

(3) 按枝条和枝条的相互关系有两种情况：一是在同一个节上，两个枝条向相反方向生长的称对生枝，如水杉；两个枝条或多个枝条向同一方向生长的称并生枝或束生枝，如梅；多个枝条向不同方向生长的称轮生枝，如梧桐。二是在不同节上，两个枝条交错生长的称交叉枝；两个枝条重叠在一起的称重叠枝，其中水平枝重叠的称平行枝，直立枝重叠的称并列枝。

(4) 按枝条年龄的不同，把萌芽后抽生的嫩枝称为新梢；把停止加长生长，开始木质化的新梢称为当年生枝；把完全木质化以后至第二年萌芽之前的称一年生枝。一年生枝上的芽萌发以后出现新梢，原来的一年生枝就改称为二年生枝，以此类推，凡三年生及以上的枝条，统称为多年生枝。

（5）有些枝条在发挥其特殊作用的时候，常常又被另外冠以特殊的名称。如主枝一般是组成树体骨架的第一级枝条，称为骨架枝，随着树体长大，侧枝、小侧枝也可能加入骨架枝的行列，所以骨架枝也只是一个相对的概念。又如较弱的营养枝可以填补树冠空档，并能制造养分，经常被不定期地保留，称为抚养枝。再如生长较旺的营养枝，有时被用做替换过弱、过老的骨架枝，称为更新枝。

学习单元 2　树木的生长发育

学习目标

➢熟悉树木生长发育的主要特点及有关类型

➢掌握树木年周期中生长、开花的类型及特点

知识要求

树木的体量大、寿命长，有许多生长发育特点和阶段发育规律都与草本植物不一样。尽可能掌握这些知识，会大大加强栽培养护树木的科学性和有效性。

一、树木的生长发育特点

1. 顶端优势

通常情况下，一个枝条由顶芽抽生的新梢生长势最强，而各个腋芽抽生的新梢，其生长势会由上而下依次减弱。同样，一个枝组，往往也是带头枝的生长势最强，各分枝的生长势由上而下依次减弱。这种现象就称为顶端优势。

顶端优势是普遍存在的，它与树木的分枝形式有关：单轴分枝的最明显，假二杈分枝的最不明显。顶端优势还与树种有关：越是高大的乔木树种，顶端优势就越明显，称为干性强；越是矮小的灌木树种，顶端优势就越不明显，称为干性弱。此外，顶端优势与枝条的态势也有关：越直立的枝条，顶端优势越明显；分枝角度越大的枝条，顶端优势就越不明显。

顶端优势有一个重要特点：把顶端除去，顶端优势并不消失，而是依次往下顺延。这个特点在整形修剪上被广泛运用。

2. 腋芽的异质性

同一个一年生枝上的腋芽，着生的部位不同，其质量也不同，这就是腋芽的异质性。

正常生长的营养枝，质量好的腋芽往往在它的中部，基部、梢部的腋芽一般都比较弱。其中，乔木质量最好的芽，往往出现在一年生枝的中上部；而灌木质量最好的芽，往往出现在一年生枝的中下部。

如果是一个短营养枝，腋芽的质量则往往是上部好、下部差，这一点，乔木与灌木没有明显区别。

3. 萌芽力、成枝力

在一个一年生枝条上，已萌发的芽数占枝条总芽数的比例，称为萌芽力，又叫萌芽率。枝条上其余没有萌发的芽有两种去向，一是枯萎脱落，二是继续存在成为潜伏芽。

芽在萌发后形成的新枝条有长有短，芽萌发后发展为长枝的能力称为成枝力。成枝力的强弱是个相对的概念。

萌芽力、成枝力强弱的相互作用，形成 4 种不同的树体结构和树形：两者都强的，树冠庞大而丰满；两者都弱的，树冠弱小而稀疏；萌芽力强、成枝力弱的，树冠紧凑而充实；萌芽力弱、成枝力强的，树冠稀疏而披散。

4. 叶芽的不同熟性

叶芽从形成到萌发需要一个过程，这个过程有长有短，称为叶芽的熟性。

多数叶芽在新梢上形成后当年不会萌发，与一年生枝一样进入冬季休眠，第二年春季才萌发，称为晚熟性芽。晚熟性芽在冬季也称冬芽或休眠芽。

有些叶芽在新梢上形成后，不待新梢生长停止就萌发了，使新梢上面再长有新梢，称为早熟性芽。

晚熟性芽是每个树种都有的。早熟性芽不是每个树种都有，但为数众多。所以，大部分树种既有晚熟性芽，又有早熟性芽。

只有晚熟性芽、没有早熟性芽的树种通常一年生长一次。既有晚熟性芽，又有早熟性芽的树种一年生长两次以上，所以大部分树种一年有两次以上生长。而且，即使原来没有早熟性芽的树种，如果它们在生长期中受到较大的刺激，也往往会使晚熟性芽变成早熟性芽，从而发生两次以上生长。

5. 新梢的生长类型

没有早熟性芽、一年生长一次的树种，春季由晚熟性芽萌发形成新梢，以后逐步发展为当年生枝、一年生枝，最后带着新的晚熟性芽进入休眠。

具有早熟性芽、一年有两次以上生长的树种，春季同样由晚熟性芽萌发形成新梢，但对这类树种的新梢特称春梢。一年生长两次的，春梢上的早熟性芽一般是在秋季萌发形成新梢，这种新梢称为秋梢。一年生长三次的，春梢上的早熟性芽会提前在夏季萌发，形成夏梢，而秋梢就变成了它的第三次生长。一年有四次生长的树种，则在夏、秋梢齐全后，再增加一次冬梢。

这些不同季节的新梢，如果后一次发生的新梢是副梢（通常以春、秋梢组合出现居多），就不成为真正的枝组，而且在副梢（见彩图 5—2）、春梢之间，会出现一个没有芽而貌似节的痕迹，这称为“盲节”。如果后一次发生的新梢是前一次新梢的分枝，则成了小枝组的形式，在它们的分枝处不存在盲节。这样，春梢又可称为一次枝，它的分枝不论发生于什么季节，都称为二次枝（见彩图 5—3）。二次枝再有分枝，也不论发生于什么季节都称为三次枝。

综上所述，对一年生长一次的树种来说，由于没有夏、秋、冬梢，没有二、三次枝，也不会有副梢，所以它们只有单一的名称——新梢。对一年有多次生长的树种来说，春、夏、秋、冬梢，是按发生季节命名的，与延伸还是分枝无关。一、二、三次枝，是按分枝级次命名的，与发生季节无关。它们之间的关系，除了春梢是一次枝外，夏梢不一定是二次枝，秋梢也不一定是三次枝。同样，副梢多数是秋梢，也有可能是夏梢或冬梢。

6. 树木的花芽分化

树木的生长点由叶芽状态向花芽状态转变的过程称为花芽分化。花芽分化在花木修剪中显得特别重要。

花芽分化分为 3 个阶段：开始阶段是生理分化，外观上看不到。接着是形态分化，能看到芽的外形上发生一些变化。第三阶段分两种情况：一部分花木随即形成性细胞，从而很快结束花芽分化，具备了开花条件；另一部分花木需要经过冬季一定的低温积累后才能完成第三阶段。这样，就把前者称为当年分化型，后者称为夏秋分化型或隔年分化型。

实质上，当年分化型的花芽是早熟性的，它的分化通常在春季或初夏就完成了，所以它会在当年夏秋季于新梢或当年生枝上开花。夏秋分化型的花芽是晚熟性的，通常在夏季或初秋完成分化，由于它需要一定的低温积累，所以开花的时候已经是第二年的春夏季节了，此时，着生有花芽的枝条已变成了二年生枝。

有些当年分化的花木一年有多次生长，它的花芽分化也会多次进行，能在一个年度生长期内多次开花。这是当年分化型的特例，称为多次分化型，如月季。

也有一些分化时间特别晚的花木，在冬春季节才开始分化，而花期却与夏秋分化的相差不大。这是夏秋分化型的特例，称为冬春分化型，如柑橘。

二、树木的阶段发育

1. 生命发育周期

除竹类外，树木都是多年生多次开花的木本植物。它整个一生的生长发育过程称为生命发育周期，也称大周期。

(1) 树木生命发育周期的学说。关于树木生命发育周期的学说主要有两种，两种学说各有长短之处。

1)“五阶段”学说。这个学说把实生树木的一生分为胚胎期、幼年期、青年期、成年期、老年期5个阶段。其长处是较确切地介绍了树木从种子开始逐步发展，到鼎盛、衰老、死亡的全过程。其缺陷有两处，一是对营养繁殖的树木来说不太适用；二是在青年期以后划分阶段的标志不明确，难以分清。

2)“两阶段”学说。这个学说把树木的一生分为幼年期与成熟期两个阶段，以首次开花作为划分两个阶段的标志，这样就解决了五阶段学说的两处缺陷。但这个学说也存在缺陷，主要是成熟阶段太长，既包括了树木生长发育的全盛时期，也包括了树木逐步衰老的过程，而其转折点，恰恰没有用阶段学说讲清楚。

(2) 茎在生命周期中的变化。茎在树木生命周期中，充分展现了从旺盛到衰老的全过程。

概括地说，茎在生命旺盛时期的表现是离心生长和离心秃裸，它们都以根颈为中心。离心生长是指通过新梢生长使茎延伸和分枝，导致树体不断向空中发展。由于茎离心生长的具体方向是“由下而上、由内而外”，所以称为“背地性生长”或“向光性生长”。离心秃裸是指树木各种不同的茎，通过优胜劣汰，也以离心方式即“由下而上、由内而外”有序地使一部分茎枯萎、脱落，这种自我调节使树体结构更为合理，生长更为旺盛。茎的离心秃裸又称“自枯”，它是在离心生长开始后不久就开始的，秃裸的量在不同树种间有很大差别。

由于茎不断地离心生长，使树木顶梢及外围树梢与根系的距离越来越大，生长势越来越弱，从而发生弯曲、下垂、分叉等现象，这是茎生长到极限、转入衰老的转折点，称为“结顶”。越高大的乔木，结顶的现象就越明显。

结顶以后，离心生长和离心秃裸都不再存在，而改为方向相反的向心更新和向心枯亡，它们仍然以根颈为中心，而方向则变为“由上而下、由外而内”了。向心更新会引起不定芽的大量萌发，可是接踵而至的是大片新老枝条一起向心枯亡，虽然可能有反复多次的更新、枯亡，但无法改变其逐步衰弱、树体逐步缩小、以至于最后全株死亡的必然结果。

根也有类似的旺盛生长和衰老过程，只是没有茎那么直观。其中根的离心生长称为

“向地性生长”，离心秃裸称为“自疏”。根的向心更新及向心枯亡的量比茎少，所以在没有其他因素的影响下，根比茎较晚死亡。

2. 年发育周期

树木在一年中的生长发育过程称为年发育周期，也称小周期。

年发育周期分为生长和休眠两个阶段，如果是落叶树种，两个阶段的区分就以落叶为标志。

年发育周期的生长阶段，根比茎开始早、结束晚。以地上部分的总体情况来说，处于生命周期成熟阶段的树种，比处于幼年阶段的树种有更为丰富的物候表现，因为除了原有的萌芽、抽梢、展叶、加长生长、加粗生长、落叶等物候外，还会增加花芽分化、开花、结果等与生殖器官有关的一系列物候现象。

（1）加长生长。茎的加长生长体现在新梢上，呈离心方向。

茎的离心生长，是靠叶芽和新梢来完成的。年复一年的由枝条形成叶芽，叶芽萌发新梢，使树体不断扩展。枝条数量的增加依靠叶芽的大量萌发，而树体的扩展则依靠新梢的加长生长。所以，新梢的加长生长是茎离心生长的集中表现。

新梢初期的加长生长称为“开始生长期”，此时生长慢，生长量小，节间短，新生的叶片也小。但很快就会转入“旺盛生长期”，此时生长旺盛，节间变长，叶也变大，光合作用的效率高，树木一年中的大部分生长量都在这个时期内完成。然后是“缓慢与停止生长期”，此时的生长量再次变小，节间又变短，最后形成顶芽而停止生长。接着新梢就开始逐步木质化，木质化的过程也呈离心方向，由新梢基部向新梢梢部扩展。

夏梢、秋梢、二次枝、三次枝的加长生长也分这三个时期，但没有上述那么明显，而且越后发生的新梢越模糊，以至于有些秋梢因气温降低而来不及形成顶芽。枇杷的冬梢，有时甚至连叶片也来不及发生。

（2）加粗生长。加粗生长是全株性的，而且呈向心方向。

新梢加粗生长的开始时间比加长生长的开始时间仅晚一步，它没有阶段性，而是连续进行的，新梢刚长出一点就开始第一次加粗，而且每次加粗都是呈向心方向，向下、向内一直加粗到根颈，以后也是这样一次又一次地加粗。到秋季新梢的加长生长停止以后，全株仍在加粗生长，其中加粗最明显的是新梢。

加粗生长的停止也是向心的，上部、外围的新梢梢部先停止，再向下、向内逐步停止，按全株来说最后停止加粗的是根颈。这样，越上部、越外围的茎加粗的机会就越少，越下部、越内膛的茎加粗的机会就越多。

（3）开花。当年分化型的花木全部是纯花芽，都着生在新梢或当年生枝上，它们的花都开在新梢或当年生枝上原本花芽的着生位置。而从开花先后来说，由于在新梢上是腋芽先出现，所以凡腋芽分化的开花就早，如锦带花。顶芽的形成时间最晚，所以凡顶芽分化的开花就晚，如紫薇。腋芽、顶芽都能分化的，花期常介于两者之间，如栀子花。

夏秋分化型有纯花芽与混合芽的区别，其开花位置和花期先后都不像当年分化型那么简单。

从开花位置来说，纯花芽树种与当年分化型相似，花都开在原来花芽着生的地方，顶芽开花的如白玉兰，腋芽开花的如梅花，顶芽、腋芽都能开花的如山茶。只是开花时这些花枝都不是新梢，已经演变成二年生枝了。混合芽树种与当年分化型貌似相仿，实质有很大区别。它们的花都开在由混合芽抽生的新梢上，所以都比混合芽原本着生的位置高，而且原来混合芽顶生的，花不一定会在新梢上顶生，如油橄榄。原来混合芽腋生的，花可能反而会在新梢上顶生，如牡丹。

从花期前后来说，不论是纯花芽还是混合芽，都与当年分化型不同，由于它们开花都有一个低温积累的要求，而这个低温积累的程度是有差异的，所以花期早晚与花芽或混合芽形成的早晚没有必然联系。如纯花芽中白玉兰是顶芽分化，它的花期虽然比腋芽分化的蜡梅晚，但却比同是腋芽分化的桃早，混合芽中的八仙花通常是腋芽分化，它的开花时间反而比顶芽分化的垂丝海棠晚了许多。

第 2 节　园林树木的修剪

学习单元 1　修剪的类型与季节

学习目标

➤熟悉园林树木整形修剪与树体结构的关系

➤掌握两类不同的修剪季节及适用树种

知识要求

园林树木修剪的目的是加强绿化树种的生态效果和观赏效果，包括确保园林树木与人类的和谐相处。

一、修剪的类型

1. 移植修剪

园林树木在移植之前的修剪称为“移植修剪”。移植修剪的目的是确保树木移植成活。由于移植不可避免要切断大量的根，为使移植后的树木蒸腾尽量少一些，最大限度地维持水分平衡，所以修剪都比较重。

通常移植修剪的最大极限是保留一级骨架枝。截去整个树冠（俗称大回头）的做法是不可取的，是对树木资源的极大浪费，有时还会使树木“一蹶不振”，严重影响绿化效果。所以，移植修剪并非越重越好，在确保移植成活的前提下，要尽量保持树木原有的树体结构和整体树形，使树木在移植后能尽快恢复，正常发挥绿化效果。

2. 整形修剪

园林树木，长期性的修剪称为整形修剪。整形与修剪既有区别又有联系，是整体和局部的关系，整形是对树木整体结构与姿态的整理，修剪是对树木部分枝条、枝组或花、果等器官的处理。

大部分园林树木，从苗圃培育到出圃之前要进行“定型修剪”。定型修剪是整形修剪的第一步，目的是将苗木造型，选用适宜的整形方式把树体结构的框架确定下来。树种的体量越大，定型修剪越显得重要。

经过定型修剪的树木，在绿地养护过程中每年还要进行修剪，这就是“养护修剪”。养护修剪是整形修剪的主要内容，在处理树体结构时，要与定型修剪“一脉相承”，即不能改变它的整形方式，使树木按照适宜的树体结构状态长高长大。

但是，整形修剪有两种不同的施行方法。所以，对大多数树种而言，整形主要依靠定型修剪来完成，而养护修剪则是完善它，两种修剪虽有先后，却是融为一体的。对一部分树种来说，定型修剪与养护修剪是长期或至少一个阶段内密不可分的，它们经常同时进行，如雪松、球类。而对另一部分树种来说，它们不需要进行定型修剪，只要进行养护修剪就可以，如迎春、黄馨。

3. 更新修剪

更新修剪是刺激生长的修剪，主要针对不良树形的改造与衰老树的复壮。

对不良树形的改造更新不能脱离整形修剪的范畴，要按照该树种适用的树体结构与整形方式，把不良结构和姿态扭转过来。当然，也可以少量作一些探索性的试验，不断积累经验。

衰老树的更新则完全可以摆脱原来树体结构和整形方式的框架，只要表现出顽强生命力的部分，就是更新修剪可利用的第一选择，包括根蘖、徒长枝。

二、修剪的季节

1. 休眠期修剪

落叶树种有明显的休眠期，由于正处冬季，所以，休眠期修剪也称冬季修剪，具体时间大致为12～2月，但要尽量避开冰冻、风雪等极端低温天气。

最适宜冬季修剪的是大部分的落叶树。凡不是以花、果为主要观赏部位的落叶性行道树、庭园树都适宜在这个季节内修剪，这是一个相当广泛的类群，如银杏、悬铃木、杨、柳、臭椿、榉树等。

在这个类群中，有些树种在修剪时间的具体安排上要恰当：凡伤流较旺的树种，应安排在落叶后立即修剪（甚至叶尚未落尽时），此时树液正以向心方向汇集，可避免剪口造成的伤流，如胡桃、葡萄、槭类等。相反，凡耐寒性较弱的树种，则应安排在严冬过后、春季即将来临的时段修剪，以避免它们受到低温的伤害，如乌桕、合欢、无患子等。另外，以观枝为主的树种如红瑞木、金枝国槐等，也应在临近春季的时段修剪，以尽量延长它们的观赏时间。

适宜冬季修剪的第二部分树种是当年分化型花木。因为它们都是在开春后萌发新梢，再由新梢的一部分早熟性芽分化、开花，所以也可以在冬季从容地整形及修剪，使其在第二年春季能萌发更多具有开花倾向的新梢，如木槿、紫薇、锦带花等。

适宜冬季修剪的第三部分树种是混合芽的花木。由于混合芽的数量一般比纯花芽少，又容易区别，所以通常都在冬季修剪，这样可以有效地保护好这些已经分化完成的混合芽和它们的开花（结果）母枝，如牡丹、八仙花、石榴、丁香以及常绿性的柑橘等。

出于特殊原因，夏秋分化的纯花芽树种也常在冬季修剪。

2. 生长期修剪

无论落叶树还是常绿树，只要是在冬季以外的季节修剪，都可以视做生长期修剪。但上述适宜在冬季修剪的树种一般都不宜在生长期修剪。生长期修剪的主要季节是春季，其次是秋季，夏季很少修剪。

最适宜生长期修剪的树种是常绿性的行道树、庭园树。包括针叶类的雪松、松属树种、柳杉、柏科树种，也包括阔叶类的香樟、女贞、石楠等。此外，还包括一些起隐蔽、遮挡、背景作用的基础栽植树，如蚊母、海桐、珊瑚树等。

适宜生长期修剪的第二部分树种是夏秋分化型中的纯花芽花木。不论是落叶性还是常绿性的，除桃花外基本上都是花后修剪，如蜡梅、梅花、山茶、杜鹃等。由于它们的终花期十分接近新梢生长期，为了诱导新梢及早成熟，促进下一轮的花芽分化，必须在花谢后尽快完成修剪。

适宜生长期修剪的第三部分是绿篱、球类等轮廓造型类的树种。它们在年生长期中至少要进行两次以上的修剪，最需要修剪的时间是初夏和夏末。

也是出于一些特殊原因，混合芽中的垂丝海棠、当年分化型的桂花都在生长期即花后修剪，但具体时间不同，垂丝海棠是晚春，桂花是晚秋。

学习单元 2　修剪的方法和技术

学习目标

➢掌握修剪目的、修剪方法、剪口处理、修剪量的掌控等技术

➢能够进行 4 种主要修剪手法的操作

知识要求

园林树木的修剪技术，有些是独创的，有些是借鉴果树修剪的，但经过几代园林人的研究摸索，现在已形成了自己的系统和风格。相对于果树修剪来说显得较为粗放，但更接近自然。

一、修剪方法及其作用

1. 长放

对一株树木进行修剪时，有一部分枝条或部位不剪，这对它们而言就是长放。

如果一株树木的树体结构正常，树形也不差，在修剪时长放就比较多，反之长放就少。花木修剪时，如果该花木的生长发育正常，长放也比较多，反之，无论是生长过强或生长过弱的，都不会有太多的长放。

适宜长放的枝条有：结构正常的骨架枝；部分弱营养枝或短枝，如垂丝海棠（见彩图 5—4）；花木的开花母枝；部分短花枝，如梅花（见彩图 5—5）。

长放的主要作用：维持长放部位的原有生长势；充实树冠，填补空缺；有利于花芽分化。所以徒长枝不能长放。花后修剪时，如果有些花枝很粗壮也不能长放，如蜡梅（见彩图 5—6）。

长放不是一个单独使用的修剪措施，必须与其他修剪手法配合使用。如果配合恰当，长放在调整、均衡树势和促进花芽分化等方面能发挥突出的作用。

2. 疏剪（见图5—8）

将一个枝条或一个枝组从基部剪去，称为疏剪。

图5—8 疏剪

疏剪的第一对象是树体上的各种“杂枝”。所谓杂枝，是指有害的、无用的、多余的一切枝条的总称。如病虫枝、枯枝、徒长枝是有害的，基本上都要剪去；萌蘖枝、纤弱枝通常是无用的，大部分要疏剪；重叠枝、交叉枝肯定有多余的，必须疏剪一部分。这是每株树木在修剪开始时的第一步，叫做“清理杂枝”。

除杂枝外，疏剪的主要对象是各种过强、过密、过分直立的枝条或枝组。树种的萌芽力强，需要疏剪的必然多。所以，对于离心秃裸不明显、生长旺盛的落叶树和大部分的常绿树，必须进行较多的疏剪。

疏剪的主要作用：加强树木的通风透光条件，使光合作用效率得以提高，有明显促进生长的作用；通过疏剪过密枝、过强枝，抑制局部的生长，也有明显的调整、均衡生长势的作用。

3. 短截

将一个一年生枝剪去一部分、保留一部分，称为短截。

适宜短截的对象只有一种枝条，即一年生枝。因为短截是利用芽更新能力的修剪方法，只有一年生枝上才拥有大量的芽。

短截剪口下的第一个芽是按照短截目的选择的，称为“剪口芽”。

短截是一种极为重要的修剪方法，是利用顶端优势下延的主要手段。虽然它仅仅针对一年生枝，但因每株树木都有大量的一年生枝，所以是休眠期修剪的主要修剪措施。生长期修剪也可以对新梢短截，但用的较少。

由于短截剪去和保留的部分不同，短截通常分为3种，其作用也明显不同。

（1）轻短截。将一个一年生枝剪去1/3以下称为轻短截（见图5—9）。

轻短截只剪去一年生枝的梢部，按照腋芽异质性的特点，选用的剪口芽通常为弱芽，这样既抑制了其继续延伸的趋势，在顶端优势下延的作用下，又能加强枝条上众多留芽的萌发力，所以通常萌芽数反而比长放的多。又由于萌芽力高、养分分散，使成枝力相应降低，这在很大程度上抑制了新梢的生长势。

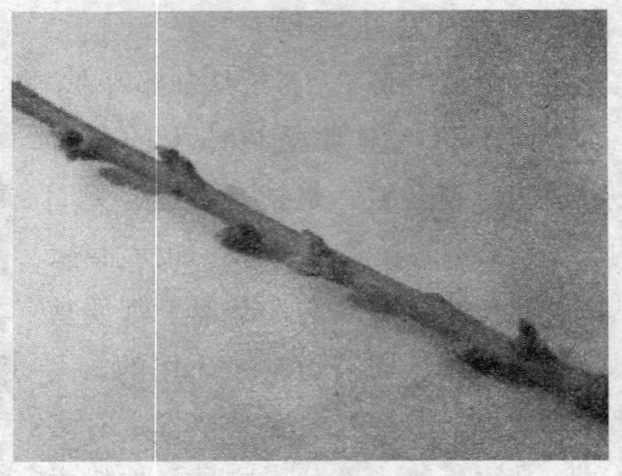
图 5—9　轻短截

从整形角度上来说，对萌芽力弱、成枝力强的树种，或对一年生枝的数量少、长势强的部位进行较多的轻短截，有增强萌芽力、抑制成枝力的作用。从开花角度上来说，对当年分化型的一年生枝进行轻短截，有抑制生长、利于成花的作用。

（2）中短截（见图 5—10）。将一个一年生枝剪去 1/2 左右称为中短截。

中短截选留的剪口芽通常是壮芽，而枝条上的留芽又大为减少，但以后萌发的新梢，数量上虽然减少、成枝力却会大大加强。这样，对萌芽力、成枝力弱的树种，或对一年生枝的数量少、长势又弱的部位十分适用，能起到明显的促进作用。另外，由于有健壮的剪口芽，加上顶端优势下延，新梢的生长势很强，因此完全可以利用剪口芽的着生方向决定以后新梢的伸展方位，这对树木整形相当有利。

很明显，中短截对花芽分化不利，所以在花木修剪中，如果花木的开花良好，树体结构也不错，中短截要尽量少用。

（3）重短截（见图 5—11）。将一个一年生枝剪去 2/3 以上称为重短截。

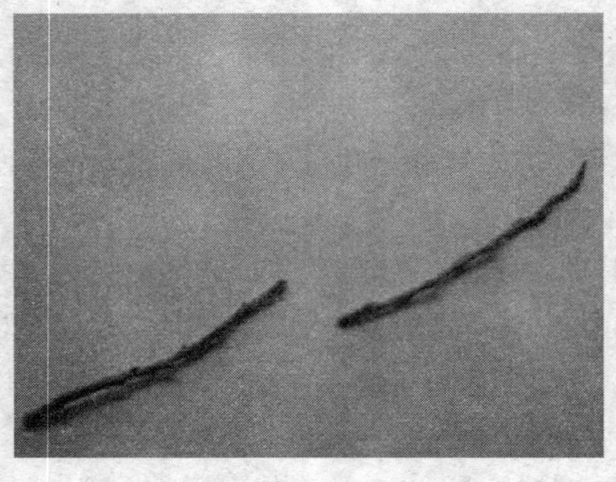
图 5—10　中短截

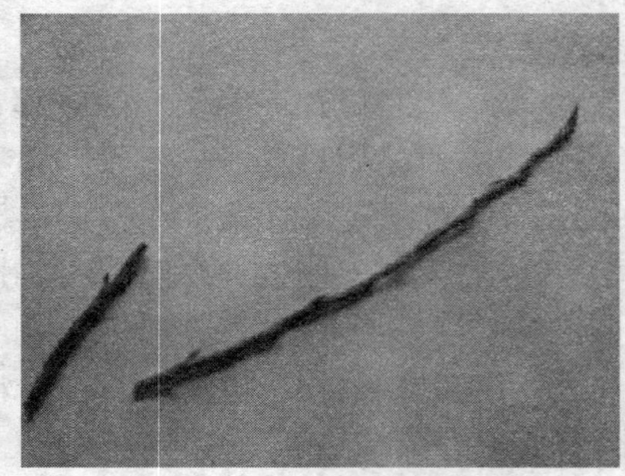
图 5—11　重短截

重短截的剪口芽，通常是位于枝条基部的弱芽，但由于留芽少，顶端优势、养分供应都集中在少数的几个芽上，能刺激发枝，所以往往会萌发特别强壮的新梢。但这种新梢的生长方向和成枝力很难控制，在刺激生长的效果上不如中短截稳妥，所以用得很少，只在该部位过度衰弱或中短截缺乏健壮剪口芽的情况下使用。

综上所述，如果修剪的主要目的是整形，就可以将轻短截与中、重短截综合运用，以有效地调节、均衡树木各部位一年生枝的生长势，这叫“强枝弱剪、弱枝强剪”，方法是将强的一年生枝进行轻短截，将弱的一年生枝进行中、重短截。虽然修剪效果不能当场显示，但第二年萌芽抽梢时就会发现，经过轻短截的强枝，发生的新梢多而弱；经过中、重短截的弱枝，发生的新梢少而强，取得了总体上的均衡。

4. **回缩与更新**

回缩与更新是手法相似、效果相反的修剪方法，合称“换头”，都是利用顶端优势下延原理剪去枝组的带头枝，用适宜的分枝替代的方法，所以必须针对枝组。回缩或更新在剪口下保留的第一分枝都是有意识选择的，称为“剪口枝”。

回缩与更新的区别在于用怎样的剪口枝取代原来的带头枝。

导致一个枝组生长势过强的原因，通常是带头枝过强，如果把这个带头枝除去，以弱的剪口枝代替，就能减弱该枝组的生长势，这称为回缩（见图 5—12）。相反，用强的剪口枝去代替原来弱的带头枝，就称为更新（见图 5—13）。

图 5—12　回缩

图 5—13　更新

对树龄不大、处于旺盛生长阶段的树木经常以回缩为主，大龄树、衰弱树才以更新为主。因此，往往是回缩用得多，更新用得少。

由于枝组有大有小，尽量不要在太大的枝组上进行回缩或更新，以免树木的生长大起大落，受到伤害。所以对生长比较旺盛的树木进行养护修剪时，最好每年都有少量的回缩，并在比较小的枝组上进行，既能达到目的，又不会损害树木。

如果一株树木生长明显不平衡，说明问题在多年生的大枝组上，这是多年不正确修剪的结果。这时就必须对大枝组进行换头，这叫“强枝强剪、弱枝弱剪”，即对强的大枝组重度回缩、弱的大枝组适当更新这种方法可以立即取得调节的效果，但对树木的伤害也会加大。

主观上想回缩，而剪口下不留任何分枝，这种错误操作很普遍，要注意避免。因为这样做会刺激不定芽的萌发，实际上还是更新。所以，回缩的剪口下必须是弱枝，这是一个先决条件，否则就不能称其为回缩。

5. 其他辅助修剪方法

(1) 切根。将树木的主要根系在一定范围内切断，是一种对根的修剪方法。

切根在树木移植前用得较多。养护修剪中也可以切根，能有效调节树木的生长势，而且在不同季节切根会有完全不同的作用。如在生长期将结束时切根，有抑制明春生长的作用；在生长期刚开始时切根，有加强当年生长的作用。

(2) 摘心。摘心就是摘去新梢的顶端生长点（长 2～5 cm）。

摘心是利用早熟性芽的修剪手法。摘心后由于顶端优势的作用，迫使这些新形成的芽随即萌发，形成多数分枝，以增加枝条数量。摘心在育苗期间普遍使用，特别在培育丛生性灌木、小灌木及绿篱、球类等苗木时，是必然会使用的。

(3) 剥芽。剥芽就是将一年生枝上过多的芽剥去一部分。

如果一年生枝上的芽过多，再加上萌芽力强，就会造成养分的白白浪费。因此，趁萌芽之前把一部分明显多余的芽剥去，不失为一种既有效又经济的方法。

剥芽在育苗时很重要，特别在落实留芽数（定芽）之前要进行多次剥芽。萌芽力特别强的树种，在冬季养护修剪时可同时进行适度的剥芽。

(4) 去蘖。“蘖”也是一种新梢，去蘖就是把这种称为“蘖”的新梢除去。

蘖的种类有茎上不定芽、潜伏芽萌发的萌蘖、根基萌发的根蘖、砧木萌发的砧蘖等。但在修剪时，常把多余的新梢也归在去蘖的范围内一起除去。

悬铃木的萌芽力强，每年 5 月份进行的去蘖工作相当重要，除去的大部分蘖属于多余的新梢。

(5) 辅助性修剪方法还有很多，如环状剥皮、刻伤、曲枝、折裂、摘叶、摘蕾、摘果等，都有一定均衡树势、调节生长发育的作用。

二、修剪的技术性问题

1. 不同树种修剪的目的与侧重面不同

(1) 行道树、庭园树及其他观形、观枝、观叶类。这类树种，要贯彻“整形是目的，修剪是手段”的原则进行养护修剪。根据整形需要及生长情况，通过修剪，使树木的结构、形态、体量都按照人们对各树种的具体要求得到维护或调节，一般不须顾及花、果的情况，如雪松、香樟、榉树、七叶树等。

(2) 观姿兼观花的花木。这类树种要贯彻“整形与开花同为修剪目的”的原则进行养护修剪。根据树姿、开花两方面情况，通过修剪，既使花木的结构与树姿有良好体现，又使花开得更好，开得更多。所以，修剪这类树种的技术要求较高，两方面都不能偏废，如梅花、桃花、垂丝海棠、石榴等。

(3) 以观花为主的花木。这类树种要明确“开花是修剪的主要目的”。通过修剪，使它们的花开多、开好，要充分运用有利于开花的一切技术措施。这些树种的结构简单，树形不美，但大家都能理解，如月季、牡丹、八仙花、部分紫薇等。

(4) 绿篱、球类等树木。对这类树种来说，整形与修剪无法区分，“整形就是修剪，修剪就是整形”。修剪时主要关注的是树体轮廓——某种几何体或雕塑体的造型，技术高低主要体现在轮廓造型或线条的把握上。

2. 掌控修剪量的途径

(1) 修剪季节的确定。不同季节的修剪，修剪量截然不同。在冬季修剪的时候，落叶树是明显的休眠期，修剪后有较长一段调整时间，修剪量通常比较大，特别是以整形为目的的冬季修剪，修剪量更大。

生长期修剪相对比较轻，以免干扰树木的正常生长，包括花后修剪的花木。其中秋季修剪尤其要轻，因为春季修剪后，树木还可以在生长阶段内恢复与调整，秋季修剪时树木已进入生长停滞或正常休眠的预备阶段，修剪量过大会严重扰乱树木的生长节律，如桂花。如果是落叶树进行秋季修剪，还会因延缓生长而无法顺利越冬，所以一般落叶树都不在秋季修剪。

有些树种还有夏季修剪，如月季。月季的冬季修剪比较重，每次花后的生长期修剪都比较轻，而夏季修剪则更轻，以免干扰其顺利进入夏季的半休眠阶段。香樟也可以在夏季修剪，但比春季修剪要轻得多，称为“春强夏弱”。

(2) 修剪树种的区分。树种的习性不同，对修剪的适应能力也有区别。树木中有的耐修剪，有的不耐修剪。通常生态适应性强的树种多为耐修剪的树种，修剪量不需要严格控制。而对不耐修剪的树种，则要特别注意控制修剪量。

特别不耐修剪的树种主要有两类，一类是萌芽力弱、枝条数量少，如梧桐、玉兰、红枫等。另一类是树体的“愈伤能力”弱，修剪伤口不易恢复，如合欢、枫香、樱花等。对这些树种的修剪往往仅以“清理杂枝”为主。

还有一些离心秃裸比较强的树种，称为“自然整枝良好”。也有一些年生长量不大的树种，树形通常比较端正。这两者都不需要过多修剪。如针叶树中的金钱松、水杉、落羽杉、白皮松，阔叶树中的杨梅、石楠、枇杷、杜英等。

(3) 修剪方法的选择。最能掌控修剪量的途径是通过各种修剪手法来控制。如长放多，修剪量轻；疏剪多，修剪量重。轻短截多，修剪量轻；中、重短截多，修剪量重。回缩小枝组，修剪量轻；回缩大枝组，修剪量重。

从修剪手法上说，疏剪是最能直接体现修剪量的，一般以疏剪5%以下称为轻疏，5%～10%为中疏，10%～20%为重疏。

国外试验结果表明，对某些枝叶繁茂的常绿针叶树种，即使疏剪量达到30%仍能正常生长，所以，修剪量要视树种的具体情况灵活处置才合理。即使是同一个树种，如果一株枝条多、另一株枝条少，对它们来说必须选用不同的修剪量。

3. **剪口的处理**

疏剪、短截、换头都有剪口，剪口处理要把握的原则是：既达到各种修剪手法的不同目的，又不伤害树木。

(1) 疏剪的剪口（见图5—14）。疏剪是剪去大大小小的分枝或枝组，剪口出现在它们的母枝上，疏剪的剪口要尽量与母枝的表皮相平，不留残桩。但当被疏枝条（或枝组）与母枝的夹角过小时，过分追求母枝上剪口的平整会使剪口面积过大，这就需要使剪口的下部略微抬高一些，当然也不能过度。

图5—14 疏剪直立枝的剪口

(2) 短截的剪口。短截的第一要求是不伤剪口芽，否则就失去了短截的意义。第二要求是剪口芽的上方被截枝条的残留部分要尽量短，否则日后就会干枯或腐烂。在枝条较粗或趋向直立的时候，剪口一定要呈斜面，而且斜面靠剪口芽的一侧高、背着剪口芽的一侧低，以保护剪口芽，但斜面不能太大（见图5—15）。如果枝条斜生、较细或芽对生、轮生，则一般不需要剪成斜口。

有些短截有意识地放大剪口与剪口芽的距离，这有两种原因：一是想使剪口芽萌发的新梢分枝角度大一些，尽量避免呈延长枝倾向，这样在剪口芽的上方多留一些，迫使新梢向一侧生长；二是有些树种的木质部或髓部疏松，剪后容易干枯，就应留得长些，避免影响剪口芽，如葡萄、猕猴桃。

(3) 换头的剪口。回缩或更新的剪口可以参照短截来处理，把剪口枝视做剪口芽，基本要领是一样的。略有不同的是，剪口的斜面比短截的斜面小，因为剪口枝毕竟不是剪口芽，它的维管组织已经完全与母枝连接在一起，换头时如果斜面过大，会大大影响剪口枝的牢度与生命力（见图5—16）。

图 5—15　短截的剪口

图 5—16　回缩的剪口

技能要求

木槿冬季修剪

操作准备

（1）材料。形态良好的木槿一株（高度 1.5m 左右，冠径 1 m 左右，树冠丰满，枝条较多）。

（2）工具。弹簧剪、手锯。

操作步骤

步骤 1　清理全株杂枝。

步骤 2　结合长放，疏剪多余的二年生以上的枝及枝组。

步骤 3　长放、疏剪、短截、换头结合运用，处理一年生枝。

注意事项

植物材料的枝条要多，能充分运用 4 种主要修剪手法。

第 3 节　园林树木的整形

学习单元 1　整形过程和相关技术

学习目标

➢熟悉园林树木有关整形的主要术语及各自的技术要求

➢熟悉不同树木的树体骨架培养过程和方法

知识要求

整形措施既包含在定型修剪中对园林树木的造型技术，也包含在绿地养护修剪中维护造型的技术，以观赏姿态为主的园林树木需要始终密切关注。

一、有关整形的技术要求

1. 树木的“干性”和“层性”

树木的造型是否良好，在一些体量较大的树木身上有明显的体现。所以，对乔木及大灌木，必须充分掌握其主干和一些主要骨架枝的生长特性。

（1）干性。树木主干、中干的强弱与维持时间的长短称为“干性”。

干性的强弱是顶端优势强弱的直接体现。一种树木的顶端优势越强，它的干性就越强，也越有可能生长为乔木或大乔木。这就说明，在所有树种中，大乔木的干性大于一般乔木，一般乔木的干性大于灌木，灌木的干性大于藤木。

行道树和庭园树都要求具有一个比较长也比较直的主干，所以要选用干性强的树种。然而在这类树种范围中，主干培养的难易程度有很大差别。如杨树、臭椿、喜树的干性自始至终都很强，主干培养就很容易。香樟、女贞、朴树的干性会逐渐弱化，要培养具有理想分枝高度的主干就有一定难度。合欢、苦楝、乌桕的干性在一开始就不明显，主干培养就更难。所以，对后两类树种必须想方设法优先培养好它们的主干。

（2）层性。树木的各级分枝是否相对集中，出现成层分布趋势的强弱称为“层性”。

层性的强弱是顶端优势与腋芽异质性共同作用的结果。如果一种树木的顶端优势强且芽的异质性又明显，其各级枝组的带头枝就会相对强壮，各级分枝在母枝上的分布也就会相对集中，这就是层性强的表现。反之，如果树木的顶端优势不强或芽的异质性不明显，就不会有强的层性出现。

层性的强弱与干性的强弱不一定是对应的。干性强、层性弱的树种，中央领导干发达，骨架枝的分布比较均衡，所以整形相对容易，如雪松、水杉。干性、层性都强的树种，培养主干和中央领导干比较容易，培养骨架枝则有一定难度，如南洋杉、广玉兰。干性弱、层性强的树种，培养主干和骨架枝都有难度，重点先要放在主干培养上，然后再培养骨架枝，如胡桃、枇杷。干性、层性都弱的树种在园林树木中有一大群，培养成大乔木是不合适的，而培养成小乔木或者灌木，其整形方式就容易得多，这叫随树造型，如山茶、石榴。

2. 整形带

经过定型后，树木第一分枝的高度称为“整形带”。也可以说，整形带就是定型后树木的主干高度。树木的骨架枝不可能完全按照人们的意愿生长，所以在确定整形带的高度时，受到一定范围的限制。

乔木自然生长的第一分枝，通常或早或晚要被除去，因为它达不到整形带的高度要求。但也有例外，如雪松定型时，整形带通常就是它自然生长的第一分枝。

除了丛生性灌木没有真正的整形带要求外，树木不同的生活型要由不同的整形带配合才比较自然，如小、中型灌木的整形带最低，通常是 20～30 cm，大灌木的整形带通常为 30～50 cm，亚乔木型的整形带通常是 50～80 cm，小乔木的整形带通常是 80～120 cm。至于中、大型乔木，通常都要求整形带达到 2～3 m，甚至 3～4 m。在整形修剪中，这些不同的整形带要求，都是通过不同的整形方式体现出来的。

整形带越高，培养主干与骨架枝就越复杂，需要的时间也就越长。

3. 主枝的选留

主枝是树木的第一级骨架枝，它的选留是否合理至关重要，尤其是体量较大的树木，除了整形带的高度要求外，主枝的伸展方向及分枝角度也很重要，这就是主枝的方位角和开张角。

（1）方位角。各主枝以中干为圆心分别向圆的水平方向展开时，两个相邻主枝之间的水平角称为“方位角”。

方位角是衡量主枝的分布方向是否匀称的依据，各主枝的方位角要力求统一，这是培养大型树木具有良好结构及树形的基础。如主枝 3 个，它们的方位角应该都是 120°左右；主枝 4 个，它们的方位角应该都是 90°左右。以此类推。

具有明显中央领导干的树种，中央领导干上着生的次级主枝，同样要注意方位角的问题，处理方法与主枝相同。

侧枝及以下各级分枝虽然也有方位，但它们的母枝都不是整株树木的中心，所以不能用方位角来衡量，只要尽量使它们向外或向树冠空隙处伸展即可。

（2）开张角。主枝与中干之间的夹角称为“开张角”，这是主枝分枝角度的特有名称。主枝的开张角牵涉整个树冠的结构与形态，通常都要适当大些。

与方位角不同的是，一株树木不同主枝的开张角，既要大致相似，又要有规律性的区别，即位于中干下方的主枝开张角要适当大些，位于中干上方的主枝开张角相对小些，千万不能倒置。而且主枝的最大开张角，一般不宜超过 60°。

具有明显中央领导干的树种，中央领导干上着生的次级主枝同样要注意开张角的问题，处理方法与主枝相同。

侧枝以下也不使用开张角这个名称，只用分枝角度表示。

4. 枝距和层距

两个上下相邻的分枝在母枝上的距离称为“枝距”。与方位角、开张角不同，所有分枝在它们母枝上的安排都要有枝距这个概念。

主枝的枝距就是它们在中干上的垂直距离，次级主枝的枝距就是它们在中央领导干上的垂直距离。要尽量避免将它们集中在一起，否则长大后会类似生长在同一个圆周上，这称为“主枝邻接”，主枝邻接对生长和造型都极为不利。避免主枝邻接的方法是疏剪两个保留对象之间的其他枝条，称为“拉开枝距”。但是，枝距也不能过大，即使是大乔木主枝的枝距，最大也不宜超过 40 cm，这称为“主枝邻近”。主枝邻近才是合理的，才能造就树木的优良结构与姿态。

有些观赏价值较高的小乔木，还有“层距”这个概念。实际上层距也是枝距，是为了把主枝分出层次，在某两个相邻主枝之间进行较大量的疏剪，使两者之间的枝距明显大于其他主枝之间的枝距，这样就分出了层次。层距与一般枝距有明显区别，但不能放得太大，力求自然。

二、树体骨架的培养和维护

1. 整形带低的树木

从生性灌木的整形带在 10 cm 以内，长大后就显示不出了。它们在苗期要及早于接近地面处摘心，促使它贴近地面萌发新梢或根蘖。新梢萌发后不久再行摘心，促使早熟性芽萌发，形成二次枝。所以，它们没有真正意义上的骨架枝，只要有一定数量的枝条就可应用于绿地，从繁殖到应用一般只要 1 年时间，如黄馨。

作为绿篱的灌木，整形带为 10 cm 左右。可与丛生性一样及早摘心，不同的是要及时选好符合整形带高度要求的骨架枝，培养时间 1～2 年。

培育球类苗木的整形带在 20 cm 左右。在苗高 30 cm 左右时开始摘心，同时也要选好合适的骨架枝。此后，每当新梢长 20 cm 左右时就摘心一次，同时除去下部及根际的萌蘖。约 2 年时间，即可按照球类苗木的雏形进行修剪。

小至中型的灌木，整形带在 20～30 cm。在苗高超过整形带后的冬季，于低处留 4～5 芽短截。翌春至冬季，再通过去蘖、疏剪等方法逐步选留骨架枝 3 个以上，然后，在骨架枝上选健壮的剪口芽进行中短截，芽对生的要按不同方向剥去对生芽的一侧，使第 3 年萌发的新梢向不同的方向伸展，通常 3 年成形。

雪松、龙柏等乔木树种，它们的整形带就是自然的第一分枝。这是一类主干、中干、中央领导干、主枝和次级主枝一起培养的树木，它们的树体骨架需要有较长的时间才能形成，在此期间要把定型修剪与养护修剪结合进行。

2. 整形带中等的树木

桃、梅等大灌木的整形带通常在 30～50 cm。苗高超过整形带后的当年冬季，于低处选留 4～5 芽短截。第二年春季新梢萌发后先任其生长，冬季选留其中方位角、开张角、枝距都合理的主枝 3 个以上，并把主枝上方残留的中干截去。第三年春季，再在各主枝上选留适宜的侧枝，通常 3～4 年成形。

桂花、石榴等亚乔木树种，枝条多、树冠丰满。它们的整形要顺其自然，灌木状的造型与其他中型灌木类似，成形也快。小乔木状整形带为 50～100 cm，通常要 2 年以上才能达到这个高度要求。在苗高超过整形带范围后，冬季选留 6～8 芽短截，第三年新梢萌发后，只要枝距、角度等合理，就尽量多留一些枝条，任其生长以充实树冠。至冬季，再按整形要求少量疏剪，保留多数枝条。

垂丝海棠、部分红叶李，为了长期维持其小乔木形态，往往用一种特殊的整形方式，整形带 80～120 cm，骨架枝不多，但要分出层次，中干延伸枝有时除去，有时保留，但不能让其发展为中央领导干。这种类型的培养难度比较高，时间需 4～5 年。

3. 整形带高的树木

整形带高的中、大型乔木，培养树体骨架的难度大，费时多。其中，有些是培养端直的主干有难度，有些是培养骨架枝有难度，有些则两者都有难度。

它们在培养过程中，要充分利用好抚养枝。在苗木达到整形带要求之前，要留下较多的弱分枝作为抚养枝，并随时除去影响主干延伸的强分枝。以后随着苗木的高生长，每年逐步淘汰苗木下部的抚养枝，淘汰标准是保持苗木的树冠厚度始终占整株苗高的 2/3 以上，这样苗木不易倒伏，姿态端正。到达整形带高度后，仍要继续使用这个方法一段时间，直到主要骨架枝按照各自的整形方式全部培养完成以后，才可把整形带以下的抚养枝除尽。这类树种，生长快的也须 3 年以上的培养时间，生长慢的要 4～5 年，甚至 6～8 年。

其中单轴分枝的乔木如杨树、喜树等，是干性最强的类型。它们的整形带通常在 3.5 m 左右，在达到这个高度以前，只要能充分利用好抚养枝，就比较容易培养出端直的主干及中央领导干，要注重的是选用合格的骨架枝。

合轴分枝、假二杈分枝的乔木如香樟、独本女贞等，是干性容易衰退的类型，主干的培养难度较高。它们的整形带通常为 2.5～3 m，在未达到整形带高度之前，除了要正确处理好抚养枝以外，更要及时回缩与顶梢有竞争趋势的其他主梢，使顶梢的主导地位能维持到整形带的高度要求，这种方法称为“领头修剪”。

合欢、苦楝等是乔木中干性弱的特殊类型，加上萌芽力弱、枝条少、枝条长、分枝角度大，养干与选择骨架枝都有难度。对它们来说抚养枝的作用不大，要通过回头养根、抑制强枝等方法优先培养能达到整形带要求的主干。

学习单元 2　整形方式

学习目标

➢熟悉园林树木的绿化应用形式与整形方式的关系

➢掌握各种整形方式的主要特点、技术要求与适应树种

➢能够进行定型修剪的操作

知识要求

通过对树体结构的调整、改造或重新塑造，对树木造型的形式与方法称为整形方式。同一个树种如果用不同的整形方式，树形肯定不同。不同树种如果用同一种整形方式，树形可能相同，也可能仍然不同。可见整形方式是形式为主，树形是形状为主，这是两个不同的概念，不要把它们混淆在一起。

根据各种整形方式中人工成分的多少，把整形方式分为自然式、人工式、自然人工混合式 3 类。行道树、庭园树以自然式整形居多，花木及其他观赏树是自然式整形与混合式整形兼有，而绿篱、球类等则多为人工式整形。

一、行道树、庭园树类

行道树与庭园树都是乔木，但它们的“冠干比”（树冠高度与树干高度之比）要求不同，行道树的整形带高，庭园树的整形带较低。如果一个树种既能作行道树，又能作庭园树，那么它们的整形方式是一致的，区别就在于整形带的高低。

行道树与庭园树有以下 4 种整形方式：

1. 中央领导干形

又称“单轴中干形”，适用于单轴分枝的乔木。这类树种的顶端优势始终很强，“中央领导干形”方式有效地维护了树木中心部位的干性，使主干、中干、中央领导干直至顶梢为一条轴心直线，其生长势始终处于全株领先地位，各级主枝的生长势也明显优于下属枝条。

由于顺应自然，定型比较容易，关键是根据不同树种的要求，确定适宜的整形带高度，严格按照方位角、开张角的要求选留主枝与次级主枝。

中央领导干形的树形端正，冠高明显大于冠幅，呈圆锥形、广圆锥形至塔形。其中整形带高的有 3 m 以上，如杨树、喜树；整形带低的贴近地面分枝，如雪松、龙柏；介于两者之间 1～1.5 m，如水杉、杜英（见彩图 5—7）。养护修剪的关键是维持好中央领导干的优势，并使各级主枝匀称分布。

2. 多领导干形

又称“合轴中干形”，适用于合轴分枝及部分假二杈分枝的乔木。这类树种的干性不明显或先强后弱，没有中央领导干和顶梢，各主要枝条的级次可能不同，但生长势相差不多。

“多领导干形”方式顺应了这类树种的自然生长趋势，但培养前期仍要按照中央领导干形类似的方法培养理想的主干，它们的整形带为 2.5～3 m，达到这个目标以后，定型修剪的关键是要选择好多个能平衡树势的骨架枝。由于骨架枝的组成往往不是一个级次，不能套用方位角、开张角的概念，所以只要分布合理、自然，枝距能适当拉开就可。

多领导干形的树形较宽，冠高与冠幅相仿或略大于冠幅，呈卵形、卵圆形、圆形至倒卵形。养护修剪并不复杂，主要是保持良好的结构，及时纠正“偏冠”“凹冠”等倾向。如香樟、独本女贞（见彩图 5—8）、榉树、栾树、枫杨等都是该整形方式的代表树种。

3. 无领导干形

适用于合轴分枝而分枝角度较大的乔木。这类树种的干性在苗期即不强，主干不易长直，中干维持时间也很短，萌芽力一般较弱，但成枝力相对较强，分枝角度又较大，所以树形不太匀称。

这类树种用“无领导干形”的整形方式是典型的“随树造型”方法，整形带 2～2.5 m，它们枝条数量少，不容易选留骨架枝，更难以拉开枝距。苗期定型修剪的关键是用各种方法优先培养端直主干（如截干回头），达到整形带要求时，同时选留 3 个以上力求均衡的主枝，防止出现严重的主枝邻接现象。骨架枝选定后，即将中干延伸枝截去。

无领导干形的树形宽阔，冠幅大于冠高，呈倒卵形、伞形、扁圆形至倒三角形。养护修剪的修剪量通常不大，主要是解决“偏冠”的问题。合欢（见彩图 5—9）、苦楝是这种整形方式的主要代表，能用的还有枇杷、胡桃。无患子也可以用，而且姿态会比胡桃、苦楝都显得优美。

4. 杯状形

这是一种人工成分很多的整形方式，在上海地区只针对悬铃木行道树使用，但与悬铃木本身的生长特点相悖，所以人们对它的评价有很大分歧。

整形带 3 m 左右，选择至少 3 个主枝作第一级骨架枝，由于枝条较多，基本上都能达到主枝方位角、开张角的要求，确定主枝的同时将中干延伸部分截去。然后在各主枝上再选留两个向两侧伸展的侧枝，作为第二级骨架枝，并将主枝延长枝除去。各侧枝上再选留两个小侧枝，作为第三级骨架枝，并将侧枝延长枝除去，形成“三主六侧十二杈”的杯状形树体结构（见彩图 5—10）。

“杯状形”的树冠庞大，遮阴效果很好，冠高与冠幅相仿或略大于冠幅，树形呈卵圆形至倒卵形。养护修剪很费力，冬季要进行大量的疏剪、短截、回缩，以维持它的结构特点，初夏还要进行大量的去蘖工作。

上海采用杯状形有一定的客观原因，所以目前仍在使用。这种整形方式是改造还是彻底放弃，应展开认真的研究和探讨。

二、花木及其他观赏树类

以观花为主的树木称为花木，其他观赏树是指体型不大、除花以外其他部位观赏价值较高的园林树木，包括观叶、观枝、观果等。它们的整形方式有以下 5 种：

1. 疏散分层形

原本这是苹果、梨等果树的整形方式，骨架枝的数量少，有一定层次。用于园林以后，已没有果树那么严谨，而树形却显得更为自然优美。它适用于小乔木类型的花木，然而，长期使用下来，似乎唯有垂丝海棠比较适宜（见彩图 5—11），西府海棠、红叶李、石榴等都曾用过，效果并不理想，主要是分枝角度或生长势的关系。

整形带通常 80～120 cm，苗木先经过短截选一个延伸枝，在延伸枝生长到整形带要求后，选留 3 个以上新梢，作第一层主枝，以后再按照层距要求，选留第二层 2～3 个主枝、第三层 1～2 个主枝。这样从下层主枝开始，中干已消失或不在中心，整个树冠由为数不多的 5～6 个主枝组成，同层主枝间邻近而不邻接，层距明显。

“疏散分层形”不追求过分圆整的树形，树冠比较宽阔，呈卵圆形至倒卵形。养护修剪要注意经常性地控制体量，分清层次，树姿要适度披散、自然。

2. 开心形

原是果桃的整形方式，用于园林以后，与果树差别不大，略显粗放一些。它适用于大灌木类型而分枝角度相对较大的花木，如桃花、梅花（见彩图 5—12）、贴梗海棠等。

整形带 30～50 cm，苗期摘心定干后，按照合理的方位角，确立 3 个以上、开张角较大、主枝邻近的骨架枝，并将中干以上除去，树冠中心露空。侧枝、小侧枝可随意选留，但仍以向四周展开为主，以充分接受阳光。

“开心形”的树冠宽阔，冠幅大于冠高，呈圆形至扁圆形。养护修剪以疏剪和短截为主，保持树冠开展、通透，各级枝条分布匀称。

3. 多枝闭心形

这种整形方式的其他名称很多，但都不够确切。“闭心形”这个名称来源于一位美国学者的一本专业书籍，是指与“开心形”相对而言树冠内部充实的意思。现名“多枝”加上“闭心”，较能体现这种整形方式的结构特点。

“多枝闭心形”是相当自然的，园林中有不少花木本身枝条多、树冠充实，有时是小乔木，有时是灌木，有时甚至可能成了丛生性的，但都适合用这种整形方式，如石榴（见彩图 5—13）、木槿、山茶、桂花、含笑、柑橘及部分红叶李等。

定型时要根据绿地需要，用摘心的先后来决定生活型即整形带高度，其中小乔木通常在 50～100 cm。有些树种的骨架枝明显，有些则不明显，可顺其自然，只要有一定数量的枝条即可应用于绿地。随着树龄的增长与枝条的增多，其级次越来越模糊，到最后只有粗细、老幼的区别。

多枝闭心形的树冠丰满，冠高大于冠幅或相仿，树形呈卵形、广卵形、菱形、球形至倒卵形。养护修剪也很简单，以疏剪杂枝为主，结合适度回缩，落叶花木的冬季修剪则还有较多的短截。

4. 灌丛形

这一部分树种介于丛生与灌木之间，一般不会成为小乔木。这类树种的整形方式是极简单的一种，已没有什么重要的结构和树形。整形带为 10～30 cm，它们有几个相对固定的骨架枝，但也只是作为承载花枝的一种架构而存在，是“重花（或果）不重形”的代表，如月季、牡丹、八仙花、蜡梅、锦带花、夹竹桃（见彩图 5—14）、南天竺等。

“灌丛形”的树冠大多不需要规整。养护修剪也是以花（果）为主要目的，往往同时对骨架枝进行更替。

5. **丛生形**

丛生形灌木没有主干，也没有骨架枝，园林中的这类树种与自然生长的姿态完全相同，所以，严格地说已经不是一种整形方式，这里把它们归为丛生形仅仅是为了区别于其他整形方式而已。在苗圃中培养时，只要具有一定数量的枝条即可在绿地应用，如迎春、黄馨等（见彩图 5—15）。

“丛生形”的养护修剪只要清理杂枝、及时更新老枝即可。

三、藤木类

由于藤木的特殊性，通常把主枝改称“主蔓”，侧枝改称“侧蔓”，小侧枝改称“支蔓”，也可以把所有枝条统一用“枝蔓”来称呼。而干性、层性、方位角、开张角等概念对藤木来说都不再适用。

即使是同一种藤木，其整形方式和树体结构是按不同的垂直绿化形式而变化的。反之，不同种类的藤木，如果垂直绿化形式相同，其整形方式与树体结构可能基本相同。

由于各种藤木本身的攀缘能力有强弱，所以在整形的应用及具体方法上要有所区别。此外，凡兼有观花作用的藤木，在养护修剪时还必须兼顾它的开花特性。

目前，藤木在绿地应用中有以下 5 种形式：

1. **棚架式（见彩图 5—16）**

使藤木在棚架上作水平展开的绿化形式称“棚架式”。

棚架式的绿化作用体现在棚架顶上，整形带可适当高些，先把藤木的主蔓从一侧引上棚顶，让侧蔓在棚架顶上蔓延生长，再利用更小的枝蔓遍布整个棚架。养护修剪时主要是在密处疏剪，空隙处用短截一年生枝蔓或更新枝组等方法，促使发枝。

2. **凉廊式（见彩图 5—17）**

使藤木在凉廊的两侧攀爬布满廊顶的绿化形式称“凉廊式”。

凉廊两侧要预先设立格架，两侧都栽植藤木，凉廊越长栽植越多。整形带要低些，使其及早发生主蔓、侧蔓，让藤木在两侧充分展开，待两侧的枝蔓基本密布后，再陆续引上廊顶。凉廊式的整形时间通常比较长，不可急于求戍。养护修剪的方法则与棚架式类似。

3. **篱垣式（见彩图 5—18）**

使藤木在篱垣或花架上垂直分布的绿化形式称“篱垣式”。

篱垣式的绿化作用体现在篱垣或花架的立面上，通常以花美的藤木为主。藤木的整形带要贴近地面，所有枝蔓在篱架上的分布要疏密有致，有的还组成美丽的图案。养护修剪既要维持优美的姿态，又要兼顾开花。

4. 附壁式（见彩图 5—19）

使藤木在墙面上垂直分布的绿化形式称“附壁式”。

附壁式的绿化作用完全体现在墙的立面上，要选用攀缘能力强的藤木。整形带适当低些，多用短截和摘心以实现尽早分枝，并加以人工牵引，从墙体基部开始逐渐往上推进。墙宽的要多栽植一些，使相邻的枝蔓能相互交错，不留空隙。养护修剪主要是在过密、过厚处疏剪。

5. 垂挂式（见彩图 5—20）

使藤木的枝蔓在支架或墙壁的顶上往下垂挂的绿化形式称“垂挂式”。

垂挂式的出现时间较晚，一种是竖立一些“T”形的支架，将藤木栽在架下，整形带高低随支架而定，先将主蔓由支架中心引上顶部，再让各条枝蔓由架顶周围垂下。另一种是墙体上的垂挂式，与附壁式相反，先让藤木在墙背面尽快爬上墙顶，然后在墙的正面垂挂下来，这与附壁式有不同的风格。垂挂式的养护修剪要注意垂挂的枝蔓必须长短错落、有疏有密，切忌死板。

四、轮廓造型类

轮廓造型是指用单株或群植树木进行几何体或雕塑体整形的方式。这种造型在西方具有悠久的历史。

这类特殊的造型方式，都必须选择枝叶量大、适应性强、耐修剪的树种，苗期要通过多次摘心增加分枝，应用于绿地以后也要经常性地修剪，加速成形。

这类树木每年的养护修剪实际上是在不停地整形，每次修剪都要留放新梢，即只将新梢剪断而不能剪到老枝上去，否则会留下空秃。

1. 绿篱（见彩图 5—21）

绿篱的整形方式分规则式与自然式两种，自然式绿篱基本上是自然生长的，修剪很少，类似于丛生形灌木的整形。

传统的规则式绿篱，在整形时除了要求总体高度一致外，还要求绿篱的顶面、两侧“三面平整”；顶与两侧成直角相交，“棱线挺直”。现在，有的绿篱已出现一些变化，如将顶侧直角改成钝角（即梯形剖面）或圆角，或将顶面改成弧形等，修剪要求也随之有所改变，但总体上还是绿篱的形式，仍然具有隔离、围护等绿篱的基本性质。

变化比较大的是色块式，这是随着近几年许多新色叶树种引进而出现的，通过不同叶色的配合，确实很具观赏价值。

对绿篱新造型的开发正在探索之中，国外有许多好经验和成功的例子，可以借鉴。

2. 球类苗木（见彩图 5—22）

球类与传统的规则式绿篱几乎同时传入我国，应用也十分普遍。球类树种的整形难点在于把握球的圆整性上，要求匀称、自然。如果有多个球排成一列，要求修剪成形态、大小尽量统一的话，难度就更大一些。

所谓球类，实际上是半个或大半个球，修剪时，新梢的留放程度要有区别，通常是球的顶部修剪重一些，周围修剪轻一些，保持球的直径大于球的高度，使球显得稳重、端庄、美观。

3. 其他几何体式（见彩图 5—23）

在我国，除绿篱、球类外，其他几何体造型还不多，但在西方却十分普遍，而且有不少造型相当成功。

它们大致上可分两类：一类是单一的几何体造型，如有主干的球形（西方称“拖把式”）、扶墙式绿篱，圆锥形、圆柱形、立方体、金字塔形等，这些造型方法，与一般绿篱、球类的造型方法大同小异；另一类是复合的几何体造型，即把两个以上不同的几何体相当自然地结合在一起，如球与绿篱、球与立方体、立方体与绿篱、球与金字塔形以及复杂的“彩结式”绿篱等，这类造型的难度较高，而且重在构思。其中，球与绿篱的复合形式在上海较多。

4. 雕塑体式（见彩图 5—24）

雕塑体式整形在我国可以说是凤毛麟角，主要是因为造型难度大，耗用时间长，但在西方是相当风行的，其中不乏精品。

它分仿真式与抽象式两类，抽象式的难度更大。它的造型方法也有两种：一种是单纯靠修剪完成的，这需要相当高超的技术和丰富的想象力，耗时也多；另一种是借助其他手法及材料的，如将框架、牵引、嫁接等方法综合运用，达到整形目的。

西方还盛行几何体与雕塑体组合起来的造型方式，效果很不错。

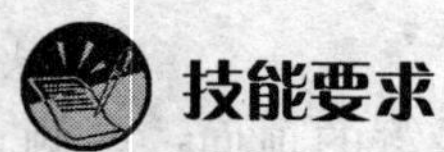

技能要求

多枝闭心形的定型修剪（冬季）

操作准备

（1）材料。未整形的红叶李一株（高度 1～1.2 m，枝条较多）。

（2）工具。弹簧剪。

操作步骤

步骤 1　根据材料现状确定整形带高度（以不超过树高 1/2 为限）。

步骤 2　根据方位角、开张角的要求确定骨架枝 3～6 个。

步骤 3　通过对一年生枝的修剪确定树冠外形。

注意事项

材料要选择未经整形且生长旺盛的树木。

第 4 节　常见园林树木的整形修剪

学习单元 1　行道树、庭园树类

学习目标

➢掌握各种行道树、庭园树适用的整形方式和技术

➢能够进行常见行道树、庭园树养护修剪的操作

知识要求

行道树、庭园树都以高大的乔木为宜，但两者整形带要求不同，所以在定型前就需明确培养方向。

这类树木的整形方式有 4 种，由于大家对杯状形有不同看法，故未将杯状形列入，现列 3 种整形方式。

一、中央领导干形

1. 雪松【*Cedrus deodara*】

【生长特性】树形呈宽塔形，雌雄植株的树形差异不大，生长较迅速。单轴分枝，自然分枝低，中央领导干发达，主枝和次级主枝的开张角大，嫩枝柔软下垂，树姿端正。一年有春、秋2次生长，4—5月萌发春梢，9月下旬萌发秋梢，多为春梢的二次枝，10月下旬生长停止。

【整形技术】雪松的中央领导干形是低位分枝，以它自然的第一分枝为整形带，从苗期开始即同时维护好各级主枝、中央领导干及顶梢的生长。注意各主枝和次级主枝的方位角、开张角、枝距尽可能一致。对顶梢的生长情况要特别留意，其质地柔软，需要用竹竿等扶持。若有损伤，要及时用适宜的分枝代替。

【养护修剪】由于雪松用自然分枝的整形带，加上中央领导干会长期生长，所以它没有明显的定型修剪结束过程，至少在幼年阶段，每年的养护修剪都与不间断的定型措施结合进行。修剪时间以早春2—3月春梢发生之前为主，晚秋10—11月秋梢停止生长以后为辅。

主要修剪方法有两方面，一是少量疏剪不理想的主枝和次级主枝，培养方位匀称、开张一致、生长势平衡的各级骨架枝，少量疏剪各主要枝组中不理想的分枝及过多的阴生弱枝；二是在骨架枝生长势不平衡时，可用回缩强枝组或更新弱枝组的措施取得平衡，也可以在春季修剪时进行对弱枝组上春梢的短截，以促使多发秋梢，增加弱枝组的枝条数量。

2. 水杉【*Metasequoia glyptostroboides*】

【生长特性】树冠呈圆锥形至广椭圆形，树干挺直，枝条开展，树姿端正。单轴分枝，有明显的中央领导干，大枝不规则轮生，小枝对生，有时呈假二杈状，并具冬季脱落的无芽小枝。通常每年生长一次，4月上旬萌芽，4—5月为新梢生长盛期，8月以后生长停止，叶渐变成褐色，12月落叶。

【整形技术】水杉的中央领导干形是中等分枝，整形带1.5 m左右，通常2~3年达到整形带的高度要求。在定型期间，对自然分枝不必多修剪，只要疏去过强及过于集中的分枝即可。另外，由于水杉的小枝多对生，所以无论是培养骨架枝还是暂时保留抚养枝，都要交叉疏去一侧的对生枝，以免影响树形。出现二杈状的顶梢时，更要及时疏去一个。

【养护修剪】水杉的定型修剪完成以后，每年养护修剪的要求不高，由于离心秃裸的量较大，所以修剪量很少。养护修剪在冬季进行，主要是保持中央领导干的生长优势，均衡各主、侧枝的生长势和分布状态，用少量疏剪即可，一般不用短截或换头。

3. 欧美杨【*Populusx euramericana*】

【生长特性】树冠卵圆形至圆锥形，雄株较多，树姿挺拔；雌株较少，树姿稍差。单轴分枝，生长迅速，干性强，大枝开张，萌芽力、成枝力、萌蘖性均强。每年生长通常一次，年生长量大。3—4月花芽、叶芽相继萌发，4—6月为新梢生长盛期，6—8月发生的夏梢主要是副梢，9月以后生长停止，11月落叶。欧美杨幼年期的高生长明显，以后逐渐变慢而粗生长加快，寿命较短。

【整形技术】欧美杨的中央领导干形是高位分枝，整形带 3 m 以上。苗期要保护好顶芽，剥去部分腋芽，促使树干挺直，分枝后保留少量抚养枝，通常 2 年即可达到整形带要求。此时选好方位角一致的骨架枝，并继续维护中央领导干的旺盛生长。约 3 年后待侧枝有一定数量时，对生长势偏弱的主枝进行局部更新，以统一各主枝生长势，最后疏去整形带以下的全部抚养枝。

【养护修剪】每年冬季进行一次养护修剪，维持中央领导干的生长优势和均衡各主枝的生长势，此时以疏剪与短截为主，也可对生长过旺的大枝组适当回缩，但不再采用弱主枝更新的方法，以适当控制植株总体的生长量。

4. 七叶树【Aesculus chinensis】

【生长特性】树干挺直，树冠宽阔，卵圆形至圆球形，树姿端正雄伟。顶芽发达，而腋芽的萌芽力较弱，故其干性与层性都比较明显，植株呈单轴分枝趋势。小枝粗壮，生长较慢，寿命长。一年生长一次，4 月上旬萌芽抽梢，6—7 月为新梢生长盛期，12 月上旬落叶。

【整形技术】七叶树的中央领导干形是高位分枝，整形带 2.5～3m。其顶芽发达，有时在顶端会有对生枝出现，届时要及时疏去一个。七叶树的生长量小，达到整形带高度需要 7～8 年，定型前抚养枝的选留要及时。其分枝不多，趁枝条较小时及早进行少量疏剪，切忌新枝条长大后再行疏剪，以免影响剪口的愈合。

【养护修剪】七叶树的树形端正，不耐修剪，养护修剪很少，通常只需清理杂枝即可，不适宜使用短截和换头手法，养护修剪时间在冬季。因为其主枝的开张角大，因而在选留下属各级小枝时要注意其伸展态势，避免过分平展。修剪操作时要谨慎小心，尤其注意不能损伤中央领导干及顶梢，若有损伤，往往无法用其他枝条代替。

二、多领导干形

1. 香樟【*Cinnamomam camphora*】

【生长特性】树冠庞大，呈卵形至广卵形。生长速度中等，寿命长。合轴分枝，干性不强，萌芽力强，层性弱。一年生长两次，3 月上旬萌芽，3—4 月春梢生长，同时大量换叶，4—6 月为生长盛期，生长量较大，6 月底春梢生长停止；8—9 月萌发秋梢，为二次枝及少量副梢，10 月果熟时秋梢生长停止。

【整形技术】香樟的多领导干形，用于庭园树的整形带为 2.5m 左右，用于行道树的整形带为 3～3.5m。苗期着重培养端直主干，通常二年生苗木发生分枝，因其干性不强，苗期要适当密植，在成形前（5～6 年）至少移植 2 次，逐步放宽栽植间距。同时要严格按照树冠高度占树高 2/3 的原则选留抚养枝，及时疏剪生长势强的分枝，通过“去强留弱”

的“领头修剪”，以培养中央领导干一样的方法突出中干延伸枝的生长优势，直至达到整形带时，再挑选生长健壮、分枝角度不大、枝距错开的 4～6 个主枝或侧枝一起培养成骨架枝。

【养护修剪】定型成功的香樟，在养护修剪时并不困难，只要通过修剪，维持各骨架枝的共同生长，保持中间高、周围低的卵形树冠，随时防止“平冠”“凹冠”和“偏冠”现象的发生。修剪时间以春季换叶时为主，各种修剪手法都可运用，修剪量较大。夏季秋梢发生前也可修剪，但修剪量不能大，以免刺激秋梢的大量发生。

2. 榉树【*Zelkova serrata*】

【生长特性】树冠开张，常呈“V”字形，树姿挺拔。合轴分枝，干性中等，枝条开展，层性明显，萌芽力中等，萌蘖性弱，成枝力较强。幼年期生长较慢，以后生长逐渐加快，数十年不衰，寿命长。4 月中旬萌芽，一年一次生长，初夏生长最快，生长量也大，12 月上旬落叶。

【整形技术】榉树的干性和萌芽力都属中等，整形方式用多领导干形或无领导干形都可，如果能拉开枝距，尽量用多领导干形。整形带 2.5～3 m，苗期着重培养端直主干，保留与逐步淘汰抚养枝，结合运用放、疏、截，选留方位角、开张角都合理的 4～5 个骨架枝。如果枝距无法充分拉开，则用无领导干形，随树而定。注意避免出现主枝邻接现象，培养过程 6～7 年。

【养护修剪】榉树的养护修剪一年一次，在冬季进行，一般以清理杂枝为主，为加强通透性，在分枝过密处可少量疏剪。如果有大枝组生长势不均，可对强枝组局部回缩，但修剪量不宜大。

3. 栾树【*Koelreuteria paniculata*】

【生长特性】树冠近圆球形，合轴分枝，无顶芽，干性不强，层性较弱，萌芽力中等而萌蘖性强，生长较快。一年一次生长，4 月中旬萌芽，5—6 月为生长盛期，6—7 月开花，花黄色，9—10 月蒴果成熟，红色，同时秋叶转黄色，11 月下旬落叶。叶、花、果均有观赏价值。

【整形技术】栾树的干性不强，层性更弱，又不耐修剪，用多领导干形的难点主要是培养端直主干。所以，常用一年生苗“回头”即齐地截干的方法，并经过 2 次以上移植逐步放开苗木间距，移植时结合根部截剪，促发新根。整形带 2.5～3 m，骨架枝的选择比较方便，尽量选用开张角较大、有一定枝距的多个枝条，培养过程 4 年左右。如果主枝开张角过小，要及时用中短截扩大树冠。

【养护修剪】栾树的养护修剪一年一次，在冬季进行。与榉树相同的是以清理杂枝为主，修剪量小；不同的是栾树一般只用疏剪，以防止有过多萌蘖发生，影响树形。

三、无领导干形

1. 合欢【*Albizzia julibrissin*】

【生长特性】主干不易长直，树冠宽阔，呈扁圆形伞状，骨架枝的数量少而粗壮，分枝低，开张角大。合轴分枝，萌芽力弱而萌蘖性强。一年生长一次，4 月中旬萌芽，年生长量较大，6—7 月开花，11 月下旬落叶。

【整形技术】为尽量使主干长直，苗期要适当密植，并及时截去主干生长势衰弱部分，选择强壮腋芽培养主干延伸枝，也可用“回头”方法重新培养。整形带 2～2.5 m，抚养枝较少，但过强的仍需及时疏去。骨架枝 3 个以上，大致匀称即可，骨架枝确定以后，及时截去中干延伸部分。培养过程 4 年以上。

【养护修剪】合欢生长旺盛，但不耐修剪，原因是其愈伤能力差，伤口易引发腐朽病，而且过多修剪会使萌蘖大量萌发。通常只在冬季清理杂枝，作少量疏剪及回缩即可，切忌短截，以免影响树形。

2. 无患子【*Sapindus mukurossi*】

【生长特性】树姿挺直，树冠开展，呈广卵形至扁球形。生长较快，寿命长。单轴分枝，干性、层性都较明显，分枝角度较大。萌芽力中等，有叠生复芽。一年生长 1～2 次，4 月下旬萌芽，6—7 月生长较快，秋叶显黄色，12 月下旬落叶。冬季在上海会发生部分枯梢，一般不影响第二年生长。

【整形技术】无患子的整形方式有两种，用中央领导干形的树姿端直挺拔，骨架枝数量较多，但枝距较小，树冠扩展较慢，整形方法与七叶树类似。用无领导干形的树冠宽阔秀丽，骨架枝数量较少，但能很快扩展树冠，容易成形。无领导干形的整形带不超过 2.5m，培养过程约 4 年，期间疏去少量强分枝，多留抚养枝。在达到整形带要求后，一般留取 5～6 个骨架枝，由于枝条数量较多，容易控制方位角、开张角和枝距的合理性，并可一次成形。骨架枝选定后，及时截去中干延伸部分。

【养护修剪】无患子不耐修剪，养护修剪一般只局限于清理杂枝的范围内，通常不宜用短截。因无患子耐寒性较弱，注意修剪应在早春萌芽前进行。

技能要求

香樟养护修剪（春季）

操作准备

(1) 材料。中型香樟一株（胸径 10 cm 左右）。

（2）工具。弹簧剪、手锯、梯子、保险带。

操作步骤

步骤 1　架梯上树，扣好保险带。

步骤 2　疏剪过密、过强的大枝或枝组。

步骤 3　回缩局部枝组，平衡树势。

步骤 4　疏剪、短截小枝。

注意事项

（1）最好有辅助人员帮助移动梯子。

（2）注意安全。

学习单元 2　花木类

学习目标

➢掌握花木树种适用的整形方式和技术

➢能够进行主要花木养护修剪的操作

知识要求

花木的主要观赏部位是花，在整形修剪时，有些花木对树形的要求不高，但无论何种花木对花的重要性都不可忽视，要通过修剪提高花的数量和质量。

除丛生花木以外，乔、灌状花木共有 4 种整形方式。

一、疏散分层形

1. 垂丝海棠【*Malus halliana*】

【生长开花特性】树冠疏散，合轴分枝，分枝角度较大。干性、萌芽力、成枝力均为中等，夏秋分化型，在短枝顶端形成混合芽。一年生长两次，4 月上旬萌芽，中旬展叶，同时开花，花开于小枝顶端，为伞形总状花序。6 月上中旬为春梢生长盛期，至 7 月初停止生长，7—8 月花芽分化，8 月上旬为秋梢生长期，有二次枝也有副梢，9—10 月果熟，

11—12 月落叶。

【整形技术】垂丝海棠是最适应用疏散分层形的花木，树姿要自然优美。整形带 80～120 cm，骨架枝不宜多，要分出层次，整形时间是冬季。苗期 1～2 年内先培养主干，当苗高达到 1.5 m 左右时，在整形带范围内留 3～4 个第一层骨架枝，将中干截断，剪口下留下壮芽。第二年，将剪口芽萌发的新梢作为中干延伸枝，培养第二层主枝，主枝数量要少于第一层，并彼此错开，如果此时中干延伸枝已经偏斜，也可把它作为主枝之一培养。第三年再在各主枝上选择侧枝培养第三层骨架枝，数量也要比第二层少。整个过程需 4～5 年。

【养护修剪】为控制新梢，养护修剪应在花后进行。短枝是开花母枝与开花枝的结合体，能连续发挥作用，以长放为主；过老、过密的短枝也可适量疏剪，需要疏剪时，尽量先从树冠最下部开始。营养枝一般分布于树冠上部，疏剪其中过强、过老的，其余的营养枝一般轻度回缩（以弱新梢为剪口枝），以控制生长。树冠中下部有一种不很长、较粗壮的营养枝叫“中间枝”，有希望培养出新的短枝，不要疏去，长放或轻短截。新梢以长放为主，对生长势强、节间长或过密的新梢进行疏剪。如有生长势较强而又不宜疏剪的新梢，则进行轻短截或摘心。

2. 红叶李【*Prunus cerasifera cv. Atropurpurea*】

【生长开花特性】树冠球形或长圆形。合轴分枝，干性、萌芽力、成枝力均较强，夏秋分化型，腋芽分化，纯花芽。一年生长两次，3 月下旬萌芽，4 月上旬展叶，新叶鲜红色。展叶后随即开花，花单生或 2～3 朵并生，花后叶转深红色。7—8 月花芽分化，8 月下旬发生秋梢，主要以副梢为主，秋梢新叶也呈鲜红色，可保持至 10 月初才转深红色，12 月落叶。

【整形技术】红叶李是小乔木，既能观叶又能观花，这是它的三大特点。但其生长势较强，体量发展过快，用疏散分层形的整形方式来控制其生长速度是一个有效途径。红叶李的中干发达，枝条多，整形过程比垂丝海棠容易。整形带 80～120 cm，通常二年生苗木即可达到。定型第一年的冬季可一次性选留第一层主枝 3～4 个，同时让中干继续延伸，第二年再选留第二层次级主枝 2～3 个，通常分两层后即把中干延伸枝截去。3～4 年成形。

红叶李也可用多枝闭心形整形，初期效果很好，但长大后由于枝条过多过强，不得不改用多领导干形，对控制生长不利，不如疏散分层形可长久保持。

【养护修剪】红叶李是夏秋分化型的纯花芽树种，但由于开花容易，养护修剪不必顾虑花的因素，可单纯从树姿考虑，故修剪时间通常在冬季。主要是控制各部位生长势的平衡，多用疏剪和回缩，每年的养护修剪如果都能在小范围内回缩，既可控制生长速度，又可防止对树体的损害。冬季修剪还有利于对一年生枝的短截，方法主要是轻短截。

二、开心形

1. 桃花【*Prunus persica*】

【生长开花特性】合轴分枝，干性弱，萌芽力、成枝力均强，夏秋分化型，腋芽分化，纯花芽。一年生长 3 次，4 月开花，同时叶芽萌发，花的后期展叶。5—6 月为春梢生长盛期，6—7 月萌发夏梢，多为二次枝。7—8 月花芽分化，花芽单生或与叶芽并生。8—9 月果熟，同时萌发秋梢，多为副梢，10—11 月落叶。

【整形技术】桃的干性弱、成枝力强，分枝角度大，很适合开心形的整形方式。整形带为 30～50 cm，第一年冬季，在干高 50～70 cm 处将干截断，并把 30 cm 以下的枝疏去。第二年冬季，在整形带范围内选留 3～4 个方位角、开张角都好且枝距合理的骨架枝，截去中干延伸枝，使树冠中心露空，并将各主枝留 50～70 cm 短截。第三年早春，先把剪口芽下方的并生芽剥去，剪口芽萌发新梢后，为防止主枝空秃，需将该新梢摘心，并选留主枝上的侧枝 3～4 个，继续扩大树冠，数量不够时，也可利用新梢上萌发的二次枝。这样，3 年即可成形。

【养护修剪】桃有一种生理性病害——流胶病，生长期修剪会增加发病率，所以，不能和一般夏秋分化型花木一样在生长期修剪，而仅适宜冬季修剪。冬季花芽与叶芽区分明显，修剪也方便。桃的花枝有长、中、短三种，通常将长花枝轻短截，中花枝中短截，短花枝长放，过密时疏剪。长、中花枝上单、复芽均有存在，短截时注意剪口下不能留单纯的花芽，否则在花后会留下一段枯梢。营养枝可按树姿要求疏剪或短截，短截时注意剪口芽的着生方向。桃的徒长枝不太强时也能开花，在花少时也可利用，但要进行轻短截。

2. 梅花【*Prunus mume*】

【生长开花特性】合轴分枝，干性弱，萌芽力强，成枝力强弱不等，夏秋分化型，腋芽分化，纯花芽。一年生长 1～2 次，2—3 月开花，花后叶芽萌发，5—6 月为新梢生长盛期，果熟后生长缓慢，至 7 月上旬即停止生长。7—8 月花芽分化，花芽单生或并生。8—9 月有时有秋梢，多为二次枝，12 月落叶。

【整形技术】梅的干性弱，适合开心形的整形方式，但树冠中心不宜太空。整形带 30～50 cm，整形时间在冬季。整形的方法、步骤与桃相似，不同处有：主枝的开张角比桃小，侧枝也不是以扩大树冠为主，而是要视树姿的需要起平衡枝势的作用，总的枝数比桃略多。培养时间为 4～5 年。

【养护修剪】梅在每年花后进行养护修剪，需要抓紧在叶芽萌发前完成。梅的萌芽力、萌蘖性均强，而成枝力的强弱在不同的品种之间差异很大，所以，从树姿出发，对营养枝的疏剪量、短截的轻重度都要根据不同品种的特性灵活掌握。从开花角度来说，梅有 4 种花枝，最重要的是短花枝，它是开花母枝与开花枝的结合体，可连续开花 5 年以上，适宜长放。中花枝有较多复芽，通常用轻短截。长花枝多单芽，为避免剪口下留有空节，一般用中短截。束花枝顶端成刺，花也少，可酌情长放或疏剪。

三、多枝闭心形

1. 桂花【*Osmanthus fragrans*】

【生长开花特性】树冠浑圆。假二杈分枝，有叠生复芽，干性较强，层性弱，萌芽力强，成枝力弱，当年分化型，腋芽分化，纯花芽。桂花一年生长三次，3 月中旬萌发春梢，4 月为春梢生长盛期，5—7 月萌发夏梢，多为春梢的二次枝，6—7 月花芽分化，8—9 月萌发秋梢，多为春梢的延伸即副梢。9 月开花，花簇生或小型聚伞花序，常年开花两次，期间相隔半个月左右。

【整形技术】桂花适合多枝闭心形方式整形，整形带可按需要而定，灌木状的及早摘心，促使分枝。乔木状的整形带通常在 50～100 cm，早春在苗高 80 cm 以上的壮芽处短截，剥去一个对生芽，形成直立性的延伸枝。以后，待整形带范围内具有 5～6 个主枝可选时，截去中干延伸部分，再在各主枝上选留若干侧枝，形成分布均衡、内部丰满、外形圆整的树冠。培养过程 3～4 年。

【养护修剪】桂花的花芽主要分布在当年萌发的大部分春梢和小部分夏梢上，为避免干扰春后的生长与花芽分化，养护修剪多在深秋花后进行。

修剪以适量疏剪为主，疏剪对象以过密的秋梢（副梢）与夏梢（二次枝）为主，都是在密处抽稀，俗话说“见五去二、见三去一”就是这个意思，修剪量要小。从开花角度来说，特别要保护那些数量不多但生长充实、未有分枝的春梢，因为它们停止生长早，未萌发过夏梢，叶腋内的芽是晚熟性的，是来年良好的开花母枝。从树姿角度来说，主要是通过疏剪确保树冠的圆整性与通透性，总体上上部修剪多于下部以平衡树势。若需要控制生长，也可以用回缩，但回缩不宜太多太重。一般情况下，不宜短截。

2. 石榴【*Punica granatum*】

【生长开花特性】树冠半圆形。假二杈分枝或合轴分枝，干性、层性均弱，萌芽力、成枝力、萌蘖性均强，夏秋分化型，腋芽分化为主，混合芽。一年有三次生长，4 月上旬春梢萌发，5—6 月萌发夏梢，多为春梢的二次枝（若是副梢，该春梢就有徒长的可能），8 月花芽分化，在停止生长早的春梢及部分夏梢上形成混合芽，8—9 月萌发秋梢，多为春梢的副梢（若是春梢的三次枝，那么该春梢已肯定属于徒长枝了）。石榴的花期从 5 月底 6 月初开始，可延续 3 个月，具花的新梢是由混合芽萌发的当年春梢，先开的“头花”位于新梢顶端，然后向下陆续出现“二花”“三花”，9—10 月果熟，12 月落叶。

【整形技术】石榴可以用疏散分层形整形方式，树姿较好，但修剪量大，植株容易衰老，而且开花量少，所以多数用多枝闭心形。定型前与桂花相似，先决定是灌木型还是乔木型。乔木型的石榴整形带为 1 m 左右，通常二年生苗木即可达到，冬季，根据整形带要求选留 3 个以上主枝，若是对生枝，需注意交错除去一枝，尽量使枝距保持在 20 cm 以上。第二年冬季再在已逐渐失去优势的中干延伸枝上选留 1～2 个次级主枝，填补树冠空隙，同时适当整理新萌发的侧枝，形成比较充实的树冠。培养过程约 4 年。

【养护修剪】石榴的养护修剪从树姿上说没有难度，因为它的枝条多，容易取舍，方法以疏剪和回缩为主，但从开花角度来说有一定难度，因为它的枝条类型多，混合芽小，难以分辨，修剪量也较难把握。

修剪时间在冬季。特别要保护的是开花母枝，即具有混合芽的枝条，它们一般都有顶芽，枝条比较粗短，由于它们的前身是春梢或夏梢，所以呈一、二次枝形式都有可能。花果后的开花枝已没有用了，多数疏剪。营养枝有两种，一种是比较短、节间密、顶端无刺的，是后备的开花母枝，需要长放；另一种是较细长、顶端成刺的，通常没用，疏剪为主。徒长枝有 1 m 左右长，并有二、三次枝，多刺，必须疏去。

石榴的修剪量比一般花木重，但须注意也不能过重，否则，会刺激隐芽萌发，扰乱树形。

四、灌丛形

1. 蜡梅【*Chimonanthus praecox*】

【生长开花特性】多丛生状，合轴分枝或假二杈分枝，萌芽力、成枝力、萌蘖性均较强，夏秋分化型，腋芽分化，纯花芽。一年一次生长，但伴有二次枝（二次枝发生早，与其母枝会同时生长），4 月上旬叶芽萌发，5—6 月为新梢生长盛期，6—7 月即停止生长，7 月花芽分化，在新梢（包括二次枝）上形成花芽，12 月落叶，随即开花，花单生，在节上成对。

【整形技术】灌丛形的特点是不太讲究树姿，所以蜡梅很适合。整形带 20～30 cm，也可齐地分枝，苗期及早摘心，配合剥去内侧芽的方法培养 3～5 个骨架枝，然后再在各骨架枝上培养多数侧枝，2～3 年即可成形。

【养护修剪】花后在叶芽刚萌动时进行修剪，时间在 3 月。在清理杂枝的同时疏剪徒长枝、根蘖、多余的营养枝。由于蜡梅有些花枝较粗壮，而且少有复芽，花后在花枝上会留下“光节”，所以对粗大花枝要采用重短截，一般留 3～5 节，如果蜡梅生长不良，就留 3 节刺激生长；如果蜡梅生长良好，以留 5 节为宜。保留的营养枝轻短截或长放，不必顾及树姿。

2. 月季【*Rosa chinensis*】

【生长开花特性】树形不规则，合轴分枝，萌芽力、成枝力、萌蘖性均较强，一年有多次生长。多次分化型，纯花芽，在新梢顶端或近顶端叶腋处形成。3 月萌芽，5 月上旬始花，随即进入开花高潮，并可反复开花至 7 月上旬，7—8 月呈半休眠状态，9 月以后气温降低，恢复生长与花芽分化，10 月上旬出现第二次开花高潮，并再次反复开花至初霜。由于只在盛夏高温时生长和开花才停滞，所以很难区分春、夏、秋梢。12 月落叶或部分落叶，进入休眠。

【整形技术】月季一般用扦插或嫁接繁殖，灌丛形适宜用于地栽的灌木状月季。在繁殖成活后，及早让其贴近地面分枝，扦插、枝接的用短截，芽接的用摘心，整形带控制在 10～20 cm。第二年选择 3～5 个骨架枝培养，约 2 年即可成形。

灌木状月季的整形带没有太大区别，但骨架枝高度有两种：一种是“低剪”，适宜品种较好的月季，花大而少；另一种是“高剪”，适宜品种较差的月季，花小而多。这个区别在定型时一经决定，就不要随意改变。

【养护修剪】月季的养护修剪有两个时段：冬季为整形，除保留新老结合的骨架枝 3～5 个外，其余侧生枝条全部疏去。低剪的月季，每个骨架枝在高 30 cm 左右处剪断，含 3～8 芽。高剪的月季，每个骨架枝在高 80 cm 左右处剪断，含 15～20 个芽，同时要注意剪口芽的方向，务必使明春萌发的新梢分布自然、匀称。生长期修剪是为后续开花，所以在每次花后进行。第一次花后，将花枝留 3～4 节短截，以后每次花后，仅在残花下第二节上方剪断即可。但每次花后修剪时，剪口下的第一张叶片如果是 7 小叶就不妥，必须适当调整。

3. 八仙花【*Hydrangea macrophlla*】

【生长开花特性】合轴分枝，萌芽力、成枝力中等，萌蘖性强，夏秋分化型，腋芽或顶芽分化，混合芽。一年一次生长，3 月萌芽，4—5 月为新梢生长盛期，6—7 月开花，花在混合芽萌发的新梢上顶生，为大型伞房花序，基本上全部是不孕性花，8—9 月花芽分化，11 月下旬落叶。

【整形技术】八仙花通常扦插繁殖，整形带贴近地面，成活当年即将苗木齐地截干，促发分枝，然后选择 5～6 个枝条组成骨架枝，1～2 年即可培养成灌丛形。

【养护修剪】八仙花的养护修剪在早春萌芽前进行，分粗放型与精细型两种。

粗放型修剪比较普遍，在清理杂枝的同时，凡枝条上没有混合芽的过旺枝与过细枝都进行疏剪，只将生长中等的重短截。凡具有腋生混合芽的枝条在混合芽上方短截，个别顶芽为混合芽的枝条则需要长放。

精细型修剪全年进行三次，第一次修剪在花后抓紧进行（不超过 6 月底），将花枝留

15～20 cm 重短截，迫使其新芽转为早熟性芽萌发。第二次修剪在新梢长 15 cm 左右时及早（不超过 7 月中）轻短截，使腋芽充实，并能在较低处形成混合芽。第三次修剪在早春，方法与粗放型修剪相同。精细型修剪的好处是花多、花低、株丛也矮，所以观赏价值高。

技能要求

石榴养护修剪（冬季）

操作准备

（1）材料。多枝闭心形石榴一株（高 1.5 m 左右）。
（2）工具。弹簧剪、手锯。

操作步骤

步骤 1　疏剪徒长枝与过密枝组。
步骤 2　局部回缩，平衡树势。长放无刺的营养枝。
步骤 3　结合长放，疏剪一二年生枝组。

注意事项

（1）修剪要适量。
（2）在修剪一二年生枝组时要看清混合芽位置。

学习单元 3　藤木类

学习目标

➤熟悉各种藤木的整形方式与整形修剪技术
➤能够进行常见藤木的养护修剪

知识要求

藤木没有固定的株形，没有树种固有的树体结构。所以，藤木的整形方式不随树种变化，而随其垂直绿化形式不同而变化。

鉴于藤木的特殊性，对藤木的整形修剪要兼顾形式、树种两方面的特点。

一、棚架式

1. 棚架式的整形技术

每个棚架栽植1～2株，栽植时靠近支柱。整形带30 cm左右，第一年在主干上选留2～3个主蔓，并分别进行重短截。第二年，将尚幼嫩的主蔓延伸枝固定在支柱上，较长的直接引至棚顶，同时暂时保留若干抚养枝。冬季再将主蔓延伸枝留数个壮芽进行短截，培养次级主蔓，并将基部抚养枝疏去。第三年引至棚顶后，再将次级主蔓短截，促发侧蔓，在棚顶充分展开。

紫藤、木香、油麻藤、凌霄、葡萄、猕猴桃等都比较适宜棚架式，整形方法大致相同。

2. 紫藤【*Wistaia sinensis*】

幼枝逆时针方向缠绕攀缘。生长迅速，体量大，寿命长；单轴分枝，萌芽力、成枝力、萌蘖性均强。夏秋分化型，由短枝上腋芽分化，纯花芽。一年生长1～2次，生长期长，生长量大。4月下旬萌芽，4—5月花先叶开放或与叶同时开放，总状花序。花后为生长盛期，7月花芽分化，8—9月有时有秋梢，多为副梢，至9月底生长停止，12月落叶。

紫藤开花容易，养护修剪一般不需顾及花的因素。修剪一年两次，冬季修剪可充分运用短截、疏剪、换头等方法，使枝蔓分布均匀。生长期修剪在6月初进行，以换头为主调节生长势，枝叶过厚处（一般以20 cm为限）宜进行适量疏剪。

二、凉廊式

1. 凉廊式的整形技术

根据凉廊的长短与藤木的攀缘能力配置苗木，苗木栽植于廊架的一侧或两侧。整形带20 cm左右，栽植后及早摘心，促使分生主蔓，如果主蔓的数量不够，可进行多次摘心，务必使枝蔓在廊架的侧面充分铺开，要防止侧面空虚。然后再将枝蔓引上廊顶，用同样方法在廊顶充分展开，通常4年以上成形。

油麻藤、紫藤、藤本蔷薇、常春藤、金银花等都比较适宜凉廊式，整形方法大致相同。

2. 油麻藤【*Mucuna birdwoodiana*】

幼枝顺时针方向缠绕攀缘。合轴分枝，萌芽力、成枝力均强，生长旺盛。一年有春、秋两次生长，3月萌芽，5月花后为生长盛期，8—9月有秋梢，9—10月生长停止。

油麻藤的耐寒性不强，养护修剪的时间以早春萌芽前为宜。它生长旺盛，枝蔓数量多，所以成形后一般不需再用摘心、短截等方法增加枝蔓量，相反，要以控制过度生长为主，多用疏剪疏去过密枝蔓，也可酌情回缩。

三、篱垣式

1. 篱垣式的整形技术

篱垣式可以利用现成的漏空墙体或围栏，也可特制适用的篱架，在各支柱之间拉上横向的铁丝，以利于攀缘能力不是很强的藤木攀缘。藤木要栽植在支柱旁，整形带贴近地面，及早摘心或短截，促使分枝，主蔓数量宜适当多些，并对各主蔓继续用短截的方法促使侧蔓发生，同时，借助一些固定枝蔓的措施，使枝蔓能按照事先设计的方案布满整个篱垣。

七姊妹、藤本月季、凌霄、云实、葡萄、猕猴桃等都比较适宜用篱垣式，整形方法大致相同。

2. 七姊妹【*Rosa multiflora f. playphyll*】

枝条长，攀缘能力不强，合轴分枝，萌芽力、成枝力、萌蘖性均强，一年生长多次，但多集中在花后。多次分化型，顶芽或腋芽分化。3 月萌芽，4—5 月能连续开花，伞房花序，6—7 月为生长盛期，12 月落叶。

七姊妹是一个古老的栽培变型，在春季开花时十分美丽，为延长它的花期，在第一次花后可抓紧对花枝留 2～3 芽短截，使其能继续开花。主要养护修剪时间在冬季，疏剪、短截、回缩等措施可结合进行，修剪量较大，同时注意对衰老枝条的更新。

四、附壁式

1. 附壁式的整形技术

用于附壁式的藤木，攀缘能力要强，通常以吸盘型和气根型为宜，这些藤木一般体量不大，墙体宽的要多栽植一些，使相邻的枝蔓能相互交错，不留空隙。整形带 20 cm 左右，要多用短截和摘心，尽早分枝，并加以人工牵引，从墙体基部开始，全面地逐渐往上推进。

爬山虎、常春藤、扶芳藤、凌霄、薜荔、络石等比较适宜附壁式，整形方法大致相同。

2. 爬山虎【*Parthenocissus tricuspidata*】

吸盘攀缘，合轴分枝，萌芽力、成枝力均强。一年生长一次，4 月萌芽，5—6 月为生长盛期，入夏后生长缓慢，秋后生长停止，叶色转红，12 月落叶。

爬山虎在冬季进行少量清理性的修剪，以疏截枯梢为主，不适宜采用其他修剪措施。夏末可在过密、过厚处适量疏剪。

五、垂挂式

1. 垂挂式的整形技术

垂挂式的整形在初期与棚架式相同，不要过早分枝。让主蔓爬上架顶或翻过墙头以后，多用短截，促使分枝，使其有多数枝蔓从架顶或墙顶垂挂下来。

凡枝蔓较细长的藤木或攀缘灌木都比较适宜垂挂式，如木香、油麻藤、常春藤等，丛生形的黄馨也可用，整形方法大致相同。

2. 木香【*Rosa banksiae*】

枝蔓长，合轴分枝，萌芽力、成枝力均较强，夏秋分化型，顶芽或腋芽分化，纯花芽。一年生长一次，生长量大，4 月萌芽，4—5 月开花，伞形花序。花后是主要生长时期，8 月花芽分化，9—10 月停止生长，11 月部分落叶。

木香是半常绿树种，夏秋分化，开花容易，故养护修剪可在早春进行，以清理杂枝为主，适量疏剪老化枝组，修剪量不宜多。如果枝蔓过多或混乱，可在秋末增加一次疏剪。

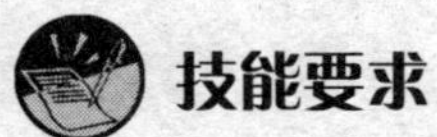

技能要求

七姊妹养护修剪（冬季）

操作准备

（1）材料。七姊妹花篱一架（2 m^2以上）。

（2）工具。弹簧剪。

操作步骤

步骤 1　清理杂枝、枯枝。

步骤 2　疏剪结合回缩理清骨架，再以疏剪结合短截处理小枝。

注意事项

缺乏适宜材料时可利用大型花篱分段进行。

思考题

1. 休眠期修剪时，哪两类特殊树种须在特定时间段进行？各举 2 例。什么类型的花木适宜在休眠期修剪？什么类型的花木适宜在生长期修剪？各举 2 例。

2. 长放、疏剪、短截、换头各适用于什么类型的枝条？在操作时应怎样进行？怎样理解“强枝弱剪、弱枝强剪”与“强枝强剪、弱枝弱剪”这两句完全相反的话？

3. 行道树、庭园树共有几种整形方式？各举一例。整形带高的乔木，在树体骨架培养过程中要充分利用一种什么枝条？在利用时，针对分枝习性不同的树木又有什么区别？花木树种共有几种整形方式？各举一例。其中，哪些方式是观姿、观花并重的？哪些方式是观花为主的？在修剪时应怎样区别操作？

4. 归纳总结雪松、水杉、欧美杨三树种整形修剪的异同点。对香樟、合欢应用什么不同的整形方式？它们在养护修剪中各需要注意什么？

5. 为什么蜡梅、梅花都在花后修剪，而桃、红叶李却通常在冬季修剪？垂丝海棠的花后修剪需要注意什么？石榴的冬季修剪又需要注意什么？

第6章

园林花卉栽培及应用

第1节　花卉应用

学习单元1　花卉知识

学习目标

- ➢了解花卉、花卉学、花卉业的概念
- ➢了解花卉学名的基本知识
- ➢熟悉中国十大名花
- ➢能够指导餐桌花卉的正确食用和不同节日的送花操作

知识要求

一、花卉的几个概念

1. 花卉

花卉有狭义和广义两种含义。狭义上讲，花卉仅指草本的观花和观叶植物，包括露地草花和温室草花。广义上讲，花卉指凡是具有一定的观赏价值，并按照一定的技艺进行栽培管理和养护的植物。包括观花的、观叶的、观茎的、观芽的、观根的、观果的以及观姿态的或闻香的。其中有草本的，也有木本的；有高等植物，也有低等植物；有水生植物，也有陆生植物、气生植物；有匍匐矮小的，也有高大直立的等。

2. 花卉学

花卉学是一门实践性很强的园林绿化专业技术课。它是研究花卉分类，花卉生长发育规律及其与外界环境条件的关系，探讨花卉繁殖、栽培、应用等方面的理论和技术的一门学科。它的理论体系建立在生物科学、环境科学和园林艺术等学科的基础上。要研究和掌握花卉学，同时也要研究植物学、植物生理学、植物生态学、土壤肥料学、园林植物保护、园林美学与园林规划设计学等。由此可见，花卉学研究的内容极其广泛，而且综合性强，又要密切联系生产实际。

3. 花卉业

开发利用各种观赏植物资源，提供鲜切花、盆花、苗木、种子、种球等，进行大规模商品化的生产，是农业和林业生产的组成部分。目前花卉业在我国是一个新兴产业，同时也是高效创汇产业，随着我国经济建设的发展，花卉业今后的发展前景是十分广阔的。

二、花卉学名的基本知识

1. 植物名称的双名法

为了植物名称的科学性和唯一性，1753 年瑞典植物学家林奈创立了双名法，即每个植物学名由一个属名加上一个种加词构成，在此基础上建立了植物学名法规，即《国际植物命名法规》。

(1) 属名。属名词首应大写，用斜体或黑体书写，词意大多描述该属的主要特征。逻辑上是一个主格形式的名词，有阳性、阴性和中性。属名为阳性的常以-us 结尾，如 *Mimulus*；属名为阴性的常以*-a* 结尾，如 *Viola*；属名为中性的常以*-um* 或*-dendron* 结尾，如 *Hippeastrum*，*Rhodoendron*。

(2) 种名。种名词首应小写，用斜体或黑体书写，在属名之后构成最基本的名称。种名可以是地名，常以*-ensis* 结尾，如 *chinensis*，也可以是属内某种植物的特征。

种名可以是合成词，常用连字符连接，如 *coeli-rosa*。当在该属能有效区分时，连字符可以省去，但合成词中，前一词的最后一个字母和后一个词的第一个字母均为元音字母时，连字符不能省去，如 *sino-ornata*。大多数合成词可以省去连字符，如 *albo-picta* 写成 *albopicta*。

种是植物分类的基本单位，常用 *sp.* 缩写表示；*spp.* 为复数。种内还可以分成亚种，常用 *ssp.* 缩写表示；*sspp.* 为复数。变种常用 *var.* 缩写表示。变型常用 *f.* 缩写表示。另外，在属名、种名后的命名人词首也应大写，但有时被省去。

2. 园林植物的栽培品种

园林植物的栽培品种，自 1959 年以后，按照《国际植物命名法规》，规定了 3 类栽培种类，即栽培品种、栽培品种组和园艺杂交品种。

(1) 栽培品种。栽培品种 (Cultivar) 常用单引号表明，单个或数个词组成，每个词都以大写字母开头，用整体表示，如 *Pieris japonica* 'Bert Chandler'。

(2) 栽培品种组。栽培品种组 (Group) 用来表示同种 (包括杂交种) 内的一组相近品种或亲本不明的杂交品种。栽培组名称与栽培品种的书写规则相仿，但不用单引号，以 group 结尾，有时放在圆括号内以区分栽培品种名。如：

Brasscia oleracea Tronchuda group

Photinia Pendulata group

Clematis（Patens group）Nelie Moser。

（3）园艺杂交品种。园艺杂交品种（Hybrids）的产生有 3 种情况：野生状态的杂交、栽培过程中非人为的杂交和人为有目的杂交。杂交品种的命名方法是统一的，绝大多数的品种是种间杂交，表示方法是在双命名法的种加词前写上杂交符号“×”，品种名跟在双名法后，如 *Mahonia*×*mediacharity* 为 *Mahonia japonica* 和 *Mahonia* lomariifolia 的中间杂交品种‘Charity’，也可以简写为 Mahonia‘Charity’。有的品种为属间杂交品种，甚至是多个属间杂交，这时在新的属名前加杂交符号“×”，如×*Solidaster* 为 *Solidago* 和 *Aster* 两个属杂交而成。

三、花文化

花文化包括对花卉欣赏与应用的观念体系、赏花意识、情趣及各种礼仪等。中国花文化源于绚丽多彩的中国传统文化，具有中国传统文化的生机。

1. 中国十大名花

（1）梅花——傲霜斗雪。梅花，不畏严寒、独步早春的精神，给人们带来希望和鼓舞，象征着刚强的意志和高尚的情操，是候选国花中呼声较高的一种。目前武汉、南京、无锡、苏州等城市把梅花选作市花。

（2）牡丹——国色天香。牡丹，我国特有的传统名花。其品种多，花姿美，花大色艳，雍容华贵，富丽堂皇，号称“国色天香”“花中之王”，是幸福美好、富贵吉祥和繁荣昌盛的象征。1929 年以前，牡丹曾多次被誉为“国花”。

（3）菊花——千姿百态。菊花，我国人民喜爱的传统名花。其品种繁多，栽培历史悠久，栽培形式多样，并有着独特的观赏价值。它的花朵形态有的端雅大方，有的龙飞凤舞，有的洁白赛雪。菊花为梅兰竹菊“四君子”之一。

（4）兰花——天下第一香。兰花，深受国人的喜爱。它是高洁、典雅的化身，有着阵阵的幽香、素雅的风姿和奇特的花形。有春季开花的春兰，夏季开花的惠兰，秋季开花的剑兰，冬季开花的墨兰（报岁兰）和寒兰。

（5）月季——花中皇后。月季，深受各国人民的喜爱。其花容秀美，花色艳丽，花香浓郁，四季常开，在欧洲被称为“花中皇后”。它是和平美好、幸福吉祥的象征，又有“和平使者”的美誉。

（6）杜鹃花——花中西施。杜鹃花又名映山红，其枝叶纤细，四季常绿，花繁色艳，寿命长，是一种既可观花，又可赏叶的花卉。每当春夏之交，我国从北到南，各种不同种类的杜鹃花给大地增添了美丽的色彩。

（7）山茶花——富丽堂皇。山茶花，我国著名的花卉。其树形美观，花色鲜艳，品种繁多，可以孤植或群植，也可以盆栽。其四季常绿，花期于冬春之间，所以备受人们的珍爱。山茶花对二氧化硫和硫化氢有较强的抗性。

（8）荷花——出淤泥而不染。荷花，生于碧波之中，花开于炎夏之时，叶似碧玉盘，花香远逸。花后又托出一盘珍珠般的、营养丰富的莲子，地下埋着甜脆的藕。荷花古时是宫廷花园或私人庭院的珍贵花卉，近代园林布置中也广泛应用。

（9）桂花——十里飘香。桂花，其花朵细小，但香气浓郁。在嫦娥奔月的传说中，月宫有一株砍伐不断的桂花树。可见，桂花在人们心中有着神圣的地位。

（10）水仙花——凌波仙子。水仙花，能在寒冬腊月展开青翠的叶片，开出素雅芳香的花朵，点缀在室内案几上，给人们带来生机和春意。因此，每逢新春佳节，家家户户都喜欢栽几盆水仙，作为贺新年的标志。

2. 餐桌花卉

花卉是美丽的，也是美味的。生活中可以食用的有：

（1）萱草。萱草又名金针菜，鲜花可以煎食或做汤，也可制成干黄花，为著名风味干菜。

（2）玉兰。玉兰的鲜花瓣和面糊以油煎食，或以白糖、蜂蜜渍制蜜饯。

（3）荷花。荷花的根状茎即藕，无论鲜食或煮炒味道均很鲜美。荷叶还可以包鸡或饭，特别清香。

（4）香椿。香椿的茎尖和嫩叶均可食用，如凉拌菜调味，或以鸡蛋调和煎食等，有特殊香气，味极鲜美。

（5）桂花。桂花具香味，以白糖、蜂蜜渍制后，可制成桂花糕、桂花糖等。

（6）百合。百合的鳞茎剥去皮后瓣可食用，可以与芹菜等清炒，也可煮食。

3. 送花礼仪

“花虽无言最有情”。鲜花在现代社会社交中已成为表达感情、传递友情、美化环境的高雅礼物。特别是节庆和纪念日，都是赠花的好时机。

（1）春节。以贺新年、庆吉祥、添富贵的盆栽植物为主，再配些鲜艳别致的缎带、贺卡饰物等，可增添欢乐吉祥气氛，如蝴蝶兰、大花蕙兰、凤梨组合、仙客来、水仙等。

（2）中秋节。中秋节是我国传统的三大节日之一，中秋花礼大多以兰花为主，观叶植物为辅，也可用花篮或特殊的容器组合盆栽，花期长，姿色高雅。

（3）情人节。每年的 2 月 14 日是西方的情人节。玫瑰是情人节最受欢迎的鲜花，也可用郁金香、满天星、勿忘我与绿叶等相配，表示爱情真挚、幸福常在。

（4）母亲节。每年 5 月的第二个星期日是母亲节。母亲节送康乃馨，象征慈祥、真挚、母爱。送红色系列的康乃馨，表示祝福母亲，送白色的康乃馨表示追悼母亲。另外，也可送母亲萱草，象征母爱的伟大。

（5）父亲节。每年6月的第三个星期日是父亲节，送父亲具有刚毅之美的石斛兰，表示“父爱、喜悦、能力、欢迎”。

（6）教师节。每年9月10日是教师节，为感谢师恩，送老师唐菖蒲、菊花，以表示感恩、怀念之意。

学习单元2 花卉的主要应用形式

学习目标

➢掌握常用花坛、花境、室内盆栽植物种类及特点

➢掌握花坛、花境设计基本要求

➢能够进行室内盆栽植物养护管理

➢能够熟练应用花坛、花境、容器花园、立体绿化等布置形式

知识要求

一、花坛

1. 花坛概述

（1）花坛定义。花坛是指把花期相同的多种花卉，或不同颜色的同种花卉种植在一定轮廓的范围内，并组成图案的配植方法。花坛是绿地中花卉应用布置最精细的一种形式。

花坛花卉随季节而更换。花坛外形布置以几何形为主，花材应选用花期、株形、株高等整齐一致的花卉，配置协调，表现花卉群体效果、图案纹样的色彩美。

（2）花坛种类。花坛的种类繁多，从结构和用途可分成模纹花坛、花丛花坛、立体花坛等。

模纹花坛（毛毡花坛），强调几何图案、曲线图案，用简单、清晰的线条，表现文字或动物造型；常用枝叶细密、矮小、分枝性强、耐修剪，株高整齐一致，色彩对比明显的花卉，如红绿草、香雪球、四季海棠、何氏凤仙、角堇等。布置模纹花坛需精心设计和施工，平时进行细致的养护管理，尤其应经常修剪，才能达到图案美，保持理想的效果。

花丛花坛，突出开花时的整体观赏效果，要求其中的每一种或品种在用量上达到一定规模，以表现出不同花卉的种或品种的群体美及相互配合所显示出的绚丽色彩和优美外形。这类花坛一般要求图案简洁，所用花材不宜过多，但要轮廓分明，色彩明快。选用花色艳丽、花朵繁茂、盛开时只见其花、不见其叶的花卉种类，如大花三色堇、一串红、孔雀草、四季海棠、矮牵牛等。球根类花卉中的水仙、郁金香、风信子等因其色彩鲜艳、品种繁多、花期早，故常用于早春花丛花坛中，但因其叶片较少，容易黄土露裸，应适当密植或间种低矮和枝叶繁茂的二年生草花，如雏菊、勿忘我等，以显示最佳效果。

立体花坛，通过构成的艺术形象表达一定的思想主题。通常先用木桩、钢筋等搭设骨架，再用遮阴网或塑料薄膜作底衬，填以介质土等制成雏形，然后根据预先设计好的造型进行栽植，布置成花瓶、花坛、鸟兽等体现一定的构思，给人以生动活泼的观感，立体花坛通常在花卉展览会或节假日景点布置时应用较多，但由于配套的设施缺乏滴灌系统，布置和养护难度较大，故最佳观赏期通常较短；在布置立体花坛时，可用一些非植物性材料，如彩色闪光小灯，到了晚上，能突出轮廓，吸引游人，更显生动有趣。花材选用红绿草、佛甲草、彩叶络石等。

(3) 花坛设置地点。花坛一般设置于广场、建筑物的出入口处、道路旁等主要交叉路口及风景视线集中的地方。

(4) 花坛的施工和养护管理。花坛施工，首先要翻整土地，将石块、杂物拣除。若土质较差，则换以好土；若土质贫瘠，则应施足基肥。土地要按设计要求平整，按图放样。植株移栽前浇一次水，以保根系少受伤害。夏天栽植时间以上午 10 点前，下午 15 点后为佳，尽量避免烈日暴晒。栽植时应先中心、后四周，或以自后向前的顺序栽种。模纹花坛则应先栽模纹图案，然后栽底衬，全部栽完后立即进行修剪。种植株行距可根据花卉植株大小、品种、长势等而定，一般留 3～5 cm 的空隙，呈三角形（即梅花形）种植，以利于植物更好地生长。

花坛上植物栽完后，应及时浇一次透水，平时应加强花坛的养管，做好浇水、补栽、除草、施肥、修剪、病虫害防治、保洁等工作，以提高花坛质量，延长花坛花卉的观赏期。另外，做好花坛与草坪、树坛交界处的切边工作，使线条清晰、流畅，宽度、深浅适当，使花坛与周围环境更协调，增加美感。

2. 花坛花卉

(1) 花坛花卉质量要求。花坛要经常保持鲜艳的色彩和整齐的轮廓，必须选用植株低矮整齐、花期相对集中、植株紧密、色彩艳丽的花卉种类。花坛花卉主要是一二年生草本花卉，也用一些温室花卉、球宿根花卉或观叶植物等。其质量要求：植株健壮，具有含苞欲放的花蕾；花色纯，株形（包括高度、蓬径）一致，花期整齐；能按时开花，观赏期长，一般大于 45 天；植株抗性强，无病虫害，无枯叶、黄叶。

一二年生草花主要通过播种进行繁殖，其播种的适宜温度大多为 20℃左右。若要得到符合要求的一二年生花卉种苗，首先必须具有优质种源；其次，必须有经验丰富的老师傅严格把关。优质种源主要来自国外大中型种子公司，其 F1 优质种子具有种性纯、颗粒饱满、形态正、成熟而新鲜的特点。他们对种子大多进行了处理，如对种子进行水化处理或制成包衣种子、球形种子等。经处理的种子更有利于容器育苗，更有利于花卉现代化规模生产。

(2) 花卉生产管理及质量控制。花卉材料的准备和质量控制，应贯穿于花卉生产的整个过程；每个环节把好质量关，才能达到预期的质量要求。

1) 花卉种类的选择与生产计划的确定。管理部门应根据设计要求和施工进程计划，按花卉的数量和质量标准列出花卉采购清单，对花卉的种类、品种（花色）、质量、特别供货期（花期）、冠幅、容器规格等作出具体规定，提前一个生产季节确定花卉生产企业，签订花卉购销合同，落实花卉来源。

管理部门及施工方要求花卉生产企业应根据花卉的表现特点，上报详细的生产计划，包括品种选择、播种、上盆及定头、拉稀、出圃等具体时间。

2) 花卉质量的过程管理。为确保花卉应用的质量，花卉应用部门或单位应根据确定的花卉企业生产计划，实施质量监管，对生产过程进行监控。监管内容包括：盆土配制、花卉品种的正确性、上盆植苗、整齐度、株形与花期控制、水肥管理等栽培管理措施以及病虫害防治等技术与管理过程。监管应当把握花卉生长的重要环节实施检查，发现问题及时要求按质整改。

3) 出圃前炼苗。主要包括适当控水、增加光照、降低室温、加强通风等措施，对缺肥品种，应喷施几次叶面肥并点施一些长效颗粒肥。

(3) 运输出圃。由于草花出圃有配送的临时性、紧急性、量大的特点，因此需要制订科学合理的流程和运输计划。

1) 出圃前的质量和数量检验。花卉生产企业在花卉配送前应明确品种数量和质量要求，然后装盘，同一品种每盘装相同的数量，每盘所装盆花高度和大小要确保一致。装好盘后，再一次核对品种数量，并检查盆土干湿情况，过干的要进行补水，特别是在夏季，蒸发太快，加上运输风吹，即使不是较干的植株送到目的地时也可能萎蔫，因此出圃前要浇足水分（部分易折断花卉配送前可适当控水）。

2) 装车与验收。根据卸货的先后顺序进行反序装车，装车应注意从货架的上层往下装，以防擦伤过高的植株。装车完毕还应检查所装盆花是否稳固，避免货架上的盆花在运输途中特别是在转弯过程中被甩掉下来。如使用的不是厢式货车，还应采取必要的措施防

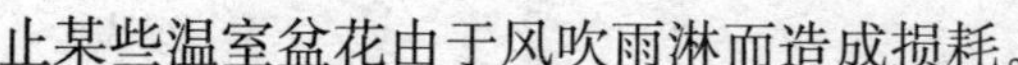

止某些温室盆花由于风吹雨淋而造成损耗。

花卉植株在运输过程中必须采取良好的措施保证花卉土壤的湿润状态。大中型花卉和直立型花卉注意使其直立不倒伏。阴生花卉需适当遮阴过渡。运输过程中要确保安全第一。验收完毕，应配合送货方及时归还包装物。

(4) 常用花坛花卉。花坛花卉的规格常因不同生长阶段或不同品种而不同，表 6—1 中列出的常用花坛花卉的规格是近几年上海花卉布置所采用的一些花卉品种初上花坛时的资料，高度从盆口向上起算。

表 6—1　　常用花坛花卉

序	花卉名称	高度（cm）	蓬径（cm）	观赏期	花色（叶色）[果色]
1	雏菊	10～15	15～18	12—翌年 4 月	白、粉红、深红
2	金盏菊	20～25	22～25	12—翌年 4 月	金黄、橙黄、橙红
3	三色堇	15～18	18～22	12—翌年 5 月	黄、白、紫、紫红、复色等
4	角堇	8～10	8～10	12—翌年 5 月	黄、白、紫、紫红、复色等
5	羽衣甘蓝	20～22	20～25	11—翌年 4 月	（黄白、红紫）
6	红叶甜菜	18～20	20～25	11—翌年 4 月	（紫红）
7	报春类	18～22	18～22	2—5 月	蓝、紫、红、粉、白、橘红
8	紫罗兰	25～30	18～22	3—5 月	玫红、紫、红、白、复色
9	瓜叶菊	20～25	25～30	3—5 月	红、紫、粉、蓝、白、复色
10	花毛茛	25～30	18～22	4—5 月	黄、红、粉、白、洋红
11	金鱼草	25～28	18～22	5—6 月	黄、粉、橙、白、红等
12	虞美人	25～30	22～25	4—5 月	红、白、黄、橙
13	矮石竹	18～20	18～22	5—6 月	白、粉、红、玫红、复色等
14	藿香蓟	18～22	18～22	5—7 月	蓝紫、玫红、白
15	美女樱	18～22	18～22	5—10 月	红、粉、白、紫
16	天竺葵	18～28	20～28	4—7 月	红、玫红、白
17	南非万寿菊	20～28	18～22	4—6 月	白、紫、淡紫
18	四季海棠	18～22	20～22	4—11 月	白、粉、红（绿、古铜色）
19	矮牵牛	15～20	20～25	5—7 月、10—11 月	白、粉、紫、深红、黄、复色等
20	黄帝菊	12～18	12～18	7—10 月	黄
21	大花马齿苋	10～15	20～25	4—11 月	红、白、黄、玫红、粉、橙
22	长春花	18～20	18～22	7—11 月	红、白、玫红
23	百日草	18～22	20～25	7—10 月	红、玫、白、粉、橙、黄
24	万寿菊	25～30	25～30	9—10 月	淡黄、橙黄、橙红

续表

序	花卉名称	高度（cm）	蓬径（cm）	观赏期	花色（叶色）［果色］
25	孔雀草	20～25	20～25	5—7月、10—11月	淡黄、橙黄、橙红、复色
26	千日红	20～25	20～25	7—10月	红、玫红、白、粉
27	球头鸡冠	20～22	18～22	9—10月	红、玫红、橙
	凤尾鸡冠	18～25	15～18	9—10月	红、玫红、橙、黄、粉
28	夏堇	20～25	20～25	7—10月	粉、紫
29	何氏凤仙	10～15	18～22	5—6月、10—11月	红、粉、白、玫红、洋红
30	蓝花鼠尾草	25～30	18～20	9—11月	蓝
31	观赏辣椒	15～25	15～30	7—10月	（紫、红）
32	甘薯	20～30	3～4根	6—11月	（黄、紫）
33	繁星花	20～28	18～22	6—10月	深红、粉、渐变淡紫
34	香彩雀	20～28	18～22	7—10月	紫、白
35	小菊	18～22	20～25	9—11月	黄、白、紫红、橘红
36	硫磺菊	18～22	20～25	9—10月	橙黄、橙红、淡黄
37	矮波斯菊	30～35	25～30	9—11月	粉、白、红、橙
38	翠菊	20～25	20～25	7—10月	红、黄、蓝、紫、粉、白等
39	彩叶草	20～30	20～25	5—11月	（红、玫红、黄、绿、复色）
40	一串红	20～30	18～25	4—5月、9—10月	红
41	红绿草	10～12	10～18	7—11月	（红、绿）
42	地肤	20～25	20～25	7—10月	（淡绿）
43	佛甲草	3～8	5～8	4—11月	（绿）
44	吊兰	15～20	20～30	4—11月	（绿、金边、金心、银边）
45	银叶菊	12～18	12～18	4—7月	（银白色）

3. 花坛设计

（1）设计原则。花卉的布置必须与周边环境结合，选择适宜的花卉布置形式与类型，在空间大小、布置形式和内容上协调一致，使花卉景观融入绿地环境之中，花卉景观必须成为绿地环境的组成部分，兼顾花卉布置的主题立意和景观效果。

花卉布置的设计应体现花卉植物造景为主的特色，严格控制非植物材料的使用。

花卉植物的搭配必须充分符合花卉的习性和观赏特性。选用的花卉种类必须因地制宜、适地适花，能充分展示植物材料的特征。

花卉布置的设计必须充分考虑花卉植物的种植、生长和养护等需要，确保花卉植物的良好生长，有效体现花卉植物景观美。

（2）设计图纸。花卉布置的设计图纸是设计的核心部分，根据花卉布置的规模大小，设计图纸包括平面图、施工图和效果图，同一方案的设计图纸必须用统一大小的纸张（A4 或 A3）。

（3）设计说明。指除设计图纸以外的所有设计文件，主要对花卉布置类型的技术、质量提出具体要求，以确保设计效果。设计说明文件包括：设计概述、花卉材料清单、地形与土壤改良建议、水肥供应方案、经费预算表等。

（4）设计实施。设计人员与客户前期沟通，了解客户的要求和意图，了解项目的时间进度计划和各方人员的配合与协作基础，进行花卉布置现场勘察和花卉材料信息收集。设计过程中需要同客户反复交流设计意图，逐步达成一致。

4. 花坛案例分析

以上海人民广场中央花坛为例。

（1）设计构思。为迎接 2010 年世博会在上海召开，上海人民广场绿地中央喷泉周围花坛的设计于 2009 年 11 月完成，占地 1 284 m^2。花坛以“和谐 · 如意”为主题（见彩图 6—1），设计了中国传统吉祥图案——如意，用红色为衬底，白色或黄色填充如意图案部分，勾勒出具有浓郁中国传统文化色彩的图案，营造出节日的喜庆氛围。在花卉的选用上，按设计要求对 184 天的世博会会期作出计划并做到及时落实生产，具体花卉种类见表 6—2。

表 6—2　　上海人民广场花坛用花计划表

编号	部位	4 月 15 日至 6 月 30 日			7 月 1 日至 9 月 15 日			9 月 15 日至 10 月 31 日		
		种类	花色	数量	种类	花色	数量	种类	花色	数量
1	如意、圆心	矮牵牛	白色	20 000	甘薯	金黄	15 000	四季海棠	白色	20 000
2	衬底	矮牵牛	玫红	45 000	彩叶草	红色	43 000	四季海棠	红色	45 000

建成的花坛以“和谐 · 如意”图案作为花坛主题，强调了规则中求变化，同时，四块图案相同，又体现出变化中的和谐。“如意”作为我国传统吉祥之物，其形状也体现了如意和谐之意。

（2）施工技术

1）土壤准备。种植前将花坛土壤深翻，细耕，并使用土壤消毒剂“荣宝”进行土壤消毒，有效地防治因腐霉菌、镰刀菌丝核菌等引起的立枯、腐霉、枯萎病等土壤传播病害。然后平整场地，清除土壤中的石块等杂质。

2）地形处理。设计图纸中对一些关键处要有施工详图。中心花坛围绕中央喷水池呈外围低里面高的斜坡状或甲鱼背状，最高处为 1.7 m，最低处为 0.5 m，高差为 1.2 m，

这样不仅有利于排水，而且便于远处眺望，又能较好地突出主题。

3）花坛放样。采用网格法放样。先在图纸上按比例画出以 1 m 为基数的网格，再对照图案的各个弯点放至实地，这样就能及时校对，不走样。

4）花卉种植。按设计要求，选择花卉种类和品种，严格把好质量关。草花种植要做到花苗大小均匀，种植深浅一致，避免过深，株行距合适，以保证花苗的正常生长，体现最佳的观赏效果。

5）养护管理。种植后应及时浇透水，约 10 天后施磷酸二氢钾缓释肥，采取薄肥勤施法，以后每 20 天施肥一次，连施 3 次。同时，在日常养护中及时调换枯残的植株，清除杂草，保持图案美观整洁。日常浇水需避开高温作业，以免引起日灼。由于六七月份是上海的梅雨季节，在平时的养护作业中需要注意雨后的排涝，及时排除积水，经常修除残花败叶，保持花坛面貌常新。

二、花境

1. 花境概述

（1）花境定义。用多种花卉，以自然式风格交错混合配植在灌木丛、草坪、道路、建筑物等前面，布置成较宽的花带。花境整体风格为自然式，讲究花卉之间高低错落的纵向景观效果，花期、花色变化丰富，能更好地体现季相变化，观赏期长。

（2）花境分类（见表 6—3）

表 6—3　　花境的分类

分类方式	种类
按形状	“D”式花境、对称式花境、单行式花境、岛屿式花境、花带式花境
按主要开花季节	春季花境、夏季花境、秋季花境、冬季花境
按开花的颜色	暖色调花境、冷色调花境、纯色调花境、彩虹花境等

（3）花境的施工和养护管理。花境种植前，首先进行土壤改良，即根据种植品种，更换栽培介质或翻土深 30～50 cm，并施入腐熟基肥。根据设计图纸，制作花境地形、然后放样、种植；由于花境品种相对较多，放样时，可在种植地插好标牌，有序种植，以免返工，种完后及时浇水。花境材料有的适合春植，有的适合秋植，有的对种植时间无特殊要求，应根据植物习性，尽量选在最佳种植季节进行。花境虽然不必每年换种，但日常管理很重要，应按计划及时补种、填充；平时应经常观察，及时修剪枯叶、残花；多年生花卉一般种植 2～3 年后，应在春季或秋季进行分株繁殖或抽稀调整；若配植中有不耐寒品种，则掘起入室越冬，或做好遮盖保护等防寒工作；另外，应做好中耕施肥及病虫害防治

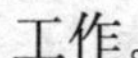

工作。

2. **花境花卉**

花境花卉以宿根草本花卉为主，也包括少量的球根花卉、矮灌木、观赏草、观叶植物或具有自播能力的一二年生草花。花卉材料总的要求是根系发育好，无病虫害和机械损伤，叶色艳，枝叶茂盛，观赏期长。

宿根花卉繁殖以分株为主，春季开花的种类在秋冬分株繁殖，秋季开花的则多在春季分株繁殖，新芽少的可进行扦插或嫁接，播种则用于繁育新品种。种植宿根花卉时，必须先深翻土壤，施足有机肥，栽植不宜过深。生长期内可酌施液肥，春季发芽前在株旁挖沟施堆肥，耐寒性差的种类，应注意覆盖防寒。栽培数年后，株丛过密，长势衰弱，应结合分株重栽，或淘汰弱枝，补栽新苗，要求每丛有3～4芽，促使更新复壮。

球根花卉繁殖方法有分球、扦插、播种等。分球可应用于各类球根花卉，如百合、唐菖蒲等分植子球，卷丹、砂紫百合等栽植珠芽，秋海棠等用零余子（即地上茎叶腋处产生的小块茎）繁殖。扦插繁殖如大丽花、球根海棠等。除中国水仙外，一般球根花卉均可播种繁殖。组织培养不仅能快速繁殖，还有利于种球复壮。

球根花卉应分级种植，深度一般为球根纵径的3倍，但也有些如晚香玉，以球茎顶部与地面相平为好，仙客来的球根须露出土面。球根花卉根少且嫩，故生长期间忌移植。

球根花卉的叶1/2～2/3变黄时，即可选择晴天、土壤湿度适当时采收球茎。挖出后大多应晾干储藏，如唐菖蒲、郁金香、水仙等应置于通风、干燥凉爽处，防止病虫、鼠类危害。经常检查、翻动，将腐烂或伤病球及时拣出。大丽花须保持适当湿度进行沙藏。

有些地下变态明显的球根花卉，其栽培方法同宿根类花卉，如美人蕉、鸢尾、射干、火星花等。

宿根草本花卉主要有萱草、蜀葵、大花金鸡菊、鸢尾、千屈菜、天人菊、细叶芒、随意草、柳叶马鞭草等，球根花卉有郁金香、风信子、美人蕉、白芨、火炬花、蛇鞭菊、石蒜等，亚灌木有园艺八仙、红花绣线菊、醉鱼草、浓香茉莉、木芙蓉、茶梅、南天竹、黄金菊等。一二年生草本花卉中，能自播繁殖的如波斯菊、紫茉莉、二月兰、凤仙花等，一些应急补种的花卉，如蓝花鼠尾草、彩叶草等，也能应用于花境中。

表6—4　　常用花境花卉

序号	花卉名称	株高（cm）	花色（叶色）[梗色]	观赏期	环境要求
1	紫鸭跖草	20～30	（紫红色）	春夏秋	阳性、半阴
2	红花薄荷	30～80	红	夏	阳性
3	大花萱草	70～80	红、黄、橙、复色	夏	半阴

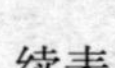

续表

序号	花卉名称	株高（cm）	花色（叶色）[梗色]	观赏期	环境要求
4	羽扇豆	40～80	红、紫、粉、蓝	春夏	半阴
5	花叶玉簪	20～30	（金叶、银叶）	夏秋	半阴
6	宿根天人菊	60～90	黄、橙、红	夏秋	阳性
7	毛地黄	60～80	白、桃红、紫	春	阳性
8	蜀葵	60～200	白、粉、橙、红、紫	夏秋	阳性
9	大花金鸡菊	30～80	亮黄	夏秋	阳性
10	紫松果菊	60～120	浅紫红	夏秋	阳性
11	紫露草	30～60	紫色	夏秋	阳性、半阴
12	随意草	40～70	雪青、白	夏秋	阳性
13	射干	60～180	橘黄色中有紫色小点	夏	阳性
14	大吴风草	30～40	黄	秋	半阴
15	紫叶千鸟花	20～30	粉（紫）	春夏秋	阳性
16	柳叶马鞭草	50～80	紫	夏秋	阳性
17	美丽月见草	50～80	粉	夏	阳性
18	棉毛水苏	20～40	（银白绒毛）	春夏	阳性
19	千屈菜	100～150	玫红	夏秋	阳性
20	紫茉莉	40～80	白、黄、玫红	夏秋	半阴
21	波斯菊	40～90	粉、白、红、橙	夏秋	阳性
22	白芨	30～50	红	春	阳性、半阴
23	非洲百子莲	45～60	蓝	夏	阳性
24	火炬花	60～120	橙红	夏秋	阳性
25	风信子	20～30	红、紫、蓝、粉、白	早春	阳性
26	郁金香	20～60	白、粉、黄、紫、复色等	早春	阳性
27	德国鸢尾	60～80	蓝紫、褐色	春	阳性
28	石蒜类	30～50	红、白、粉、黄、紫	夏末	半阴
29	大花美人蕉	40～150	玫红、黄、红、复色	夏秋	阳性
30	火星花	40～70	红	夏	阳性
31	蛇鞭菊	60～150	玫红、白	夏秋	阳性
32	矮蒲苇	100～120	灰白	春夏秋冬	阳性
33	细叶芒	80～120	灰白色	秋冬	阳性
34	金叶苔草	20～30	叶绿黄复色	春夏秋冬	阳性、半阴
35	金叶接骨木	50～80	白（嫩叶黄色）	春夏	阳性

续表

序号	花卉名称	株高（cm）	花色（叶色）［梗色］	观赏期	环境要求
36	红瑞木	40～60	［红］	秋冬	阳性
37	茶梅	40～80	红、粉	冬	半阴、阳性
38	黄金菊	20～50	黄	春夏秋	阳性、半阴
39	大花秋葵	80～180	白、粉、红、黄	夏秋	阳性
40	园艺八仙	40～80	蓝、粉、白	夏	半阴
41	锦带类	80～180	红、粉、复色	夏	阳性
42	矮生紫薇	30～80	深红、粉、玫红、白	夏天	阳性
43	醉鱼草	60～180	白、紫、玫、洋红	夏秋	阳性
44	浓香茉莉	80～150	黄色	春	阳性、半阴
45	红花绣线菊	30～50	红	夏秋	阳性

3. 花境设计

花境的设计文件必须包括图样（平面图、剖面图、施工详图）、经费预算表和文字说明。平面图：图样比例根据地形、面积大小，采用 1∶20，1∶50，1∶100，附花卉的种类、品种、规格和数量等，同时，花境的设计文件要对花境的立地条件，如地形处理、土壤改良等作具体的要求说明。剖面图：剖示花卉植物与地形和外环境的关系。施工详图：采用方格网或坐标表示。重要的花境可以附上效果图。

花境的设计应与所处的整体环境相协调。各种花卉的配置必须从色彩、姿态、数量、常绿与落叶比例、生长势、繁殖能力等方面综合考虑。

一个品种不要集中在一处，要在整个花境中反复出现，但也要避免过于杂乱，最好能显示季相的变化，讲究景观效果，对品种要求有高有矮、有纵向有横向，开花时互不遮挡，不要求花期一致，要求从春夏秋陆续有花可看，同一季节开花植株的分布、色彩、形状、高度、数量都能协调匀称，整个花境突出主题。

大型花境相对粗放，应大块面布置；小型花境精细布置，块面相对较小。还要注意深根系和浅根系的搭配，如石蒜类球根花卉，开花时没有叶子，如与浅根系、茎叶葱绿而匍匐生长的垂盆草配合种植，会收到良好的效果。另外，花境与石头、水体、小地形相结合，效果更佳。

4. 花境案例分析

以长宁花境为例（见彩图 6—2），该花境地处道路一侧，面积 389.5 m²。原有的道路绿化为花境创造了一个良好的背景。该花境主要适合在车上快速观赏，故采用暖色调、大色块为主，设计定位为沿道路单面观赏的大型混合式花境。花境内植物材料以各类美人蕉

（如绿叶红花美人蕉、绿叶黄花美人蕉、紫叶美人蕉、花叶美人蕉）形成基调，以茶梅、醉鱼草、锦带花等次花材为辅，由其他各种花卉及观叶植物共同形成季相景观。花卉布置形式，在平面上采取各种花卉自然式块状混交，主要考虑植材常绿、落叶的搭配，观花、观叶以及色彩上的搭配；在竖向上则植株高低错落，充分利用植株的株形、株高、花序及质地等观赏特性。同时，在布局形式上还考虑了各种植材的前后穿插、相互呼应，这样使开花植材散布于整个花境中，避免了局部的密集而整体上不均衡。

花境设计人员亲临现场，对放样中不合理和欠完善的地方及时调整，以达到最好地体现设计意图。种植前对土壤进行改良，种植时对紫露草等进行修剪，以便种植后及时恢复长势。

加强养护管理是花境保持长期稳定、效果良好的必要条件。该花境在秋末对美人蕉去除了地上部分，对醉鱼草进行了残花、果实的修剪工作，但由于该花境坐南朝北，冬季阴湿明显，故大花金鸡菊应在秋季结合分株进行抽稀调整，以减少白粉病的发生。

三、容器花园

容器花园是利用盆钵栽植各式各样的花卉，运用美学的原理，经过组合形成一个盆栽花园。这种形式至少有三大优点：首先，它比起传统的盆栽更有利于花卉生长；其次，经过配置组合，花卉的观赏性更强；再次，能因地制宜地摆放，装点各种环境，灵活方便。

容器花园不仅限于家庭花园使用，也可以在城市中心的公共场所应用。特别是那些没有条件种植的硬地，如重要的中心广场、人们活动的休闲场所，总之，那些需要用花卉来装饰的重要的视觉点都可以设置容器花园。我国的容器花园在城市的应用大大领先于家庭园艺。

1. 容器花园的形式

容器花园包括组合花箱（包括花箱、花钵、花槽）、悬挂花篮（花球）、大型容器（包括花塔、花墙）等应用形式。

（1）花箱（见彩图 6—3）采用正方形、正多边形的容器栽植花卉。花箱的体形较大，外形比较规则，适合较大空间的公共场所应用；大容器有利于多种花卉在同一花箱内配植，形成美感；较大的容器有利于花卉生长。因此，花箱是城市公共场所应用最广的一种容器花卉布置形式。

花箱在城市公共场所应用的形式很多，例如在较宽人行道的边上，尤其是道路交叉口等重要的视觉点，往往是花箱布置的理想场所。花箱可以单个摆设，也可以数个组合形成一景。

（2）花槽（见彩图 6—4）即小型的花箱，原主要用于居住房屋的窗台和阳台。对于城市公共场所，花槽主要应用在道路的隔离栏杆上，分单挂式或骑挂式，作为人行道的隔离装饰，也有用做机动车道的隔离。花槽内所用的花卉材料应选生长茂盛、花朵丰满、花色艳丽的品种为主，再配一些枝条蔓性的花卉来修饰容器的边缘，使花卉与花槽、花槽与环境融为一体。

花槽也应用在各种人行天桥上靠挂装饰。人行天桥均设在交通繁忙的路段，这些场所往往是视觉的重点，因地面可以摆设花卉的场地有限。天桥挂花是常用的方法，可以增添空间的花卉装饰美，因此，好的花槽装饰能起到良好的景观效果。

(3) 花钵（见彩图 6—5）的容器外形变化最多，可以按所需装饰的环境和所要表现的主题选用不同外形的容器，使得容器花园与布置的场景更好地融合，协调一致。在国外，花钵主要是针对家庭园艺发展起来的，而在世博会期间，花钵是以城市公共场所的装饰为主，采用的是较大口径（大于 50 cm）的花钵。同花箱一样，花钵可以单独用一个大的花钵，也可用大小不同的花钵摆放成一组装饰。

花钵丰富的形态变化同要表达的主题一致以及和环境相协调是花钵应用成功的关键。花钵常用于商业中心人流活动的休闲区域，如广场、露天餐厅等。许多道路的路口开阔地也是花钵应用的好场所。

(4) 花球（见彩图 6—6）又称悬挂花篮，是利用各种悬挂容器种植花卉后悬挂装饰，一般宜安置在高于视线的位置。城市公共场所应用花球可以大大丰富空间花卉的色彩，用得最多的是灯杆挂花。花球宜采用蔓性下垂的花卉种类为主，可以是单一花卉品种的花球，也有几种花卉组合的花球，可以是四面观赏的花球，也有单面观赏的壁挂式花篮。

花球在城市公共场所应用，确实能起到丰富空间色彩的效果，是其他花卉应用形式难以替代的，但是，花球的应用必须同时考虑其安全性和日常养护问题，尤其是水分和养分的提供。

(5) 大型容器花卉（见彩图 6—7 至彩图 6—9）。由于城市公共场所的空间大，需要体量较大的容器花卉装饰，专业人员为此设计出各种既适合花卉生长，又有较好观赏效果的容器花卉，如花塔、花柱等。

2. 容器花园的材料及要求（见表 6—5）

表 6—5　　容器花园的材料及要求

材料	要求
容器	(1) 容器的外形符合设计的总体要求，材质实用牢固，适合露天摆放。有必要的防腐等措施 (2) 容器结构必须满足花卉植物的栽植和生长，如水分供给等，同时有安全保障，特别是花球类和大型容器类

续表

材料	要求
介质	容器花园原则上采用介质栽培，其中悬挂花球必须用无土的介质栽培。选择介质需要注意以下 3 点： （1）采用来源可靠、质量有保障的栽培介质（由专业的介质生产单位提供） （2）栽培介质的配方和成分稳定，对自行配置或首次使用的介质需试用后方可批量使用 （3）栽培介质的基本要求：疏松、轻质、卫生、经济（来源方便）、无异味，富含花卉生长发育所需的养分
花卉	花卉材料的配置是容器花园设计的重点，应充分考虑花卉的外形和习性，合理搭配。对于没有条件在苗圃预先培育的容器花卉的组合，需要设计几个方案，先做成样品，经选择后确定组合的类型，再进行实地施工。花卉材料的搭配通常要注意以下 3 点： （1）花卉材料的用量不宜过多，组合要符合一般艺术的构图原理。所用的每一株花卉都要有相应的作用，如主景材料或陪衬材料等 （2）花卉材料的变化，如株高应有高、低之分。花卉材料的变化包括花色、花形、质感、花纹类型等方面的变化。根据容器的类型和大小，可采用单一种类的花卉，也可采用不同的花卉组合 （3）同一容器中所用花卉种类的生长势必须保持一致，否则，生长势强的花卉会将生长势弱的花卉“吃掉”，从而影响整体效果

3. 容器花园种植与施工

（1）栽培介质选择及填装。选用适宜花卉生长的栽培介质，填装到适宜的高度，如容器过深，可在底部铺垫泡沫等轻型硬质材料，以减轻搬运运输的难度。栽培介质的深度要满足花卉生长的需要，一般栽培介质的填装深度应在 30 cm 以上。

（2）容器花卉的种植与培育。按设计要求将花卉种植到容器内，要兼顾种植的高低和疏密，既满足设计的观赏效果又有利于花卉的生长。种植完成后宜在加工场地（最好在苗圃）进行一段时间的培育，养护期的长短应视容器、花材种类而异，以花卉充分生长、花卉和容器完全融合为宜。

（3）容器花卉的出样。当无条件在苗圃内种植和培育的容器花园布置时，必须按设计的要求采用同样的容器进行出样种植，一般出样不少于 3 个类型以供选择。只有样品确认后，才能进行现场种植施工。

（4）运输与现场摆放。有条件的可选择封闭货车作为运输工具，对花塔等体量较大的容器，必须借助吊车、叉车作业，以保证在运输、搬运过程中容器、花材不变形、不受损。根据设计意图摆放容器，并结合现场条件进行适当的调整。

4. 容器花园案例分析

以上海四川北路商业街的容器花园布置为例。

(1) 设计构思。四川北路全长约 2.90 km，是一条综合性商业服务街，沿街既有大量充满怀旧气息的老建筑，也有大量现代化的商厦。街道两侧绿量少，绿地块面不整齐。街容缺乏统一梳理，人流量大，整体面貌较为杂乱。通过对四川北路景观容器的统一设置，运用花钵、花箱、花球、坐凳等景观容器小品的统筹安置，创造一个优雅精致的魅力空间，重新打造新版四川北路独特的商业景观。

(2) 具体实施。根据四川北路道路特点与商业布局，容器花卉布置手法有以下 4 个方面：

1) 行道树悬铃木中间统一放置陶制花钵（见彩图 6—10），四川北路全线摆放 200 余只，达到增加绿量和色彩的全线效果。

2) 在较为开阔的街道交叉口放置啤酒桶式组合容器，共 18 组。

3) 在主要大商厦外侧、人行道较为宽阔的地方，设置座凳和花箱组合的休憩设施 21 组（见彩图 6—11），在装饰美化的同时供行人休憩之用。

4) 灯具、电线杆上安置装饰花球总计 245 个，增强立体效果。

四、立体绿化

1. 立体绿化的形式

立体绿化是指利用各种建筑物（构筑物）立面为载体开展的各种绿化形式的总称，主要包括屋顶绿化、墙面绿化、窗阳台绿化、沿口绿化、桥柱绿化、移动式绿屏等各种形式。

立体绿化不占用土地，却能利用各种建筑物（构筑物）立面开展丰富多彩的绿化，大大地拓展了城市绿化空间，提高了绿化覆盖率和绿视率，不仅能美化城市景观，改善局部生态环境，还能有效降低建筑能耗，减少光污染，缓解城市排水压力。因此，立体绿化正逐渐成为未来城市绿化中的重点和亮点。

2. 立体绿化的植物选择

尽量选用常绿或半常绿的植物，最好能耐风吹、耐干旱。高架悬挂绿化以黄馨为骨干品种，也可应用金森女贞、亮绿冬、金银花、红刺梅、藤本月季、粉蔷薇、四季杜鹃等观叶开花品种。窗阳台绿化，选择球根海棠＋常春藤、矮牵牛＋金叶甘薯、西洋鹃＋三色堇、玫瑰海棠＋报春花、天竺葵＋矮牵牛等时令花卉组合。屋顶绿化以绿色植物佛甲草为基础，选用红叶景天等色叶植物，制成图案，并适当种植开花彩叶植物，如红叶石楠、大花六道木、绣线菊、南天竹等，进一步丰富了草坪式屋顶绿化的色彩。移动式绿屏应选用金银花、大花络石、常春藤等为主材，南非万寿菊、蔓生矮牵牛、舞春花、花叶蔓等为辅材，以提升景观亲和度。

3. 立体绿化的管理

立体绿化管理力求长效管理、节能环保。立体绿化由于在空间应用上的限制，对灌溉等后期养护措施要求较高，因此，很多立体绿化在设计建设时就充分考虑到后期养护需要。如草坪式屋顶绿化大多采用耐旱、耐瘠薄、较少病虫害的景天科植物，建成后实现低维护。在推进窗阳台绿化和绿墙建设中，基本上都应用了滴灌系统，使每盆植物得到均匀的灌溉，避免了人工浇水分布不均的问题，确保了植物良好生长，同时减轻了养护强度。静安区的绿墙还采用可回收的共聚聚丙烯塑料作为种植模块，配套纸花盆也采用了可天然降解的材料，积极探索在绿化建设中实践环保理念。

4. 立体绿化案例分析

以静安区石门二路凤阳路花墙为例（见彩图 6—12）。

石门二路凤阳路花墙以“世博”为主题，采用 5 种花色的舞春花，以色块形式布置了 150 m^2 墙面，墙面之间以世博标志间隔，营造了欢庆世博的喜庆氛围。

（1）种植模块。模块的设计既符合植物的生长规律以满足生长空间需求，同时又能进行快速拼装、即时成景。故单体模块设计为与地面成 45°角，尺寸为 600 cm×150 cm×150 cm，中间分 4 个种植空间，此空间可完全满足小灌木类、草花地被及部分藤本植物的生长需求。另外，模块采用环保可回收的共聚聚丙烯塑料制作，并添加防紫外线、防腐化成分，单体模块不仅能承受 50 kg 的压力，而且其使用寿命大于 5 年。

（2）水管排放。景墙花卉以盆栽方式种植，内有隐蔽的滴水管和排水管，实现了简约化、清洁化管理。

（3）配套纸花盆。配套纸花盆源于超市里盛鸡蛋的纸托盘，作为废物回收再利用的环保型产品，纸花盆具有轻型、防水（添加防水剂）、可天然降解等特性，可将其作为绿化植物预先定型培养的栽培容器，待植物在其中生长良好并达到预期效果后即可安装使用。

五、室内盆栽植物应用

室内盆栽植物应用指宾馆、酒家、商务楼、娱乐场所及商场、学校乃至家庭等各种场所，根据各自的需要，选择适合的盆花种类进行艺术性摆放，组合于室内，以达到绿化、美化、净化的功效。

室内绿化能增加空气中的含氧量、湿度和负离子浓度，降低室内的飘尘量、有害气体和有害细菌，如吊兰能吸收二氧化碳、甲醛等有害气体，并能增加空气中的负离子浓度；又如仙人掌能释放杀菌素，杀死有害细菌。另外，花卉装饰能柔化建筑的空间，使僵硬的墙面和死角变得温馨和富有生命力，使高大的空间变得富有层次，使单调的环境变得幽雅，从而增加视觉美感。

1. 室内不同环境下的植物选择

室内环境与室外环境相比较，光线较差，昼夜温差又小，这些都不利于植物的生长发育，尤其是开花植物，表现为开花困难、花朵小、花期短、花色淡。所以，应根据室内的实际环境，选择一些耐阴或耐半阴的观叶或观花植物，或阳性花卉在光照充足处养至开花后，再移入室内观赏。但晚上光线充足处不应摆放短日照花卉一串红，否则会提前凋谢。室内植物选择时忌选促癌植物。

（1）家居绿化

1）根据主人喜好和室内绿化布置位置，选择耐阴性程度与之相适应、大小适中的植物。

光线较强的客厅可选择发财树、巴西铁、杜鹃、一品红、报春花等喜阳植物。光线稍差的走廊、北阳台可选择较耐阴的植物，如散尾葵、绿萝、南洋杉、凤梨类、花叶万年青、蒲葵等。光线较差的房间可选择更耐阴的植物，如一叶兰、绿宝石、袖珍椰子、富贵竹等。

2）根据居室特点选择植物。老人卧室宜突出四季常绿的特点，选择龟背竹、小型苏铁、仙人掌类、万年青类等。儿童、青少年卧室宜突出活泼、亮丽的特点，选择荷包花、绿萝、仙客来等。书房宜突出幽静清新的特点，选择书带草、吊兰、常春藤等。浅色家具和墙壁宜选择叶色较深的植物，如橡皮树、龟背竹、绿巨人等，深色家具和墙壁宜配色彩明快的植物，如花叶万年青、虎尾兰等。中式家具宜选择具有中国传统特色的植物，如梅、兰、竹、菊、盆景等；西式家具应选择色彩鲜艳、姿态潇洒的植物，如散尾葵、君子兰等。

（2）公共场所绿化

1）大厅绿化植物选择。门口是迎送宾客的必经之地，应选体形壮观的高大植物，如棕竹、橡皮树、南洋杉、发财树等，对称配置于门内两边；在大厅中间可选择高大、树形优美的植物，如榕树、散尾葵等，周围配中小型植物围圈，如万年青类、天门冬、大丽花、一品红等，使人有亲切之感。

2）楼梯绿化植物选择。楼梯转角处可靠边放置一盆体形优美、苗条的橡皮树或发财树，在楼梯上下踏步平台上，靠扶手一边交替摆放低矮的万年青、小菊、书带草、杜鹃等小型观叶、观花植物。

3）会场绿化植物选择。政治性、严肃性的会场，选用大小尺度合适的常绿植物为主调，如散尾葵、绿萝柱等，适当点缀少量色彩鲜艳的时令盆花，如红鹤芋、四季橘等，桌上放置艺术插花。节庆、联欢会场，应选择色香形俱全的各类植物，以组合式手法布置花带或植物造型，并可适当配以插花、花篮等。

4）休息室绿化植物选择。选择精致的盆栽、盆景、艺术插花，最好是色彩艳丽、有香味的植物，如梅桩、米兰、兰花等。

2. 室内盆栽植物养护管理技术要点

室内盆栽植物主要指一些原产热带、亚热带地区的观叶、观花、观果植物。在室内的摆设，应远离空调、电风扇的风口，以免不良微环境给植物带来的不利影响。

（1）防寒。自然条件下摆放的植物，每年3—4月及10—11月，应注意温度剧变对植物的危害，应根据天气预报，提前落实保护措施。如寒潮来临前，把不很耐寒的植物置于较封闭、有保温措施的地方或用塑料袋将其保护起来。

（2）光照。彩叶植物必须给予一定量的光照，否则会影响叶色的观赏效果。如彩叶草、变叶木，若光照不足，则叶色变淡、观赏效果差。另外，在光线较差处摆放植物，应经常变换植物的摆放位置，当该植物萌发新叶时，必须运回苗圃或换到光线充足处养护。另外，也可通过使用荧光灯进行人工补光，但灯光不宜离植株太近。

（3）水分管理。自然环境中的植物，夏天应经常进行叶面喷水，既降低温度，又缓解了高温蒸发对植物造成的影响。空调环境中的植物水分管理则相反，因为冬天开热空调，空气更干燥，除浇水外，还要喷雾（水），故同一植物冬天比夏天应喷洒更多的水分。

（4）施肥。植物的追肥应在春天或秋天进行，肥料以有机肥（颗粒肥）为主，温度高，湿度大，光照强，植物生长快，所需肥量也大。大多观叶植物施肥氮磷钾比例为3∶1∶2。

（5）病虫害防治。平时注意通风透光，经常检查病虫害的发生情况并及时进行防治。

（6）转盆与翻盆。有些室内植物，如靠墙放置的君子兰在养护过程中应经常转换盆的方向，才能使植株不偏向一侧。多数植物2～3年需换盆一次，盆土宜使用肥沃、排水良好的中性或微酸性土壤，多肉类植物可用沙土栽培。公共场所的苗木翻盆应在苗圃进行。

表6—6　　室内常用盆栽植物

序号	植物名称	株高（cm）	观赏特性	观赏期	环境要求
1	蒲葵	50～200	观叶形，叶绿色	春夏秋冬	阳性、半阴
2	美丽针葵	150～250	观叶形，叶绿色	春夏秋冬	阳性、半阴
3	散尾葵	60～250	观叶形，叶绿色	春夏秋冬	阳性、半阴
4	鱼尾葵	150～250	观叶形，叶绿色	春夏秋冬	阳性、半阴
5	袖珍椰子	20～50	观叶形，叶绿色	春夏秋冬	半阴
6	棕竹	150～250	观叶形，叶绿色	春夏秋冬	阳性、半阴
7	凤梨类	20～80	既观叶，又观花	春夏秋冬	半阴
8	铁树	30～250	叶绿色，花黄色	春夏秋冬	阳性

续表

序号	植物名称	株高（cm）	观赏特性	观赏期	环境要求
9	白粉藤	20～60	垂吊，观叶形，叶有斑纹	春夏秋冬	半阴
10	绿萝	60～150	叶绿色、绿黄相间	春夏秋冬	阳性、半阴
11	龟背	40～180	观叶形，叶绿色	春夏秋冬	半阴
12	肾蕨	20～60	观叶形，叶绿色	春夏秋冬	半阴
13	巴西铁	60～200	叶绿色、复色	春夏秋冬	半阴、阳性
14	吊兰	15～25	叶绿色、复色	春夏秋冬	半阴、阳性
15	芦荟	15～25	叶绿色	春夏秋冬	半阴、阳性
16	朱蕉	20～120	观叶形，叶绿、红、复色	春夏秋冬	阳性、半阴
17	富贵竹	30～180	观株形，叶绿色、复色	春夏秋冬	半阴
18	发财树	50～250	观树干、叶形，叶绿色	春夏秋冬	半阴
19	鹅掌柴	60～180	观叶形，叶绿色、复色	春夏秋冬	半阴
20	喜林芋	100～180	观叶形，叶绿色	春夏秋冬	半阴
21	春羽	30～60	观叶形，叶绿色	春夏秋冬	半阴
22	粗肋草	30～60	观叶形，叶绿色、复色	春夏秋冬	半阴
23	广东万年青	30～50	叶绿色	春夏秋冬	半阴
24	万年青类	40～90	叶绿色、复色	春夏秋冬	半阴
25	绿巨人	40～100	叶特大，深绿色	春夏秋冬	半阴
26	橡皮树	80～200	观叶形，叶绿色、复色	春夏秋冬	阳性、半阴
27	垂叶榕	60～250	叶绿色，花叶	春夏秋冬	阳性、半阴
28	虎尾兰	40～60	观叶形，叶有斑纹	春夏秋冬	阳性、半阴
29	米兰	40～80	花淡黄色、有香味	春夏秋冬	阳性
30	幸福树	50～150	叶绿色	春夏秋冬	阳性、半阴
31	水仙花	20～40	白黄、白橙	冬	阳性、半阴
32	一品红	30～150	红	春夏秋冬	阳性、半阴
33	仙客来	30～50	红、白、粉红等	秋冬	半阴
34	丽格海棠	30～40	红、橙、黄等	秋冬	半阴
35	杜鹃类	20～180	红、白、橙、复色	春夏秋冬	阳性、半阴
36	红鹤芋	20～50	红、白、粉、复色	春夏秋冬	半阴
37	蝴蝶兰	30～60	白、粉、玫红、复色	秋冬	半阴
38	大花蕙兰	80～180	橙、白、粉、红等	秋冬	半阴
39	八仙花	30～80	粉、红、蓝	春夏秋冬	半阴
40	四季橘	50～150	果橙色	秋冬	阳性、半阴

第 2 节 花卉栽培技术

学习单元 1 工厂化育苗技术

学习目标

➢能够熟练进行穴盘育苗

➢能够进行全光照喷雾扦插

知识要求

一、穴盘育苗

穴盘育苗是一种新型的播种育苗技术，它需要更专业、更精湛的技术，更完善的环境控制体系以及更高的管理技术。

1. 穴盘育苗中的关键因素

(1) 穴盘（见图 6—1）。穴盘已经成为工厂化种苗生产工艺中的一个重要器具。它不仅作为育苗盘，而且作为种苗的运载工具。穴盘用于高精度点播生产线，具有操作简单、管理方便的特点。穴与穴之间相对独立，既减少了病虫害的发生，又防止了小苗间的营养争夺，使根系得到充分的发育。由于穴盘的四边呈方形，底部加强，成形的四边使得穴盘非常牢固，故穴盘还可兼作搬运种苗的承载工具。总之，这种设计能促进苗株生长，并易

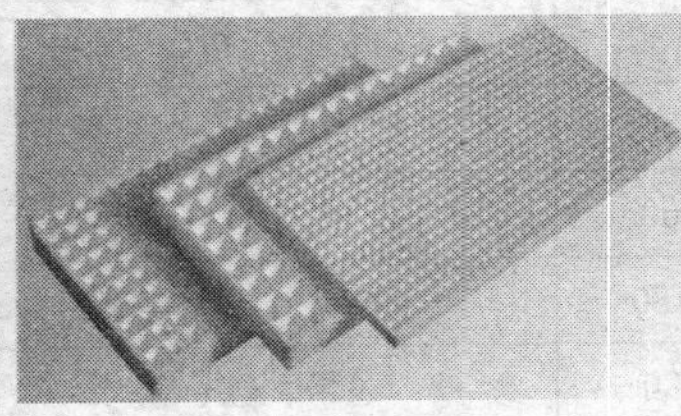

图 6—1 穴盘

于根系的拔出，又便于实行机械化育苗。穴盘规格较多，见表6—7。

表6—7 穴盘规格表 cm

规格	长	宽	高	孔直径	孔深
EPS200	67.3	34.3	6.0	2.9	6.0
EPS128	67.3	34.3	6.0	3.6	6.0
EPS595	67.3	34.3	2.5	1.4	6.0
VFT32	54.0	28.0	5.0	2.0	5.0
VFTl28	54.0	28.0	5.0	3.1	5.0
VFT288	54.0	2.0	5.0	3.1	5.0

所需穴盘的规格应根据种植花卉的种类和应用目的而定，只有穴盘规格相匹配，才能使育种苗正常、快速生长。大穴盘能容纳的介质多，所含的养分也多一些，对植株根系生长较有利，但其单位面积产量比小规格的少许多。穴盘的种类、形状和深度也影响植株的生长。如方形穴格比圆形穴格的容积大，较有利于根系生长，但在湿度的均匀度上圆形穴格好些；长筒形穴格适宜直根系的植物生长发育，如洋桔梗常用长筒形穴格育苗。

(2) 介质的选择。介质应无菌、疏松、排水良好，不带杂草种子，不含杂质，pH值以中性偏酸为宜。

(3) 水肥管理。穴盘育苗绝不允许有过干或过湿现象的发生。可采用机械湿度系统浇灌，如多云天气每12 min喷雾12 s；晴天每6 min喷雾12 s。当然，还可以根据小苗的生长情况调节。另外，在苗床上方50～100 cm高处，用塑料布围住，防止育苗盘的表面风干。由于穴格体积小、介质少，苗期需施用较多的肥料，故常以液体肥结合喷雾进行。介质常因浇水、施肥等原因使pH值变大，所以，在幼苗生长期间应不定时检测植株发育状况和介质酸碱度，并适时调整施肥方案。穴盘育苗的肥料管理始终应把握“薄肥勤施”和“由稀到浓”的原则。

(4) 温度。一般种子萌发适温为20～27℃，对大多数一二年生花卉保持20～22℃的土壤温度是最适合的，许多种植者在低温季节用温水浇灌育苗盘。

(5) 光照。一般植物生长最适宜的需光量大多为全日照的50%～70%。穴盘育苗过程中，对各种植物的光线控制应根据植物的生长习性以及生长发育的不同阶段而有所不同，并且还与种子发芽的好光性或嫌光性及其生育习性有着重要的关系。一般穴盘育苗以25 000～35 000 lx最为适宜。

(6) 病虫害防治。平时应注意生产环境的清洁卫生，保持室内通风透光，经常仔细观察，一旦有病虫害发生，及时采取防治措施。

(7) 生长调节剂的应用。穴盘育苗时，若幼苗出现徒长，或因应用上的原因需要对幼苗进行矮化时，可采用植物生长调节剂，以减缓幼苗生长，促使植株矮化，进而达到节间缩短、侧芽节位低、分枝增多等效果。常用的有 PP333 等，施用剂量和频率应根据穴盘的大小规格、穴盘苗的种类以及生长发育状况而有所不同，若是第一次施用植物生长调节剂，应小范围试验后再施用。

2. 穴盘育苗的关键时期

(1) 种子萌发期。种子萌发期是指从播种到种子的幼根长出的时间。要保证种子正常发芽，种子必须具有活力，而且要给予一定的发芽条件，如果种子处于休眠状态，则一定要打破休眠后才可发芽。影响种子活力的因素主要有种子成熟的完全程度、采收时间、完好程度、储藏环境及种子本身的含水量及老化程度（即采收储藏的时间长短）。一般种子萌发期要求低光照或黑暗，湿度高且恒温，温度基本在 20～25℃。

(2) 过渡适应期。指从根长出到第一片真叶长出的时间，也是决定育苗成功与否的关键时期。根长出后，一定要马上转移到普通温室的常规条件下，实际上这是幼苗锻炼适应常规生长环境的过程。在此期间要遮光 50％以上，逐渐降低湿度，浇水不能过多，水龙头压力不能过大。另外，必须加强病虫害的防治。

(3) 生长期。指第一片真叶长出到种苗移植的时间。应及时增加光照、施肥，并注意通风。若有必要，还可施用植物生长调节剂以控制苗高和分枝状况。此期间应特别注意水分管理，穴盘四周的种苗较中间的更易干，补充水分时注意酌情调整。

(4) 壮苗炼苗期。指种苗运输前的炼苗驯化期。此期间应增加光照强度，延长光照时间，减少水分，为种苗的移栽或包装运输做准备。

3. 容器育苗的优势及发展前景

容器育苗与传统的播种育苗相比有以下优点：

(1) 能大大提高种子发芽率和幼苗成活率，减少病虫害的发生。

(2) 由于介质较轻，使得穴盘苗适合于长途运输，有利于调节地区差异，充分利用地方优势，丰富消费市场。

(3) 使一些不容易常规育苗的品种，可由专业化的穴盘育苗生产者提供，从而使行业内部社会分工日益细致和专业化。

(4) 育苗过程中由于能够人为控制环境条件，使得穴盘苗品质规格整齐、出苗率高、成苗率高，还有利于机械化生产栽培。

欧美国家目前已成功地将穴盘育苗技术广泛应用于所有专业化和自动化的育苗生产体系中，充分发挥了其高效率的作业流程。随着我国花卉业的不断发展，穴盘苗在我国的前景也将日益兴旺。穴盘育苗强调更精确的播种，更一致的种子活力及自动化程度更高、准确率更高的配套设备，如播种机、移苗机、包装机等。育苗新技术的应用和发展还将带动育种科研、种子加工、育苗介质的研究与配制、塑料产业、机械制造业及交通运输等相关产业的发展。

二、全光照喷雾扦插

传统的扦插管理主要是浇水、遮阴。目前，扦插苗生产较多地采用全光照喷雾扦插，即在扦插管理中尽量减少遮阴，利用光照，使用喷灌系统。全光照喷雾扦插需要排水良好的扦插介质和喷雾条件，它具有生根迅速、根系完好等优点。全光照扦插苗生产技术及要点见表 6—8。

表 6—8　　全光照扦插苗生产技术及要点

生产技术	要点
母本选取	从无毒母本上取新鲜的枝条，制成插穗，进行大批量生产；经生根培养成生根扦插小苗
场地消毒	生产场地必须消毒灭菌，保持环境的清洁，及时去除杂草和杂物
介质要求	必须使用排水良好的介质，如珍珠岩等清洁、疏松的材料。使用前必须消毒。常用的扦插介质如底部为黄沙，上面是泥炭和珍珠岩
合适温度	提供适合温度。尤其是冬季的加温和夏季的降温。如能达到 20～25℃，那么常年都可扦插；介质温度应高于气温 3～6℃。低温季节苗床底温装置是必需的，也是经济有效的加温方法，有利于生根
高床制作	一般采用离地 80～100 cm 的扦插苗床，插床底部可安装加温设施，离地高床有利于通风和操作。扦插前应浇足水分，以利于扦插
湿度控制	全光照扦插常采用间隙喷雾，保持较高的空气湿度和介质湿度。一般每 2 min 喷 8 s，每天 7：00—16：30，如遇阴天应缩短喷水时间
光照提供	扦插苗床上方的有效光照能防止由于湿度过高引起的病害，当插穗生根以后，光照的作用更加有益
激素使用	生根激素在使用前需要经过试验，选择最有效的生根激素及其使用浓度及使用方法。促进生根的药剂主要有萘乙酸（NAA）、吲哚丁酸（IBA）及低浓度的 2，4-D。处理方法有：浸渍法，即低浓度（$5\times10^{-5}\sim1\times10^{-4}$），浸插穗基部一天左右；快浸法，即高浓度（$500\sim1\,000\times10^{-6}$），浸插穗基部 5～7 s；粉剂使用，即将生根药剂加入滑石粉，再加入适量防腐剂制成粉剂，将事先湿润的插穗基部蘸后扦插

学习单元 2 花卉组织培养

学习目标

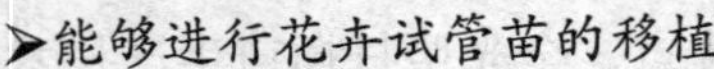

➢了解组织培养培养基的主要成分和培养条件

➢能够进行花卉试管苗的移植

知识要求

一、培养基和培养条件

花卉组织培养是利用花卉茎、叶、花等器官或细胞，通过无菌操作，在培养基上长出一株完整的植株。组织培养是根据植物细胞全能性的原理进行繁殖的一种先进的繁殖技术，它可用极少量的繁殖材料在相对较短的时间内繁殖出大量的植株，并可得到无病毒的壮苗。在花卉的商品生产中，组织培养已成为极有效的繁殖手段，尤其在培育高档花卉及名贵花卉方面。组织培养技术始于 20 世纪初，近年来有了较快的发展，并广泛用于花卉繁殖。现在已由琼脂培养基培养转向了液体培养，即用发酵罐深层培养，从而形成微繁殖工业。已成功进行组织培养的花卉有香石竹、非洲菊、萱草类、玉簪类、百合类、兰花类、鸢尾类、非洲紫罗兰、满天星、天竺葵、矮牵牛、安祖花、球根类秋海棠等百种以上。

1. 培养基的种类

培养基的种类很多，采用哪一种培养基，对于培养是否成功有很大的关系，因此，在实际应用中需要先行试验，以摸索出最适合的培养基配方。在花卉繁殖中最常用的是 MS 基本培养基，其他的有 ER、B5、SH、HE 等培养基。

2. 培养基的主要成分

培养基的主要成分包括无机盐、有机物质、生长调节剂和碳水化合物四大类。

（1）无机盐类。植物生长发育所需的十大元素，除碳、氢、氧由水和空气供给外，其他如氮、磷、钾、硫、钙、镁、铁等均需人为添加到培养基中；此外，还必须添加微量元素如硼、锰、锌、钼、钴、碘、铜等。

（2）有机物质。主要是维生素和氨基酸。

（3）生长调节物质。主要有细胞分裂素和生长素两类。目前用得较多的细胞分裂素有激动素（KT）、玉米素（ZT）、6-苄基嘌呤（BAP）等，主要用于促进芽的分化；生长素有吲哚乙酸（IAA）、吲哚丁酸（IBA）、萘乙酸（NAA）和 2，4-D，主要是促进生长。

（4）碳源。由于组织培养时植物体是处于它养状态，故必须靠蔗糖等碳水化合物来提供能量，称为碳源。碳水化合物是组织培育介质的主要物质组成。

3. 培养条件

花卉组织培养的培养条件因培养对象的种类不同而异。一般温度是 23～26℃的恒温，光照对花卉器官的形成有显著作用，一般光照强度范围是 1 000～3 000 lx，光照时间为每日 12～16 h，高于 3 000 lx 的光照有强烈的抑制作用。此外，培养室要求无菌清洁卫生，以减少污染。

二、花卉组织培养的途径

1. 通过器官发生

通过花卉器官的培养而形成芽和根，再生成完整的植株，如花药离体培养繁殖。

2. 通过愈伤组织分化成植株

将花卉植株的一小部分培养成愈伤组织，再诱导分化成根和芽，成为完整的植株。常用的有茎尖、叶片等。

3. 通过胚胎体发生

由培养的植株产生愈伤组织，然后通过悬浮培养，或直接产生大量的胚状体，再发生成为完整的植株。

三、花卉组织培养的操作方法

1. 培养基的配制

经过试验确定培养基配方后，将大量元素、微量元素、有机物配制成母液储存备用。使用时再根据用量、需扩大倍数进行稀释，并在稀释液中加进肌醇、蔗糖等，再加进铁盐配制成营养液，然后测定其酸碱度，最后加琼脂煮沸后分装入三角瓶或试管中，封口待用。

2. 灭菌消毒

这是组织培养中十分关键的一个环节，灭菌的程度关系到组织培养的成败。因此，在接种培养材料以前，首先必须对器皿、试验用具、即将接种的材料、培养基及接种室等进行严格的消毒处理，同时，操作人员也要进行严格的消毒处理。一般培养基和器皿、用具等都用高压锅高压灭菌，接种室的地板和墙面在接种前后都要用 1∶50 的新洁尔灭湿性消毒，每次接种前还要用紫外灯照射接种室 30～60 min，并用 70%的酒精在室内喷雾，以净化空气；超净工作台台面消毒则用新洁尔灭擦洗并用70%酒精消毒；接种材料如嫩茎、花托、叶片等应先洗净，然后冲洗、洗涤剂洗涤、纯净水漂洗，再用70%酒精浸泡半分钟，然后在10%的漂洗液中消毒10 min左右，取出后用无菌水冲洗4～5次即可接种。

3. **接种培养**

接种材料消毒处理好后，即可用经火焰消毒过的钳子、解剖刀或接种针将其接种到培养基上，接种后的钳子等需要再消毒。接种好后立即封口置于培养室中。培养室中的环境条件必须根据需要严格控制，培养一段时间后，根据诱导分化的情况再转移到分化培养基中，最后转移到生根培养基上。

4. **试管苗的移植**

试管苗生根后应马上移到栽培介质中，转移前应用净水将幼苗上残存的培养基冲洗干净。开始一周左右是练苗期，必须保证湿度、减少光照，然后逐渐增加光照和通风，2～4周后即可进行常规栽培。

学习单元3　花期控制技术

学习目标

➢了解常用的花期控制方法

知识要求

一、常用的花期控制方法

花期控制也称促成栽培。早在我国古代就已应用，现代花卉栽培中，花期控制技术应用更普遍。花卉的栽培者、研究者和爱好者在这方面做了大量的研究试验，使我国对菊花、一品红、大丽花、郁金香、比利时杜鹃、牡丹等花卉的花期控制已有较成熟的经验和配套技术，如上海、南京、北京、广州等大中城市的花卉栽培者，都能通过控制花期达到百花齐放。在西方发达国家，花卉控制技术应用更加广泛，特别是一些重要节日，如圣诞节、复活节、母亲节、元旦等，都能通过促成栽培而使许多花卉应时开放，使得节日花卉市场绚丽多彩。

要使花卉按照人们的意愿、应用需求等应时开放，必须首先掌握花卉的生长发育规律

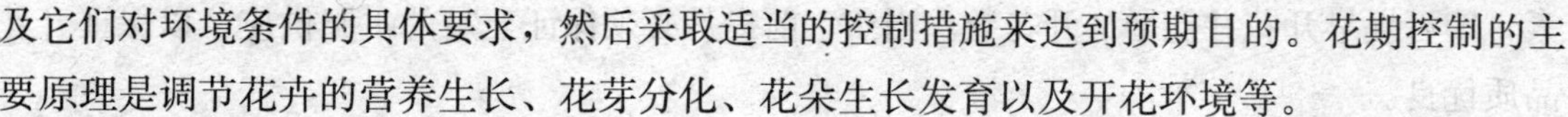

及它们对环境条件的具体要求，然后采取适当的控制措施来达到预期目的。花期控制的主要原理是调节花卉的营养生长、花芽分化、花朵生长发育以及开花环境等。

1. 温度处理

利用增加或降低温度的办法提前或延迟花期。通常采用提高环境温度加速生长，提早开花。开始增温的日期以植物的生长周期来推断。温度应逐渐提高，并增加湿度，一般最终温度达到夜温 15℃、日温 26～30℃。对于冬性花卉，在生长发育中需要经过一个低温春化过程才能开花，如桔梗、水仙、风信子等；完成春化过程后可进行增温调控的花卉有三色堇、石竹、雏菊等。此外，为了延长花期，在花蕾形成或初开时，给予低温处理，可推迟开花并延长花期。

2. 光照处理

包括延长或缩短光照时间、控制光照强度、昼夜颠倒处理以及人工光照中断黑夜等。在短日照季节，为了使长日照花卉正常开花，需要在日落以前采用人工补光法，使连续光照时间在每天 12 h 以上。通常用荧光灯悬挂在植物上方 20 cm 处，如唐菖蒲冬季栽培，采用补光加增温，可在元旦、春节供花。与此相反，采用遮光处理缩短日照时间，一般在白昼的两头进行遮光处理，遮光材料要求密闭不透光。在夏季炎热气候条件下使用时，要注意通风和降温。适宜做短日照处理的花卉有三角花、一品红、菊花、蟹爪兰等。如蟹爪兰用 9 h 短日照处理 2 个月就能正常开花。

花朵开放之前需要充足的光照，花开之后适当遮阴，减弱光照强度，可延长开花时间，如月季、香石竹、茉莉等。

有些花卉自然开花习性是在夜间或傍晚开花，如昙花、紫茉莉等。为了在白天能看到花卉的美丽的姿态，可在栽培中采用适当的光照处理措施颠倒昼夜，如昙花在花蕾长到 8 cm 时就在白天完全遮光，夜晚用人工照光，即可让它白天开花，经处理后还能延长开花时间。

用人工光照中断黑夜的处理，即将一个长夜分割成两个短夜，如在凌晨 1：00—3：00 照光 2 h，从而打破其自然分化、生长等习性而停止花芽分化，一旦停止光照处理，它们又回复到自然生长的环境，即可自然地分化花芽、开花。在这种处理方法中应用具有红光成分的白炽灯。至于何时开始处理、处理时间的长短等，应根据当时所处的气温条件、所要处理的花卉本身的生长特点、开花习性以及目标开花时间等决定。

3. 植物生长调节剂处理

这是一种新型的花期调节手段，在花卉栽培中应用较多，效果较好的有赤霉素（GA3）、矮壮素（B9）、乙烯利（Ethrel）、多效唑（PP333）等。

天竺葵扦插生根后用 5×10^{-4} g/L 乙烯利喷雾两次，至第 5 周再喷 1×10^{-4} g/L 赤霉

素，即可提早开花并能增加开花数。当然，前提是必须保证充足的水肥供应，以保证开花品质优良。

用 $5\times10^{-4}\sim1\times10^{-3}$ g/L 的赤霉素点浸牡丹、芍药的休眠芽，几天后即可萌发，若用赤霉素点在菊花的花蕾上，也能提早开花，并使花梗增粗伸长。用 1 000 倍的矮壮素（B9）对生长期中的菊花进行叶面喷雾，每 10 天使用一次，不仅能矮化植株，而且能提早开花。

植物生长调节剂在花期调整中应用时，应先经过试验，找出合理的试剂种类、剂量、浓度以及处理时间、处理方式等，绝不可贸然而行。

4. 生长期控制

某种花卉的某一个品种的生长周期（从栽种到开花的时间）都是一致的，在花卉栽培中可通过控制播种期、种植期、扦插期、上盆期等来控制花期。一般早播种、早栽植的花卉开花早，如四季海棠播种后 12～14 周即可开花；水仙、风信子的花芽分化完成后，冬季水养时间的先后就决定其开花时间的先后。

根据这一原则，通常采用分批播种、分批种植来达到分批开花、分期应用的目的。如万寿菊春播的可在“五一”用花，夏播的可在国庆用花。唐菖蒲 3 月栽种 6 月开花，7 月栽种 10 月开花。正因为这样，唐菖蒲、百合等一年四季都有花上市。

5. 水肥控制

石斛、梅花等在生长期若适当扣水，形成一个相对干燥的生长环境，可抑制其营养生长，促进花芽分化，增加花蕾的数量。而球根花卉如石蒜、水仙、风信子等在干旱的环境中可以顺利地完成花芽分化，但必须在给水的条件下才能顺利地开花。唐菖蒲在花蕾临近出苞时，大量灌水一次可提早一周开花，因此，通过控水处理，可以随意调节花期，与此类似的还有金橘、酢浆草等。开花之前，施一定量的氮肥，可延迟开花或不开花。反之，在一定营养生长后，增强磷钾肥，有促进开花的作用。对于具有经常开花习性的花卉来说，若在开花末期及时修剪残花败叶，并施肥给水，就可延缓衰老，促进再度开花，从而延长花期，如一串红、美人蕉等，但一定要注意所用肥料的配比适当。

6. 机械处理

在花卉栽培中，常用摘心、打顶、摘蕾、摘叶、抹芽、修剪等措施控制植株生长速度，对花期也能在一定程度上起到调节作用。如一串红、万寿菊、四季海棠、大花马齿苋等，在栽培中常用摘心、修剪等机械处理方式来延缓开花，也有利于提高开花的品质。

二、花期控制案例介绍

以一品红短日照处理为例。

1. 繁殖

4 月 10 日（晴）进行硬枝扦插。剪取木质化或半木质化枝条长约 10 cm，插入水中，以免汁液流出。扦插前将切口在草木灰中蘸抹，稍干后再扦。培养土使用前进行日晒消毒，介质为园土、腐叶土、砻糠灰比例为 5∶3∶2。选择干净的 7 寸泥盆，置于露地的架子上；每盆扦 3 根，扦插深度为枝条的 1/2；扦插后浇足水分，以后每天早晚喷水，待生长一个多月后剥芽，留 4～5 枝粗壮一致、高矮接近的枝条。7 月中旬，选择晴好天气进行盘头。

2. 光照控制

7 月 22 日搭棚，整理盖布（布黑色不透光），7 月 25 日开始短日照处理。16：00 盖布，20：00 将布拿掉；第二天清早 4：00 盖上，8：00 拿掉。晚上拿掉盖布，既能使一品红增加通风，又能得到露水的滋润。但到农历十五、十六的晚上即月亮很明亮的夜晚，应保留盖布。9 月中旬露色，开始不遮，10 天后苞片全部变红。本处理总共盖布 50 天。

3. 养护管理

前期每星期施一次腐熟的豆饼水，6 月份以后生长较快，豆饼水中加入尿素；另外，每周喷施 1～2 次磷酸二氢钾（1 000 倍）。7 月份雨水多，下雨前盖塑料薄膜防雨，雨停后拿掉；高温季节的中午，盖帘子遮阴、降温（本处理的一品红为传统品种）。

第 3 节　花卉栽培设施

学习目标

➤了解温室、塑料大棚、荫棚及其他栽培设施的特点和应用范围

➤熟悉灌溉设施的特点

知识要求

花卉的栽培设施主要有温室、塑料大棚、荫棚等，还有一些配套设施，如灌溉设施、加温设施、播种流水线等。将设施内栽培花卉的称为花卉设施栽培。

一、温室

各地的温室类型很多，常见的温室根据外形分类见表 6—9。

表 6—9　　常见温室外形分类表

类型名称	构造	优缺点
单屋面温室	构造简单，一般北面有高墙，屋面为玻璃面向南倾斜	能充分利用阳光，保温良好，但通风较差，光照不均衡
双屋面温室	一般采用南北走向，面向东西的两个面积相等的倾斜屋面均为玻璃面	光照和通风良好，但保温性能差，适合于温暖地区使用
不等屋面温室	一般采用东西走向，坐北朝南，北面的屋面长度比南面的短，约为南面的 1/3	南面为玻璃面的温室保温良好，防寒方便，为最常用的一种
圆顶温室	屋顶圆形	美观大方，常作展览温室用
连接屋面温室	也叫连栋温室，由上述同样面积和同样式样的温室连接起来而成的温室	这种温室适合大面积栽培，保温良好，但通风较差

二、塑料大棚

塑料膜有良好的透光性和保温性，而成本相对较低，适宜用于花卉生产。目前应用的塑料大棚有两类：

1. 固定式塑料大棚

用钢管作骨架，其上盖一层塑料薄膜，可长期固定使用，不需拆卸。薄膜每年更换一次。

2. 简单式塑料环棚

利用轻便器材如竹竿、钢筋等做成半圆形支架，然后罩上塑料薄膜，就成了简单式塑料环棚。

三、荫棚

荫棚有两种，即永久性荫棚和临时性荫棚。

1. 永久性荫棚

永久性荫棚一般设在温室附近不积水而且通风良好的地方。用钢管或水泥柱构成主架，一般高度为 200～250 cm，棚架上覆盖竹帘、苇帘或遮阴网等进行遮阴。同时根据不同花卉的耐阴程度调整覆盖物的密度。有的地方采用香樟林、葡萄架、凌霄架等天然荫棚，荫棚的东西两端还要设荫帘，防止光线直射。永久棚架下一般设置花台和花架，如果盆花直接放在地上，应在地上铺砖块或煤渣，避免雨水溅污花盆和枝叶。

2. 临时性荫棚

临时性荫棚一般比较低矮，高度为 50～100 cm，用木棒支撑，以竹帘或苇帘覆盖，

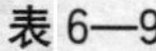

在扦插未生根或播种未出苗前可覆盖厚些，当开始生根或发芽后可减少覆盖物，等根发出，苗出齐后可全部拆除。

四、其他栽培设施

1. 苗床

苗床主要用于小苗越冬，是温室的辅助设施。底部加热的称温床，不加热的称冷床。苗床应选择背风、向阳、排水良好的地方建造。一般宽 150～200 cm，长度不定，四周筑墙。一般北墙高 90～100 cm，南墙高 30 cm，床顶加盖玻璃框，利于阳光射入，增加床内温度。

2. 苗床架（见图 6—2）

图 6—2　苗床架

苗床架是采用铝合金材料为床架、热镀锌材料为立柱建造而成。它不仅使大棚利用率高，灵活性强，可做多种用途，而且整齐、美观，使用寿命长，造价低。

3. 灌溉设施（见图 6—3）

图 6—3　灌溉设施

（1）滴灌。滴灌是现代花卉栽培广泛采用的灌溉方式。标准滴灌系统应包括水源（要有一定的压力）、过滤器、肥料注入器、输入管道、滴头和控制器等。

使用滴灌系统，水分仅浸透根系主要分布的局部土壤，保证该区域水分的稳定供应，有效地避免了土壤板结，大大降低了土壤表面蒸发的损失，既节约用水，又可降低近地面空气湿度，有效控制病虫害。此外，滴灌常与施肥结合进行，大大提高了肥料的利用率。2010 年上海世博会上，一些花墙和主题景点采用滴管系统，大大减少了养护工作量，不仅节水，而且消除安全隐患，延长花卉观赏期，便于广大群众观赏。

（2）喷灌。喷灌也是现代花卉栽培应用较多的灌溉方式。其优点在于：水量可以较为准确地控制，节约用水，灌溉均匀；可以增加空气湿度，具有一定的降温作用。

喷灌系统的要求是：喷水速率略低于基质的渗水速率；每次喷水量应等于或略小于基质最大的持水量，只有这样才能避免水资源的浪费和土壤结构的破坏。喷灌系统有移动式和固定式两种形式，移动式喷灌为较多采用。

目前，生产上广泛采用的全光自动间歇喷雾装置，用电磁阀控制喷雾次数，在扦插育苗中较多采用。

4. 加温设施

在冬季，温室、大棚都需要用加温设施来提高室内温度，常见的加温设施有：

（1）热水加温。通过锅炉加热，将热水送至热水管，再通过管壁辐射，使室内温度增高。这种加热方法能保证室内温度均衡持久，缺点是耗燃料多，费用大。若是利用当地的地热资源或工厂排出的废热水，将是最经济的方法。

（2）蒸汽加温。利用蒸汽锅炉产生的蒸汽加热，能迅速提高室温，适合大型温室应用，缺点是耗燃料多，设备费高。

（3）电热加温。采用电热线、电加热管、电加温炉等进行小面积的加热，使用比较灵活方便。尤其是冬春苗床应用电加热线，可促进种子发芽、插条生根。

5. 降温设施

在炎热的夏季，温室需要配置降温设施，以确保花卉免受高温的不利影响。

（1）通风窗降温。当气温升高时，将所有通风窗打开，以通风换气的方式达到降温的目的。通风窗降温法降温效果不够理想。

（2）排风扇和水帘降温。现代化温室具有高效的降温系统，一般由排风扇和水帘两部分组成。排风扇装于温室的一端（一般为南端），水帘装于温室的另一端。水帘由一种特制的“蜂窝纸板”和回水槽组成。启动后冷水由上水管经“蜂窝纸板”缓缓下流，由回水槽流入缓冲水池。另一端的排风扇同时启动，将热空气源源不断地排出室外，从而有效地降低了温室内的温度，同时增加了空气的湿度。

（3）微雾降温。微雾降温法是当今世界上最新的温室降温技术。其降温原理是利用多功能微雾系统，将水以微米级或十微米级雾滴形式喷入温室，使其迅速蒸发，利用蒸汽潜热大的特点，大量吸收空气中的热量，然后将湿热空气排出室外，从而达到降温目的。微雾降温法的降温成本较低，降温效果明显，对自然通风温室尤为适用。

6. 播种流水线（见图 6—4）

TAE95 是为中小型规模生产而设计的自动播种流水线，播种速度达每小时 35 000～40 000 株。操作流程为种盘拆垛，种子注入，点播器掘洞播种，播送用于覆盖种子的珍珠岩或蛭石，灌溉，最后将已播种过的种盘堆垛。整个流程只需一人操作一个简单的控制板来完成。

7. 土壤粉碎机（见图 6—5）

它用以粉碎栽培介质，操作简单，节约大量人工，粉碎出的土壤均匀统一。

图 6—4 播种流水线

图 6—5 土壤粉碎机

第 4 节 常用新优花卉介绍

学习目标

➢掌握常用新优花卉的观赏特性、生态习性

➢能够独立进行新优花卉的繁殖栽培和养护管理

➢能够正确应用新优花卉

知识要求

一、报春花【*Primula malacoides*】（见彩图 6—13）

报春花又叫樱草，为报春花科、报春花属多年生草本花卉，常作两年生栽培。花期冬春，花色有红、蓝、白、粉、橙等。报春花属我国现有超过 390 种，云南是世界报春花属植物的分布中心。

1. 生态习性

原产我国，主要分布于我国西部和西南部。喜温暖湿润，喜夏季凉爽通风环境，不耐炎热，较耐寒；喜排水良好、富含腐殖质的土壤，不耐高温和强烈直射的阳光。

2. 栽培与管理

以播种繁殖为主。未经处理加工的种子寿命较短，一般得随采随播，播种时不能覆盖，而且要暴露在光照条件下，并要保持较高的湿度。施肥时切忌肥水沾污叶片，以免伤叶。主要病虫害有猝倒病、白粉病、蚜虫和红蜘蛛。

3. 同属种介绍

（1）欧洲报春（*P. acaulis*），原产西欧和南欧。全株具香气，叶面皱，自然分枝能力强，花葶多数。生长强健，耐寒性强，夏季干旱高温时易感染病虫害。

（2）四季报春（*P. obconica*），又叫四季樱草、球头樱草，属中日照花卉，只要温度适宜，可以四季开花不断。

（3）多花报春（*P. polyantha*），又叫西洋报春，耐寒性强，夏季在半阴和通风良好处生长旺盛，夏季干旱高温时易发生红蜘蛛和蚜虫等虫害。

4. 园林用途

报春花植株低矮，花色丰富，花期长，适合盆栽观赏，耐寒种类也适合早春花坛布置。

二、大花马齿苋【*Portulaca oleracea* var. *gigantes*】（见彩图 6—14）

大花马齿苋又叫太阳花，为马齿苋科、马齿苋属多年生肉质草本花卉，常作一年生栽培。原种花黄色，花径约 1 cm，栽培品种较多，花大，花色有黄、白、大红、橙红、玫红、洋红、复色等；花期 5—11 月。

1. 生态习性

原产南美洲。喜温暖、阳光充足和干燥的环境，阴暗潮湿之处生长不良。极耐贫瘠，但在排水良好的沙质壤土生长、开花表现最好。其茎叶肉质，极耐干旱，极耐移植。它的开花特性是见阳光开花，早、晚、阴天即闭合或不能充分开放；通常在晴天的 10：00 开放，下午 14：00—15：00 点闭合；新育出的品种有全日性开花特性，对日照没有特殊要求。

2. 栽培与管理

常用扦插繁殖，也可播种。小苗应尽早摘心，以促进分枝，扩大蓬径。大花马齿苋花后经修剪、施肥后能再度开花。上海地区母本需在室内越冬。

3. 同属种介绍

同属种常见栽培的有半支莲（*P. grandiflora*），也叫太阳花、午时花，为一年生匍匐草本花卉。

4. 园林用途

大花马齿苋花色艳、花期长，植株低矮，是良好的花坛、花境及地被材料，也常用于盆栽观赏。

三、佛甲草【*Sedum lineare*】（见彩图6—15）

佛甲草为景天科、景天属多年生常绿肉质草本花卉。茎丛生状，幼时直立，后下垂；叶在阴处为绿色，在充分日照下呈黄绿色；花黄色，花期5—6月。

1. 生态习性

原产中国、朝鲜和日本。喜阴湿，耐干旱，耐寒，耐瘠薄，耐修剪，病虫害较少；过湿、过肥易徒长，影响观赏价值。

2. 栽培与管理

通常用匍匐枝繁殖，极易生根；梅雨季节来临之前，修掉过厚的枝叶，有利于通风，减少霉烂。

3. 同属种介绍

（1）垂盆草（*S. sarmentosum*），原产中国、日本，花期6—8月。

（2）景天（*S. aizoon*），又叫费菜，原产日本北部，花期7月。

（3）松鼠尾（*S. morganianum*），又叫串珠草，原产美洲、亚洲、非洲温热带地区，春天开花，深玫红色。

4. 园林用途

佛甲草颜色葱绿，适合作立体花坛面材和屋顶绿化材料布置，或在花境中与石蒜类相配效果更佳。

四、随意草【*Physostegia virginiana*】（见彩图6—16）

随意草又叫芝麻花、假龙头，为唇形科、随意草属多年生草本花卉。花色有雪青、白两种，自然花期7—9月；雪青品种通过摘心、定头处理，可控制在国庆节开花。

1. 生态习性

原产北美。喜阳光充足的环境，较耐寒；喜排水良好的沙质壤土，耐瘠薄。

2. 栽培与管理

春秋季进行分株繁殖，也可于春夏进行扦插，还可播种。由于随意草萌蘖性强，故最好每年分栽一次，否则植株过密，通风透光不良，影响生长。盆栽于春季挖小脚芽或扦插均可，注意疏枝，使枝条粗细、高矮较一致，分布较均匀，7 月中下旬定头，国庆节开花，前期应控水控肥，否则长势过旺，植株偏高。

3. 园林用途

随意草生长旺盛，花叶整齐，适合布置花坛、花境，或作盆栽观赏。

五、醉鱼草【*Buddleia lindleyana*】（见彩图 6—17）

醉鱼草为马钱科、醉鱼草属半常绿灌木。穗状花序顶生，花蓝紫色，花期夏秋。

1. 生态习性

喜光，耐半阴；喜温暖，耐寒，耐旱；在排水良好、湿润土壤中生长旺盛。根部萌蘖力很强。

2. 栽培与管理

用播种、分株或扦插繁殖。播种时注意遮阴保湿，扦插可在春季进行，分株可结合抽稀调整进行。醉鱼草长势旺盛，生长量大，生长期应适度修剪，以保持株形圆整、美观。若不收种子，花后应修去残花，以减少养分的消耗。

3. 同属种介绍

（1）白花醉鱼草（*B. asiatica*），叶背、花冠外部有白色绒毛，花白色，有芳香。

（2）大叶醉鱼草（*B. davidii*），叶大，花淡紫色，有芳香，有大花、翻瓣、矮生、密穗等品种。

4. 园林用途

醉鱼草花期长，管理粗放，且有花香，能吸引蝴蝶，尤其适合花境中应用。其又能耐旱、耐瘠薄，可作干旱坡地、固沙植物种植。

六、鸢尾类【*Iris spp.*】（见彩图 6—18）

鸢尾类为鸢尾科、鸢尾属多年生花卉。鸢尾类植物全世界有 300 种以上，原产我国的有 60 多种。

1. 生态习性

该类花卉因其原产地的不同，其生态习性也各不相同。

（1）旱生鸢尾。耐寒、耐旱、不耐水湿。其中一部分根状茎较粗壮、肥大；喜半阴环境，喜排水良好、肥沃、富含石灰质的土壤；适合林缘种植，如鸢尾、德国鸢尾；另一部分根系发达，生长健壮，极耐干旱，在任何土壤上均能生长发育良好，又无病虫害；在自然式园林应用中可大片栽种，是良好的地被材料。

鸢尾（*I. tectorum*），原产我国云南、浙江、四川等地。花茎自叶丛中抽出，每枝顶端着花 1～2 朵，由佛焰苞抽出，花蓝紫色，花被 6 片，基部联合成筒状，外 3 片大，下竖或反卷，上面具有鸡冠状皱，称“垂瓣”，内 3 片较小，呈拱形直立。基部细狭，称“旗瓣”，为淡蓝色。花柱花瓣状，与旗瓣同色。

德国鸢尾（*I. germanica*），原产欧洲东部，为园艺品种最多的一个。花色有白、黄、淡红、淡紫等，有香气；花径可达 10～17 cm。垂瓣倒卵形，中肋处有黄白色须毛及斑纹，旗瓣较垂瓣色淡，拱形直立。花期 5—6 月。

马蔺（*I. ensata*），叶丛直立，花常单生，略小，蓝紫色，花期 5 月。

(2) 湿生鸢尾。喜水湿和酸性土壤，不耐干旱。此类鸢尾适宜栽种在河畔、水池或溪边等处。

花菖蒲（*I. kaempferi*），又叫玉蝉花。原产我国东北、日本和朝鲜。花色丰富，重瓣性强，花径可达 9～15 cm，垂瓣为广椭圆形，无须毛；旗瓣色稍浅；花期 6 月。

(3) 球根类鸢尾。喜光，稍耐阴；喜沙质土壤；喜凉爽，不耐严寒，又忌炎热；秋冬季生长，早春开花，初夏休眠。

西班牙鸢尾（*I. xiphium*），原产法国南部至北非。球茎外被褐色皮膜，花紫色或黄色。荷兰和日本培育出许多栽培品种，我国多作切花促成栽培。

2. 栽培与管理

分株繁殖花后进行，通常每隔 2～3 年进行一次。分球法适用于球根类鸢尾，每隔 2 年分球一次。地上部分枯黄后，将鳞茎挖起分级，放干燥、冷凉的室内，9—10 月份按鳞茎大小分级栽种。冬季注意清理栽培环境，耐粗放管理，

旱生鸢尾栽植前土壤应充分翻耕，并施入腐熟基肥。不宜栽植过深。栽后浇一次透水，以后酌情补水，一般以土壤略微偏干为宜。春季萌芽生长至开花前追施一次液肥。秋后及时清理地面枯枝落叶等，减少病虫害传染。冬季不需覆盖即可安全越冬。

湿生鸢尾栽种前深翻并施入基肥。栽种后应注意水湿条件，生长期间水深保持在 10～15 cm 较为适宜。夏季休眠期不宜过干，冬季可略微干燥一些。通常每隔 2～3 年更新一次。

球根类鸢尾栽植地点应避风向阳，一般 10 月栽种。栽植深度视鳞茎大小不同而异，一般大鳞茎栽植深度为 9～12 cm，距离为 15 cm，翌春即可开花；小鳞茎覆土为鳞茎高度的 2 倍左右，一般栽后两年开花。栽植后浇一次透水，寒冷地区应在冬季覆盖防寒。夏季高温高湿条件下容易烂球。故应挖起分级冷藏。主要病虫害有细菌性软腐病、锈病、蜗牛和夜蛾等。

3. 园林用途

鸢尾类花卉品种繁多，适合布置花境、专类园，也可用做地被种植，或作水景布置；球根类鸢尾可作切花。

七、射干【*Belamcanda chinensis*】(见彩图 6—19)

射干为鸢尾科、射干属多年生草本花卉。二歧状伞房花序顶生。花橙色至橘黄色，有深红色小点；花期 7—8 月。

1. 生态习性

原产中国、日本和朝鲜。喜光，喜干燥，耐寒，喜排水良好的沙质壤土。

2. 栽培与管理

分株繁殖，春季进行；将根茎刨出，切截根茎，每段需带 1～2 个芽，切口稍干后栽种，也可播种繁殖，实生苗第三年开花。春季萌动后及开花前施薄肥，以利开花。

3. 园林用途

射干适合布置花境，也可丛植路边、林缘及空地。

八、八仙花【*Hydrangea macropylla*】(见彩图 6—20)

八仙花又叫草绣球，为虎耳草科、八仙花属落叶小灌木。聚伞花序半球形，中央为两性花，边缘为不孕花；萼片似花瓣，花大，花色多变，初开时白色，渐变蓝色或粉红色；花期 6—7 月。目前较受欢迎的有园艺八仙，叶大色绿，花大色艳，花径 20 cm 以上，花粉红色；银边八仙，叶片较小，具白色条斑。

1. 生态习性

原产我国和日本。喜半阴湿润环境，忌烈日；喜肥沃、疏松、排水良好的酸性土壤，土壤酸碱度对花色影响较大，花在酸性土中多呈蓝色，碱性土中则呈红色；不很耐寒，在长江流域冬季地上部分受冻，翌春从根茎萌发新梢；为短日照植物。

2. 栽培与管理

分株或扦插繁殖。苗期每两周追施液肥一次，8 月份以后少追肥，开花后应及时剪除残花，促使腋芽萌发，新枝长 10 cm 时摘心一次，促使多分枝及新枝健壮生长。花盛开时，若有必要，可立杆绑扎，以防止倒伏。夏季烈日下会使叶片灼伤，产生红斑，故应种植于半阴处。每日黑暗 10 h 以上，约 6 周形成花芽，若作为促成栽培的植株，必须经过 6～8 周的低温期后方能开花。主要病虫害有叶斑病。

3. 园林用途

八仙花适合布置花境，或在半阴处作地被种植，也可盆栽观赏。

九、火星花【*Crocosmia crocosmaeflora*】(见彩图 6—21)

火星花为鸢尾科、藏红花属多年生球根花卉。总状花序，花冠漏斗状，花筒茎部渐尖，花色橙红、橙黄，花期夏秋。

1. 生态习性

原产非洲南部。喜阳光充足，耐寒又耐酷暑；长江流域球茎能露地越冬。适合生长于排水良好、疏松肥沃的壤土，生育期要求土壤有充足水分。

2. 栽培与管理

球茎的自然繁殖能力较强，常用分球繁殖。一般 3 年分球一次，于春季新芽萌发前挖起球茎，分球栽植。栽植前土壤要充分翻耕，施足基肥，3 月中旬萌发后，孕蕾期和花谢后各施一次追肥，球茎在当年夏秋开花，小的球茎翌年才能开花。主要病虫害有叶斑病和红蜘蛛。

3. 园林用途

火星花适合布置花境、花坛背景或作切花。

十、杂交秋海棠【*Begonia elatior* Hybrids】(见彩图 6—22)

杂交秋海棠又叫丽格海棠、玫瑰海棠，为秋海棠科、秋海棠属多年生草本花卉。它是由阿拉伯秋海棠和南美的球根秋海棠杂交而成，其花为复瓣，花色有红、粉、黄、白等，花朵数非常多，能常年开花，但以冬季为主。

1. 生态习性

喜冬季温暖、夏季凉爽的气候；喜光，忌阳光直射，半阴处生长更佳，要求空气湿度为 50%左右。

2. 栽培和管理

分球繁殖，夏季收球储藏，秋季种植；上海等炎热地区不易种好，可以通过人工授粉获得种子；种子非常细小，播种时不能太密，不能覆土，使用浸盆法播种。生长期应及时摘心以控制株形和花期，在每次摘心后应适当控水，在整个生长期可经常向叶面喷水，但摘心期间和花蕾显色后应停止叶面喷水。每年花后进行强剪。主要病虫害有立枯病、根结线虫病等。

3. 同属植物介绍

秋海棠属植物约有 1 000 种，广泛分布热带、亚热带地区，我国有 90 种，常见栽培的根据地下部分和茎的形态分成 3 类：

(1) 球根类秋海棠。多年生草本花卉，主要作盆栽观赏或花坛布置，以观花为主；其地下有明显块茎或球茎，如杂交秋海棠。

（2）须根类秋海棠。多年生作一年生栽培，地上茎明显，直立；地下根系正常，代表种有四季海棠，原产巴西，是理想的花坛布置材料，可用播种或扦插繁殖。

（3）根茎类秋海棠。多年生草本花卉，大多为观叶植物；其地下具平卧的根状茎，如蟆叶秋海棠；叶色丰富，繁殖用叶片扦插，将叶柄切除的叶片平铺于沙床，割伤粗壮的叶脉，伤口处会长出小苗，分株即可；喜半阴、温暖环境，夏季高温时休眠。

（4）园林用途

杂交秋海棠花色多、花径大、株形丰满，非常适合室内盆栽观赏。

十一、垂叶榕【*Ficus benjamina*】（见彩图 6—23）

垂叶榕又叫小叶榕，为桑科、榕属常绿乔木。隐头花序单生于叶腋，花期 11 月。其花叶品种（花叶榕）正在流行。

1. 生态习性

原产东南亚和我国南部地区。喜温暖、湿润和光照充足的通风环境；能耐阴，不耐寒，对土壤要求不严，适应性较强。

2. 栽培与管理

繁殖以扦插为主，也可空中压条。生长期每隔 20 天追施液肥一次。夏天置于荫棚下，防止烈日直射，常向叶面喷水，深秋入中温温室养护，每隔 2～3 年换盆。

3. 同属种介绍

（1）橡皮树（*F. elastica*），又叫印度橡皮树，为大型常绿植物，革质；小枝粗壮，常绿色，嫩芽红色；叶大，全缘，椭圆形，叶质厚，深绿色，有光泽。其变种有金边橡皮树、花叶橡皮树和白斑橡皮树。

（2）琴叶榕（*F. lyratus*），叶片较大，形似提琴。

4. 园林用途

树姿优雅，终年叶片碧绿、光亮，非常适合室内盆栽观赏，常作厅、堂、会场、宾馆的装饰材料。

十二、果子蔓【*Guzmania lingulata*】（见彩图 6—24）

果子蔓又叫红杯凤梨，为凤梨科、果子蔓属多年生常绿草本花卉。株高 30～40 cm，叶舌状，基部较阔，外弯。伞房花序由多数大型、阔披针形外苞片包围。小花白色，外苞片鲜红色或桃红色。品种有大果子蔓和小果子蔓。

1. 生态习性

原产南美热带雨林地区。喜半阴、温热和湿润气候，要求排水良好，富含腐殖质和粗纤维介质。

2. 栽培与管理

分株、播种繁殖，商品性大量繁殖可用腋芽进行组培快繁，盆栽宜放在室内光线明亮处，这样叶片和苞片颜色鲜艳；莲座状叶筒内不可缺水，大热天每周更换筒内清水一次；空气干燥时应多向叶片喷水，生长季每 1～2 周施液体肥一次。

3. 同属种介绍

同属植物约有 110 种，常见栽培的有：

(1) 红叶果子蔓（*G. sanguinea*），叶上半部两面均呈深红色。

(2) 黄苞球凤梨（*G. musaica*），又叫镶嵌果子蔓，叶面淡绿色散生深绿色斑点，叶背有浅紫色条斑，穗状花序。苞片金黄，具淡红色条纹。

(3) 离花果子蔓（*G. dissitiflora*），叶长线形，浅色叶面上有褐色脉纹，叶背有鳞片状斑点，穗状花序，总苞鲜红色，萼黄色。

(4) 火炬果子蔓（G. 'Torch'），穗状花序密集呈椭圆形，红色。

4. 园林用途

果子蔓株形优美，苞片色泽艳丽，适合室内盆栽观赏植物，也可作切花。

十三、广东万年青【*Aglaonema modestum*】(见彩图 6—25)

广东万年青又叫亮丝草，为天南星科、亮丝草属多年生常绿草本花卉。茎直立，节间明显；叶互生，长卵形，深绿色有光泽，肉穗花序有柄，佛焰苞淡绿色。

1. 生态习性

原产我国广东和菲律宾、马来西亚、印度尼西亚等地。喜温暖、湿润、半阴环境，喜散射光，畏直射光；喜疏松、肥沃的微酸性土壤；在半阴及光线较暗处均能生长。

2. 栽培与管理

分株和扦插繁殖，分株在春季换盆时进行，将母株从盆中脱出，根据分枝多少从茎基部切开，伤口蘸上草木灰，另行栽植；扦插以春、秋两季为宜，取粗壮嫩枝，剪成长 10～15 cm 插穗，插入苗床中，保持空气湿度 80％左右，同时保持温度 25℃，约 3 周可生根，也可进行水培。

介质应疏松，可用腐叶土、泥炭和少量粗沙混合而成，待扦插苗生根长叶后即可上盆。4—8 月，每 10 天施一次矾肥水，生长期大量浇水，喷雾最好，冬季适当减少肥水。每年早春换盆，盆底铺上一层卵石，以利排水。

3. 同属种、品种介绍

同属植物约 50 种，常见栽培的有：

（1）波叶亮丝草（*A. crispum*），叶长卵形，革质，灰绿色，有美丽银白色斑纹。

（2）细斑亮丝草（*A. co mmutatum*），叶长圆状，深绿色，有灰绿色斑纹。

（3）斑叶粤万年青（*A. modsetum* ‘Variegatum’），叶片上有不规则乳白色斑块。

（4）金黄粤万年青（*A. commutatum* ‘Pseudobracteatum’），叶片主侧脉两旁有羽状黄色斑纹，极美丽。

（5）银黄粤万年青（*A. commtatum* ‘Silverking’），为人工杂交品种，叶面有银绿色，间有深绿色斑点，是目前较流行品种。

4. 园林用途

广东万年青类品种繁多，非常适合室内盆栽观赏，也可作切叶。

十四、巴西铁【*Dracaena fragrans*】(见彩图 6—26)

巴西铁又叫香龙血树、巴西千年木，为百合科、龙血树属常绿观叶乔木。叶簇生茎顶，绿色有光泽，叶缘有波浪状起伏，叶片向下拱垂。常见栽培品种有金心巴西铁、金边巴西铁和银边巴西铁。

1. 生态习性

原产非洲几内亚。喜高温、高湿、阳光充足环境，也能耐阴和抗干旱。

2. 栽培与管理

以扦插繁殖为主，将一年生枝条剪成长 8～10 cm 的插条，保留少量叶片。直插苗床或水中，温度保持 25℃以上，1—2 月生根萌叶。多年生木质化的茎秆也可作插穗，锯成长 30～50 cm 或更长的茎段扦插，培养大苗。

上盆介质以草炭、河沙等混合而成，待扦插苗生有新根后可移植上盆。5—6 月为生长旺盛期，每周施肥一次，经常采用喷雾法提高空气湿度，盆土过湿，会使叶尖枯焦。冬季要适当控制浇水量和停止施肥。当老株根系长满盆底时可于春季换盆。上海园林宾馆办公室内摆放的巴西铁，由于环境条件适宜，如落地门窗，光照充足，空调温度控制在 22～24℃；养护管理周全，能经常叶面喷水，定期施肥，故数次开花，香味浓郁。主要病虫害有遮扁蛾。

3. 同属种介绍

（1）红边竹蕉（*D. marginata*），又叫缘叶龙血树，红边千年木。常绿乔木，高 1 m 以上，叶线形，主要品种为三色千年木。

（2）富贵竹（*D. sanderiana*），又叫白边龙血树，植株细长，直立，不分株，园艺品种多，叶色常具黄白条纹。

(3) 太阳神（*D. deremensis* ‘Compacta’），又叫密叶竹蕉，茎直立，节间极短，叶片密集轮生，排列整齐，长椭圆状披针形。

(4) 百合竹（*D. reflex*），又叫短叶竹蕉，长高后易弯曲，多分枝，叶剑状披针形，叶色浓绿有光泽，有黄色条纹品种。

4. 园林用途

巴西铁适宜室内盆栽观赏，也可水养或作切叶。

十五、发财树【*Pachira aquatica*】(见彩图 6—27)

发财树又叫马拉巴栗、美国花生，为木棉科、瓜栗属常绿小乔木。高可达 10 m；掌状复叶，浓绿色，花期 4—5 月。

1. 生态习性

原产墨西哥。喜高温多湿和阳光充足的环境，忌直射强光，耐阴，稍耐旱，忌积水；喜肥沃疏松、排水良好的土壤。

2. 栽培与管理

可用播种、扦插、嫁接、组培繁殖。以播种为主，播种苗第 2 年高达 60～100 cm，可加工编辫，达标后上盆。扦插易成活，但基部不膨大。嫁接选用二年生经编辫的实生苗作砧木，接穗选已开花结实树上一年生健壮枝条，2 月下旬用劈接法，成活率 80%，接后第 2 年开花，可比播种苗提前 5 年开花结实。

栽培宜选用肥沃、排水良好的腐叶土，每隔 1～2 年换盆一次，3 周左右施薄肥一次。盆栽应置于室内光线充足处，冬天不低于 10℃，忌冷湿；生长期需中等水量，冬季少浇水。经常向叶面喷水，培育中注意保持低矮茂密的株形。可用人工控制，即强修剪达到需要的高度，剪后很快在剪口下长出新芽，移植后老叶脱落是正常现象。

3. 园林用途

发财树播种苗基部有粗大的“萝卜头”形状，观赏价值较高，又有吉利的名称，故成为室内观赏植物的新宠，适合于客厅、宾馆、公司等多类室内环境的布置。

十六、王莲【*Victoria amazonica*】(见彩图 6—28)

王莲又叫亚马孙王莲，为睡莲科、王莲属大型多年生水生花卉。根状茎直立有刺，成熟叶片大，圆形，直径达 1.8～2.5 m，叶缘直立，高 7～18 cm，有皱纹，长出第 20 片叶后才能开花，花、叶漂浮水面，有芳香，花径 15～35 cm，通常午后开放，次日上午闭合，傍晚又重新开放。颜色由白变粉变红。种子应储藏在水中，否则将丧失发芽率。

1. 生态习性

原产南美洲亚马孙河流域。喜阳光充足、高温高湿的环境；喜富含有机质的土壤；早晚温差大，不利开花，夜间低温有抑制生长的作用；水不宜过深。

2. 栽培与管理

播种繁殖。一般于12月至翌年2月间将种子放入浅盆，再浸入水温为30～35℃的水池中，距水面5～10 cm，10～20天便可发芽。待锥形叶片和根长出后上盆栽植。将根埋入土中，切忌将根上的生长点露出土面，然后使盆浸入水池距水面2～3 cm处；幼苗生长快，每3～4天长出一片新叶；幼苗期间需光照充足，冬季光照不足，需人工补光，否则叶片易腐烂。温室水池栽种，经过几次换盆（每次盆径应比原盆大2～3 cm，并逐渐加深水位），待叶片长到20～30 cm时，便可定植池中。栽植王莲需要水池面积30～40 m^2，池深80～100 cm，池中设立种植槽或台，并设排水管和暖气管，以保证水体清洁和水温正常。

3. 园林用途

王莲叶奇花大，漂浮水面，适合公园、植物园等较大的水面布置。

十七、常绿油麻藤【*Mucuna sempervirens*】（见彩图6—29）

常绿油麻藤为豆科、油麻藤属常绿木质向左旋缠绕大藤本。茎长可达30 cm以上；总状花序，常生于老干上，通常下垂，花大，长达6.5 cm，蝶形，深紫色；翼瓣长度通常只有龙骨瓣的1/2，花期4—5月，果熟10月。

1. 生态习性

原产我国西南和华南、华东等地，常生于石灰岩上。喜温暖湿润气候，耐阴，耐旱，稍耐寒；对土壤要求不严，适应性强，但以排水良好石灰质土壤最适宜。

2. 栽培与管理

扦插、压条、种子均可繁殖。种子要及时采收、播种，成苗定植时要设支柱，以便攀缘，大枝扦插也易生根。

3. 园林用途

叶繁荫浓，花序悬挂于盘曲老茎，奇丽美观；适用于大型棚架、绿廊等攀缘绿化，也可用于山岩、叠石、林间配置，颇具自然野趣，还可作地被种植。

十八、金银花【*Lonicera japonica*】

金银花为忍冬科、忍冬属蔓性灌木，花白色，后转黄色，具香味；花期4—6月，果期8—10月。

1. 生态习性

原产中国、日本、朝鲜。喜阳，耐半阴，耐寒，也耐干旱和水湿；根系繁密，萌蘖力强。

2. 栽培与管理

用播种、扦插、压条或分株繁殖，移植宜在春季进行，选择 2～3 年生小苗裸根掘起，以 2～3 株为一丛种植，需有它物任其攀缘。

3. 同属种及栽培品种介绍

黄脉金银花（*L. j.* var. *aureo-reticulata*），叶有黄色脉纹。

红花金银花（*L. heckrottii*），花管外紫红色，内壁乳黄色，具香味。

金红久忍冬（*L.* cv.）（见彩图 6—30），花紫红色，具香味。

4. 园林用途

适合于篱墙栏杆、门架、花廊、移动式绿屏、高架桥柱绿化等配置，也可制作盆景。

思 考 题

1. 中国十大名花指哪十种植物？
2. 花坛花卉栽培质量标准有哪些要求？
3. 容器花园的材料及要求有哪些？
4. 举例说明立体绿化材料选择的要求。
5. 如何进行室内盆栽植物的养护管理？
6. 穴盘育苗的关键因子是什么？
7. 花期控制的方法有哪些？如何通过水肥控制来控制花期？
8. 写出 5 种常用的花境植物，并说明其养护管理要点。

第 7 章

园林规划设计

第 1 节 园林规划设计基础知识

学习单元 1 园林规划设计基本概念

学习目标

➢了解园林规划设计基本概念

➢掌握园林规划设计基本组成要素

➢能够准确判断园林植物、建筑形式、园林山石的类别

知识要求

一、园林规划与设计

1. 定义

（1）规划。根据园林绿地的性质、功能，确定园林物质要素的形状、位置、面积。园林规划（garden planning，landscaping planning），是指综合确定、安排园林建设项目的性质、规模、发展方向、主要内容、基础设施、空间综合布局、建设分期和投资估算的活动，泛指全面考虑长远发展计划的过程。园林规划主要解决功能分区、导游线组织、景点分级等大问题，不涉及具体的施工方案。

园林规划包括风景名胜区规划、城市绿地系统规划和公园规划；面积较大和复杂区域的规划，按照工作阶段一般可以分为规划大纲、总体规划和详细规划。园林规划的重点为：分析建设条件，研究存在问题，确定园林主要职能和建设规模，控制开发的方式和强度，确定用地和用地之间、用地与项目之间、项目与经济的可行性之间合理的时间和空间关系。

（2）设计。根据园林规划意图，对园林物质要素进行详细处理和安排。具体实现规划中某一工程的实施方案，是具体而细致的施工计划。

“设”者，陈设、设置、筹划之意；“计”者，计谋、策略之意。园林设计就是在一定的地域范围内，运用园林艺术和工程技术手段，通过改造地形（或进一步筑山、叠石、理水），种植树木、花草，营造建筑和布置园路等途径创作而建成美的自然环境和生活、游憩境域的过程。

园林设计（garden designing，landscaping designing）是一门研究如何应用艺术和技术手段处理自然、建筑和人类活动之间复杂关系，达到和谐完美、生态良好、景色如画之境界的一门学科。工作范围包括庭园、宅园、小游园、花园、公园以及城市街区、机关、厂矿、校园、宾馆饭店等。其中公园设计内容比较全面，具有园林设计的典型性。

园林设计研究的内容，包括园林设计原理、园林设计布局、园林设计程序、园林设计图纸及说明书等，还包括综合性公园、植物园、动物园、森林公园、风景名胜区的景区、景点设计，以及其他园林绿地的设计等内容。

园林设计的最终目的是要创造出景色如画、环境舒适、健康文明的游憩境域。一方面，园林是反映社会意识形态的空间艺术，要满足人们精神文明的需要；另一方面，园林又是社会的物质福利事业，是现实生活的实景，所以还要满足人们良好休息、娱乐的物质文明的需要。

2. 区别与联系

（1）先有规划再有设计。

（2）规划靠设计来实现。

（3）设计以规划为依据。

二、园林规划设计基本要素

1. 园林植物（Landscape plant）

适用于园林绿化的植物材料。包括木本和草本的观花、观叶或观果植物，以及适用于园林、绿地和风景名胜区的防护植物与经济植物。室内花卉装饰用的植物也属园林植物。园林植物分为木本园林植物和草本园林植物两大类。此外，还包括蕨类、水生、仙人掌多浆类、食虫类等植物种类。植物种类相互之间有所重叠。

2. 园林建筑

园林建筑是建造在园林和城市绿化地段内供人们游憩或观赏用的建筑物，常见的有亭、榭、廊、阁、轩、楼、台、舫、厅堂等建筑物。园林建筑在园林中主要起到以下 5 方面的作用：一是造景，即园林建筑本身就是被观赏的景观或景观的一部分；二是为游览者提供观景的视点和场所；三是提供休憩及活动的空间；四是提供简单的使用功能，诸如小卖部、售票、摄影等；五是作为主体建筑的必要补充或联系过渡。

3. 园林水体

水是园林中的灵魂，或为“血液”，有了水才能使园林产生很多生机勃勃的景观。水是造景的重要因素之一，或静态或动态，皆构成园景。

按水景的使用功能分以下两类：

（1）观赏的水景。其功能主要是构成园林景色，一般面积较小。如水池，既能产生波光倒影，又能形成风景的透视线；溪涧、瀑布、喷泉等除观赏水的动态外，还能聆听悦耳的水声。

（2）供开展水上活动的水体。这种水体一般面积较大，水深适当，而且为静止水。其中供游泳的水体，水质一定要清洁，在水底和岸线最好有一层砂土，或人工铺设，岸坡要和缓。当然，这些水体除了满足各种活动的功能要求外，也必须考虑到造型的优美及园林景观的要求。

4. 园林山石

园林山石是指人工堆叠在园林绿地中的观赏性的假山，如图 7—1 所示。

图 7—1　园林山石

根据山石材料的质地、纹理等不同，可分为湖石、黄石、青石、石笋、卵石等。湖石即太湖石，为石灰岩风化溶蚀而成，上面多有沟、缝、洞、穴等，因而形态玲珑剔透；黄石为细砂岩受气候风化逐渐分裂而成，故其体形敦厚、棱角分明、纹理平直；青石是青灰色片状的细砂岩，其纹理多为相互交叉的斜线；石笋为外形修长如竹笋的一类山石；卵石体态圆润，表面光滑。

根据山石堆叠方式不同，可分为自然山石假山、人工塑石假山、土石假山、独立景石等。自然山石假山是由黄石、湖石等天然石依据一定的艺术、技术规律堆叠成的假山；人工塑石假山是由砖、混凝土、彩色水泥砂浆等建筑材料经艺术塑造成的假山；土石假山是由土及天然块石混合堆叠的假山；独立景石由形态奇特、色彩美丽的天然块石，如湖石、黄蜡石独置而成的石景。

5. 园林道路

园林道路是园林的组成部分，起着组织空间、引导游览、交通联系并提供散步休息场所的作用。它像脉络一样，把园林的各个景区景点连成整体。

学习单元 2　园林造景的基本原理

学习目标

- 了解景的概念、园林景观感受途径
- 熟悉园林造景的内容
- 掌握主景突出、增加景深、景观联系与分隔、景观画面处理等方法
- 能够熟练掌握园林造景的基本方法

知识要求

一、景的概念

“景”即境域的风光，也称风景。造景是园林规划设计工作的主要内容之一，通过人工手段，利用环境条件和构成园林的各种要素创作出所需要的景观。景是由物质的形象、体量、姿态、声音、光线、色彩乃至香味等组成，是园林的主体和欣赏对象。自然造化的天然景（野景）是没有经过人力加工的。大地上的江河、湖沼、海洋、瀑布林泉、高山悬崖、洞壑深渊、古木奇树、斜阳残月、花鸟虫鱼、雾雪霜露等，都是天然景，园林造景时要充分加以利用。中国自南北朝以来，发展了自然山水园。园林造景，常以模山范水为基础，“得景随形”“借景有因”“有自然之理，得自然之趣”“虽由人作，宛自天开”。

二、园林造景的内容与方法

1. 造景内容

造景内容主要有：挖湖堆山，塑造地形；构筑亭台楼阁等建筑设施；砌叠假山奇峰、洞壑危崖；布置山谷溪涧、乱石湍流；堆砌巨石断崖，引水而下；设浅水小池，筑石山喷泉，养鱼，栽植物；布置组合形态各异的树木；以各种雕塑为构图主体。

2. 造景方法

（1）挖湖堆山，塑造地形，布置江河湖沼，辟径筑路，造山水景。

（2）构筑楼、台、亭、阁、堂、馆、轩、榭、廊、桥、舫、照壁、墙垣、梯级、磴道、景门等建筑设施，造建筑景。

（3）用石块砌叠假山、奇峰、洞壑、危崖，造假山景。

（4）布置山谷、溪涧、乱石、湍流，造溪涧景。

（5）堆砌巨石断崖，引水倾泻而下，造瀑布景。

（6）按地形设浅水小池，筑石山喷泉，放养观赏鱼类，栽植荷莲、芦荻、花草，造水石景。

（7）用不同的组合方式，布置群落以体现林际线和季相变化或突出孤立树的姿态，或者修剪树木，使之具有各种形态，造花木景。

（8）在园林中布置各种雕塑或与地形水域结合，或单独竖立，成为构图中心，以雕塑为主体，造塑景。

3. 园林景观感受途径

（1）视觉感受。物体的影像刺激视网膜所产生的感觉。通过视觉，人和动物可感知外界物体的大小、明暗、颜色、动静，获得对机体生存具有重要意义的各种信息，至少有80％以上的外界信息经视觉获得，视觉是人和动物最重要的感觉。

视觉感受也是园林景观感受最主要的途径之一，视觉感受应该有良好的视点、适宜的视域和最佳视距。视点不是固定不变的，可以自由移动，不同的移动方式产生不同的观赏效果，视点上下移动，产生仰视、平视、俯视三种观赏方式。视点的水平移动产生动态观赏和静态观赏两种观赏方式。视域是观赏景物的范围，分一般视域和最佳视域。一般视域的水平视角为160°，垂直视角为120°，一般视域观赏景物的特点是视域宽、场面大，但观赏时转动头部而显示出景物不完整和观赏的疲劳感；最佳视域的水平视角为45°，垂直视角为30°，最佳视域观赏景物的特点是轻松，景物完整感强，但这种视域相对较窄。园林中主要景点周围都要留出一定的观赏距离，即最佳视距。最佳视距的确定，取决于景物的高度和最佳视域，具体计算如图7—2所示。

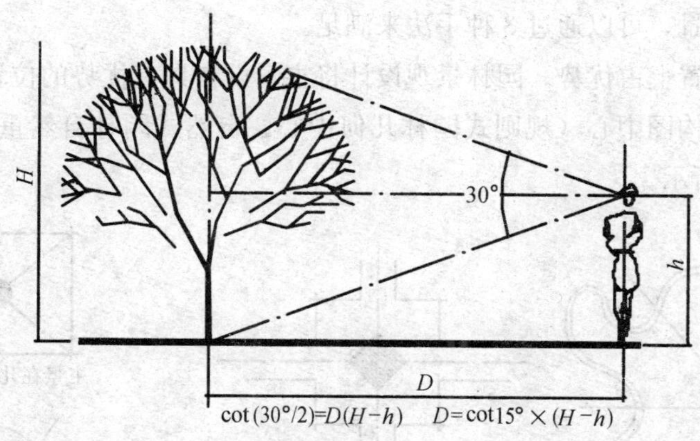

图 7—2　最佳视距的确定

(2) 听觉感受。声波作用于听觉器官，使其感受细胞兴奋并引起听神经的冲动发放传入信息，经各级听觉中枢分析后引起的感觉。听觉感受是园林景观感受的主要途径之一，园林环境中许多声源都能成为听觉感受的素材，如敲击声（钟声）、自然声（风声、雨声）、流水声（溪、涧、瀑布）、动物声（虫、蝉、鸟、蛙）等。听觉感受的环境要注意安静、无噪声，同时要创造一定的声源条件。

(3) 嗅觉感受。嗅觉是由化学气体刺激嗅觉感受器而引起的感觉。人类的基本嗅觉有 4 种，即香、酸、糖味和腐臭。嗅觉感受是园林景观感受特有的途径。香源主要来自园林植物花、叶的芳香，如桂花甜香，栀子花、含笑浓香，梅花暗香，荷花清香等。嗅觉感受的环境要注意创造聚集香气的闭合空间，并在香气飘逸下风口的位置设置休息设施。

(4) 味觉感受。味觉是指食物在人的口腔内对味觉器官化学感受系统的刺激并产生的一种感觉。从味觉的生理角度分类，只有 4 种基本味觉：酸、甜、苦、咸。味觉感受是园林景观感受特殊的途径。味源主要有茶、泉、果等，作为味源的品尝内容要有特色或知名度，并为品尝者提供优美舒适的环境。

(5) 触觉感受。触觉是接触、滑动、压觉等机械刺激的总称。触觉感受是园林景观感受特有的途径，通过游人参与、接触，从而感受景观的内涵。例如，脚的感觉（土、草、砂、石、水）、手的感觉（凹、凸、粗、细）、臂部的感觉（硬、软、冷、暖）等，如海滨园林嬉水追浪的气氛、溶洞园林冬暖夏凉的氛围。园林景观感受的途径是综合的，如江声月色。因此，充分发挥人的五大感觉器官去综合体验感受园林风景是设计者追求的目标。大自然为园林景观感受创造了良好的条件，了解、认识、体验大自然是设计者构思的灵感。

4. 主景突出的方法

园林景观依前后顺序有前景、中景、背景之分。一般中景为主景，前景为陪衬，背景为依托。为突出主景，可以通过 3 种手法来满足。

（1）主景在位置上占优势。园林景观设计将主景设在具有优势的位置上，如轴线的焦点、视线的焦点、构图中心（规则式园林几何中心、自然式园林自然重心）、动势向心等位置，如图 7—3 所示。

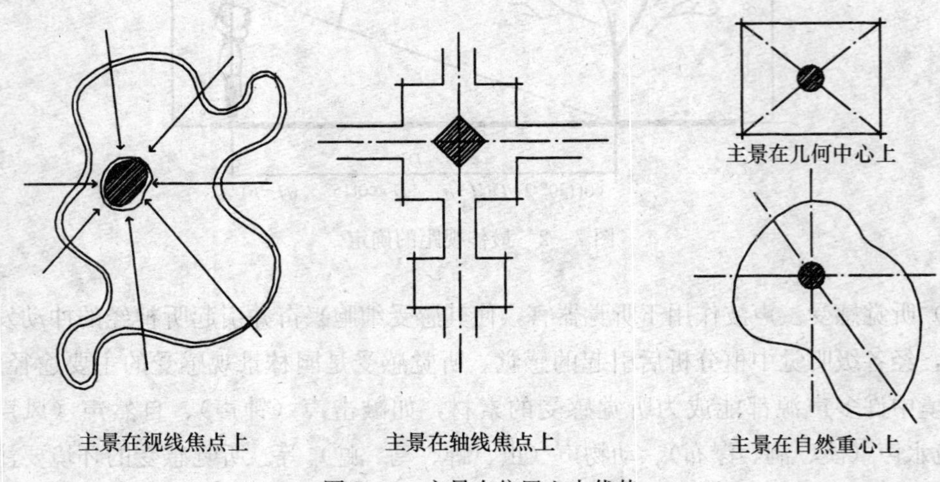

图 7—3　主景在位置上占优势

（2）主景在体量上占优势。园林环境中体量硕大的景物，即使其位置无优势，但由于其自身体量庞大而容易醒目突出，如杭州吴山的宋樟。

（3）主景在数量上占优势。园林环境中数量相对集中的景物，即使其位置、体量上无优势，但由于其数量相对集中而显现出优势，方显其景观醒目突出，如杜鹃园中的杜鹃。

5. 增加景观景深的方法

园林景观利用不同的处理手法，可以感觉比实际距离更深的景观效果。

（1）利用地形微差增加景深，如图 7—4 所示。

（2）利用植物层次增加景深，如图 7—5 所示。

（3）利用透视原理增加景深，如图 7—6 所示。

（4）利用色彩及明暗增加景深，如图 7—7 所示。

6. 景观联系与分隔的一般手法

园林造景中属于景观联系的有对景和借景，属于景观分隔的有隔景和障景。

（1）对景。视线端部设置的景物。对景是园林造景手法中运用最广泛的一种。对景在园林环境中无所不在、无所不有，能丰富园林景观内容，使园林景观达到一步一景、步移景异的效果。对景有正对景和互对景之分，在视线一端设置的景为正对景，在视线两端设置的景为互对景。互对景在水体周围运用较广。

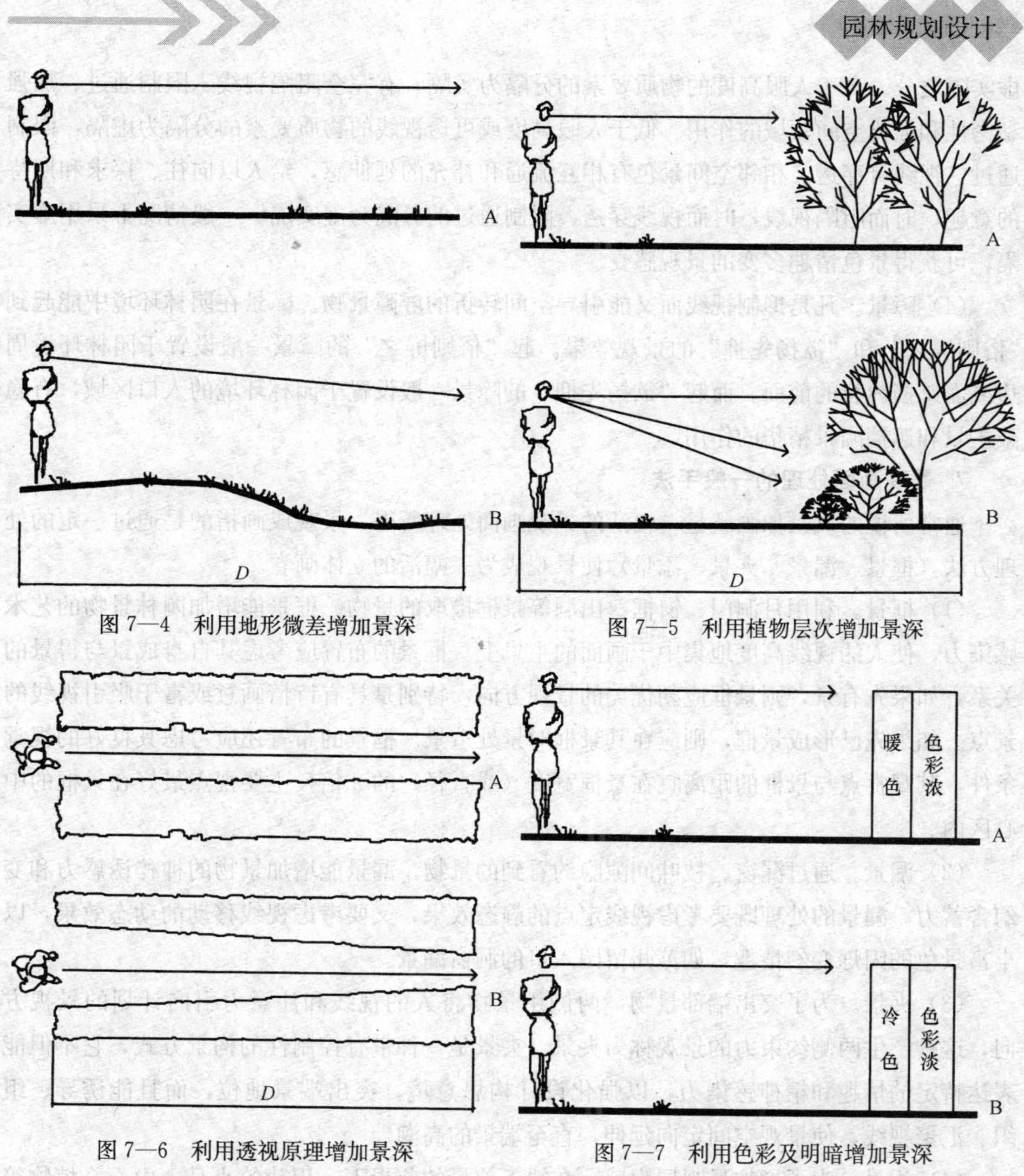

图 7—4　利用地形微差增加景深

图 7—5　利用植物层次增加景深

图 7—6　利用透视原理增加景深

图 7—7　利用色彩及明暗增加景深

（2）借景。将园内视线所及的园外景物有意识地借到园内来，使之成为园内景观的一部分。借景是我国传统园林造园手法之一。借景在园林环境中能起到扩大空间感，增加景观内容，丰富空间层次感的作用。借景在我国传统园林中运用较多，如苏州留园借虎丘塔、苏州拙政园借北寺塔都是借景的经典作品。

（3）隔景。分隔空间，组织空间的景物。隔景在园林环境中能获得“一隔意无穷”的景观感受，使不同功能、不同景色各具特色而又避免相互过多干扰。隔景有实隔、虚隔和虚实隔之分。高于人眼高度的物质要素的分隔为实隔，有完全阻隔视线、限制通过、加强私密性和强化空间领域的作用。低于人眼高度或可透视线的物质要素的分隔为虚隔，限制通过、视线可穿透、相邻空间景色有相互流通和补充的延伸感，给人以向往、探求和期待的意趣，时而阻隔视线，时而视线穿透、限制通过的分隔为虚实隔。一般情况下采用虚实隔，可获得景色情趣多变的景观感受。

（4）障景。凡是抑制视线而又能引导空间转折的屏障景物。障景在园林环境中能起到“俗则屏之”和“欲扬先抑”的景观效果。起“俗则屏之”的障景一般设置于园林环境周边或需遮挡内容的前面。而起“欲扬先抑”的障景一般设置于园林环境的入口区域，有隐蔽主景和遮挡园景精华的作用。

7. 景观画面处理的一般手法

通常所说的风景如画就是一幅活的景观画面处理所得，景观成画指的是通过一定的处理方法（框景、漏景、夹景、添景）使景观成为一幅活的立体画卷。

（1）框景。利用月洞门、窗框、山洞等景框摄取的景物。框景能增加园林景物的艺术感染力，使人的视线高度地集中于画面的主景上。框景的布置应考虑其自身成景与得景的关系，如果先有景，则景框应朝优美的景视方向，特别是具有诗情画意或富于吸引视线的景点。如果先已形成景框，则应在其景框对景处造景。框景的布置还应考虑其良好的视觉条件，其观赏点与景框的距离宜在景框宽度（或直径）的 2 倍，主要视点最好在景框的中心区内。

（2）漏景。通过漏窗、枝叶间隙隐约看到的景物。漏景能增加景物的神秘诱惑力和变幻含蓄力。漏景的处理既要考虑视线定点的静态效昦，又要考虑视线移动的动态效果，以丰富景色的闪烁变幻情趣，如苏州留园入口的洞窗漏景。

（3）夹景。为了突出端部景物，两侧用景物将人的视线和注意力引向计划的景视方向，这种产生两侧约束力的景观称为夹景。夹景是一种带有控制性的构景方式，它不但能表达特定的情趣和精神感染力，以强化设计构思意境，突出端景地位，而且能诱导、组织、汇聚视线，使景观空间定向延伸，直至端景的高潮。

（4）添景。为了增加景观层次感，在缺乏前景的前提下，用建筑小品、山石、植物等补充作为前景，这种补充增加层次的前景称为添景。添景能增加景观的层次感和画面的丰满感。作为添景的景物应注意视线的通透感和景观的轻盈感。

学习单元3　我国传统园林造园经典法则

学习目标

➢掌握我国传统园林中的造园八大精粹

➢能够运用传统造园方法对现有绿化景点进行说明

知识要求

一、空间处理艺术

1. 强调空间的分隔

传统江南私家园林一般面积较小，且大多为宅园，功能设施多而全，景观设施丰富。为了避免各景观、各功能之间的相互干扰，特别要强调空间的分隔。

2. 空间分隔的艺术性

传统江南私家园林空间分隔以实隔为主，强调空间的独立性。在空间分隔中，为打破因为空间分隔而产生的机械单调感，运用了空间的大小对比、空间的纵横对比、空间的宽窄对比、空间的明暗对比。如苏州留园入口处空间处理便是空间分隔艺术性体现的佳作。

3. 空间分隔的渗透性

传统江南私家园林空间分隔为避免因实隔而产生的视线压抑感和景观单调感，运用了框景、漏景、水系沟通和植物呼应等手法，使其空间隔而不断，加强了相邻空间景观的渗透性、流动性、连续性。

4. 空间分隔的序列性

传统江南私家园林在空间分隔中很注意空间排列的节奏感和序列性，强调空间的情节性，一般排列顺序为起景—过渡性小空间（小高潮）—高潮—过渡性小空间（小高潮）—结景。

二、“小中见大”的手法

“小中见大”是传统江南私家园林最主要的手法之一。“小中见大”可以通过以下具体途径获得：

1. 通过“高”体现“大”。利用控制视距、产生仰视，增加景物高度感，如苏州留园冠云峰。

2. 通过“藏”体现“大”。利用错觉处理，隐藏部分景观内容，如嘉定秋霞圃水面弯头藏入山谷中，增加水面不尽之感。

3. 通过“小”体现“大”。利用小水面、小空间、小石峰来反衬大水面、大空间、大石峰。

4. 通过“长”体现“大”。利用延长游览路线，增加空间观赏的停留时间，如苏州网师园游览路线处理。具体手法是游览路线以曲为主，沿园边界布置，室内室外、或陆或水、时高时低有机结合。

5. 通过“借”体现“大”。利用借景扩大空间，丰富空间层次，如苏州沧浪亭近借园外水面，扩大了沧浪亭的空间感。

三、比例协调

传统江南私家园林面积较小，功能设施体量大，而造景设施体量小，两者之间比例存在着一定的差异性，常用以下 4 种手法来协调两者之间的矛盾。

1. 利用平台过渡协调厅堂与水面的关系，如苏州网师园看松读画轩与水面关系。
2. 利用色彩调和协调建筑与水面的关系，如杭州三潭印月花鸟馆用色处理。
3. 利用植物遮挡协调建筑与环境的关系，如杭州花港观鱼蒋庄建筑与小南湖的关系。
4. 利用建筑通透协调建筑本身与环境的关系，如杭州花港观鱼牡丹亭处理。

四、尺度控制

传统江南私家园林在建筑小品尺度的控制上采用两种手法：一是功能性建筑小品（主要起功能作用，又具有一定观赏性），其尺度采用满足各种使用功能的正常尺度，为园主人生活起居活动创造了良好的条件，如厅、堂、楼、阁等。二是造景作用的建筑小品（主要起观赏作用，又具有一定功能性），由于庭园面积较小，其尺度采用与较小的庭园面积相协调的小尺度，为园主人欣赏提供亲切怡人、和谐统一的景观效果，如亭、轩、廊等。

五、诗情画意的意境

诗情画意是传统江南私家园林重要造园手法之一，是造园者在完成其作品过程中所表现出来的一种艺术境界。意境之意是主观的理念、感情；意境之境是客观的生活、景物，即“言外之意、物外之景”。意境对造园者足以表达心致，对欣赏者足以感人至深。意境的存在要依赖于线索的构设，意境的创造在于线索的匠法。意境的唤起需要对线索进行感知。线索、感知、意境达成关系如图 7—8 所示。

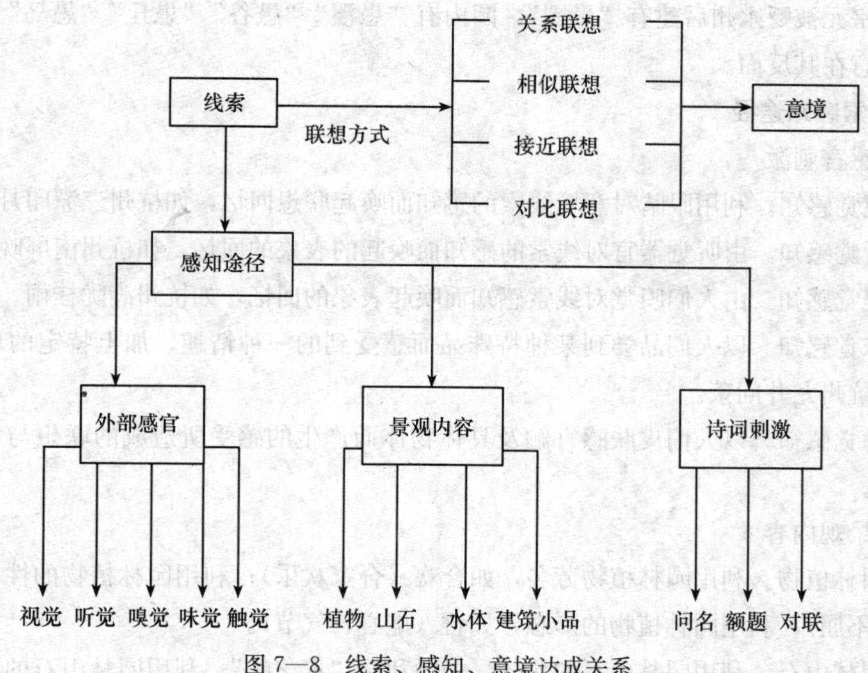

图 7—8 线索、感知、意境达成关系

1. **线索联想方式**

(1) 关系联想。由于事物的他种联系而形成的联想，包括部分与整体联想、因果关系联想。

1) 部分与整体联想。由人工立峰叠石而联想到大山名处，由淙淙泉水而联想到名川大江。常用的手法是在构景中创造其部分，由观赏者在意境感受中完善其整体。

2) 因果关系联想。“有水必有源，有声必有鸟，有香必有花，有亭必有路，有舍必可居”等都是人们从经验中建立起来的因果概念，景物构设可以利用这种经验来形成丰富的联想。

(2) 相似联想。由一件事物的感知或回忆而引起，和它在性质与特征上相近或相似的回忆。如依据蓬莱神话传说而有三岛“仙境”的构想，石林奇观也因其与现实中的某一事物相似而谐其名，如“阿诗玛”等联想。

(3) 接近联想。在时间、空间上接近之物，在人们的经验中容易形成联想，因而也容易由一件事物而想到另一件事物。在构景设计中，人们可以利用其一方而唤起经验中的另一方，从而造成出奇制胜的戏剧性意境。如日本“枯山水”庭园，用石块象征山峦，用白砂耙成流转的平行曲线而象征海潮，会让人感受到“涨潮”“退潮”的景观意趣。

(4) 对比联想。由某一事物的感知回忆而引起，和它具有相反意义与特点之事物的回忆。如柳宗元被贬永州后建有“愚园”，园内有“愚溪”“愚谷”“愚丘”“愚岛”等景观，可见作者意在其反面。

2. 线索感知途径

（1）感官刺激

1）视觉感知。利用眼睛对意境线索的感知而唤起联想回忆，如杭州三潭印月。

2）听觉感知。由听觉器官对线索的感知而唤起的表象的回忆，如杭州南屏晚钟。

3）嗅觉感知。由人们嗅觉对线索感知而唤起表象的回忆，如杭州满陇桂雨。

4）味觉感知。以人们品尝到某种特殊品而感受到的一种情趣，加上特定的环境气氛烘托，如杭州龙井问茶。

5）触觉感知。以人们皮肤感官触及具体物体而产生的感受所造成的联想与情感，如海滨风情。

（2）景观内容

1）园林植物。利用园林植物芳名，如合欢（合家欢乐）；利用园林植物的性格，如梅花（坚贞不屈）；利用园林植物的形态，如竹（虚心、气节）。

2）园林山石。利用园林山石的典故，如颐和园“青芝岫”；利用园林山石的质感，如扬州个园宣石冬山。

3）园林水体。利用园林水体的动态，如杭州植物园山水园小溪处理；利用园林水体的形态，苏州网师园水体处理。

4）园林建筑小品。利用园林建筑小品的历史，如杭州孤山放鹤亭（梅妻鹤子）；利用园林建筑小品的造型，如杭州西湖湖心亭。

（3）诗词表意

1）问名。即对景点或景区或庭园加以命名，达到“问名心晓”的效果。问名一般有两种方式：一是直接浓缩景观内涵加以问名，如嘉定“秋霞圃”老圃秋容，上海“豫园”豫悦双亲，苏州“拙政园”拙者之为政，同里镇“退思园”退而思过。再比如苏州“残粒园”一粒本小、残而不全之粒就更小，这是一座面积仅 140 m^2 的文人写意自然山水园。二是利用地名结合景的内涵和景的特点加以问名，如杭州西湖的满陇桂雨、龙井问茶、宝石流霞等。

2）额题。镌刻在牌楼、门楣等上面，或木或砖或石，一般为两面，每面 2～4 个字，将园林特色一锤定音，而且立意富于层次。如苏州狮子林门楣上的额题“听香”和“读画”可把游人的欣赏水平提高到一个更高的境界。一般只知花香是闻出来的，殊不知香分子必借风以扩散，风是听得见的，故称听香。一般情况下画是观赏的，而中国画画中有诗，诗是要读的，故称读画。

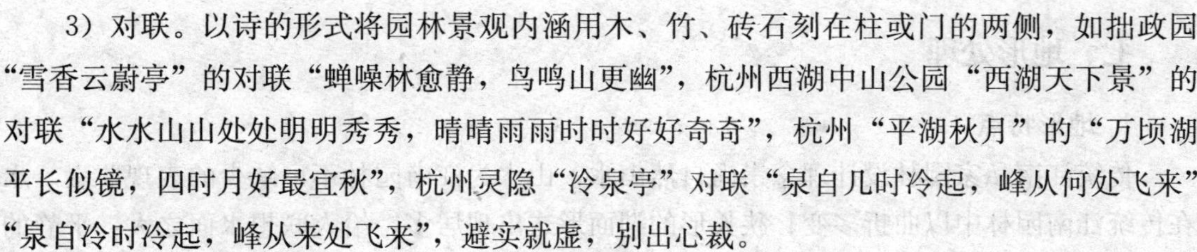

3）对联。以诗的形式将园林景观内涵用木、竹、砖石刻在柱或门的两侧，如拙政园“雪香云蔚亭”的对联“蝉噪林愈静，鸟鸣山更幽”，杭州西湖中山公园“西湖天下景”的对联“水水山山处处明明秀秀，晴晴雨雨时时好好奇奇”，杭州“平湖秋月”的“万顷湖平长似镜，四时月好最宜秋”，杭州灵隐“冷泉亭”对联“泉自几时冷起，峰从何处飞来”“泉自冷时冷起，峰从来处飞来”，避实就虚，别出心裁。

六、借景处理

1. 定义

有意识地把园外的景物“借”到园内视景范围中来。借景是中国园林艺术的传统手法。一座园林的面积和空间是有限的，为了扩大景物的深度和广度，丰富游赏的内容，除了运用多样统一、迂回曲折等造园手法外，造园者还常常运用借景的手法，收无限于有限之中。

2. 借景方式

传统江南私家园林非常注意借景的手法，以此来扩大空间感，从而弥补庭园面积较小的不足。借景随视点的位置、距离的远近、时间的变化、气象的因素而产生不同的借景方式和题材。

（1）仰借。低处借高处或高大的景物。如杭州西湖仰借孤山，龙华公园（烈士陵园）仰借龙华古塔。这种借景有紧张、疲劳之感。采用仰借务必保持适当视距，以避免压抑局促之弊。仰借与远借通常结合运用，二者有异曲同工之妙。

（2）俯借。高处借低矮的景物。如杭州葛岭初阳台俯借西湖，东方明珠塔俯借浦东公园。这种借景有兴奋、舒畅的感觉。

（3）远借。远处有可资借取的景物。如苏州拙政园远借北寺塔丰富园景，杭州花港观鱼雪松大草坪远借曲院风荷的玉带晴虹桥。这种借景有朦胧、虚幻的感觉。

（4）近借。相邻空间有可资借取的景物。如苏州沧浪亭近借园外池塘，杭州太子湾公园近借公园旁的九曜山。这种借景有自然、和谐之感。

（5）因时因天而借。随时间、季节、天象等因素变化而借景。

1）时间。早晨借日出，中午借光影，黄昏借日落，夜晚借月色。

2）季节。春借桃红柳绿，夏借荷塘莲香，秋借枫叶菊峥，冬借傲霜飞雪。

3）天象。借微风（松涛万壑）、细雨（雨打芭蕉）、煦日（花蔓疏影）、明月（长松筛月）、瑞雪（断桥残雪）、迷雾（九亭烟雾）。

借景要注意被借景观在风格、形式、意境、题材上与庭园的景观相呼应、协调。

七、地形处理

1. 地形特点

传统江南私家园林设计理念崇尚自然山水，山水为江南园林不可缺少的表现要素。水在传统江南园林中以曲折多变、狭长形的湖面形式出现居多，给人联想水面之大，平静的湖面产生倒影，扩大了空间感。

2. 地形与山水

用挖湖的土方堆土坡，为山的体现创造了条件，做到土方就地平衡。山在传统江南园林中以土坡和假山结合的形式出现，既有一定高度，又为植物生长创造了良好的条件。山丰富了庭园立面景观，阻挡了部分视线，又形成了一定的障景。

八、建筑处理

传统江南私家园林建筑处理强调平面位置和立面造型。

1. 平面位置

（1）园中心部位不设建筑，沿周边布置。

（2）错落有致，不成行成排。

（3）分散布置，不集中成块。

2. 立面造型

（1）立面浅色处理，与环境调和，面积上有缩小之感。

（2）立面简洁、通透，感觉体量轻盈、活泼。

（3）与室外绿化渗透、呼应，融为一体。

学习单元 4　现代园林布局的一般规则

学习目标

- 掌握我国现代园林中的造园四大特点
- 能够熟练应用该理论解释现代园林绿化的典型特征

知识要求

现代园林造园手法是汲取了西方园林的精华，结合现代城市的环境特点与功能要求而

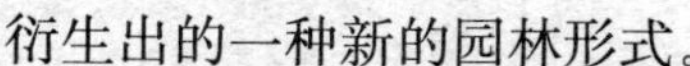

衍生出的一种新的园林形式。

一、开朗舒坦的空间处理

现代园林空间处理追求开朗、明快、舒坦的效果。

1. 内部空间处理

(1) 强调空间的开朗、通透、整体性。

(2) 空间的分隔以虚隔为主，体现功能上的分隔、视觉上的通透，如水面、疏林、矮灌木、花卉、缓坡地形等。

(3) 空间与空间之间无明显的界线。

2. 边界空间处理

(1) 强调空间边界的模糊性溶解绿地，改绿地在城市中为城市在绿地中，使绿地与城市环境融为一体。

(2) 采用通透围栏、水渠、侧石、绿篱等手段作为边界空间的划分标志。

二、优美流畅的线型处理

神以线而传，形以线而立。

1. 线的感觉

(1) 直线。体现平衡性、中性，是最容易处理的线型。直线中有斜线和折线。

1) 斜线。具有方向性、动向，有生命力。

2) 折线。在稳定和平衡中增添了几分变化。

(2) 曲线。具有松散性和安适感，曲线有自然曲线和人工曲线之分。

1) 自然曲线。具有多样性和舒畅感，有情感和生命活力。

2) 人工曲线。具有单纯性和寂静感，缺少感情。

2. 线的体现

现代园林线的体现主要通过道路轮廓线、地坪轮廓线及分隔装饰线、水面岸线、植物林缘线、建筑小品轮廓线等展示。

3. 线的组合

(1) 线条的组合要注意以一种母线（直线或曲线）为主，另一种线条辅助，切忌两者均等分配。

(2) 线条的组合要注意两种线条之间的过渡，而过渡的关键是处理好直线与曲线相切关系。

(3) 线条变化要大度，不要在小范围内变化太多，变与不变要有明显的界线，不要给

人感觉似变非变，以免形成放线不到位的错觉。

（4）设计中过多采用人工曲线，只能给人一种装饰美感而缺少感情的色彩，而过多采用自然曲线，则纠缠于感情，易成为散漫而不严肃的作品。

三、形、色丰富的块面处理

现代园林块面处理追求形状变化、色彩丰富的效果。

1. 形的感觉

（1）圆形。温暖、柔和、愉快。

（2）扇形。凉爽、轻巧、华丽。

（3）三角形。凉爽、强壮、坚固。

（4）菱形。凉爽、锐利、坚固。

（5）梯形。沉重、坚固、质朴。

（6）正方形。坚固、强壮、质朴。

（7）长方形。干燥、坚固、强壮。

（8）椭圆形。温暖、迟钝、柔和。

2. 形的体现

现代园林形的体现主要通过道路块面、地坪块面、水体块面、植物块面、建筑小品块面等来展示。

3. 色的感觉

（1）白色。明快、洁净、雅致、高雅、纯洁。

（2）黑色。理性、严肃、稳重、沉着。

（3）灰色。平凡、纯朴、理性。

（4）橙色。热烈、扩张、阳光感、振奋感。

（5）黄色。温暖、高贵、干燥、热烈。

（6）绿色。和平、安全、茂盛、清新。

（7）蓝色。理性、开阔、宁静、祥和。

（8）红色。热烈、喜庆、刺激。

4. 色的体现

现代园林色的体现主要通过物质要素本身具有的天然色彩（自然色）和人为赋予物质要素的装饰色彩（人工色）来展示。

5. 形、色的组合

（1）形的组合要注意以一种形状系列为主调，如圆形、椭圆形，其他形状点缀。

(2) 形的组合要注意以一种质感系列为主调，如天然木质感，其他质感点缀。

(3) 色的组合要注意以一种色彩系列为主调，如黄色系列，其他色彩点缀。

(4) 色的组合要注意处理好对比与调和的关系。

四、新颖多变的材料处理

现代园林材料处理追求新颖、灵活、多变的效果。

1. 材料灵活随意的选择

(1) 绿化材料除了采用乡土树种，还可采用外来树种、新品种树种，绿化材料在选择中局限性少。

(2) 在建筑小品材料选择上，传统的、现代的、高科技的、新产品等都能采用。材料的不断更新为景观设计提供了更广阔的空间。

2. 材料质感的呼应

以一种质感材料为主，如木质感材料，其他质感材料点缀。为追求人与自然和谐共处，应尽可能选择本色自然材料，如原木、石材、花岗岩、毛竹等，表达人们精神和心理上亲近自然文化和自然环境的要求。

第2节　园林地形设计

学习单元1　园林地形设计的内容、作用与原则

学习目标

➢了解园林地形设计的内容、作用与原则

➢掌握等高线的原理及其表达的地形特征

➢能够运用等高线地形图判别地形类型

知识要求

园林地形设计就是对园林环境竖向处理和安排。

一、园林地形的作用

1. 地形是构成园林景观的基本骨架

园林地形组成内容有水体、平地、置石、坡地、山体等（见图 7—9），这些内容既为

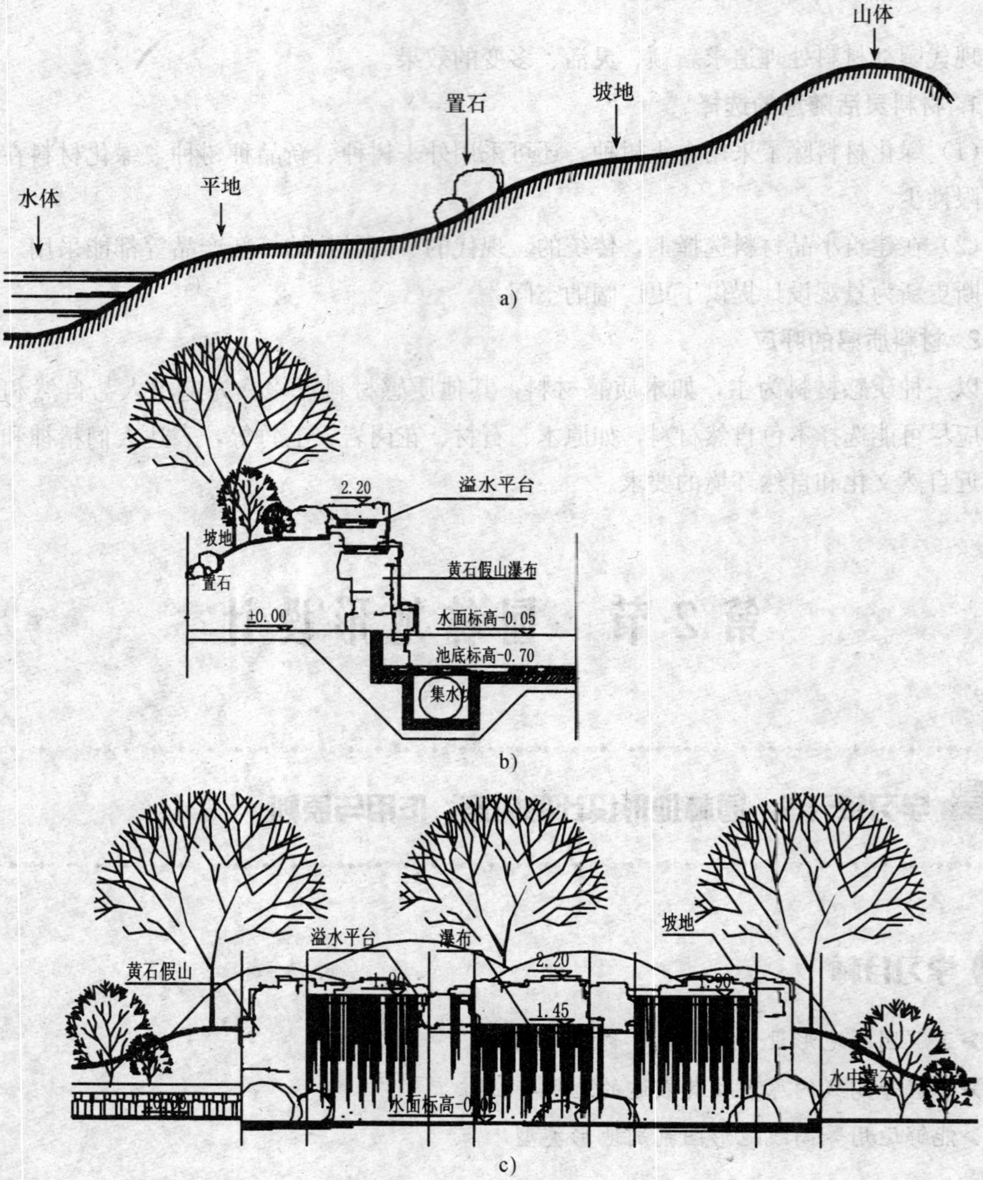

a)

b)

c)

图 7—9　地形组成内容

a）地形内容模式　b）地形内容组合断面　c）地形内容组合立面

建筑小品景观、植物景观、道路景观、落水景观等起了良好的依托作用，同时与这些景观共同参与形成了背景、障景、隔景、调节视线等作用。

2. 地形为植物景观创造了良好的条件

（1）地形为植物生长创造了适宜条件，如水体适合水生植物，平地适合湿生植物，坡地、山体适合旱生植物，阳坡适合阳性植物，阴坡适合耐阴植物。

（2）地形为植物造景创造了基础条件，如坡地适合植物层次的体现，平地适合植物块面的创造，山体适合植物林冠线的变化。

3. 地形为改善环境创造了必要的条件

地形能改善小气候的环境条件，如水体可增湿，平地能增暖，山体能创造凉爽的环境条件。

二、园林地形设计的原则

1. 园林地形设计的最高原则

（1）利用为主。保留原有地形的基本骨架，既自然又经济。

（2）改造为辅。对原地形不合适的部分作适当的调整，以便完善、提高地形景观。

2. 园林地形设计的一般原则

（1）地形设计满足功能要求。园林地形设计要满足功能要求，具体有生态功能、观赏功能、实用功能、经济功能等，每一个园林地形设计内容都要为这些功能提供方便。

（2）地形设计满足排水要求。园林地形设计满足园林环境排水需求，是一种最经济的方法，既可减少地下排水设备，同时又是一种最生态的方法，雨水通过山体、坡地、平地排入水体或自然下渗，节约水能源。

（3）地形设计满足造景要求。借助于地形的变化，园林景观可创造出生动活泼、丰富多变的景观效果，地形必须满足造景的需求。

三、园林地形设计的表达方式及要点

1. 标高——描述地形起伏的程度

（1）绝对标高（海拔）。以“水准”原点起算，高出“水准”原点的垂直距离，一般用于大型绿地设计。

（2）相对标高。从与“水准”面平行的某一假设面起算的高度，一般用于小型绿地设计。

2. 等高线——反映地形平面、立面变化状况

（1）等高线。联结地面上相等高度各点的闭合曲线，如图 7—10 所示。

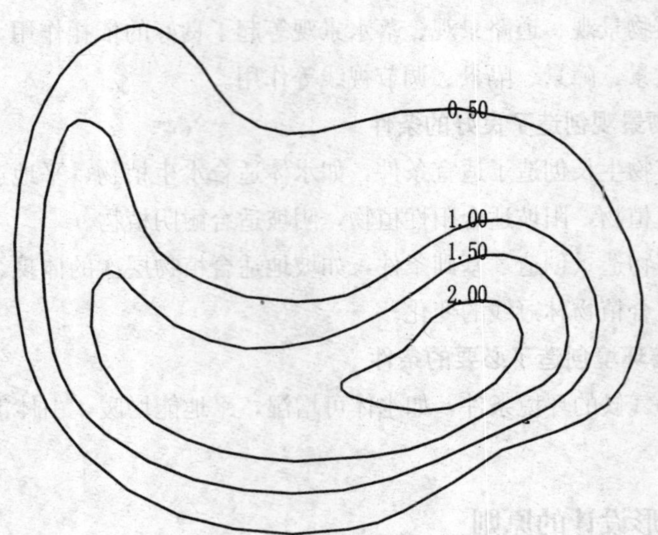

图 7—10　等高线

（2）高差。一定范围内地面的高点与低点之间的垂直高度相差数。

（3）等高距。两相邻等高线之间的高差。

（4）等高线平距。两相邻等高线平面之间的距离。

3. 等高线设计要点

（1）等高线是一条闭合的曲线。

（2）对同一等高距而言。等高线疏——坡缓，等高线密——坡陡，等高线重叠——悬崖峭壁，如图 7—11 所示。

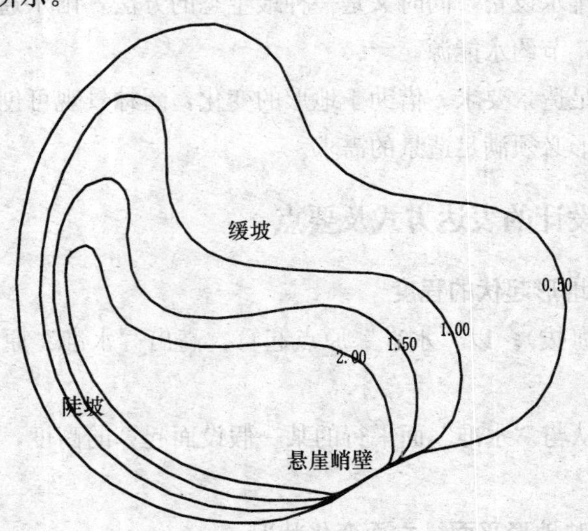

图 7—11　等高线疏密、重叠变化

（3）对同一幅图而言。等高距要相等，而等高线平距不能相等，以免造成坡度均匀对称的地形，如图 7—12 所示。

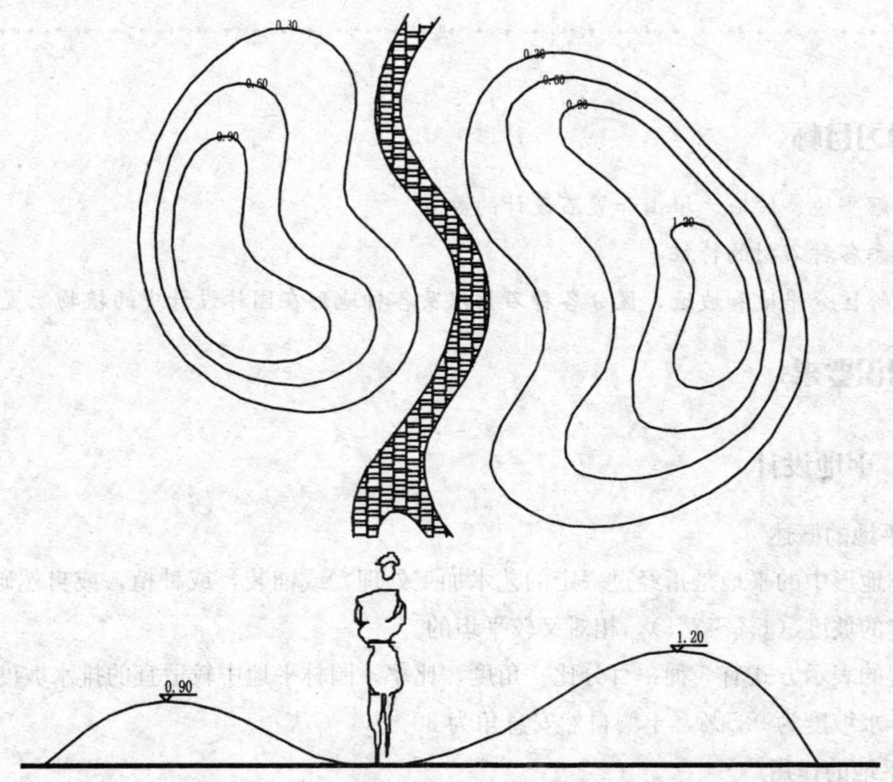

图 7—12　等高距、等高线平距变化的注意点

（4）等高线线形变化要流畅、大方，不要在小范围内变化太多。

（5）应尽量避免等高线外轮廓与绿地外轮廓雷同，如图 7—13 所示。

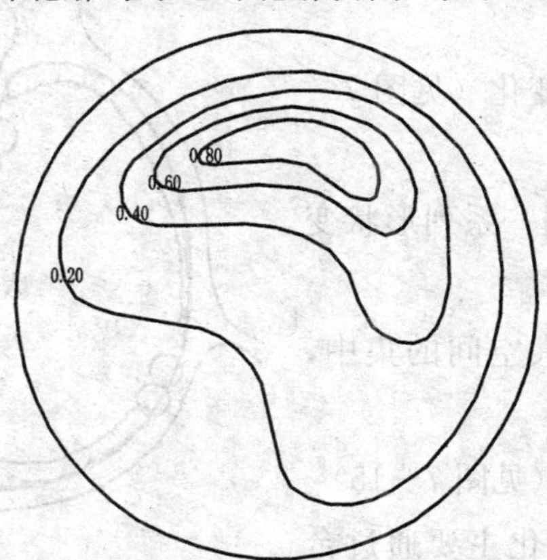

图 7—13　绿地外廓与等高线外轮廓

学习单元 2　平地、坡地、堆山和置石设计

学习目标

➢了解平地、坡地、堆山和置石设计的要点

➢熟悉各种石材的特征

➢能够区分平地和坡地，区分各种石材以及各种地形在园林设计中的植物配置要点

知识要求

一、平地设计

1. 平地的概述

园林地形中的平地是指经过一定的艺术加工处理，或铺装，或种植，或自然砾石，并且有一定的坡度（1%～7%），相对又较平坦的。

坡度的表示方式有 3 种：百分比、角度、比率。园林平地中较适宜的排水坡度为 3%，最小的排水坡度为 0.5%，土壤自然安息角为 30°。

2. 平地的作用

园林中平地的主要作用是为老人、儿童和青少年提供不同功能的活动场地，满足游人聚集或分散的集散场地，种植各类乔灌木、花卉地被的种植场地，安静休息、闲谈交流的休憩场地。

3. 平地设计要点

（1）平面形状、大小的变化（见图 7—14）

1）平面形状的变化。同一系列形状变化，如圆的系列。

2）平面大小的变化。大空间的集中，小空间的分散。

（2）立面标高高低变化（见图 7—15）

平地在立面标高高低变化主要通过台阶的过渡来完成。

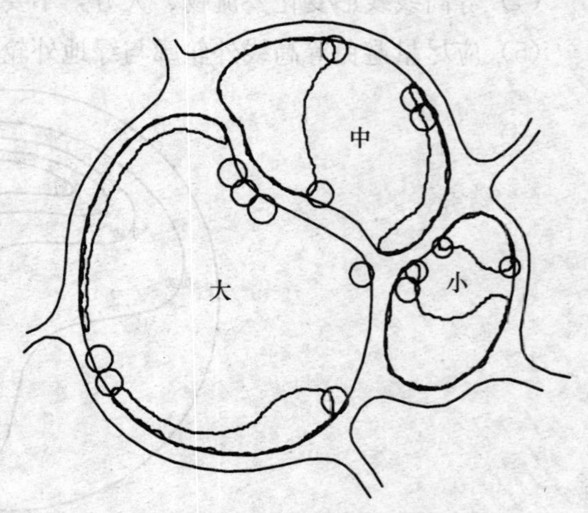

图 7—14　平地平面形状、大小的变化

1）高标高—低标高。私密感、平静感、收缩感，适宜作休息空间。

2）低标高—高标高。升高感、兴奋感、扩张感，适宜作活动空间。

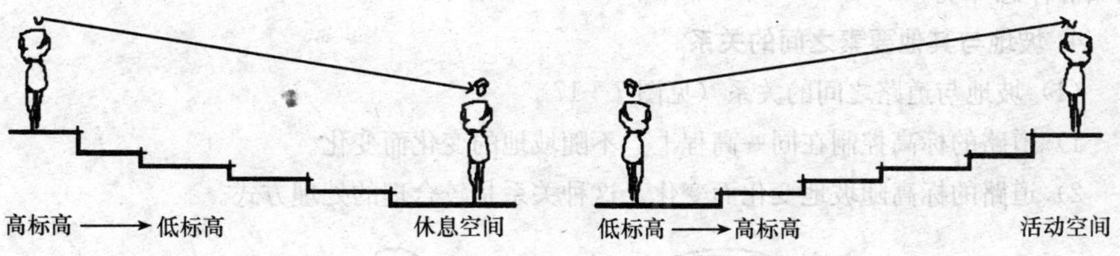

图 7—15　平地立面高低变化

(3) 排水处理（见图 7—16）

1）圆胖、方整的地形。四坡排水，中间高四边低。

2）狭长的地形。双坡排水，坡度设在地形的短轴上。

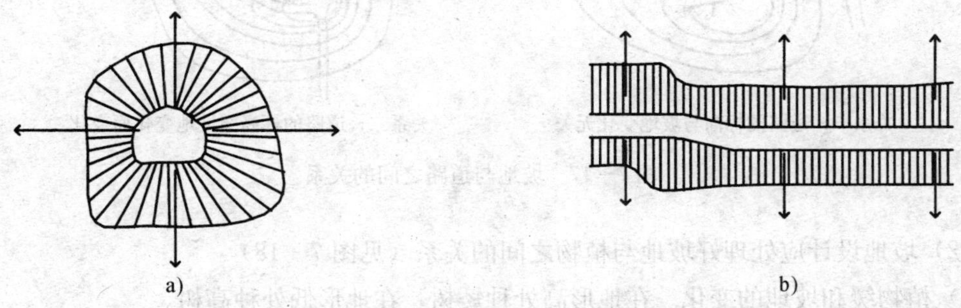

图 7—16　平地的排水坡度

a）圆胖、方整地形　b）狭长地形

二、坡地设计

1. 坡地的概述

园林中倾斜的地面即为坡地，缓坡的坡度为 8％～12％，陡坡的坡度在 12％以上。

2. 坡地的作用

缓坡在园林中可以提供各种不同的活动场地，满足人们小憩、闲谈、交流、观赏的需要，而陡坡由于其坡度的陡峭，只能作为种植场地，种植乔灌木、花卉地被，不仅丰富了植物层次，又增加了种植面积和观赏效果。

3. 坡地的组景方式

(1) 凸地形坡地。视线开阔，空间呈发散状，在坡地高处设置景观设施，既可作为被观赏的主景，又可作为观赏其他景观的佳处。

（2）凹地形坡地。视线封闭，空间呈积聚状，在坡地低处设置休息设施，能提供良好的安静休息环境。

4. 坡地与其他要素之间的关系

（1）坡地与道路之间的关系（见图 7—17）

1）道路的标高控制在同一高程上，不随坡地的变化而变化。

2）道路的标高随坡地变化而变化，这种关系是较合理的处理方式。

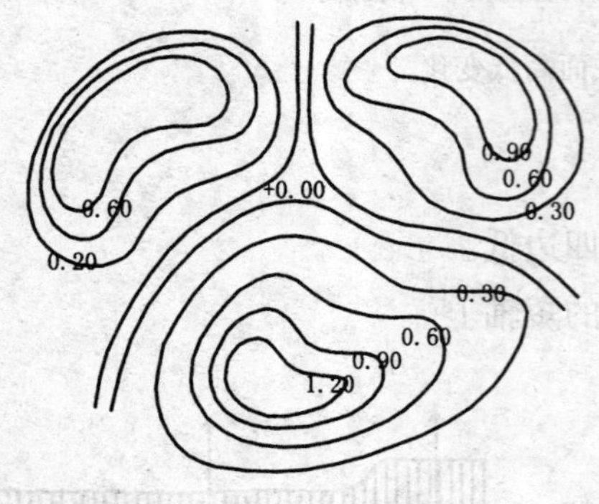

关系一：道路的标高与坡地变化无关

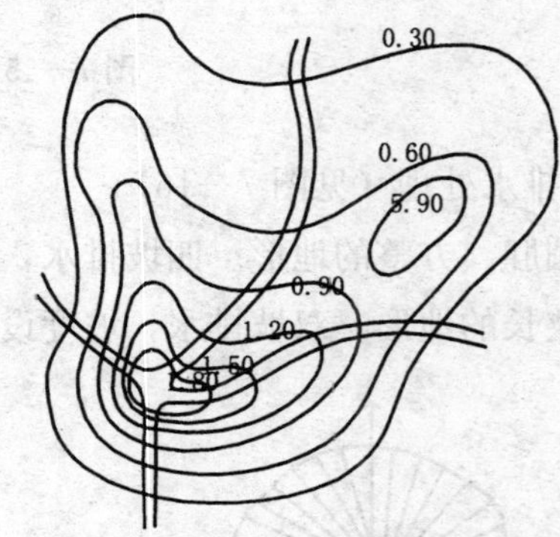

关系二：道路的标高随坡地变化而变化

图 7—17　坡地与道路之间的关系

（2）坡地设计应处理好坡地与植物之间的关系（见图 7—18）

1）植物缓和坡地的变化。在地形高处种矮树，在地形低处种高树。

2）植物强调坡地的变化。在地形高处种高树，在地形低处种矮树。这种关系是较合理的处理方式，能正确反映坡地的高低变化，丰富了植物景观的林冠线。

（3）坡地设计应处理好坡地与建筑之间的关系（见图 7—19）

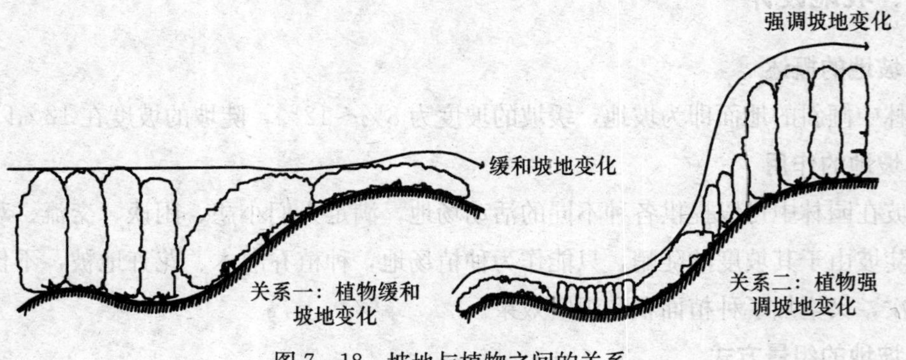

图 7—18　坡地与植物之间的关系

1）坡地低处设建筑。视线受阻，作为主景的建筑不明显。

2）坡地中高处设建筑。视线开阔，作为主景的建筑醒目，有背景（绿化）陪衬，这种关系是较合理的处理方式。

3）坡地最高处设建筑。视线开阔，作为主景的建筑醒目，但缺少背景的依托。

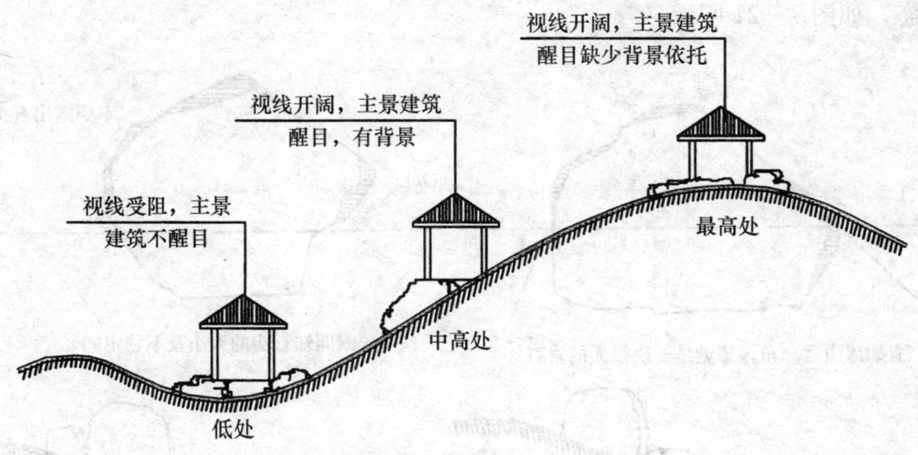

图 7—19　坡地与建筑之间的关系

（4）坡地与水之间的关系（见图 7—20）

1）坡地低处设水、湖、河。平缓的余脉与水体自然连接。

2）坡地中高处设水、溪、涧。起伏的坡地为溪涧的水流动创造了条件。

3）坡地最高处设水、水帘、瀑布。较高的地形为水帘、瀑布的水落差奠定了基础。

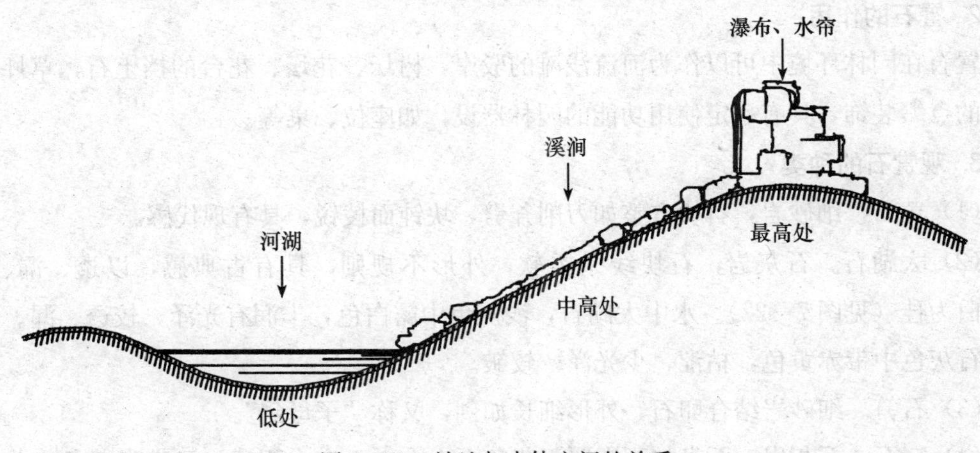

图 7—20　坡地与水体之间的关系

三、置石设计

1. 置石的概述

用山石零星点缀、不加堆叠的布置形式，力图表现自然界山石在自然分化和自然崩塌后的状态，如图 7—21 所示。

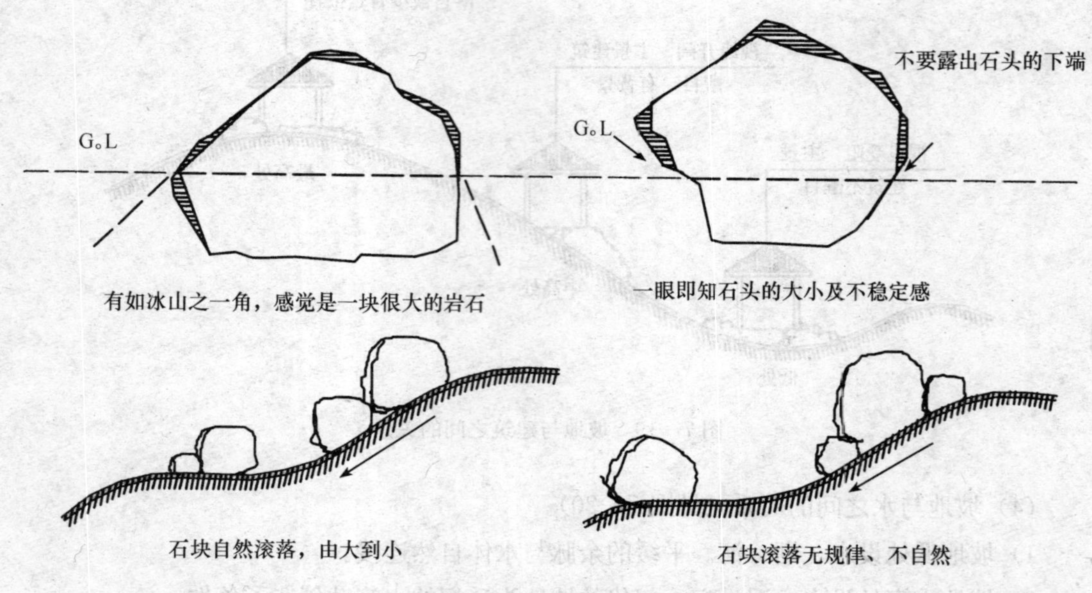

图 7—21　自然风化和自然崩塌状态的置石

2. 置石的作用

置石在园林环境中可以作为河流浅滩的驳岸，树坛、花坛、花台的挡土石，草坪、地坪上的点缀装饰，具有一定使用功能的园林器设，如座位、桌等。

3. 观赏石的种类

(1) 黄石。细砂岩，石块方整如刀削斧劈，块钝而棱锐，具有现代感。

(2) 太湖石。石灰岩，石块线条柔软，外形不规则，具有古典感，以透、漏、皱、瘦、白为佳（见图 7—22）。水中太湖石，浅灰色中露白色，丰润有光泽，较透、漏。土中太湖石灰色中带赤黄色，枯涩，少光泽，较皱。

(3) 石笋。细砂岩结合卵石，外形细长如剑，又称“子母剑”。

(4) 宣石。石灰岩，石身如积雪覆于灰色石上，由于土中积渍，又带赤黄色，非刷净不见其质，越旧越白。

(5) 英石。石灰岩，石质坚而特别脆，用手指弹扣有较响的共鸣声，体型较小。

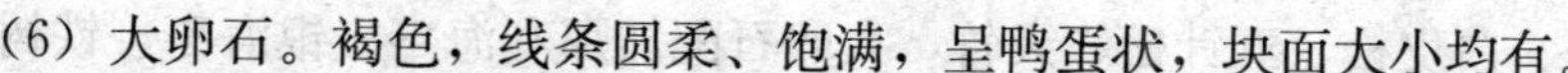

（6）大卵石。褐色，线条圆柔、饱满，呈鸭蛋状，块面大小均有。

4. 置石的设计要点

（1）置石要以种树的观念来“种植”石头，赋予它新的生命，而不仅是摆放石头。

（2）置石选石要讲究，形象外观要求其在体型、色彩、纹理、褶皱等方面有特色，或玲珑剔透，或古朴浑厚，或色彩别致。尽量不要选择四方都有凿痕的石料，也要避免使用尖角和直角的石料。

（3）特置山石要注意山石的形状、造型、色彩等整体效果佳，并与环境相协调。

（4）散置山石要注意山石组合的群体效果，有主有次，有聚有散，有高有低，顾盼呼应，如图 7—23 所示。

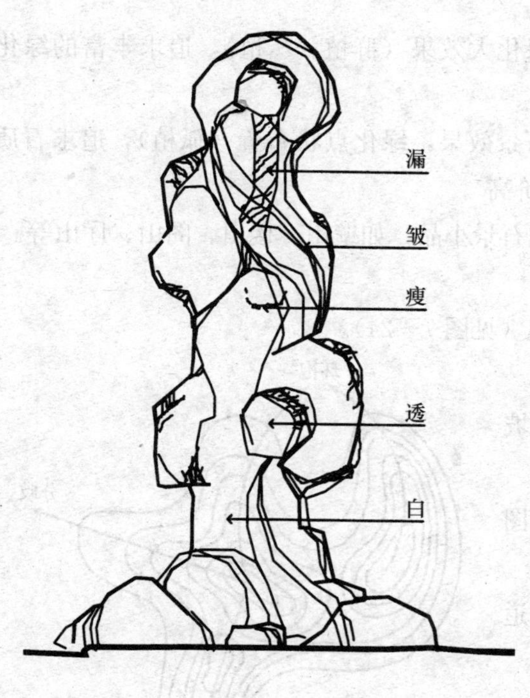

图 7—22　太湖石立峰

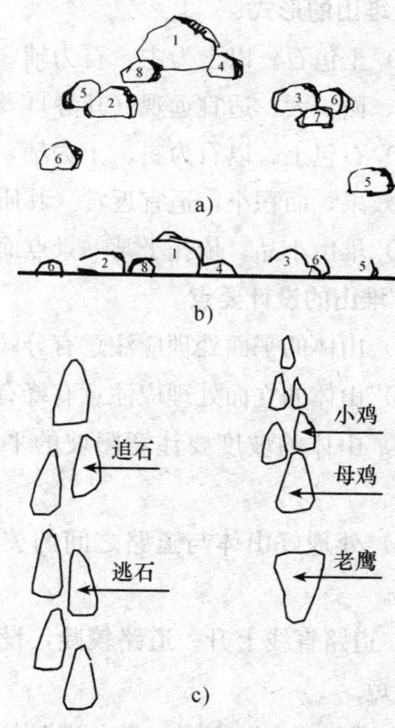

图 7—23　置石组合群体效果

a）有聚有散、有主有次　b）有高有低　c）顾盼呼应

（5）置石应注意以水平方向（卧石）为主、垂直方向（直立）为辅。卧石的旁边不一定需要摆放直立的石头，但直立的石头的左右则应有其他石头的陪衬，特别是处于视野焦点的直立的石头，旁边一定要有一块卧石加以陪衬。没有卧石的陪衬，则会显得枯燥乏味。

（6）置石要处理好山石与植物之间的关系。例如，黄石配红枫、青枫、花叶蔓长春花，太湖石配罗汉松、白皮松、五针松、天竹，大卵石配加那利海枣、银海枣、铁树、棕榈、华盛顿棕榈、金山葵、布迪椰子、散生竹、地被竹，石笋配竹丛、天竹。

四、堆山设计

1. 堆山的概述

利用各种不同的土石材料，模拟自然山石堆叠而成的布置形式。

2. 堆山的作用

平缓的山体可以作为活动场地，较陡的山体增加了立面景观，丰富了环境天际线，山体可以形成障景和体现一定的意境。

3. 堆山的形式

（1）土包石。以土为主、石为辅，形成绿化大效果（群植、丛植），追求丰富的绿化天际线，面积大，适宜远观（其势），较经济。

（2）石包土。以石为主、土为辅，形成石景效果，绿化点状布置（孤植），追求石质造型的效果，面积小，适宜近赏（其质），造价高。

（3）堆山小品。依托于某一景点而堆叠的石景小品，如壁山、楼山、阁山、厅山等。

4. 堆山的设计要点

（1）山体的平面处理应注意有分歧和环抱（见图 7—24）。

（2）山体的立面处理应注意有峰有峦。

（3）山体的坡度要注意阳坡的平坦、阴坡的陡峭。

（4）处理好山体与道路之间的关系（见图 7—25）。

1）道路直线上升。道路较陡，设台阶，道路距离短。

2）道路“之”字形上升。道路单调、不好看，但可减少疲劳感。

3）道路侧路循回。道路隐藏于山体，外观整体感强，道路较平坦，距离长。

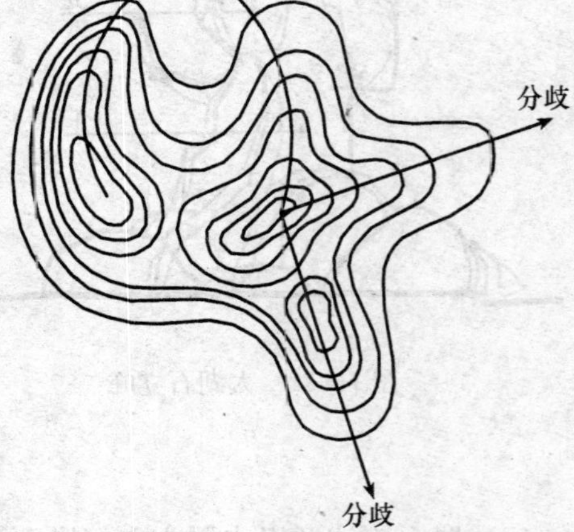

图 7—24　山体的分歧和环抱

（5）处理好山体与水体之间的关系。山与水应有机结合，山居北面，水在南面，以山体遮挡寒风，使山的阳坡形成较好的小气候。

（6）处理好山体与植物之间的关系。对于石包土的山体，一般山顶不种植物，山腰可以选择孤植，而山基以丛植为主。黄石石包土，选择植物枝条横向生长、颜色浅的树种。

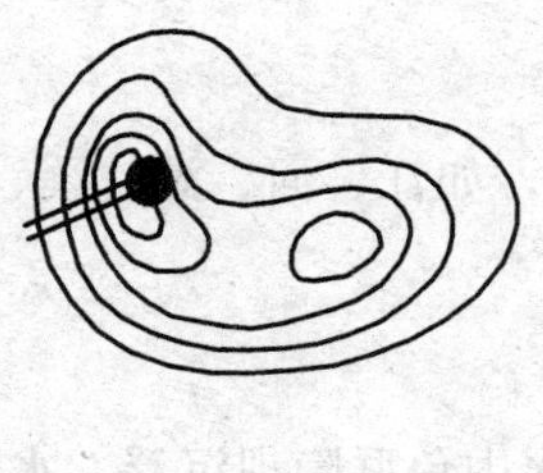

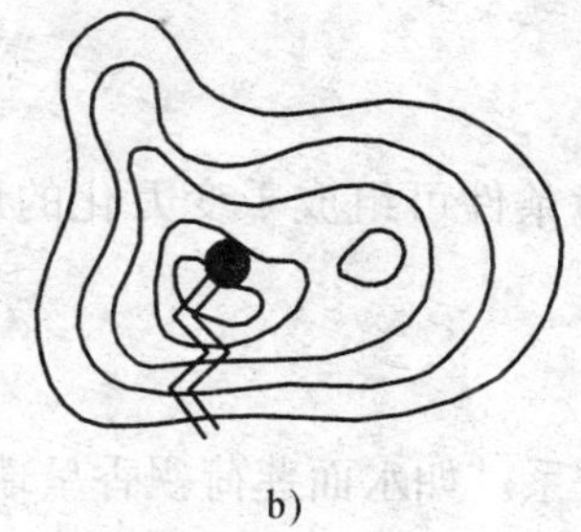

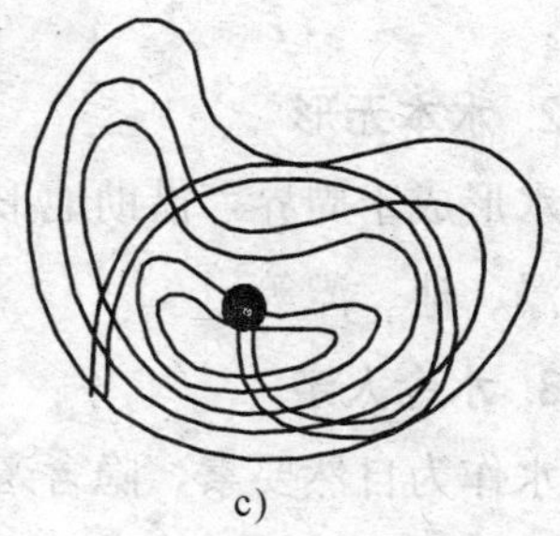

图 7—25　山体与道路之间的关系

a）道路直线上升　b）道路“之”字形上升　c）道路侧路循回

太湖石石包土，选择植物枝条柔软下垂、颜色深的树种。

（7）处理好山体与建筑之间的关系。在山的不同位置常需设置建筑，为使该建筑与山的整体环境相协调，应运用不同的建筑形式。山峰上设置建筑应以向上式为主，加强山势的纵深感，如亭、塔等；山脊上设置建筑，应以层叠式为主，与山脊的走向呼应，如楼、阁；在峭壁上设置建筑，应以竖向型为主，与自然地形相协调，如叠落式小木屋；在山谷中设置建筑应以横向型为主，以体现山谷的深邃感，如长廊。

学习单元 3　水体设计

学习目标

➢了解水在园林设计中的类型、作用、形状

➢熟悉园林设计中水源、水的布局处理方式

➢掌握水深、高程及驳岸的相互关系

➢能够依据水生植物类型设置合理的水深

知识要求

一、水的概述

1. 水性柔静

水平如镜，影映周围景物，可扩大空间感。水面开阔，画面简洁平坦，可扩大视野感。

2. 水本无形

水形成于周界，借助地形环境条件可组成千变万化的形态，如江、河、湖、溪、涧、泉、瀑、池、潭等。

3. 水令人亲

水作为自然要素，隐含亲和关系。如水面莲荷飘香呈瑞，水中鱼群隐现沉浮，水边珍禽悠游戏水等。

4. 水本无色

水借助于光影变化而色相万千。如水层的厚度变化可使底色产生变化，水急速喷涌而呈白沫，水因借影而赋予色彩感。

二、水体的类型

1. 平静的水体——如河、湖、江。
2. 流动的水体——如溪、涧。
3. 跌落的水体——如瀑布、水帘。
4. 喷涌的水体——如喷泉、涌泉。

三、水体的作用

1. 以造景为主的水体

（1）虚隔空间，水面限定了空间，视觉上通透，如图 7—26 所示。

（2）控制视距，获得最佳观赏效果，如图 7—27 所示。

（3）强迫视距，获得高度景观效果，如图 7—28 所示。

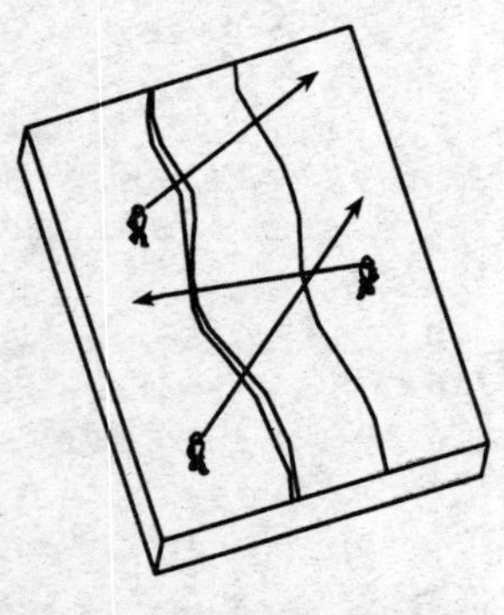

图 7—26　水体虚隔空间

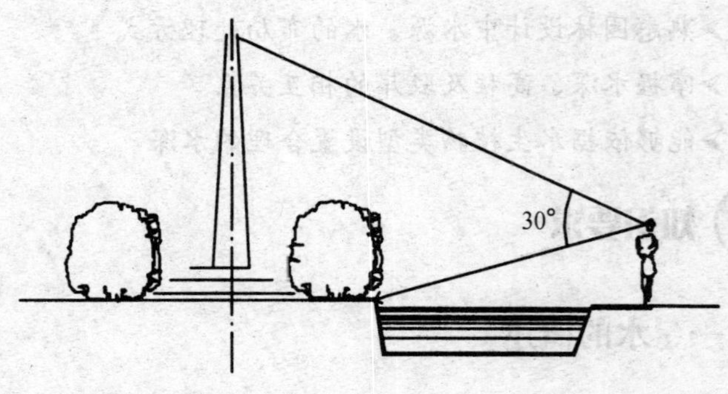

图 7—27　水体控制视距

（4）产生倒影，形成开朗景观和动态景观。

2. 以活动为主的水体

以活动为主的水体主要有划船、垂钓、游泳、漂流等。

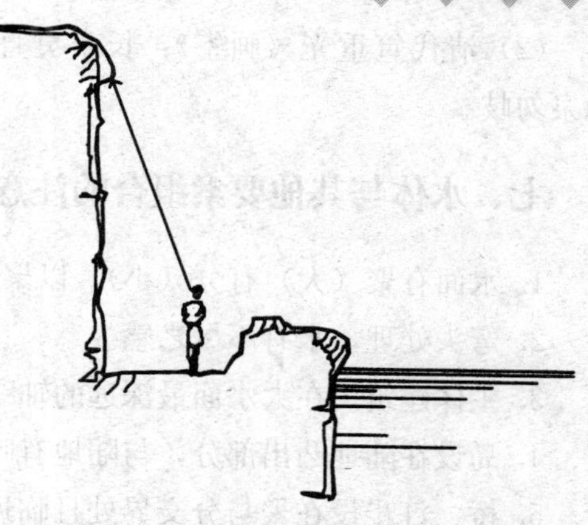

图 7—28　水体强迫视距

四、水体的水源

1. 径流水。山体地表径流汇集而成，自然动水的水源，如瀑布、溪涧等。

2. 河流水。附近未受污染的河流水引入而成，运动水系，水质清，水位不稳定。

3. 地下水。利用表层地下水源渗出而成，有较稳定的水位，静态水，水易变质。

4. 井水、泉眼。利用深层地下水渗出而成，深层地下水的比重大于 1，与表层地下水沟通循环而成运动水系，水质较清，水位低。

5. 自来水。利用管道自来水集聚而成，小面积使用，费用高。

五、水体的布局

1. 首先考虑“就低凿水”，充分利用原地形低洼地凿水。

2. 其次满足总体规划意图和功能要求。

3. 大面积的水体一般居园中偏侧，既突出了水体作为平面构图的中心，又留有相对集中的陆地。

4. 小面积的水体与某局部景观相联系，布局灵活自由。

5. 过大面积的水体，散漫、不紧凑，难以组织景观，浪费用地；过小面积的水体，局促，难以形成气氛。应根据所采用水景设计形式、表现主题、周围环境来确定水景的尺度，关键在于掌握空间中水与环境的比例关系。

6. 动态的水应该从北往南流，这是因为北方代表水，而南方代表火，从北往南流，水会把北方的“阴”带往南，并和南方的“阳”相互调和，做到阴阳调和。

六、水体的形状

1. 规则式水体——几何形状平面构图。

2. 自然式水体——曲折多变，狭长形平面构图。

（1）清代钱杜《松壶书忆》：河宜苍莽，江宜空旷，海宜雄浑，溪涧宜幽曲，瀑布宜奔放。

（2）清代笪重光《画筌》：长泉莫直，直泉莫连，短泉少曲，曲泉少掩，明泉勿单，隐泉勿歧。

七、水体与其他要素组合的注意点（见图 7—29）

1. 水面有聚（大）有分（小），以聚为主、分为辅。
2. 弯头处理，水有不尽之感。
3. 主体建筑设在大水面最深远的轴线上，次要建筑设在小水面最深远的轴线上。
4. 岛设在陆地凸出部分，与陆地有呼应。
5. 桥、汀步设在聚与分交界处且临近分的部位，使视线有延伸的余地。
6. 道路时而临水，时而远水。

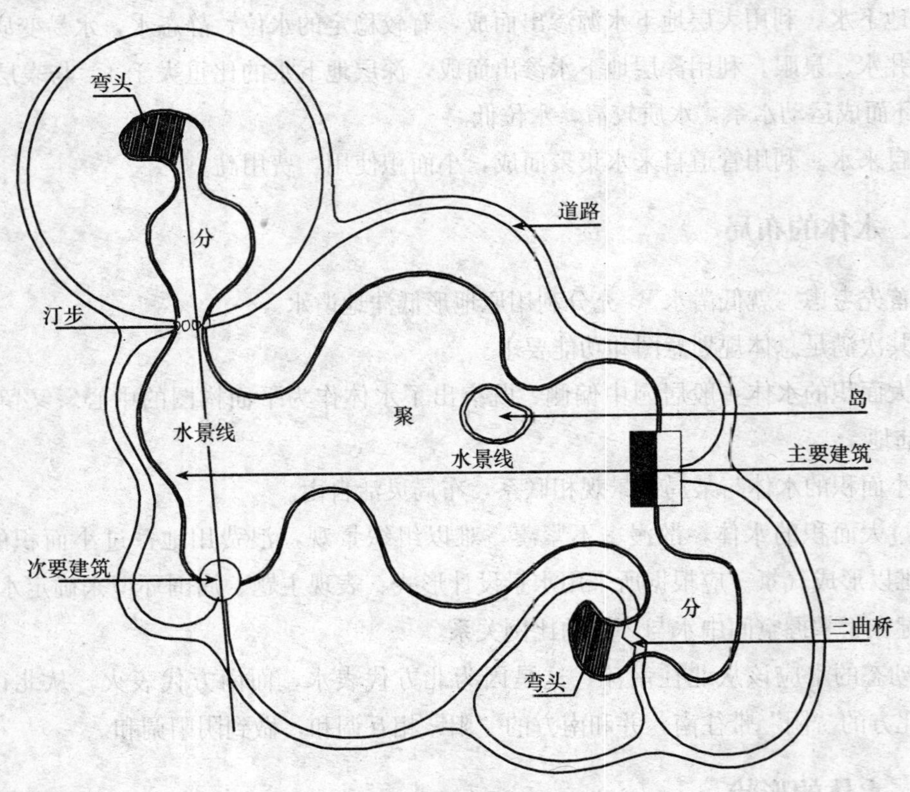

图 7—29　水体与其他要素组合

八、水体的高程

1. 常水位的确定

水体的高程设计一般以常水位为依据，常水位的确定可以根据附近河流常水位标高、地下水位标高和水源情况而定。

2. 其他水位的确定

根据常水位的标高，可以确定最高水位标高、最低水位标高、池底标高、驳岸标高和驳岸附近地形标高。

九、水体的深度

水体的深度指常水位到池底之间的距离。栽荷花的水深为 80～100 cm；栽一般水生植物的水深为 20～80 cm；划船的水深为 150～300 cm；养鱼的水深根据鱼的种类而定，一般有池底的为 60～80 cm，无池底的为 150 cm，死水自净的水深为 150 cm。

十、驳岸处理

1. 驳岸的作用

驳岸在园林中除了挡土作用，还有造景作用，所以驳岸也是一种景，要处理好。

2. 驳岸的形式

(1) 整齐式驳岸有浆砌块石驳岸、条石驳岸、阶梯式驳岸、木桩驳岸、竹桩驳岸等，如图 7—30 所示。

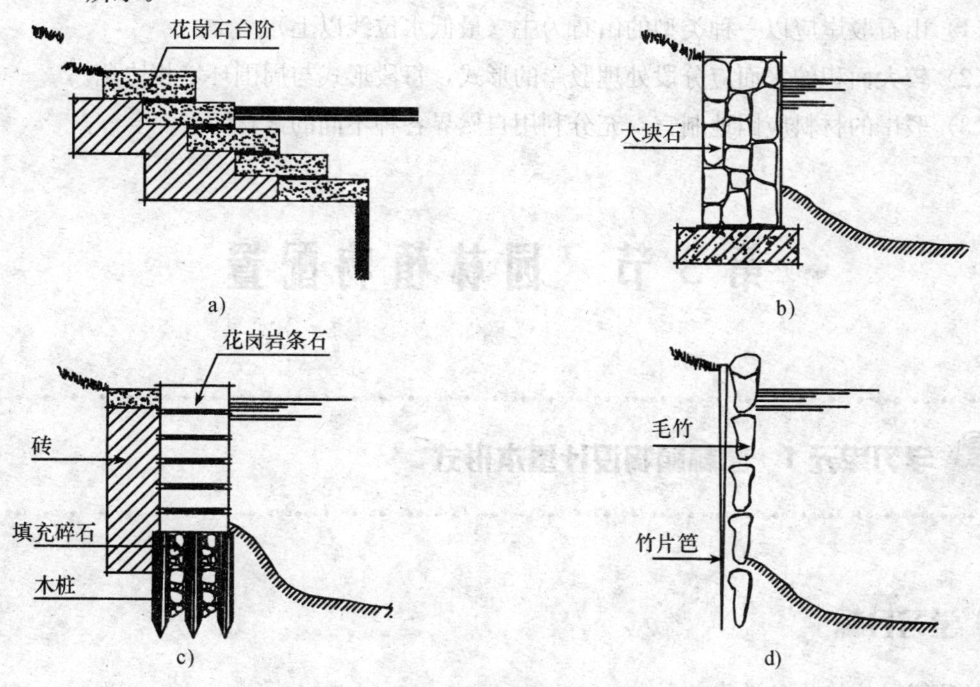

图 7—30 整齐式驳岸

a) 阶梯式驳岸 b) 浆砌块石驳岸 c) 条石驳岸 d) 竹桩驳岸

（2）自然式驳岸有山石驳岸、草坪驳岸、大卵石驳岸等，如图 7—31 所示。

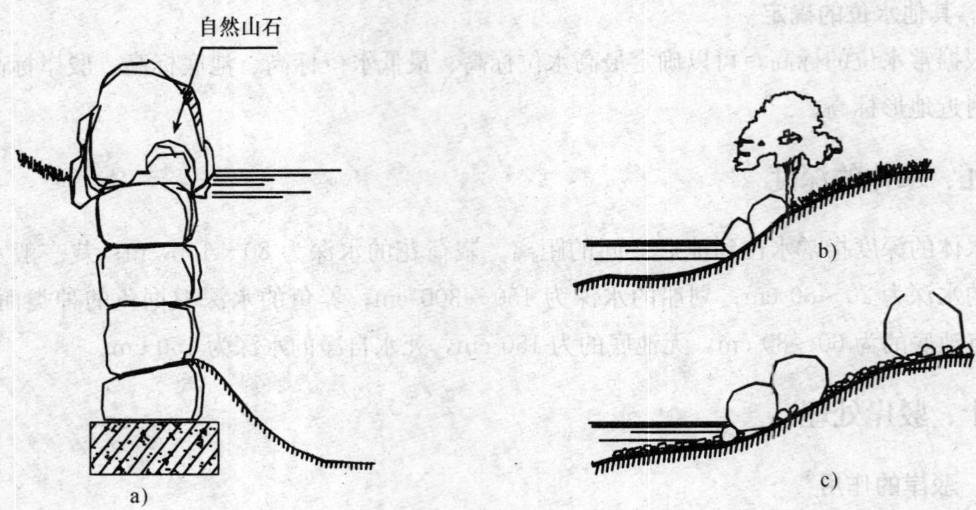

图 7—31 自然式驳岸

a）山石驳岸 b）草坪驳岸 c）大卵石驳岸

3. 驳岸的设计要点

（1）山石驳岸应以一种类型的山石为主（最低水位线以上）。

（2）较大面积的水面应分段处理驳岸的形式，每段形式与周围环境相协调。

（3）驳岸的材料应因地制宜，充分利用自然界各种不同的素材。

第 3 节 园林植物配置

学习单元 1 园林植物设计基本形式

学习目标

➢了解园林植物配置基本形式

➢熟悉花坛、花境植物选择与配置方法

➢掌握各种配置形式的基本要求

➢能够独立进行各种植物的配置组合

知识要求

园林植物种植设计是根据园林绿地性质、功能，结合园林植物的生态、功能、造景，对园林植物进行自然、科学、合理的搭配。

一、园林植物种植设计的基本形式

1. 孤植

单株乔木或灌木孤立的种植形式。孤植主要体现园林植物的个体美，在园林环境中往往作为主景或配景。

（1）树种要求。姿态优美、开花繁茂、硕果累累、叶色鲜艳。

（2）环境要求。有开阔的生长空间，有合适的观赏视距。

（3）背景特点。高大乔木以天空为背景，低矮的花灌木以水面、草坪为背景，孤植树应注意色彩与背景色彩的区别。

2. 对植

两株乔木或灌木在轴线两侧作相互呼应的种植形式。对植主要体现园林植物的个体美、组合美，在园林环境中只能作为配景。

（1）种植形式

1）对称对植。树种相同，体型大小相称，栽植连线与轴线垂直相交，主要用于规则式构图；如图 7—32 所示。

2）不对称对植。树种相同，体型大小不相称，栽植连线与轴线斜交，主要用于自然式构图中，如图 7—33 所示。

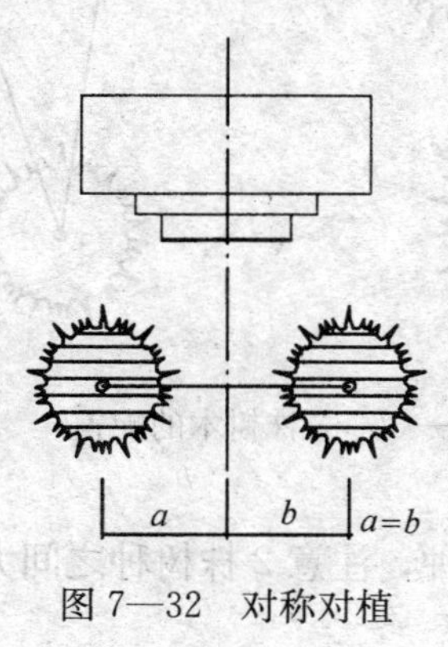

图 7—32　对称对植

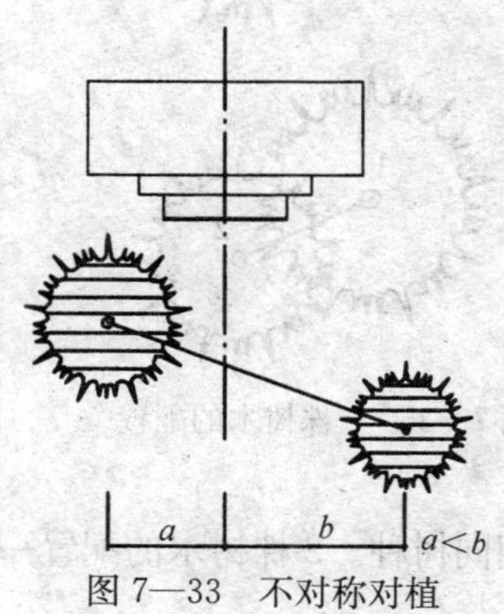

图 7—33　不对称对植

（2）设计要点。对植作为配景起陪衬作用，植物色彩、形状的选择与需突出的主景应有明显的差异，从而陪衬突出主景，如图 7—34 所示。

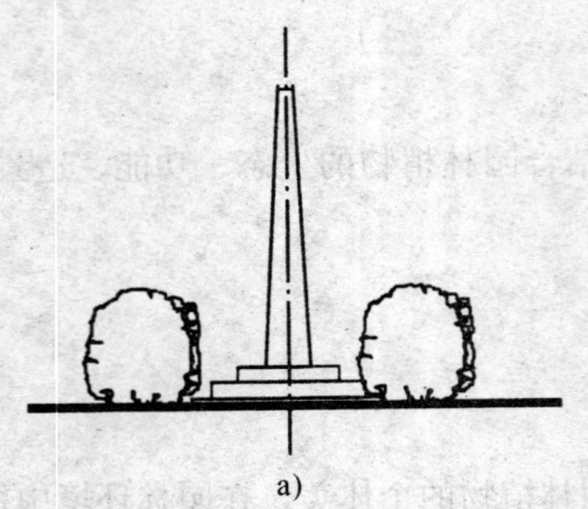

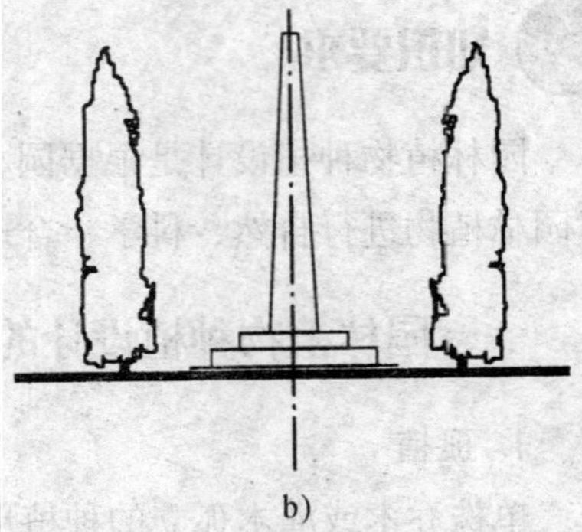

图 7—34　对植配景与主景之间的关系

a）植物形状与主景形状差异　b）植物形状与主景形状雷同

3. 丛植

一定数量（20 株）乔灌木的结合体。丛植主要体现园林植物的个体美和群体美，在园林环境中既作为主景，又能作为配景。丛植体现个体美，其树种选择要求较高，同孤植。丛植体现群体美，相同树种的组合要注意树种大小高低变化，不相同树种组合要注意树种在形态上的呼应。

（1）2 株树木的配置（见图 7—35）

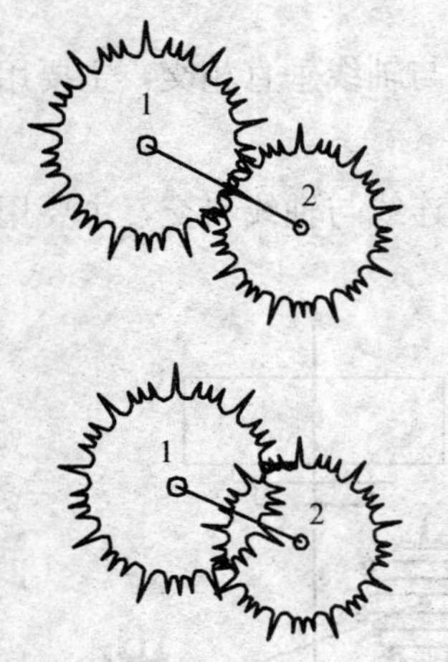

图 7—35　2 株树木的配置

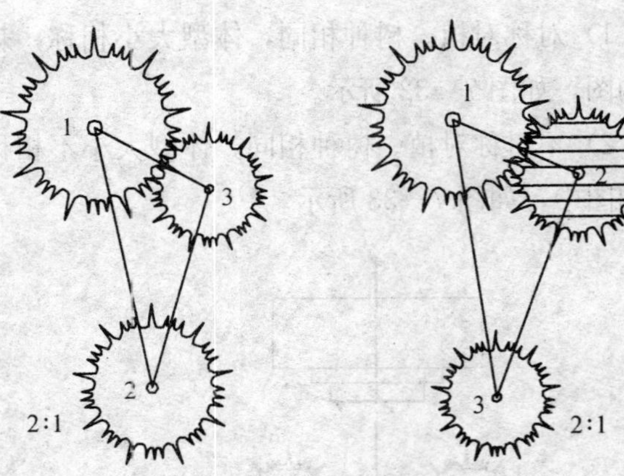

图 7—36　3 株树木的配置

1）相同树种。2 株树木的配置一般采用 2 株相同树种，注意 2 株树种之间大小、高低的变化。

2）构图。2 株树木的配置构图只能是直线。2 株树木的间距要近，不要相距太远，以免构图分散，以 2 株树木的树冠连接成略有穿插为宜。

（2）3 株树木的配置（见图 7—36）

1）相同树种。3 株树的配置分成两组，数量之比是 2∶1，体量上有大有小。单株成组的树木在体量上不能为最大，以免造成机械均衡而没有主次之分。

2）不相同树种。3 株树的配置分成两组，数量之比是 2∶1，体量上有大有小。树种之比是 2∶1。单株树种的树木在体量上不能为最大，以免造成机械均衡，在位置上也不能独立成组，以免造成二组之间缺乏呼应。

3）构图。3 株树的平面构图为任意三角形的自然式配置，不能在同一条直线上，或呈等边三角形、等腰三角形。

（3）4 株树木的配置（见图 7—37）

1）相同树种。4 株树木的配置分成两组，数量之比是 3∶1，切忌 2∶2，体量上有大有小。单株成组的树木在体量上既不能为最大，也不能为最小。

2）不相同树种。4 株树木的配置分成两组，数量之比是 3∶1，体量上有大有小，树种之比是 3∶1，不能为 2∶2。单株树种的树木在体量上不能为最大，也不能为最小，在位置上不能独立成组，应在 3 株一组中。

3）构图。4 株树的平面构图为任意四边形的自然式配置，不能排列在同一条直线上或呈正四边形、菱形、梯形。

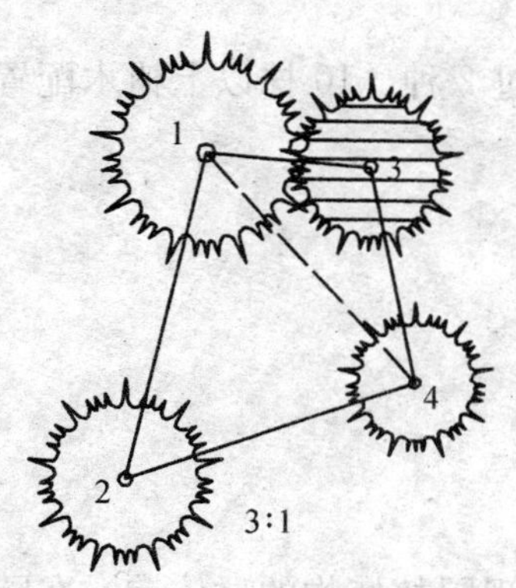

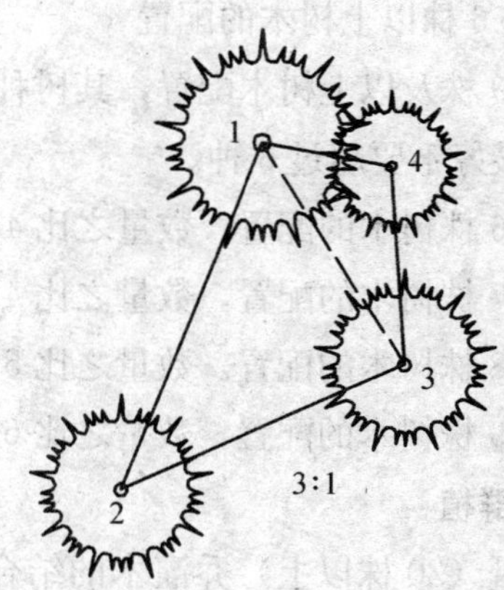

图 7—37　4 株树木的配置

（4）5 株树木的配置（见图 7—38）

1）相同树种。5 株树木的配置分成两组，数量之比是 4∶1 或 3∶2，体量上有大有小。数量之比是 4∶1 时，单株成组的树木在体量上既不能为最大，也不能为最小。数量之比是 3：2 时，体量最大的一株必须在 3 株一组中。

2）不相同树种。5 株树木的配置分成两组，数量之比是 4：1 或 3：2。如果树种之比是 4：1，则单株树种的树木在体量上不能为最大，也不能为最小，位置上应该在 4 株一组中，不能独立成组。如果树种之比是 3：2，2 株树种的树木应分散在两组中，体量最大的一株应该是 3 株树种的树木。

3）构图。5 株树的平面构图为任意五边形的自然式配置，不能排列在同一条直线上或呈正五边形。

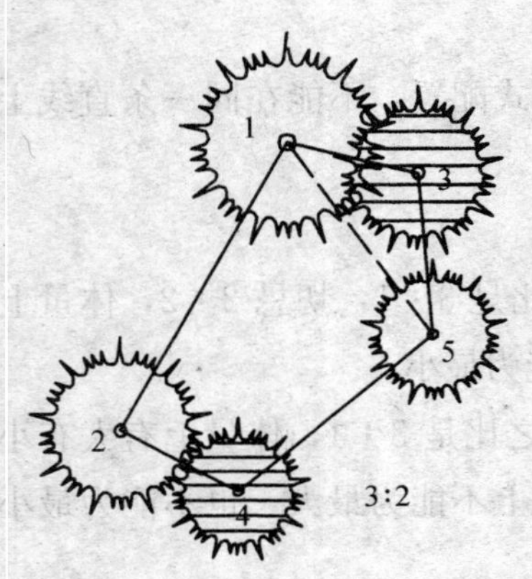

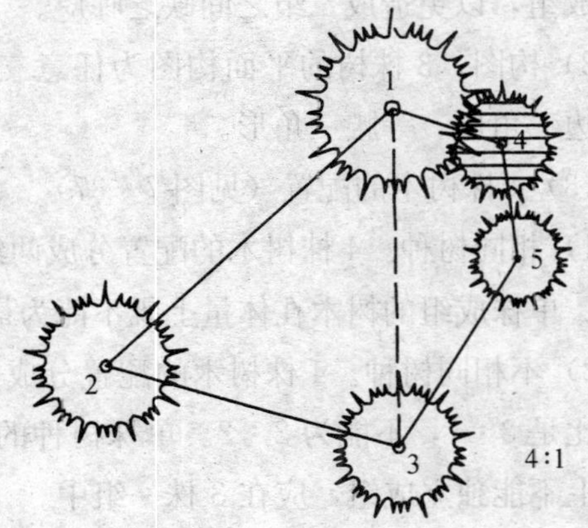

图 7—38　5 株树木的配置

（5）6 株以上树木的配置

6～9 株及以上树木配置，其树种数量最好不要超过 2 种。10 株以上树木配置，其树种数量最好不要超过 3 种。

1）6 株树木的配置。数量之比 4：2，5：1。

2）7 株树木的配置。数量之比 4：3，5：2。

3）8 株树木的配置。数量之比 5：3，6：2。

4）9 株树木的配置。数量之比 6：3，7：2，5：4。

4. 群植

大量（20 株以上）乔灌木的结合体。群植主要体现园林植物的群体美，在园林环境中既作为主景，又作为配景。

（1）相同树种的群植，要注意树种大小高低变化，构图单纯，一般作配景。

（2）混交树种的群植，要注意树种外观形态上的呼应，构图富于变化，一般作主景。

（3）混交树种的群植，要注意乔灌木与花卉、常绿与落叶、阳性与阴性有机结合，树种不宜过多，应有一种树种在数量上占优势。

（4）混交树种的群植，要注意植物的视觉效果，而视觉效果与植物的外形、色彩有密切关系（见表7—1）。

表7—1　视觉效果与植物外形、色彩的关系

外形配置	圆锥形（圆柱形）植物引导视线向上，突出了空间垂直方向和高度感，如图7—39所示
	水平展开的植物引导视线沿水平方向移动，产生宽阔感和外延感，如图7—40所示
	圆球形植物引导视线无方向性及倾向性，外形圆柔温和，容易与其他形体相互配合呼应，如图7—41所示
	垂枝形植物表现出其枝条明显的悬垂或下弯，它们将视线引向地面
	圆锥形、水平展开形与圆球形植物配置，可以形成生动活泼、对比强烈、鲜明突出的效果，如图7—42所示
色彩配置	深绿色给人以坚定凝重的感觉，使空间显得恬静安详。作为休息空间的色彩较合理
	浅绿色植物能使空间产生明亮、轻快感，使人欢欣和兴奋。作为活动空间的色彩较合理
	深色植物"趋向"观赏者，使人感到空间变小，如图7—43所示
	浅色植物"远离"观赏者，使人感到空间变大，如图7—44所示
	深色植物可以作为浅色或鲜艳色彩植物材料的衬托背景，如图7—45所示
	所有植物皆为常绿型，颜色深沉凝固，不随季节变化，如图7—46所示
	色彩设计应以中间绿色为主、其他色调为辅，中间绿色植物作为深色与浅色的过渡，如图7—47所示

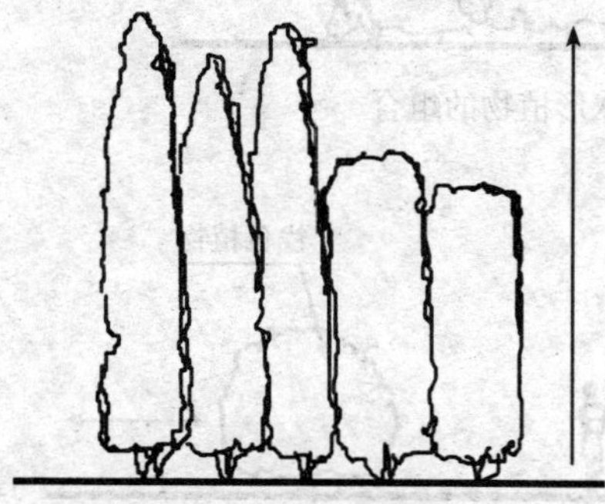

图7—39　圆锥（柱）形植物

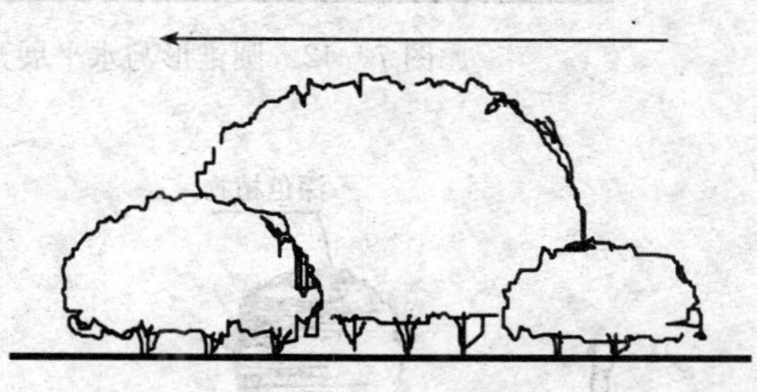

图7—40　水平展开植物

（5）群植配置范例

1）香樟＋榔榆＋乌桕—红叶李＋石楠—二月兰

2）臭椿＋猴樟—蚊母＋棣棠—常春藤＋花叶蔓长春花

3）南酸枣＋女贞—溲疏＋紫藤—紫金牛

4）香樟＋栾树—枸骨＋海桐—白花三叶草

5）香樟＋乌桕—南天竹＋蚊母—紫金牛

6）猴樟＋无患子—八角金盘＋海桐—自然地被

7）榉树＋香樟—八仙花＋卫矛—自然地被

8）银杏—石楠＋胡颓子—麦冬

9）木荷＋栾树—枸骨—鸢尾

10）雪松＋广玉兰—紫薇＋紫荆＋黄馨—鸢尾＋红花酢浆草＋其他地被

11）垂柳＋丁香—桃树＋桂花＋红叶李—美人蕉＋迎春＋草本地被

12）石楠—黄金条—花叶蔓长春花

13）广玉兰—石楠—夏鹃

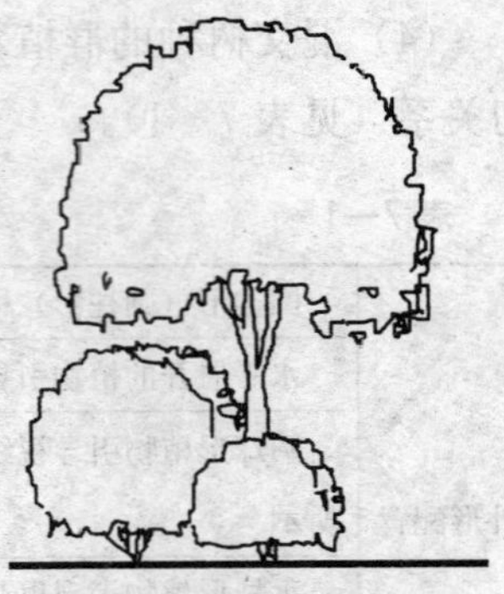

图 7—41　圆球形植物

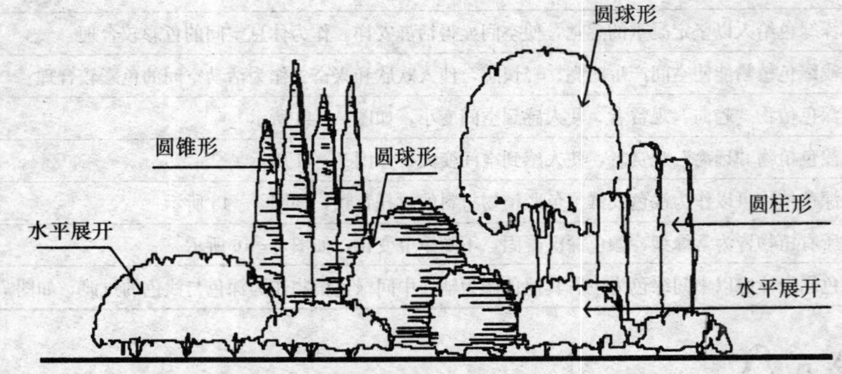

图 7—42　圆锥形与水平展开形与圆球形植物的组合

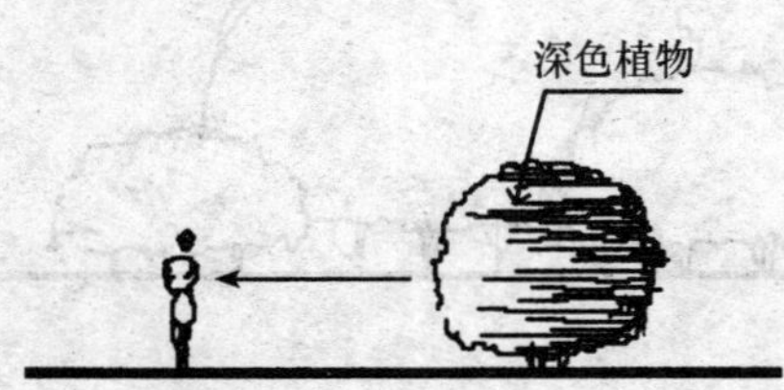

图 7—43　深色植物空间变小

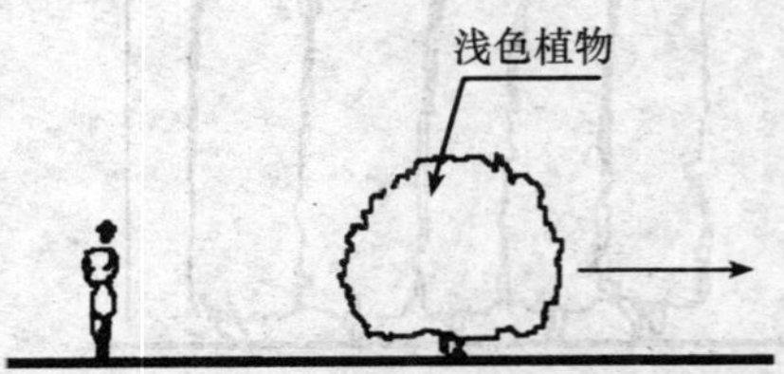

图 7—44　浅色植物空间变大

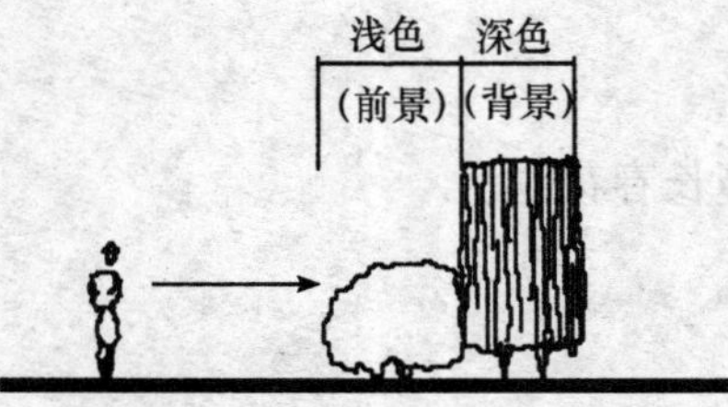

图 7—45　深色植物衬托背景

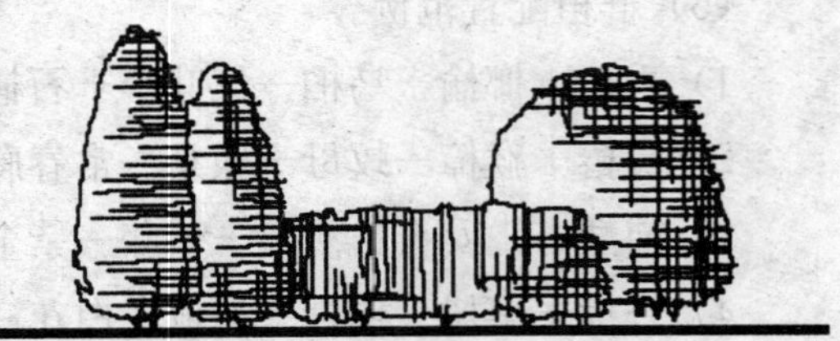

图 7—46　常青树群颜色不随季节变化

图 7—47　中间绿色为主

14）水杉—香樟—桂花—倭海棠—紫金牛

15）欧美杨—夹竹桃—金丝桃—牛至

16）女贞—桂花—棣棠—金叶过路黄

17）水杉—合欢—凤尾竹—朝鲜栀子

18）香樟—红叶李—栀子花—草本地被

19）青枫—小叶女贞球—女贞叶忍冬

20）榉树—杜英—贴梗海棠—紫金牛

5. 附植

用乔木、灌木、藤本、地被、花卉植物依附于某一载体上，增进立面和顶面绿视率的种植形式。

（1）环境特点。附植的运用一般是环境空间较小，缺乏植物生长的空间或是环境无种植地，缺乏植物生长的立地条件。

（2）载体类型

1）墙面。利用枝条柔软的乔木或灌木贴植，或利用藤本植物爬植，增进立面绿视率。乔灌木贴植一般采用枝条纤细柔软的植物，可以贴植成一定的图案，这种形式要经常加以修剪整形。或贴植成自然形状，任植物自然生长，不加修剪整形。藤本爬植可以利用吸盘、气生根植物如爬山虎、地锦、络石、薜荔、凌霄，无须任何牵引，可爬植到 5～6 m 以上。利用木本缠绕、蔓性植物如葡萄、紫藤、金银花、月季、木香，这些植物需要一定的牵引手段，如铁丝、麻绳、尼龙绳，可以满爬，可以爬成一定的图案，一般爬到 5 m 左右。利用草本缠绕、蔓性植物如茑萝、牵牛、丝瓜、扁豆、观赏瓜、葫芦，这些植物需要一定的牵引手段，每年需更换，短期效果，一般爬植在 3 m 以下。

2）棚架。利用藤本植物依附于棚架顶面，增进顶面绿视率，如常绿油麻藤、鸡血藤、腺萼南蛇藤、西番莲、香花崖豆藤等。

3）箱、槽。利用花灌木、草花栽植在种植箱或种植槽内，依附于屋檐檐口、窗台、阳台、栏杆边缘。这种种植形式要求种植箱、槽的固定要安全牢固，植物选择柔软下垂型，介质要保湿。箱、槽种植能增进立面绿视率。

附植形式的绿化面积虽然不大，但对城市空间的绿化可起到拾遗补缺和画龙点睛的作用，是一种值得大力推广和值得进一步探讨研究的种植形式。

6. **列植**

乔木或灌木等距离成行的种植形式。

列植能表现出整齐的图案效果。乔木列植要注意乔木树冠大小相近，分枝点高度统一，栽植点连线整齐划一。灌木列植有点状、条状和块状 3 种，点状主要采用灌木修剪成球形、圆柱形、正方体，点状列植不能多用，以免造成构图较散。条状主要是采用灌木修剪成绿篱，起装饰和分隔作用，造型修剪可以采用棱角修剪和弧枝修剪，如图 7—48 所示。块状主要是大量灌木种植修剪成规整大块面，体现大色块的装饰效果，过多采用大块面列植，养护工作量较大。灌木列植中点状、条状、块状有机结合，运用在装饰规则式绿地中效果较好，如图 7—49 所示。

图 7—48　棱角与弧度修剪

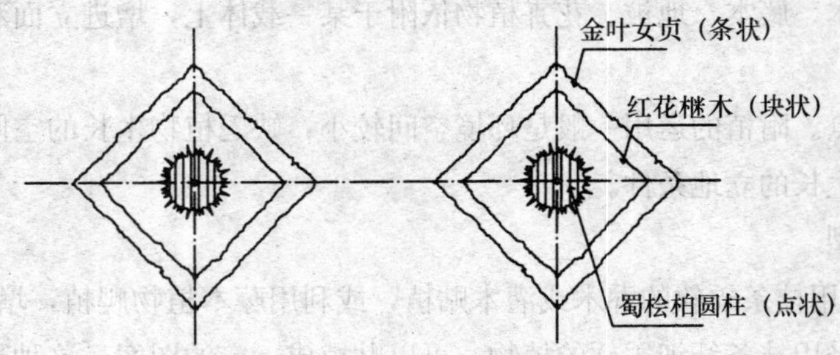

图 7—49　点状、条状、块状灌木有机结合

7. **草地、草坪**

草地是指以禾本科多年生草本植物为主，不加修剪，任其自然生长的种植形式。草坪是指以禾本科多年生草本植物为主，经常修剪成致密绿毯状的种植形式。草坪设计应注意的问题是：对于供活动的草坪，应选择生长力强的匍匐型草种，如结缕草、矮生百慕达草、马尼拉草等。草坪应有良好的排水坡度和设施。为防止游人在一定方向经常往返致使草坪因不间歇的践踏而丧失萌蘖恢复的机会，可以定向途径为基础，设草坪小径连接其他道路。

对于装饰性草坪，应选择低矮、枝密叶细和本身生长整齐的草种，如细叶结缕草，俗称天鹅绒草。规则装饰性草坪，以平整为佳，设一排水坡度。自然装饰性草坪，应有较明显自然起伏的坡度。

二、花坛、花台与花境设计的基本形式

1. 花坛

有一定几何形状的种植体，以一二年生草本花卉为主，表现图案或色彩美，是以俯视观赏为主的种植形式。

（1）花坛形式（依花坛表现内容而分类）。花坛依表现内容分有花丛式花坛和模纹式花坛。花丛式花坛以表现花卉色彩为主、图案为辅。模纹式花坛以表现花卉图案为主、色彩为辅。

（2）花坛形状。主景花坛，花坛的纵横轴线与广场、建筑物、构图纵横轴线重合，花坛的平面形状与环境平面有一定的呼应关系，大轮廓相似，小细部变化，如图 7—50 所示。配景花坛，花坛的纵横轴线与广场、建筑物、构图纵横轴线不重合，平行于两侧，两侧配景花坛形状、大小一致，如图 7—51 所示。

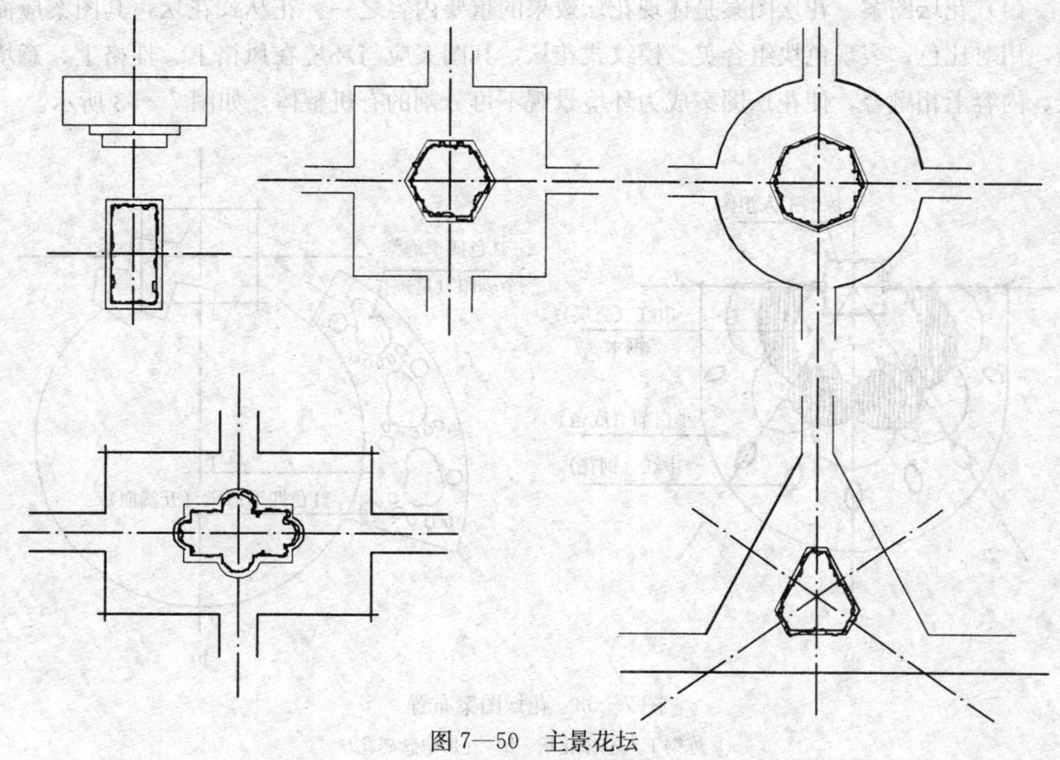

图 7—50　主景花坛

（3）花坛面积。单体花坛面积不宜过大，花丛式花坛短轴控制在 1 500～2 000 cm，模纹花坛短轴控制在 800～1 000 cm。单体花坛面积过大，花坛的图案易变形，观赏不清

晰，且换花用量大，养护费用高。花坛面积的控制与环境有密切关系。一般情况下，花坛与环境面积之比为 1∶3，即花坛面积为环境面积的 1/3，对于较大的环境，单体花坛面积也较大，为防止模纹式花坛面积大而导致图案变形，可将单体花坛变为花坛群，如图 7—52 所示。

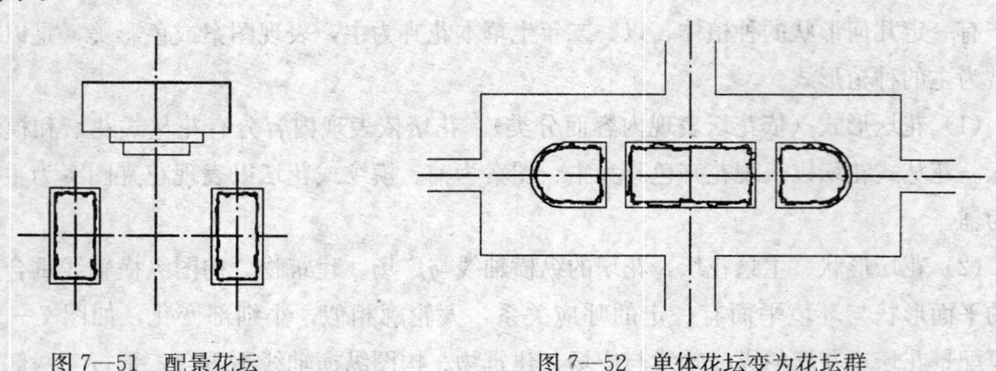

图 7—51　配景花坛　　图 7—52　单体花坛变为花坛群

（4）花坛图案。花坛图案是体现花坛效果的重要内容之一。花丛式花坛，其图案应简洁，用对比色，表现色块组合美。模纹式花坛，其图案应与环境在风格上、性格上、意境上、内容上相融合，使花坛图案成为环境景观不可分割的有机整体，如图 7—53 所示。

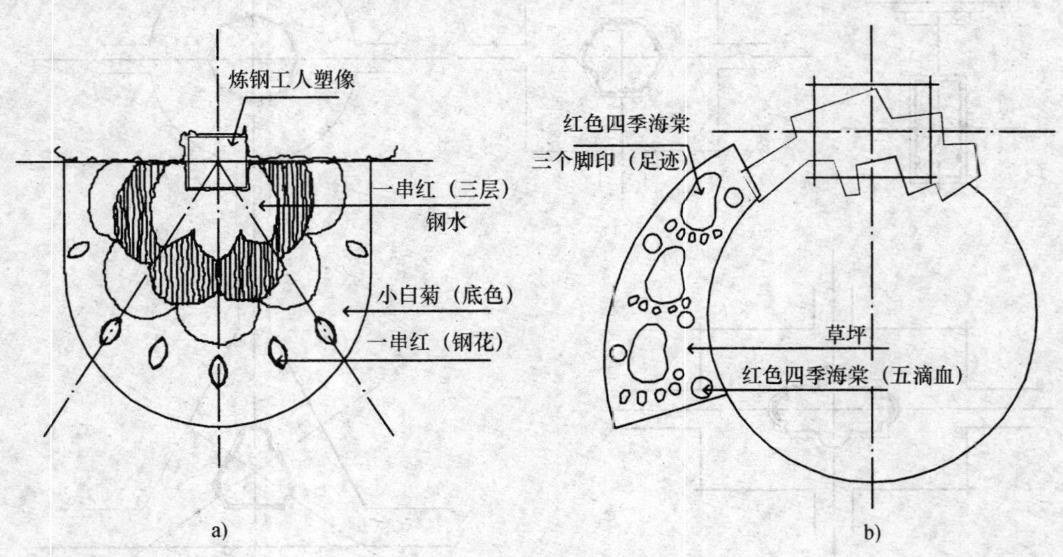

图 7—53　花坛图案布置

a）炼钢工人塑像花坛　b）五卅纪念碑花坛

（5）花坛种植床。花坛的种植床其高度应控制在 40 cm 以下，宽度一般为 20～30 cm，装饰材料应注意与环境装饰材料在色彩上、质地上、形状上相呼应。种植床内地形处理应根据观赏要求而定，为增加观赏面积，防止图案变形，四面观赏花坛可采用锥面和球面，单面观赏花坛采用斜面的地形处理，如图 7—54 所示。

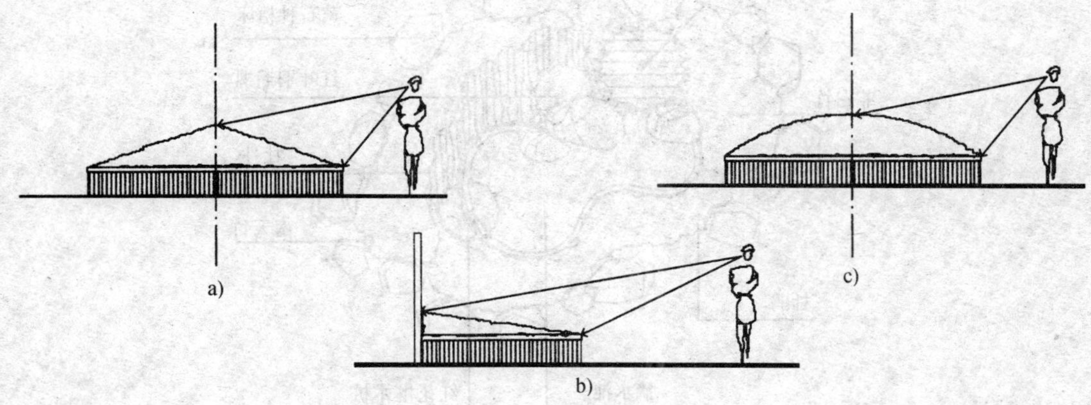

图 7—54　花坛种植床处理

a）锥面种植床　b）斜面种植床　c）球面种植床

(6) 花坛的花卉材料。为满足俯视观赏之需，花坛的花卉材料应选用伞形、伞房形等水平花序为主。花丛式花坛应选择花朵鲜艳、花多而大、花色单纯的花卉。模纹式花坛，应选择花朵小而密、叶片纤细、枝叶密集、植株低矮的花卉。

2. 花台

有一定几何或自然形状的种植床，以多年生木本花卉为主，结合山石、水体，表现自然美，是以平视观赏为主的种植形式。

(1) 花台形式。种植床若为规则式，其平面形状为几何形，与环境的平面形状相协调。种植床材料采用内砖外装饰，装饰材料与环境要呼应，一般用于规则整齐环境中。种植床若为自然式，其平面形状为不规则的自然式，种植床材料采用黄石或太湖石，注意山石的平面曲折、疏密，立面的高低、错落，一般在自然式环境中运用，如图 7—55 所示。

(2) 花台比例。在开阔广场上独立成为主景的花台，应注意花台主体景观的立面高度，具体尺寸取决于花台与环境的大小及花台主体景观的内容，一般为花台宽度的 2/3，1/2，1/3。为使花台构图活泼，花台主体景观立面制高点位置控制在花台宽度的 1/3 处。依附于某一景点起配景作用的花台，应注意花台主体景观的高度不宜太高，以免冲淡对主景的陪衬，一般以横向展开的构图形式为主要表现方向。

(3) 花台内容。花台的表现内容有植物（木本花灌木、宿根花卉）、山石、水体、建筑小品（竹篱、茅门、石井、石磨、木桶等），花台的内容表现应注意以某一内容为主景，其他内容为辅点缀，做到主次分明。主景的内容在体量上、高度上应有一定优势，其他内

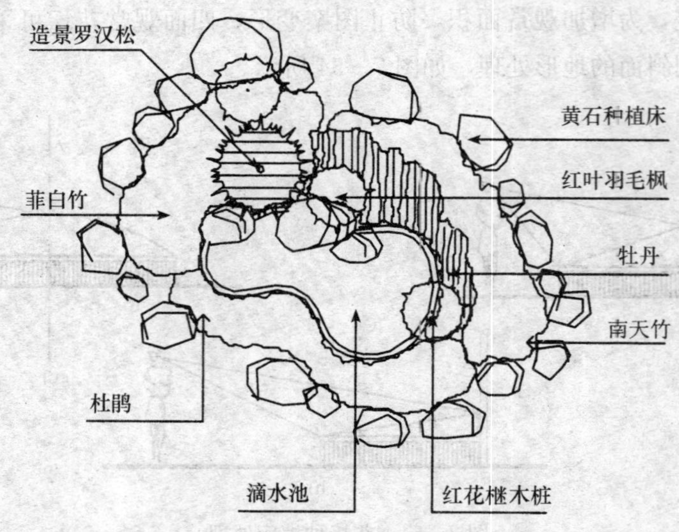

图 7—55　自然式种植花台

容的选择取决于主景内容。

（4）花台配置。花台内容配置应遵循传统花鸟画的写意手法，体现传统江南园林的诗情画意。

1）植物与植物。植物与植物的配置应选择在性格上相融洽的配置模式，如“松、竹、梅”岁寒三友，“梅、兰、竹、菊”花中四君子，“玉兰、海棠、牡丹、桂花”玉堂富贵等。

2）植物与山石。植物与山石应遵循画论中的配置模式，如“梅边置石宜古”“竹旁置石宜瘦”“松下置石宜拙”。

3）植物与水体。植物与水体应根据水的柔性选择合适的植物，形成“疏影横斜水清浅”的景观意境。疏——植物造型轻盈、枝叶松散，与水虚幻呼应，如羽毛枫、青枫、红枫、梅花等；影——倒影，植物的花、叶色彩丰富，增加水面色彩，如红花木、垂丝海棠；横——植物的枝条横向片状，与平静的水面相协调，如樱花；斜——植物枝条扑向水面，与水面有亲近呼应感，如黄馨、造型罗汉松、五针松等。

3. 花境

平面狭长规整，立面高低错落，以多年生宿根、球根花卉为主，体现变化丰富的立面效果为主的种植形式。

（1）花境形式。花境是一种半自然式或半规则式的构图形式，可以用于规则式构图与自然式构图的过渡。花境在园林环境中应用较普遍，在建筑的基部应用花境，不仅在建筑立面上增加了色彩的衬托，还可以缓和基部直线的单调，协调整个建筑和环境的自然关系。在阶梯式地形的挡土墙和一般围墙侧旁，花境的布置可以遮掩部分墙面，克服大面积墙体给人生硬呆板的感觉。道路中央和两侧布置的花境对道路的环境有着良好的点缀作用。

(2) 花境配置。花境的配置应注意平面自然块状大小错开，立面不同花卉高低变化，如图7—56所示，并注意季节的交替。单面观赏的花境，应以常绿植物作背景，并注意立面里高外低。双面观赏的花境，要注意立面中间高两侧低。花卉的选择以总状、穗状等垂直花序的宿根、球根花卉为主，以供立面观赏。

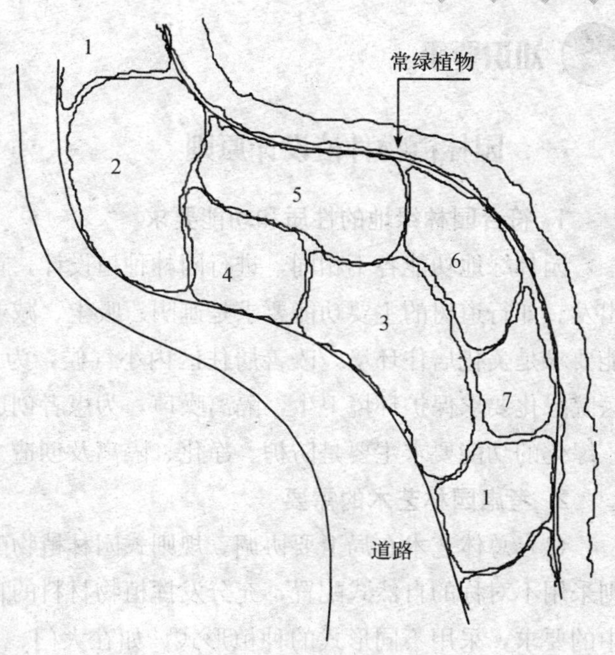

图7—56 花境的配置

1—园艺八仙花 2—大花萱草 3—腊菊 4—亚菊
5—红千层 6—美国薄荷 7—紫露草

(3) 花境附景。花境球根、宿根花卉立面低矮，有些花卉夏季怕日灼，有些花卉冬季落叶枯萎，为体现景观的饱满度和增加花境立面效果，可以设置些配景。配景的材料种类繁多，可以是花灌木，如红枫、青枫、球类植物等。天然大卵石也可以作为配景。石制小品如井、石磨、石钵等。木制小品，如木船、木鞋、木车、木轿、木桶等。传统小品如缸等都能成为花境的配景。关键要注意合理配置，恰到好处地运用。

学习单元2 园林植物种植设计原则与具体手法

学习目标

- ➤了解植物配置基本原则
- ➤熟悉配置的具体手法
- ➤掌握不同植物习性对配置的影响
- ➤能够熟练根据所给的绿化现状图纸指出存在的问题，并绘制调整后的绿化图纸

知识要求

一、园林植物种植设计原则

1. 符合园林绿地的性质和功能要求

园林绿地功能各不相同，进行园林种植设计，首先要从该园林绿地的性质和主要功能出发。如行道树的主要功能要求是遮阴、吸尘、减弱噪声、美化市容等；居住区绿化的功能要求是美化居住环境，改善居住区内小气候，为居民创造一个舒适、优美的居住环境；医院绿化要求保护环境卫生，隔离噪声，为患者创造一个清洁卫生、安静的医疗环境；工厂绿化的功能要求主要是防护、净化、隔离及创造文明生产的环境等。

2. 考虑园林艺术的需要

（1）总体艺术布局上要协调。规则式园林植物配置多对植、行植，而在自然式园林中则采用不对称的自然式配置，充分发挥植物材料的自然姿态。根据局部环境和在总体布置中的要求，采用不同形式的种植形式，如在大门、主要道路、整形广场、大型建筑附近，一般多采用规则式种植，而在自然山水、草坪及不对称的小型建筑物附近，则采用自然式种植。

（2）考虑植物景观的季相变化。园林植物是活的有机体，随着一年四季表现出不同的形态特征，因此在选择植物上应当考虑季相变化，充分发挥园林植物的观赏特点，使丰富的植物色彩随着季节的变化交替出现，使园林绿地的各个分区地段突出某一季节的季相景观。

（3）全面考虑植物在观形、赏色、闻味、听声上的效果。人们欣赏园林植物的要求是多方面的，应根据每种园林植物的特点来进行配置。如鹅掌楸主要是观其叶形，桃花、紫荆是春天观花，桂花是秋天闻香，而成片的松林则形成“松涛”。有些植物是多功能的，如月季从春天至秋天，花开不断，既可观色赏形，有的又可闻香，但其冬季的效果就稍差一点。因此，要把握好每种植物的主要观赏特性，用其他植物去弥补其不足，形成优势互补。

（4）园林植物种植设计要从总体着眼。在平面上要注意种植的疏密和轮廓线，竖向上要注意林冠线变化，另外还要重视植物的景观层次以及远近观赏效果。远观是看整体和大片的效果，如大片秋叶；近看是观赏单株树形，及花、果、叶等的姿态，同时还要考虑种植方式切忌苗圃式种植。植物种植也要处理好与建筑、山、水、道路之间的关系。

3. 选择适合的植物种类，满足植物生态要求

园林植物的生长习性和立地条件各不相同，如街道绿化要选择易于成活、适应城市交通环境、耐修剪的树种，水边应选择耐水湿的树种，而在盐碱地应选择耐盐碱的树种等。因此，在选择植物时要全面了解当地的气候条件、土壤条件，一般采用本地的乡土树种以及经过引种驯化成功的外地品种，只有立地条件符合植物的生长习性，才能保证成活率。此外，如有条件可人工创造一定的小气候环境，以适应植物生长。

4. 合理确定种植形式、种植密度和植物搭配

种植形式是根据绿地在总体布局的功能要求来确定的。种植设计可分为规则式、自然式、混合式。一般在大门口、主要道路、广场、对称性建筑附近的绿地布置，多采用规则式种植形式，而在自然风景区、疏林草地、古典建筑附近多采用自然式种植形式。

种植密度是指单位空间种植植物的紧密与疏密程度。它直接影响绿化的效果，从远期的绿地效果来看，应根据成年树木的树冠来确定种植密度，但近期要达到较好的景观效果，可适当密植。从整体规划出发，则应采用近远期相结合，常绿树、落叶树相结合，乔、灌、草相结合，观花、观叶相结合以及速生树、慢生树相结合的方法。同时，种植密度还应根据绿地功能需要、立地条件、生态习性等综合考虑。如防护林、封闭式绿地可适当密植，开敞式绿地或立地条件较好的则可适当稀疏，速生树可稀，慢生树则可密。

从绿地总体效果来看，应该注意乔灌木的搭配比例、立体层次以及兼顾各种植物的生长特性。使各种植物有机结合、合理配置、相互促进生长，成为和谐的整体群落。植物配置若只强调共同性，没有差异性、对比性，则显得单调、平淡。若只有差异性，没有共同性，则缺乏整体感。因此，要在统一中求变化，在变化中求统一，才能塑造出构图完整、调和，又不失变化的园林景观。

二、园林植物种植设计具体手法

1. 主次上分明

不同树种构成的树丛或树群要注意以一种树种为主，其他树种为辅。以突出乔木为主的，应注意乔木在体量上占优势，灌木、地被体量要小，位置在乔木下，乔灌木数量之比（面积之比）可以相近。以突出灌木为主的，应注意灌木在数量上占优势，乔木的位置在灌木后，作为灌木的背景，地被位置在灌木前，作为灌木的配景，乔木、地被的数量（占地面积）是灌木的 1/2 或 1/3。以突出地被为主的，应注意地被在数量上占优势，乔木、灌木的位置穿插于地被之间，乔木、灌木的数量（占地面积）是地被的 1/4 或 1/5。以突出同类型树种为主的，应注意需突出的树种在数量上、位置上占优势，如图 7—57 所示。

2. 搭配上呼应

混交树丛或树群在选择搭配上要注意树种与树种之间的呼应，具体体现在以下 3 个方面：

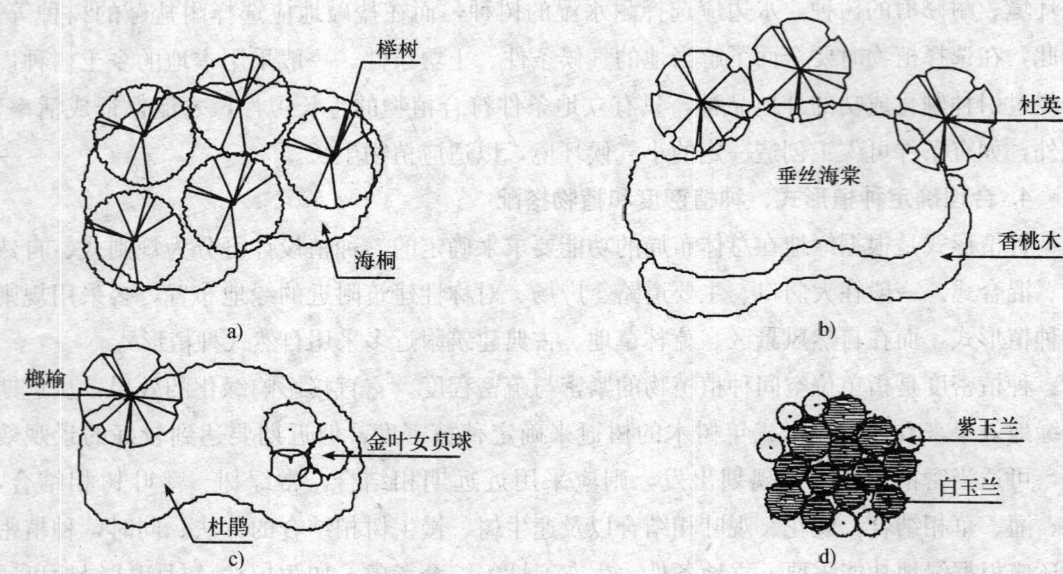

图 7—57　主次上突出

a）以突出乔木为主　b）以突出灌木为主　c）以突出地被为主　d）以突出同类型树种为主

（1）形态上协调。形态上协调是指植物树冠外形相似，如香樟与球类植物，合欢与羽毛枫，盘槐与垂枝桃，水杉与蜀桧柏。或植物叶形、大小相似，如女贞与桂花，合欢与水杉，合欢与凤尾竹，青枫与黄馨。或植物叶片质地相似，如棕榈与凤尾兰，广玉兰与茶花，榔榆与红花木，加那利海枣与铁树。

（2）习性上融洽。习性上融洽是指植物生态习性互补，浅根性与深根性植物有机结合者，如水杉与凤尾竹，水杉与合欢。阳性植物与阴性植物有机结合者，如桃花与狭叶十大功劳，棕榈与八角金盘。

（3）性格上契合。性格上契合是将植物人格化，植物与植物在性格上合拍相投。如“松、竹、梅”岁寒三友，松的古朴苍劲、竹的虚心节气、梅的坚贞不屈，“梅、兰、竹、菊”花中四君子等。另外，将植物理想化，球类植物组合，给人圆满、柔和、温馨的感觉，如石楠球与胡颓子球，龙柏球与小叶女贞球，红花木球与金叶女贞球，蚊母球与杨梅球。

3. 平面上疏密

自然式植物配置的平面构图破除几何规律，避免一直线、几何多边形等机械呆板的排列。

（1）疏密变化的原则。根据各株树种之间应保留的株距，作不规则的多角形变化。

1）保留的株距。保证树木生长发育应有的空间，以成年树木树冠大小为基本间距。

2）不规则的多角形变化。保留株距略小于基本间距，形成彼此错落交接效果。保留株距超过基本间距，保证阳性树栽在阴性树下有一定的阳光空间。保留株距大幅度缩小，形成连理孪生景观效果。

（2）结合疏密变化创造曲折多变的林缘线。林缘线是指树丛或树群边缘在地面上投影的连线。林缘线处理应注意的问题是：空间小，林缘线以简洁直线为主，产生严谨整齐之感，如图 7—58 所示；空间大，林缘线以曲折流畅的曲线为主，产生自然活泼之感，如图 7—59 所示；变化不大的林缘线边缘，挑出数株球类植物或数株同边缘植物，使变化不大的林缘线产生韵律节奏感，如图 7—60 所示；林缘线的走向尽可能与绿地边线走向产生有差别的对比，如图 7—61 所示。

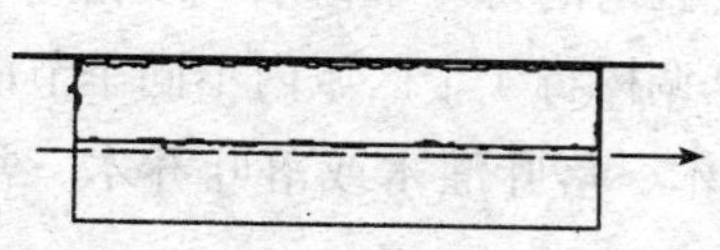

图 7—58　林缘线以直线为主

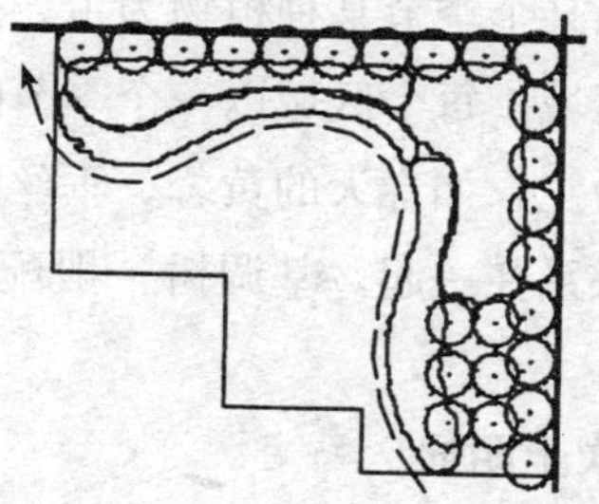

图 7—59　林缘线以流畅曲线为主

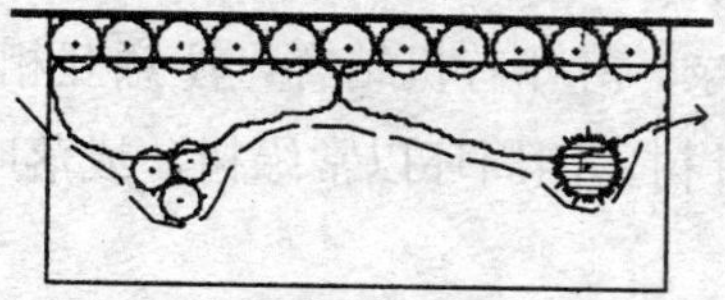

图 7—60　林缘线边缘挑出数株植物

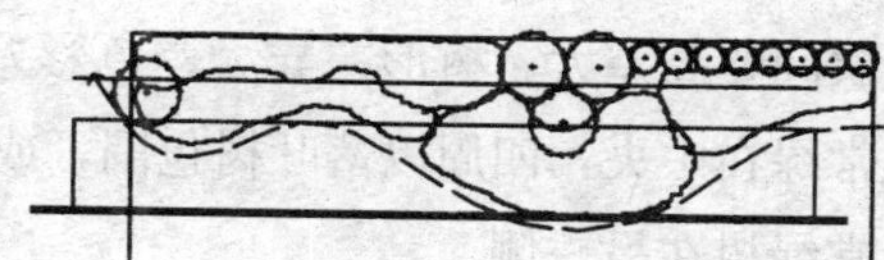

图 7—61　林缘线走向与绿地边线走向对比

4. 立面上错落

树丛或树群在立面处理上应注意高低错落。

（1）高低错落的原则。重视乔木的主导作用，一般把乔木配置在树丛（群）中央偏侧的位置。重视乔灌木的错落，不要将乔灌木机械地划分为若干水平层次，致使自然韵味缺乏，如图 7—62 所示。

（2）结合高低错落，创造高低变化的林冠线。林冠线是指树丛或树群立面构图的轮廓线。林冠线处理应注意的问题是：等高的林冠线产生严肃之感，不等高的林冠线产生活泼之感。同种树种相同高度植物借助于地形高低变化可以产生丰富的林冠线。不同树冠形状、不同高度的树种能产生丰富多变的林冠线。在变化不大的林冠线中增加几株特别高大或个性较强的树种，能使变化的林冠线更具节奏感。

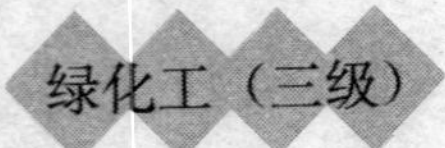

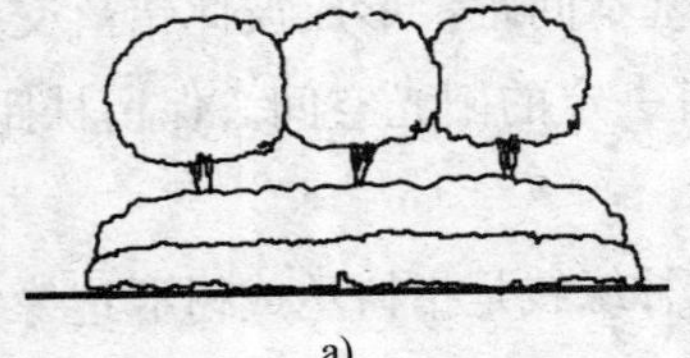

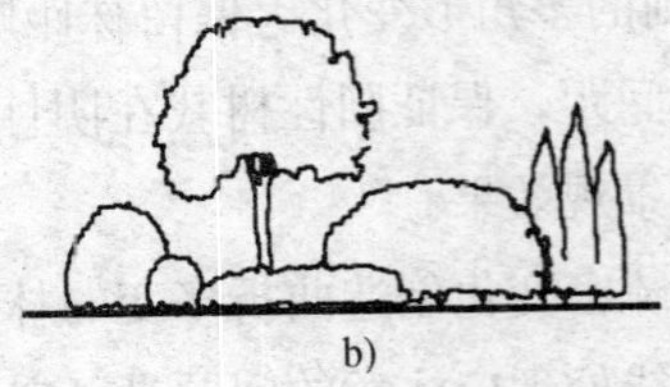

a)　　b)

图 7—62　立面上错落

a）乔灌木机械划分为若干水平层次　b）乔灌木相互错落

5. 季相上变化

树丛或树群在配置时应注意四季变化，主景绿地或树坛，应以四季植物产生四季变化，其中以某个季节某种植物为主。公园或面积较大的绿地，应将公园或绿地划分为春夏秋冬 4 个区域，每个区域以一个季节的植物为主，每个区内的每一个树坛，以相应季节的代表植物为主，如春天的黄馨、垂丝海棠等。再通过基调树将 4 个区域内不同季节的不同植物有机联系在一起。基调树一般配置 2 种，常绿乔木、落叶灌木或落叶乔木、常绿灌木。

6. 层次上明显

树丛或树群在配置时应注意有丰富的层次，且层次要明显。层次的数量以 3 层为佳，即乔木、灌木、地被，注意不要形成若干机械水平层次。层次内的树冠应以相互错落为佳。层次间要高差大、树形差异大、色彩差异大。常绿、落叶有机结合，注意互相穿插，应避免常绿在中央，四周以落叶树包围，或中央为落叶树，四周环以常绿树，或落叶树在一侧，常绿树在另一侧。

技能要求

绿 地 调 整

操作准备

(1) 准备某绿地现状图样（A3 纸）1 份。

(2) 准备绿地调整说明（A4 纸）1 份。

(3) 准备某绿地范围图样（A3 纸）1 份，学员练习绿化调整绘图用。

(4) 纸、笔、尺子、圆模板、橡皮。

操作步骤

步骤 1　绘制需保留的树木图例。

步骤 2　绘制需增加的乔灌木图例和地被范围线。

步骤 3　绘制其他设施。

步骤 4　标注文字和调整说明。

注意事项

(1) 树木图例应当根据树木的大小，根据绘制图样比例确定图例大小。

(2) 每种树木只能用一种图例代表。

(3) 图样整洁、图例清晰明了。

学习单元 3　不同环境造景设计

学习目标

➤了解室内环境和屋顶种植造景设计要点

➤熟悉建筑环境种植造景设计要点

➤掌握水面环境和山地环境种植造景设计要点

➤能够举例说明水面环境和山地环境种植设计的植物选择

知识要求

一、水面环境种植造景设计要点

1. 水面周围

以“粗”为主。主要采用群植、丛植种植形式。植物选用竖向圆锥形（圆柱形），与水面横向线条形成对比而突出水面，如水杉、池杉、落羽杉、东方落羽杉、墨西哥落羽杉等。

2. 水边

以“细”为主。主要采用丛植、孤植种植形式。植物选用倾斜横向展开形，与水面有亲近呼应感，如柿、大叶柳、黄馨、梅花等。

3. 岛

以“精”为主。主要采用孤植、丛植种植形式。植物选用水平展开形，与平静的水面对话交流，如红枫、羽毛枫、造型罗汉松、五针松等。

二、建筑环境种植造景设计要点

1. 高层建筑

以“横、圆”为主。主要采用群植、丛植种植形式。植物选用水平展开的横向直线或球形饱满的圆曲线与高层建筑竖向直线产生对比，从而突出高层建筑的宏伟气势，如红枫、青枫、枸骨球、龙柏球等，植物的色彩与高层建筑的色彩以对比为宜。

2. 平顶低层建筑

以“竖、圆”为主。主要采用丛植、孤植种植形式。植物选用高于建筑的竖向直线（背景）或低于建筑的球形饱满的圆曲线（陪衬），从而丰富平顶低层建筑单调枯燥的直线，如柳杉、银杏、水杉、杂交鹅掌楸、瓜子黄杨球、石楠球等。植物的色彩与平顶低层建筑的色彩以对比为佳。

3. 尖顶传统建筑

以“疏、横”为主。主要采用孤植、丛植种植形式。植物选用枝叶稀疏或水平展开的横向直线从而体现尖顶传统建筑轻盈活泼，如梅花、垂丝海棠、樱花、青枫等。植物的色彩与尖顶传统建筑色彩以对比方式来烘托建筑。

三、山地（土包石）环境种植造景设计要点

1. 山顶

植物配置体现山“高”的气势，以丛植、群植为主，植物选用高大挺拔的竖向直线以体现山体的高大雄伟，如水杉、池杉、落羽杉、广玉兰、毛竹等。

2. 山腰

植物配置体现山“顺”的走势，以群植为主，植物选用水平展开的横向直线与山腰的坡度和顺协调，如合欢、青枫、苦楝、无患子等。

3. 山脚

植物配置体现山“茂”的生气，以群植为主，植物选用球形饱满的圆，以线烘托山脚郁郁葱葱的自然气氛，如香樟、桂花等。

4. 悬崖

植物配置体现山“险”的意境，以孤植、丛植为主，植物选用虬枝下垂或斜枝横卧以

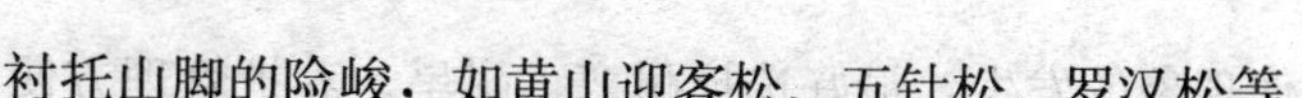

衬托山脚的险峻，如黄山迎客松、五针松、罗汉松等。

四、室内环境种植造景设计要点

1. 大空间入口

应有简洁鲜明的欢迎气氛，可选用较大型、姿态挺拔、叶片直上、不阻挡人们出入视线的盆栽植物，如棕榈、椰子、棕竹、南洋杉等。

2. 小空间入口

应有线条活泼和明朗的感觉，可选用修长耐阴的盆栽植物，如棕竹、旱伞草等。

3. 客厅

角落、沙发旁宜放置大型观叶植物，如垂叶榕、龟背竹、棕榈科植物等。或用花架来布置盆花（垂吊或直上），如绿萝、吊兰、四季海棠。角橱、茶几上可置小型盆花或插花，如彩叶草、兰花、仙客来、万年青等。橱顶、墙上配以垂吊植物，如吊竹梅、常春藤、绿萝等。

4. 居室

对于喜欢宁静者，只需少许观叶植物，体态宜轻盈、纤细，如吊兰、文竹、波斯顿蕨、袖珍椰子、巴西铁等。对于性格活泼开朗者，除观叶植物外，还可增加些花色艳丽的火鹤花、天竺葵、仙客来等。儿童居室要特别注意安全性，以小型观叶植物为主，并可根据儿童好奇心强的特点选择一些有趣植物，如蒲包花、变叶木、含羞草、捕虫草等。

5. 书房

营造清静雅致的气氛，布置宜简洁大方，用棕榈科等观叶植物较好。书架上可置垂蔓植物，案头上放置小型观叶植物，外套竹制容器，倍增书房雅致气氛，如凤尾竹、文竹、常春藤、散尾葵等。

6. 楼梯

较宽的楼梯，可每隔数级置一盆花或观叶植物，在宽阔的转角平台上，可配置些较大型的植物，如橡皮树、龙血树、棕竹等。扶手的栏杆也可用蔓性的常春藤、薜荔、喜林等任其缠绕，使周围环境倍增自然气氛。

五、屋顶环境种植造景设计要点

1. 屋顶环境土层薄，应根据屋顶环境土层深度、各类植物生存最小土层深度和生育最小土层深度合理选择植物。

2. 屋顶环境风力大，应选择适应性强、株形矮小、树冠紧凑、抗风不易倒伏的植物。

3. 屋顶环境日照影响大，在阴影区应配置耐阴的阴生植物，注意防止由于建筑物对阳光的反射和聚光而导致植物局部灼伤现象的发生，最好选择耐寒、耐旱、养护管理方便的植物。

4. 屋顶环境空间小，植物配置层次要简洁，以二层为佳（小乔木与灌木），色彩要艳丽（色叶木与花灌木结合），多运用些球类植物起装饰和协调环境作用，草坪的量适当减少。

第 4 节　各类型绿地规划设计

学习单元 1　居住区设计

学习目标

➢了解居住区宅旁绿地和中心绿地的特点

➢熟悉儿童游戏空间和老年人活动空间的特点

➢掌握居住区环境绿地种植设计要点

➢能够分析各类型居住区的空间特点及植物种植设计要点

知识要求

居住环境绿地是城市园林绿地系统的组成部分，是居住区环境设计的核心所在。作为人居环境的重要要素之一，居住环境绿地是居民生活必不可少的户外空间，它不仅能为居民创造良好的休息环境，还能为他们提供丰富多彩的活动场地，是最贴近居民、分布最广，为居民经常利用和享受的最经济的一种绿地。

一、宅旁绿地规划设计

宅旁绿地是居住环境绿地中分布最广、最接近居民、对居住环境质量影响最明显的绿地，一般宅旁绿地在居住环境绿地中占 60%～80%。

1. 宅旁绿地规划设计原则

(1) 突出植物造景为主，保持居住环境的宁静、舒适。宅旁绿地尽可能采用植物造景，通过树丛、树群、绿篱分隔庭园空间，树丛、绿篱的高度与宽度视功能要求而定。绿地内少设建筑小品设施，以免破坏居住环境宁静气氛和居住空间的私密感。植物与建筑保持一定的安全距离，以免影响建筑采光、通风等功能。

（2）选择合适的植物材料，使建筑与绿化互相衬托。宅旁绿地设计根据庭园的空间尺度、庭园的朝向、建筑风格、建筑物的阴影、建筑地下管线选择合适的植物材料，使植物材料的形态、大小、高度、色彩、季相变化与庭园规模及建筑的高度、风格相称，形成完整的绿化空间。

（3）体现住宅标准化和环境多样化的统一。依据不同的建筑布局作宅旁绿地设计，植物的配置满足居民的爱好、使用功能与景观变化的要求，同时应尽力创造特色，使居民产生认同及归属感。

2. 宅旁绿地规划设计要点

（1）低层独立式住宅庭园设计。低层独立式住宅庭园，务必在一定程度上反映主人的性格和兴趣。空间组合简洁，庭园的四周布置景点，庭园中间以草坪为主，作为视线的通透和供主人活动空间，依附于建筑而栽的乔木，注意与建筑的色彩、轮廓有所差异，或高于建筑，或低于建筑，形成丰富变化的天际线，但不能影响建筑的采光与通风。贴墙而植的灌木，作为基础种植，可以缓和建筑生硬的线条。在庭园的一隅，可以用山石小品、滴水小溪造景，取自然之趣，体现庭园自然的意境。另外，在住宅庭园四周种植树木，象征4个基本方位，中国古书云：从住宅向东流的溪流象征青龙，如果庭园中没有一条这样的溪流，则应种植9棵柳树。住宅西边的大道象征白虎，如果没有这样的大道，则应种植7棵梓树。住宅南边的水池象征朱雀，如果没有这样的水池，则应种植9棵紫荆树。住宅北边的土丘象征玄武，如果没有这样的土丘，则应种植3棵柏树。

（2）多层住宅宅旁绿地设计。多层住宅宅旁绿地设计，应注意在住宅南侧绿地中的乔木离建筑物有一定的安全距离，并保障住户的通风、透光、冬晒等生活要求。主要运用灌木、地被、绿篱的有机组合，形成色彩丰富、层次分明的绿化空间。住宅西侧绿地应栽植高大乔木减少日晒，住宅北侧绿地应选择耐阴植物合理配置。

（3）高层住宅宅旁绿地设计。高层住宅宅旁绿地设计，应注意选择低矮的花灌木构成一定的图案效果，以满足高层俯视观赏的效果。在南侧较大绿地中可以适当点缀乔木，但要注意高层穿堂风对植物生长的影响及对居民休息的影响。

二、中心绿地规划设计

中心绿地是居住环境绿地中供居民开展各种活动的良好场所，单块绿地面积较大，相对独立，四周以居住小道分隔，一般占居住环境绿地的10％～20％。

1. **中心绿地规划设计原则**

（1）中心绿地规划设计应与居住小区总体规划密切配合，综合考虑，全面安排。

（2）中心绿地规划设计应符合观赏功能、使用功能的要求。

（3）中心绿地规划设计在布局上要根据不同年龄特征，划分活动场地、休息空间和确定活动内容，布局既紧凑又要避免相互干扰。

2. **中心绿地规划设计要点**

（1）出入口处理。中心绿地出入口处理位置要做到方便居民出入，在小区主干道上，出入口的数量可以根据居民主要流向而定。

（2）空间处理

1）空间的分隔与限定。通过空间的分隔与限定，可创造人所需的空间尺度，丰富视觉景观，形成远、中、近的空间深度。用墙体、绿篱和攀缘植物作为空间竖向界面，围合区域的边缘。这种围合较适合于静区空间，界面越高、越近、密度越大，则限定性越强。用水面分隔，能拓展空间，将有限的距离拉大；用山石分隔，配以树丛，能增加空间的层次；用花架分隔能使空间隔而不断；用地面高差和铺装材料分隔，能形成特有的领域感，闹中取静，动中取静。

2）空间的渗透与联系。单纯的分隔而没有渗透和联系的空间会令人局促和压抑，通过向相邻空间的扩散、延伸，产生层次的变化，扩大景观外延，能增加意境的动态感和深远感，具体手法可用月洞门、窗框、花格墙、植物框景和花架等。

3）空间的数量。中心绿地空间处理其数量不宜多，一般主体空间一个，面积大、内容多（水体、建筑小品、雕塑、花坛等），主要作为活动空间。次要空间可以有几个，面积小、内容少（或草坪，或树坛，或花坛，或建筑小品），主要作为休息空间。

（3）母线处理。中心绿地母线处理：一种是以直线为主、曲线为辅，如接近正方形或长方形的绿地，面积较小、经常穿越的绿地，规则式构图的绿地；另一种是以曲线为主、直线为辅，如高层建筑下的中心绿地，主要体现俯视效果。三角形中心绿地，曲线易与三角形协调。不规则形状的中心绿地，曲线构图易造成活泼之感。一般情况下，中心绿地母线处理以曲线为主、直线为辅的方式居多。

（4）符号处理。每个居住环境一般有几块中心绿地，如何做到中心绿地之间相互呼应、协调，可以采用统一构图符号，如构图母线，建筑小品风格，地坪装饰材料，景墙、侧石装饰材料，植物材料，特殊景点等。

（5）地形处理。中心绿地地形处理应注意道路地坪高低变化，面积较小的绿地，须利用地形排水，中心绿地内道路地坪标高应高于居住小区道路标高。面积较大的绿地需设排水管道。绿地内地形应注意起伏变化，面积小，起伏变化在 100 cm 之内；面积大，起伏

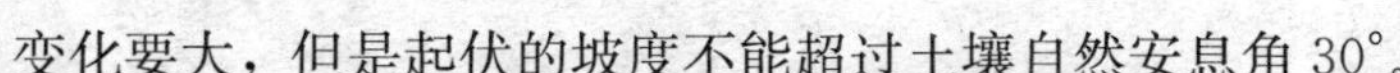

变化要大，但是起伏的坡度不能超过土壤自然安息角30°。

（6）硬质景观处理。中心绿地应控制硬质景观的比例，并注意发挥硬质景观的生态美。硬质景观的材料尽可能采用天然材料，如石材、木材、竹材等，道路、地坪应采用渗水结构，水面驳岸宜采用植被或天然石块加植被，尽量保持绿地的自然性。

三、儿童游戏空间规划设计

1. 儿童游戏空间规划设计原则

（1）场地宽敞，设施丰富。儿童精力旺盛，活动量大，但耐久性差，对一种游戏的持续时间较短，因此，要有较宽敞的活动空间，以安置丰富多彩的活动设施。

（2）靠近住宅入口，控制适宜的距离。儿童喜爱在住宅入口附近玩耍，儿童活动空间应尽量控制在与住宅入口较近的位置，较大的居住环境可以设置若干个儿童游戏空间，以满足儿童就近活动的需求。

（3）要有较强的安全保障。儿童游戏的"自我中心"性使之在游戏时往往不注意周围车辆与行人，因此，儿童游戏空间选址要避免交通穿越引起的不安全。

（4）合理利用地形，形成丰富的活动空间。儿童游戏空间可根据居住环境的地形变化，设置恰如其分的下沉式或抬升式活动空间，使之形成相对独立、安全、安静、活泼的儿童游戏空间。

2. 儿童游戏空间规划设计要点

（1）儿童游戏空间用地常呈不规则形状或圆形、半圆形、椭圆形、橄榄形等，处理得当，则易形成生动活泼、丰富多变的空间，与儿童多变、不稳定的思维方式和兴趣相吻合，体现儿童天真活泼的童趣。

（2）儿童游戏空间中起围合空间的绿篱、矮墙等建筑小品宜结合儿童喜爱的童话、寓言中人物、动物形象设计，以活泼的体态、鲜艳的色彩，成为活动空间的点缀。

（3）儿童游戏空间中起休息作用的蘑菇亭、伞亭，除了注意外形设计外，更要注意比例尺度的控制，尽量采用小比例、小尺度，使儿童有一种亲切感和归属感。

（4）儿童游戏空间中活动设施要注意场地的柔软性，以免儿童在活动中不慎掉落而受伤。柔软性的场地有沙地、草地、橡胶地砖、栓木地砖等。

（5）儿童游戏空间中建筑小品应注意棱角的钝化处理，以免儿童碰撞而受伤。

（6）儿童游戏空间应有落叶大乔木形成顶面覆盖空间，起到夏天遮阴、冬天日晒的作用。四周应有很密的灌木分隔空间，形成相对封闭而独立的空间，既有利于儿童活动安全，又可减少儿童嬉戏对居民产生的噪声干扰，使居住环境保持安静、舒适。切忌配置凤尾兰、构骨等尖锐、多刺树种，以防不测。

四、老年人活动空间规划设计

1. 老年人活动空间规划设计原则

（1）无障碍原则。通过无障碍设计，缩小老年人自身的需求与现实环境之间的距离，以促进老年人生活的独立性。无障碍设计的基本依据是轮椅者活动方式和其对空间的要求。

（2）易于识别原则。在老年人活动空间中通过树立标志物、具有个性空间的创造、熟悉的道路形式来加强老年人的印象，从而有助于老人外部活动空间的可识别性。

（3）易于控制和选择的原则。有边界限定和细部处理的空间最能有助于空间的使用和控制，老年人对小空间有着特殊的偏好，这种小空间能充分满足老年人小群体交往的需求。这些小空间并不被完全隔离，具有相互联系和通透性，在这些小空间内活动，保持着相对独立，老年人有较强的安全感，同时又能吸引其他老人的参与。

（4）易达性原则。老年人活动空间应有方便的交通联系，在室内外空间之间和不同的室外空间之间应有较舒适方便的连接，以保证老年人参加各种活动的需要。

（5）易交往性原则。老年人活动空间其位置宜选择在老年人易于相聚的地方，使老年人与其他居民有较多的见面机会。半封闭的空间有助于促进老年人的社会交往，U 形和 L 形平面的凹形空间及住宅群体围合的内向形空间，能促进老年人的亲密交往。老年人户外交往空间应选择适宜的朝向，避免较强的阳光、热和风的干扰。

2. 老年人活动空间规划设计要点

（1）老年人活动空间环境设计

1）中心活动区。这是居住环境内最大的老年活动空间，一般宜分两区设计，即动态活动区和静态活动区。动态活动区地面必须平坦防滑，使老年人可以在此进行球类、拳术等健身活动，其外围最好提供绿荫和坐处，为老年人活动后休息提供方便。静态活动区可利用大树荫，户外遮顶亭、廊等空间，供老年人在此眺望、晒太阳、聊天、弹唱及进行其他娱乐活动。动态活动区和静态活动区应保持适当的距离，以免相互干扰。

2）小群体活动区。老年人出于心理与习惯原因，喜欢同趣味相投的三五个老年人一起活动，这就需要小群体活动空间。这些空间宜安排在地势平坦的地方，面积不宜太大，以羽毛球场大小为准，场所的四周起码应有一侧可遮阴和就坐，供老年人观赏和休息，并在通风朝向方面注意避开风口、阴冷等地方。

3）私密性活动区。许多老年人出于性格与爱好，喜欢独坐而不愿被人干扰，这就需要一个可由自己控制的户外空间以呼吸新鲜空气，观赏花草，享受阳光，改变一下生活气氛，因此具有私密性的活动空间是十分必要的。这些空间应位于宁静的地方，避免被主要道路穿过或位于主要人潮聚集处，并能遮掩或隔离视线，以免其成为外界的视点，如果能面对优美的景观则更为理想。

(2) 老年人步行空间环境设计。老年人步行空间在设计时应注意避免漫长而笔直的步行路线，蜿蜒或富于变化的道路可以使老年人的步行变得更加有趣，而且弯曲的道路比笔直的道路通常在减少风力干扰方面也有好处。另外，步行空间的道路应保证路面平坦，利于通行，遇水不滑，不设台阶，高差处改设平缓坡道。步行道上还应避免在老年人身体高度内有横向凸出物，以免磕碰。老年人通常对步行道路面装饰材料的选择是相当敏感的，为防止老年人步行时发生意外，卵石、砂子、碎石以及凹凸不平的地面在多数情况下是不适合的。应在步行空间的适当位置提供坐息设施，以方便老年人休息、聊天、观景。

(3) 老年人坐息空间环境设计。老年人坐息空间的位置应选择在夏能遮阴通风、冬有阳光避风之处，如落叶大乔木下，亭、廊、花架内。坐息空间内的基本设施是座椅，座椅的布置要考虑老年人聚集和交谈的方便，如图 7—63 所示。考虑到有坐轮椅者参与交流的情况，应保证有足够的空间，如图 7—64 所示。座椅最好是木制的，尺寸应考虑老年人的特点，使舒适性与实用性有机结合。除基本座椅外，更可为老年人提供多种形式的辅助座椅，如台阶、矮墙等，以应一时之需。

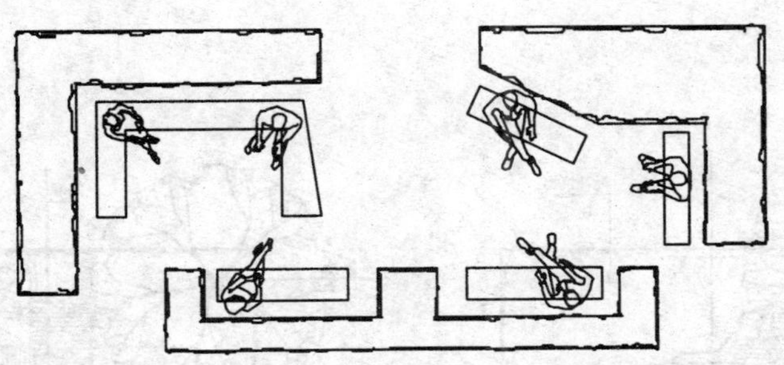

图 7—63　座位的布置考虑老年人交流方便

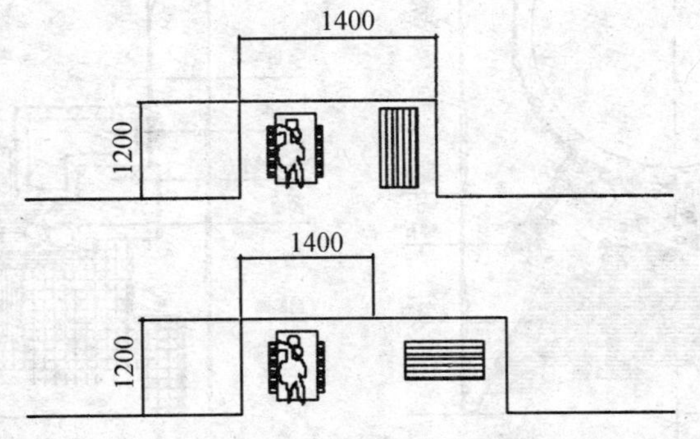

图 7—64　座位的布置考虑坐轮椅者

五、居住环境绿地种植设计要点

1. 居住环境绿地种植设计应以乔木为绿化骨架，乔、灌、草互相结合，形成具有一定面积的立体种植，摒弃“大色块”布置手法，使设计群落具有最大自然性与生态效益。

2. 利用植物造景手法，创造具有个性的植物群落空间，充分展现植物的枝、干、叶、果、花等观赏特性，合理搭配，形成季相变化丰富的植物景观环境。

3. 植物树种选择应以乡土树种和体现地带性植被景观为原则，适当配置鸟嗜植物和蜜源植物，充分配置有益身体健康的保健植物，体现物种的多样性。

4. 落叶乔木与常绿乔木的比例为 1∶1～2，乔木与灌木的比例为 1∶3～6，草皮面积（乔灌木投影范围除外）不高于绿地总面积的 30%。

5. 中层、高层住宅的绿地种植设计应充分考虑鸟瞰俯视效果，满足高楼居民的俯视要求。

6. 种植设计应充分考虑住宅的通风、采光、隔热、保温等特定功能，并处理好与地下管线的关系。

六、居住区绿地空间分析及植物配置要点（见图 7—65、图 7—66、图 7—67 和图 7—68）

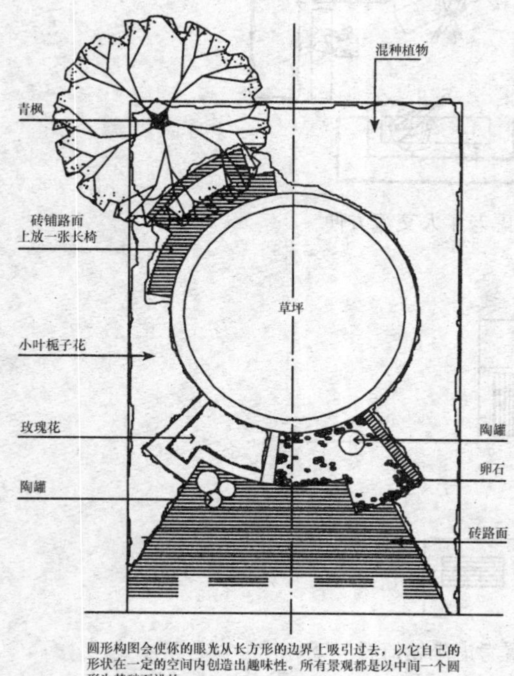

圆形构图会使你的眼光从长方形的边界上吸引过去，以它自己的形状在一定的空间内创造出趣味性。所有景观都是以中间一个圆形为基础而设的。

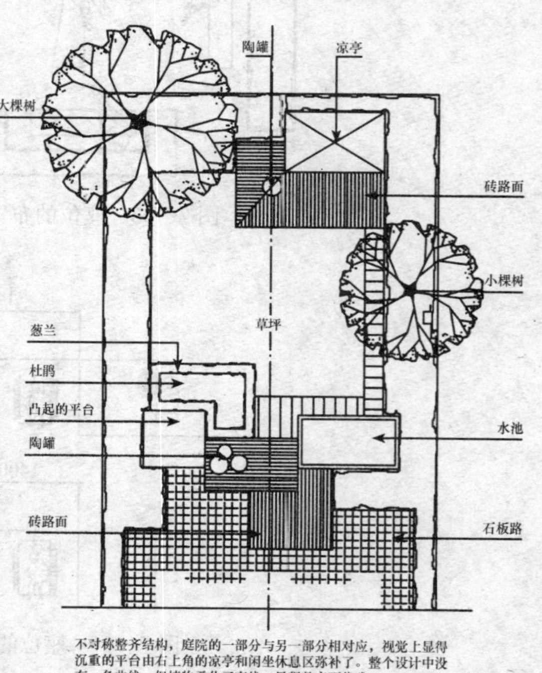

不对称整齐结构，庭院的一部分与另一部分相对应，视觉上显得沉重的平台由右上角的凉亭和闲坐休息区弥补了。整个设计中没有一条曲线，但植物柔化了直线，显得整齐而优雅。

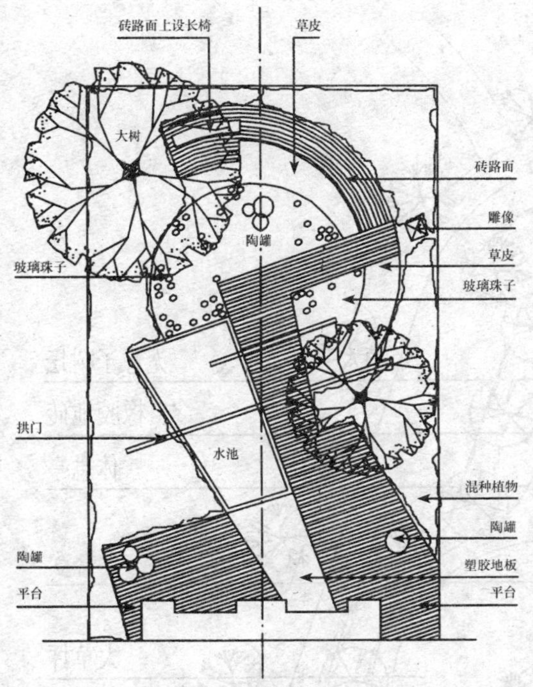

对传统结构的拆析，大胆使用对比强烈的形状，交叠或相互渗透，三角形的平台和水池与半圆的砖头小道和草皮建立了对话交流的关系。

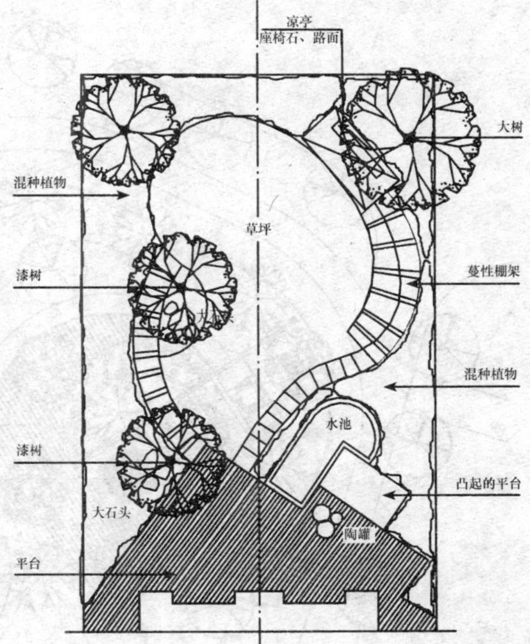

曲线与对角线构图，扩大了空间感。园中小道向两个方向弯曲延伸至对角线方向引到草坪或闲坐休息区。大幅度的曲线使草坪和花园的边界形状更显宽阔了。

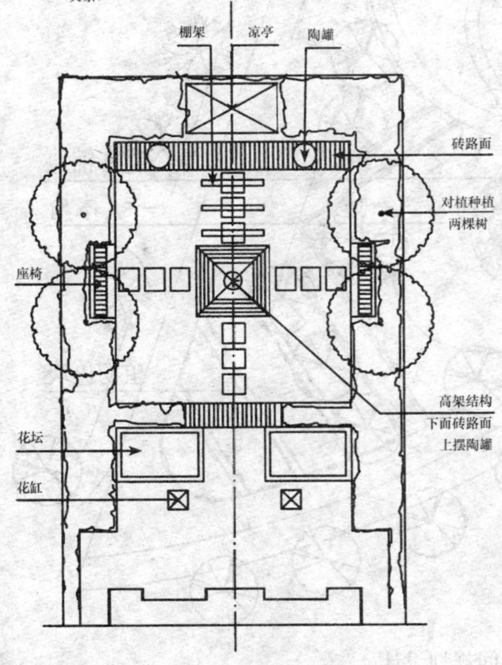

对称整齐构图，主要景观展现在主轴线上，次轴的椅子和树木使构图趋于平衡。

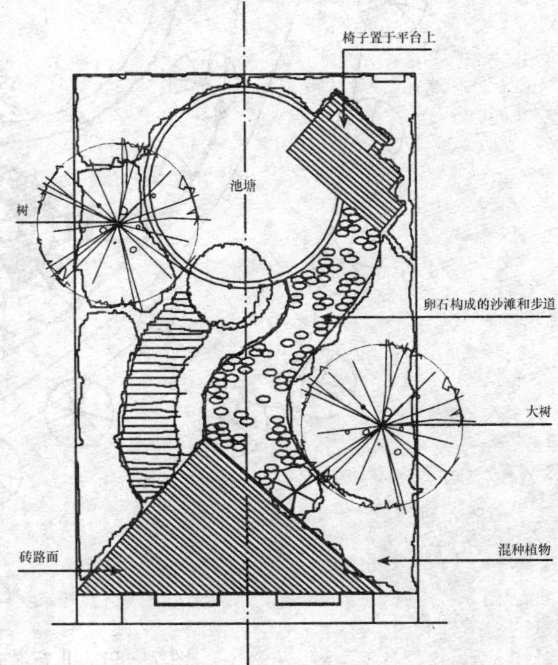

形式自由构图，成功与否取决于平衡，圆形池塘与柔和自然的沙滩呼应，植物的种植强化了沙滩的曲线。

图 7—65　低层独立式庭院设计

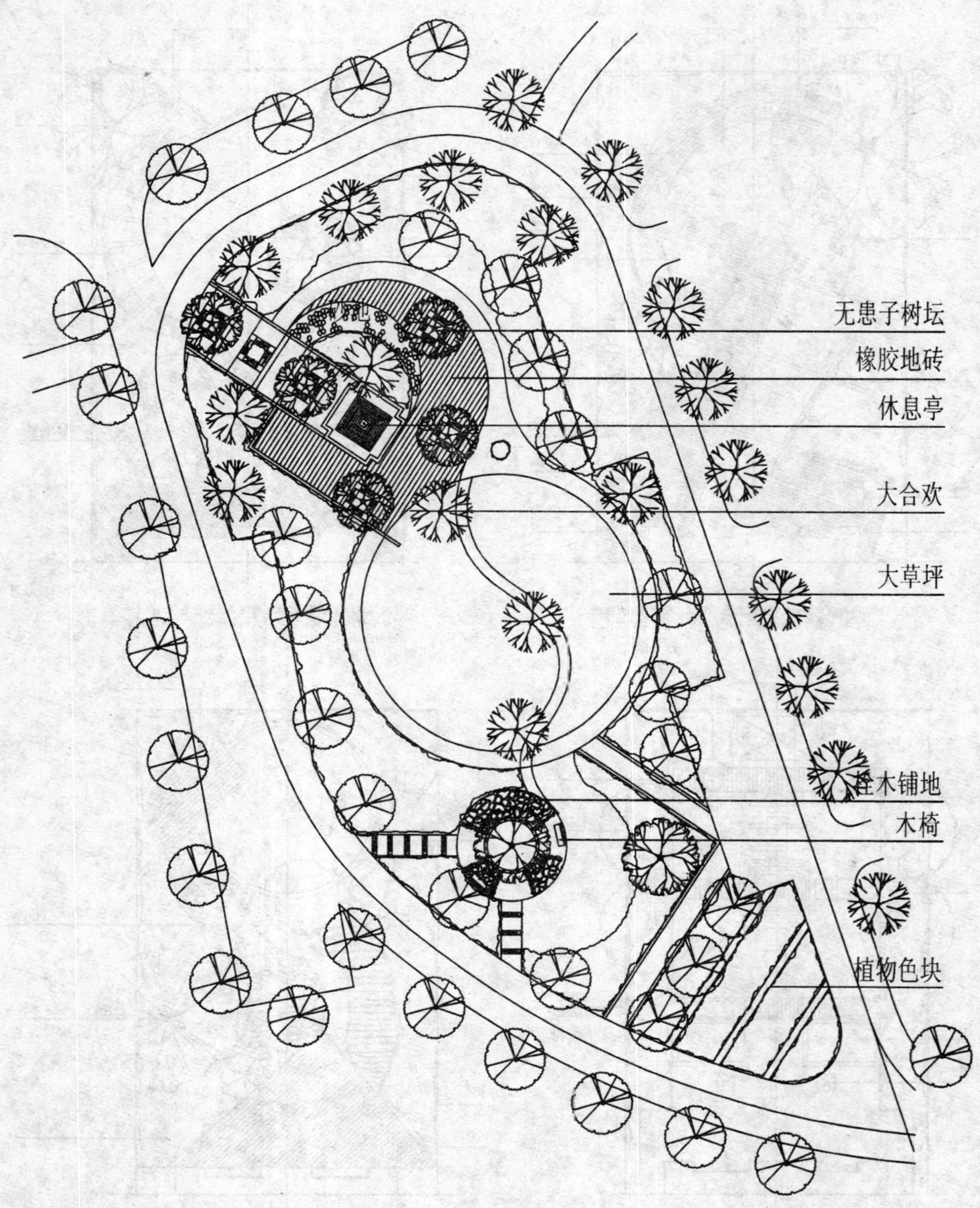

图 7—66　儿童游戏空间规划设计

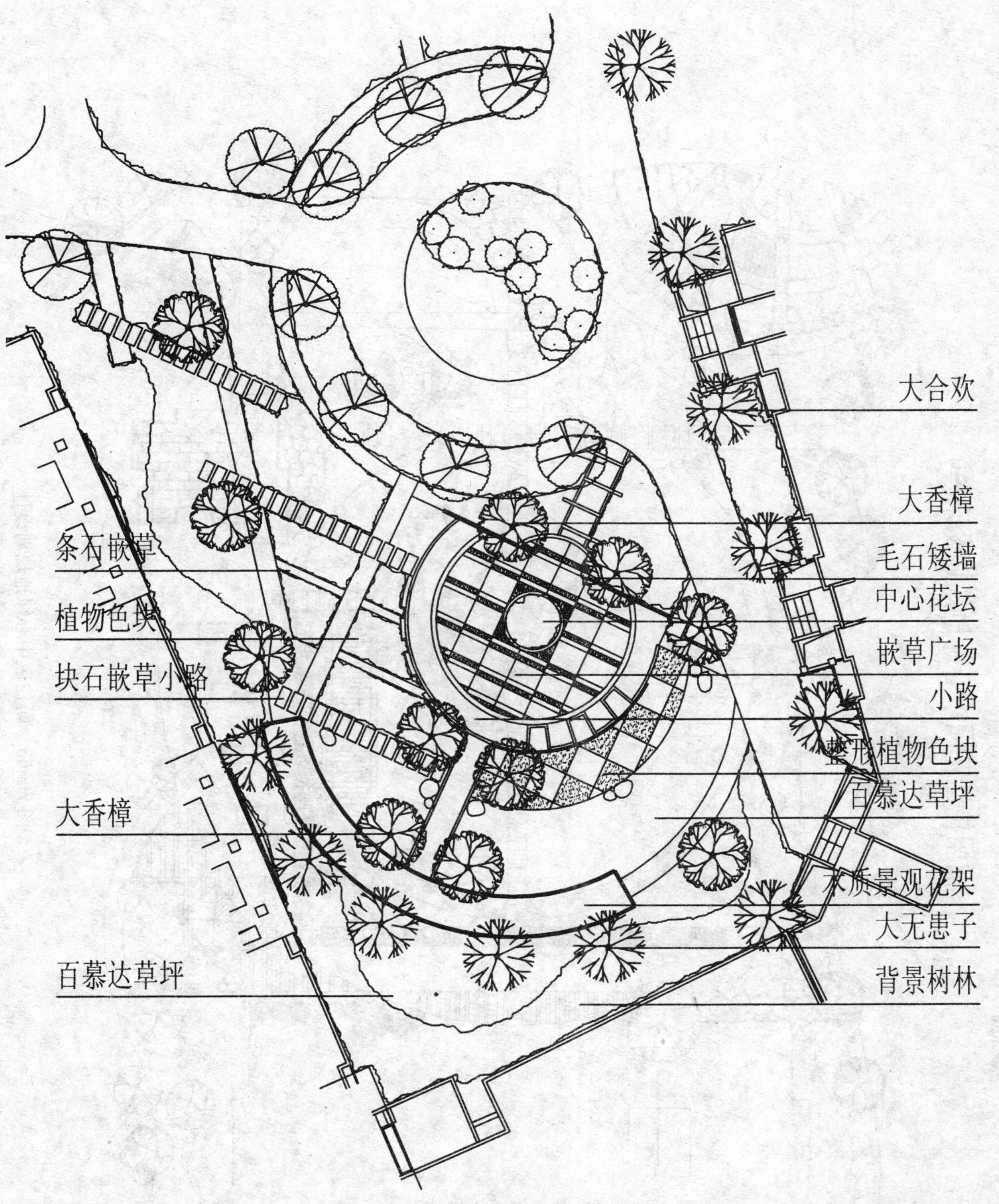

图 7—67　老年人活动空间规划设计

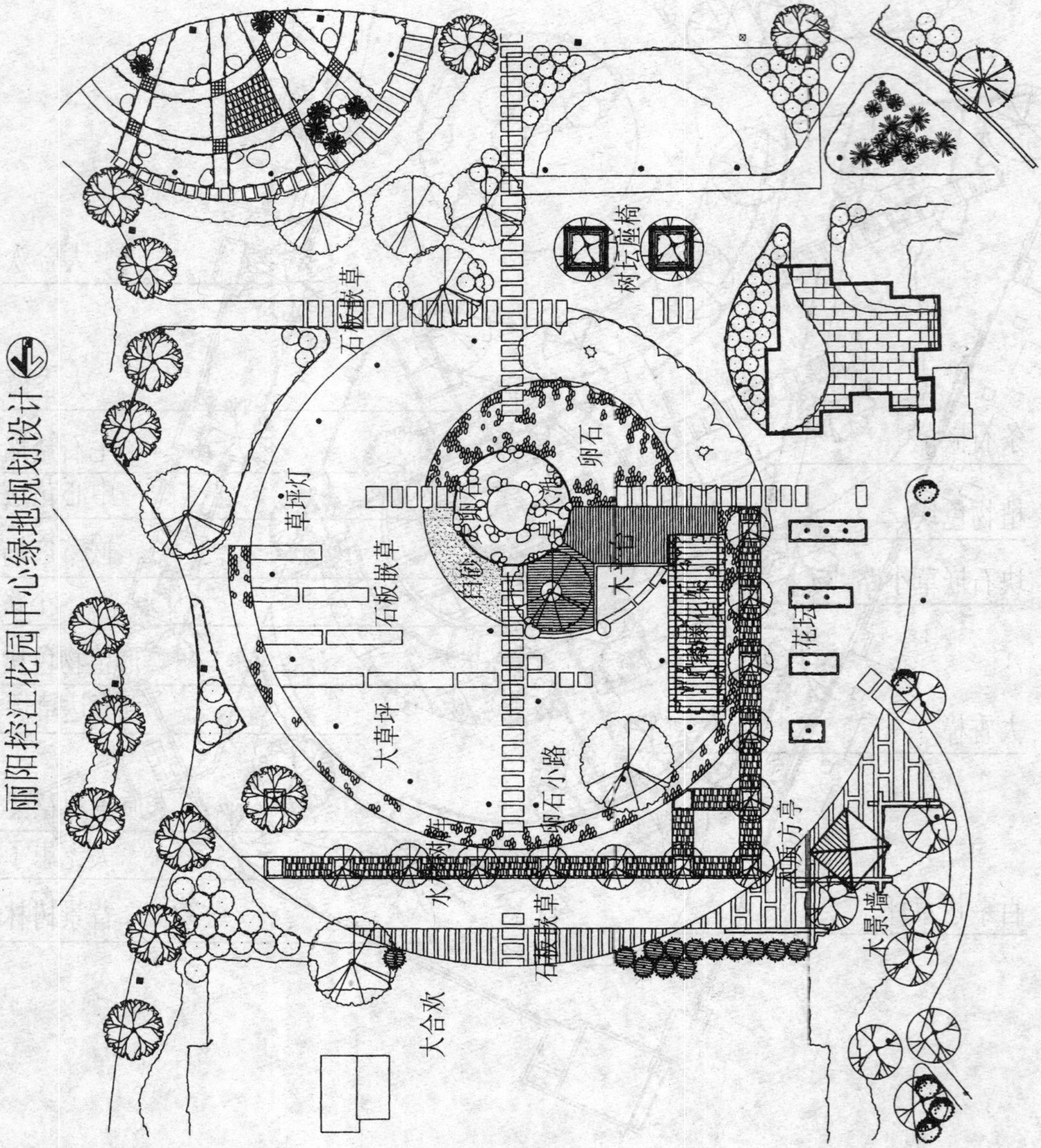

丽阳控江花园中心绿地规划设计

图 7—68 居住区中心绿地规划设计

学习单元 2　城市景观绿地规划设计

学习目标

➢熟悉各类型城市景观绿地规划设计要点

➢能够举例说明各类型城市景观绿地中植物配置设计的要点

知识要求

一、城市滨河绿地规划设计要点

城市滨河绿地是城市中临河、湖、江、海等水体的道路环境绿地，由于道路一面临水、空间开阔、环境优美，所以是城市居民休息游憩的良好场所。

1. 水面不宽且对岸又无风景的滨河环境绿地较窄，布置可以简单化。一般临水一侧设置游步道，在游步道上设置树坛、花坛，树木种植成行，树间设置座椅，供游人休憩。临道路一侧设置绿带，绿化的配置简洁，追求连续整体效果。

2. 水面宽阔，沿岸风景绮丽，对岸风景优美，滨河环境绿地较宽，布置可以丰富化。一般在较宽的绿化带内设置游步道，游步道应尽量靠近水边，满足游人依水而行的心理要求。在绿地较宽的部分可以设置花坛、座椅、景墙、休息亭廊、花架等，有景可观的地方，应设置成小型广场或突出岸边的平台，以供人们凭栏远眺或摄影。在水位较低的地方，可根据地势高低设计成两层平台，用踏步联系，以满足人们亲水的心理要求。在水位较高处，有条件的可建造亲水平台。在水位较稳定的地方，驳岸要尽可能砌得低些，结合花池，种植花卉和下垂花灌木，形成亲切自然的景观。在具有天然坡岸的地方，可减少人工景观设施，维持其自然景观状态，可以采用自然布置的小径和树木，使自然景观更趋完美。

3. 在滨河绿地游步道与城市车行道之间用绿化带进行分隔，以保证游人安静休息和安全。分隔绿化带较窄的，以乔木结合绿篱进行分隔。分隔绿化带较宽的，以乔木、灌木、花卉、草坪有机结合，形成高低错落、层次分明、富于变化的植物景观。

4. 城市滨河绿地植物选择以适于低湿地生长的植物为主。临水地带植物配置不能过于闭塞，便于人们观赏和眺望风景，一般以分叉点较高的乔木为主，配以低矮的灌木。滨河绿地作为长条形展开的景观，应强调长条形展开过程中立面林冠线的高低变化，与平静柔和水平面（水面）产生强烈对比而体现活泼感。临水较开阔的绿带，绿化配置以草坪为主，点缀以修剪整形的常绿树木和花灌木，结合几株大乔木，形成简洁、明朗、自然的植物景观，与开阔的水面形成良好的呼应。

二、城市广场绿地规划设计要点

城市广场绿地是城市居民聚集、活动、游憩的良好环境，位于城市的中心部位，是一个城市文化艺术的视点、建筑风格的亮点、园林风景的聚点，代表着一个城市的形象，是城市的窗口。

1. 平面构图

城市广场绿地的平面构图采用轴线手法布置成一定几何图案状，既与城市环境相协调，又充分体现广场绿地的俯视效果。在轴线的交点位置布置反映城市地域特征、历史典故、城市标志的大型景观，如雕塑、喷水池、装饰架、纪念塔、纪念碑等，作为广场绿地的主景而控制整个广场平面构图。轴线两侧可设置供游人活动的空间和休憩的小品设施，如亭、廊、花架、座椅等。

2. 空间处理

凹地形广场绿地有较好的俯视观赏效果，属内向性空间，封闭感强，有隔离、静态、隐蔽的感觉。凸形广场绿地有多种丰富的立面景观，属外向性空间，视野开阔，有联系、动态、暴露的感觉。平地形广场绿地有空间开敞、视野开阔的特点，属外向性空间，景观单一，需创造具有竖向特点的标志作为焦点。

3. 人流导向

城市广场绿地人流量大，穿越和践踏的可能性也大，为避免因人流穿越而破坏绿化，可在大量人流经过的地方不布置绿化而设置石板小道，为避免大量游人践踏，绿地边缘应有明显的限制界线，一般可设置栏杆。

4. 植物配置

城市广场绿地植物配置采用大手笔与气势较大的环境呼应，广场绿地周边一般采用常绿乔木群植，构成广场绿地装饰的背景，道路两侧及休息活动空间采用落叶大乔木，以保证夏天有良好的遮阴和冬天有充足的阳光。树坛内植物配置应采用自然式的布置手法，乔木、灌木、花卉、草坪有机结合，构成自然错落的植物群落，草坪面积可适当大些。切忌过多强调规则式整齐种植，使广场绿地缺乏自然活力和活泼的景观效果。

5. 城市广场绿地规划设计案例图析（见图 7—69）

三、城市步行街绿地规划设计要点

城市步行街是人们在不受汽车与其他交通工具干扰和危害的情况下，可以经常性或暂

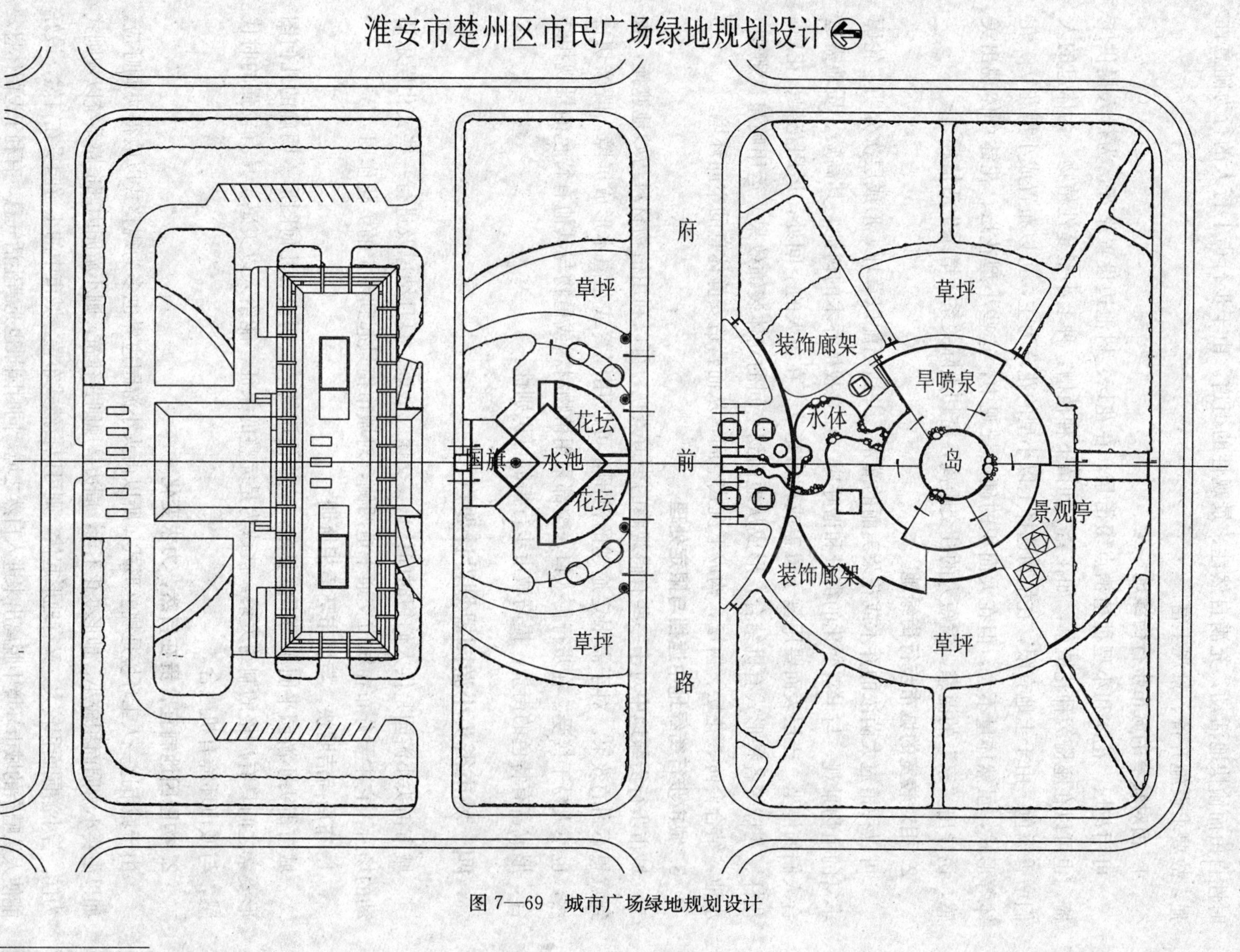

图 7—69 城市广场绿地规划设计

时性自由而愉快地活动，充满自然性、景观性的街道。由于步行街上行人的行为随意性强，故要求设施齐备、景观丰富。

1. 相对较窄的城市步行街绿地

可用花坛、花钵和小型种植槽点缀街景。在花坛、树池边设置靠背，为行人提供座椅，也可以在座椅旁种花植草，如在凳子间留下种植槽，种上小型蔓性植物，为休息的人们增香添色。由于土地有限，在植物选择上以小型的花草为主，可以布置成小型花坛、花钵等形式，虽然体量不大，但在大面积的硬质景观中，这些小型花坛、花钵可体现出美感，诱导出“家”的温馨，缩短人的社交距离，密切人际关系，增添生活情趣。

2. 相对较宽的城市步行街绿地

可以种植冠大荫浓的乔木或花朵美丽的灌木，并适当配以草坪，形成层次分明、轮廓丰富的植物景观，与丰富变化的街景和谐呼应。独立栽植乔木的树池，其高矮、质地需适合人们的停坐，土层表面要用篦子覆盖或种植花草。在较大的空间处，运用花架、花廊、花柱、花球等各种形式有机结合，形成从地面到空间的立体装饰效果。运用喷泉、雕塑、水池，结合台阶、花坛、树坛，构成下沉式空间，从而营造安静休息的空间环境。

3. 城市步行街绿地中遮挡与限定处理

城市步行街绿地中对于一些有碍观瞻的街道景观，可以利用植物材料巧妙地遮掩，收到意想不到的效果。对于需限定逾越的范围，可以用绿篱或花灌木形成屏障，既亲切自然，也使人易于接受。在步行街入口，全部采用植物材料或植物与其他有特色的景观相结合，形成富有特色的街景，提高城市步行街的可识别性。

四、城市街头小游园规划设计要点

城市街头小游园是供人们短时间休息、交谈、锻炼、夏日纳凉及进行一些文化娱乐活动的场所，它主要分布在城市交通干道两侧，对城市街景起到一定的美化作用。

1. 布局简洁明快，与城市环境相协调

城市街头小游园平面布局不宜复杂，应当使用简洁、明快的几何图形。明确的几何图形要素之间具有严格的制约关系，被认为是完整的象征，能给人以美感，具有较强的时代感，与城市环境有机融合。

2. 构图因地制宜，贵在自然，力求变化

由于城市这一人工环境是规整形式，所以街头小游园边界也多为规整式以取得协调呼应。如果街头小游园面积较小，地形变化不大，周边是规则式建筑，则小游园内部道路系统以规则式为佳。若小游园面积较大，又有地形起伏，则可以自然式布置。城市中的小游园贵在自然，最好能使人从嘈杂的城市环境中脱离出来进入自然之境，同时园景也充满生活气息，有利于逗留休息。

3. 布局紧凑，层次丰富，尺度适宜

城市街头小游园布局要紧凑，尽量提高土地的利用率，可利用围墙半壁廊作宣传阵地，花坛、树坛结合座位，花架结合报廊等。空间层次要丰富，因小游园面积有限，为使游客游园成趣，空间上要尽量增加层次，避免入园后一览无遗。可利用地形、道路、花格墙、植物造景等进行分隔，起到丰富层次的作用。建筑小品以小巧取胜。道路、铺地、座椅、栏杆、园灯的数量与体量要控制在满足游人活动的基本尺度要求之内，使人产生亲切感，同时又扩大空间感。

4. 组织交通，满足穿越

城市小游园位于城市干道两侧，街旁游人较多，在设计时应考虑穿行人流不影响绿地内的活动，在道路设计时将通过绿地的穿行人流与使用绿地的游人隔开，采用角穿的方式使穿行者从绿地一侧通过，保证绿地内游人的自由活动。

5. 硬质景观与软质景观兼顾

人工材料塑成的硬质景观（建筑小品、雕塑）和利用自然材料的软质景观（植物、水体）要兼顾。由于硬质景观与软质景观在造景表意、传情方面各有长短，要按互补的原则恰当处理。比如，硬质景观突出点题入境、象征与装饰等表意作用，软质景观则突出情趣、和谐、舒畅、情绪自然等顺情作用。

6. 动静分区，各得其所

由于城市街头小游园能满足不同人活动的要求，所以在小游园设计时就要考虑到动静分区，考虑不同人的不同需求。此外，还要考虑公共性与私密性，在空间处理上要注意动观与静观、群游与独处兼顾，使游人都可以找到自己所需要的空间类型。

7. 植物配置

（1）树种的选择应与建筑的性质和形体相协调，并与周围环境有机结合。

（2）体现地方风格，反映城市风貌，从树种选择、配置、构图意境等方面展示城市风貌和体现本土特色。

（3）严格选择主调树种，除注意色彩美和形态美之外，更要注意风韵美，使其姿态与周围环境气氛相协调。

（4）注意时相、季相、景相的统一。

（5）乔灌木结合，可使较小的绿地取得较大的活动空间，而又不减少绿景。植物种植应以乔木为主、灌木为辅，乔木以点植为主，在边缘适当配以树丛，灌木应多加修剪，适当增加宿根花卉种类，尤其在花坛、花台、草坪间更应如此，以增添色彩变化。

8. 城市街头小游园规划设计案例图析（见图 7—70）

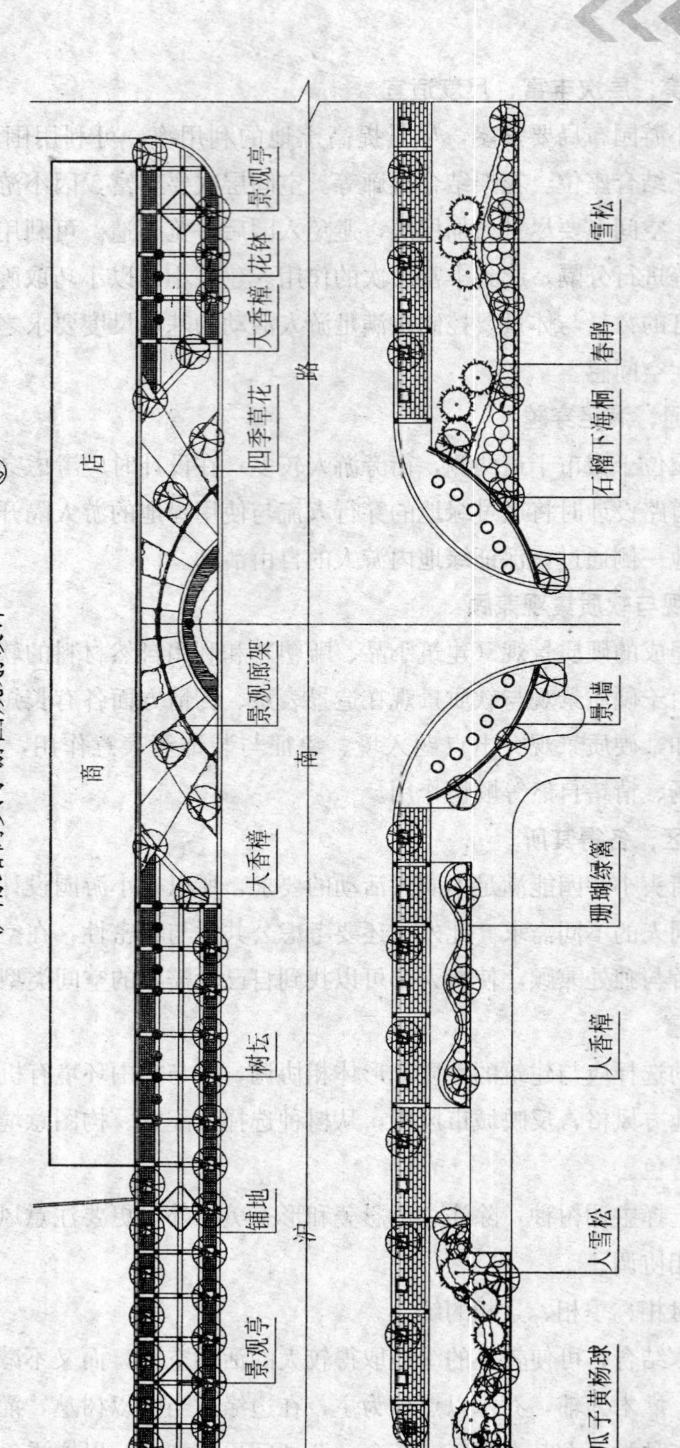

图 7—70　城市街头小游园规划设计

学习单元3　城市道路绿地规划设计

学习目标

➢了解人行道绿带、分车带绿地、立体交叉绿地规划设计要点

➢熟悉道路绿地规划设计原则

➢掌握高速公路绿地规划设计要点

➢能够说明高速公路绿地规划设计的特点

知识要求

城市道路绿地是建立在城市和城市交通及交通空间基础上，是城市园林绿地系统的重要组成要素，具有组织街景、改善街道小气候环境、方便交通等功能，并以其丰富的景观效果、多样的绿地形式和多变的季相色彩影响着城市景观空间和景观路线。

一、道路绿地规划设计原则

1. 要与城市道路的性质、功能相适应。

2. 应充分发挥其应有的生态功能。

3. 要符合用路者的行为规律与视觉特性。

4. 要与其他街景要素协调，形成和谐的都市景观。

5. 要选择好适宜的树种，形成优美稳定的植物景观。

6. 应处理好与市政公用设施之间的关系。

7. 应充分顾及城市用地条件及养护管理水平等。

二、人行道绿带规划设计要点

人行道绿带是指从车行道边缘至建筑红线之间的绿地，是与人接触最多的道路绿地。当人行道绿带宽度在250 cm左右时，可种植一行乔木；当人行道绿带宽度在600 cm左右时，可种植两行乔木；当人行道绿带宽度在1 000 cm左右时，则可采用乔木、灌木、花卉、草坪结合的形式。靠近建筑物一侧的绿地是道路与建筑内外空间的过渡地带，它可以将建筑与道路环境有机地联系在一起，称为基础绿地。基础绿地的主要作用是为了保护建筑内部的环境及人的活动不受外界干扰，一般种植灌木。当基础绿地的宽度不足 400 cm 时，在绿地内不要种植高大乔木，否则会影响建筑内部的通风与采光，并且影响视线。人行道绿带内树木的间距和高度，不应对行人或行驶中的车辆造成视线障碍。为减少路边建筑的噪声，在人行道绿带中采用乔灌木结合栽植，会收到一定的防尘与降低噪声的效果。人行道绿带种植形式有规则式与自然式，具体可根据人行道绿带的宽度及周围环境而定。

三、分车带绿地规划设计要点

分车带绿地具有十分重要的交通功能，能起到分隔车流、组织交通与保障安全的作用。机动车道的中央分隔带要进行防眩种植，而两侧分隔带应有防尘、防噪声作用。分车带的种植有以落叶乔木为主的，有以常绿乔木为主的，有以灌木、花卉、草地为主的，也有乔木、灌木、花卉、草地有机结合等方式，应根据交通与景观及视觉要求综合考虑。

四、高速公路绿地规划设计要点

高速公路有别于一般公路，其车速一般为 80～120 km/h。高速公路绿地设计最主要的问题是组织交通、保障安全。可以考虑以下 5 种具有特殊要求的功能种植：

1. 视线诱导种植

通过绿地种植来预示或预告道路线形的变化，以引导驾驶人员安全操作，提高快速交通下的安全，这种诱导表现在道路平面上植物曲折变化、道路纵断面上植物起伏变化等。

2. 遮光防眩种植

车辆夜间行驶常因对向灯光引起眩光，在高速公路上，由于对向车辆行驶速度快，这种眩光往往易引起司机操作上的困难，影响行车安全。遮光防眩种植的树高应根据司机视线高度决定，小轿车的树高需在 150 cm 以上，大轿车的树高需 200 cm 以上。

3. 适应明暗种植

当汽车进入隧道时明暗急剧变化，眼睛瞬间不能适应，看不清前方。一般在隧道入口处栽植高大乔木，以使侧方光线形成斑驳参差的阴影，由明亮逐渐变暗，以缩短适应时间。

4. 缓冲保护种植

高速公路边的防护设施有路栅与防护墙，在发生冲击时，因缺乏弹性而使车体与司机均受到很大的损伤，如种植又宽又厚的低树群，则可以起到缓冲的效果，降低车体与司机受损程度。

5. 其他功能种植

高速公路其他功能种植形式主要有为防止危险而禁止出入穿越的隔离种植；有防治坡

面冲刷的护坡种植，遮挡路边不雅景观的屏蔽种植，防噪声种植，点缀路边风景的修饰种植等。

五、立体交叉绿地规划设计要点

立体交叉绿地设计应该服从于该处的交通功能，使司机有足够的安全视距。

1. 标志性种植

在立体交叉的出入口可以有指示性的标志种植，使司机能看清出入口。

2. 诱导性种植

在立体交叉弯道外侧，最好种植成行的乔木，以便诱导司机的行车方向，同时使司机有安全感。

3. 通透种植

在匝道和主次干道汇合的顺行交叉处，不宜种植遮挡视线的树木，以保证视线通透，使顺行方向车辆的司机有良好的安全视距。

4. 绿岛种植

立交中大片绿化地段称为绿岛，一般绿岛上不允许种植过高的绿篱和乔木，以免产生阴暗郁闭的感觉，通常铺草皮以衬托立交，草坪上适当点缀观赏价值较高的常绿树和花灌木及宿根花卉等。

学习单元4　单位附属绿地规划设计

学习目标

➤了解工矿企业绿地、医疗机构绿地、俱乐部、文娱建筑绿地规划设计要点

➤熟悉校园及幼托机构绿地规划设计要点

➤能够分析各类型单位附属绿地的特点

知识要求

单位附属绿地是指工矿企业、机关、科研院所、学校、医疗机构等机构内的绿地，这些绿地在丰富人们的工作、生活，改善城市生态环境等方面同样起着重要的作用。

一、工矿企业绿地规划设计要点

1. 工矿企业绿地规划设计基本原则

（1）要充分考虑安全生产，满足生产和环境保护要求。工厂绿地的应根据工厂性质、规模、生产和使用特点、环境条件对绿化的不同功能要求进行设计。在设计中不能因绿化而任意延长生产流程和交通运输路线，影响生产。

（2）应该有合适的绿地面积，努力提高绿地率和绿视率。工厂绿地的面积大小，直接影响到绿化的功能、企业景观。要通过多种途径积极扩大绿化面积，坚持多层次绿化，充分利用地面、墙面、屋面、棚架、水面等形成全方位的绿化空间，增加绿地面积，以提高绿地率、绿视率。

（3）应创造特色，服务于生产和职工。工厂因其生产工艺流程的要求，以及防水、防爆、通风、采光等要求，形成工厂特有的建（构）筑物的外形及色彩，构成工厂特有的空间和别具一格的工厂景观。如热电厂优美造型的双曲线冷却塔，纺织厂锯齿形天窗的车间，炼油厂纵横交错、色彩丰富的管道，化工厂高耸的露天装置等。适当配以树木花草，可使工厂环境形成有特色、更丰满的工业景观。

（4）应统一规划、合理布局，点、线、面结合，并与主体建筑相协调。工厂绿地要做到全面规划，合理布局，点、线、面结合，形成系统的绿地空间。点的绿化主要是厂前区绿地和游憩性的游园。线的绿化是厂内道路、铁路、河流的绿化以及防护林带。面的绿化是工厂中的车间、仓库、堆场等生产性的建筑、场地周围的绿化。工厂绿化中点、线、面三者形成系统，成为一个较稳定的绿地景观空间。

2. 厂前区绿地规划设计要点

厂前区绿地包括入口、厂前建筑和厂前广场绿地，体现了工厂面貌，是厂内外人流最集中的地方。大门绿地的设计应注意方便交通，与厂外街道景观连成一体，并具有引导性和标志性，一般作重点处理，除配置绿化外，也可点缀花坛、雕塑、水池等小品景观。厂前建筑和厂前广场绿地是厂前区绿地的中心空间，应注意与厂外环境及生产区绿化的衔接过渡。布置形式因功能要求不同而不同。当人流、车流较大，并有停车的功能时，常布置成广场形式，绿地配置多为大乔木，点植在广场四周及中央，以遮阴为主；当人流、车流较小，又无停车的功能时，常布置成小游园形式，设置凳椅、亭廊、花架、水池、花坛，种植乔木、灌木、花卉、草地，以供职工在工余后作短时间的休息。

3. 生产区绿地规划设计要点

生产区是生产的场所，污染重、管线多、空间小，绿化条件较差，但生产区占地面积大，发展绿地潜力很大，绿地对环境保护的作用更突出。

(1) 工厂生产区四周绿化规划。从总体来看，工厂生产区四周绿化应考虑以下 7 个方面的影响：

1) 生产车间职工生产劳动的特点与要求。

2) 生产车间出入口要重点处理。

3) 考虑生产车间职工对园林绿化布局形式与观赏植物的喜好。

4) 注意树种选择，特别是有污染的车间附近。

5) 注意车间对采光、通风的要求。

6) 考虑四季景观。

7) 满足生产运输、安全、维修等方面的要求，处理好植物与各种管线不相互影响。

(2) 车间周围绿化规划

1) 有污染车间周围的绿化。要了解污染物的成分和污染程度，选择必要的抗性树种，配置中掌握“近疏远密”原则。有严重污染的车间周围绿化，不宜设置成休息绿地。在产生强烈噪声的车间周围，应选择枝叶茂密、树冠矮、分枝点低的常绿乔灌木，多层密植形成隔声带，以减轻噪声对周围环境的影响。在多粉尘的车间周围，应密植滞尘、抗尘能力强，叶面粗糙，有黏液分泌的树种。在高温生产车间，采用色彩清爽的树种为宜，保持良好的遮阴和通风，并可设置水池、座椅等小品供职工休息，调节精神，消除疲劳。

2) 无污染车间周围的绿化。绿化布置较为自由，各个车间应体现各自不同的特点，考虑职工工余休息的需求，在用地条件允许的情况下，可设计成游园的形式，配置合适的休憩小品。一般性生产车间还要考虑通风、采光、防风、隔热、防噪声等要求，如生产车间的南向应种植落叶大乔木，以利于炎夏遮阴，冬季有温暖的阳光；东西向应种植冠大荫浓的落叶乔木，以防止夏季东西日晒；北向宜种植常绿、落叶乔木和灌木混交林，遮挡冬季的寒风和尘土。生产车间周围种植的乔木应注意一定的安全距离。

3) 对于有特殊要求的车间周围的绿化。根据不同的要求做不同处理。要求洁净程度较高的车间，植物应选择无飞絮、无飞毛、不易生病虫害、落叶整齐、枝叶茂密、生长健壮、吸附空气中粉尘能力强的树种。同时注意低矮的地被和草坪的应用，固土并减少扬尘。对有防水、防爆要求的车间周围绿化应以防火隔离为主，选择植物枝叶水分含量大、不易燃烧或燃烧无明火的少油脂树种，如珊瑚树、冬青、泡桐等。对于深井、储水池、冷却塔、冷却池、污水处理等处的绿化，最外层可种植一些无飞毛、无翅果的落叶阔叶树；种植常绿树要离设施 200 cm 以外，以减少落叶落入水中，200 cm 以内可种植耐阴湿的草坪及花卉等以利检修。在生产工艺品车间周围应该有优美的环境，使职工精神愉快，并使设计人员思维活跃、构思丰富，创作出精良优美的图案。

4. 仓库、堆场区绿地规划设计要点

仓库、堆场周围的绿化应注意以下 4 个问题：

(1) 充分考虑交通运输条件和所储存物品的搬运要求，满足使用上的要求，方便装卸运输。

(2) 应选择病虫害少、树干通直、分枝点高的树种。

(3) 要注意防火要求，选择防火树种。仓库的绿化以稀疏种植乔木为主，树的间距以700～1 000 cm 为宜，仓库周围留出必要的空地（500～700 cm），以保证消防通道的宽度和净空高度。

(4) 露天堆场的绿化配置不能影响堆场的操作。

5. 工厂小游园规划设计要点

工厂小游园的布置一般选择在职工休息易于到达、无环境污染的区域。平面布局形式可根据环境特点自由选择，规则式、自然式、混合式均可，通过各种不同的观赏植物，结合园林建筑小品、道路铺装、水池、花坛等合理安排，创造优美自然的休息空间。具体可结合厂前区和厂内自然地形布置，结合公共福利设施和人防工程布置，也可在生产车间附近布置。

6. 工厂道路绿地规划设计要点

工厂较宽的主干道两侧宜选用冠大荫浓、生长快、耐修剪的乔木作遮阴树，或植以常绿乔木，配以修剪整齐的花灌木及宿根花卉、草坪，形成明快开朗的景观。工厂较窄的主干道可在道路一侧栽植行道树，东西向的道路可在南侧种植落叶乔木，以利夏季遮阴，南北向的道路可在两侧栽植落叶乔木。工厂内次干道、人行小道的两旁，宜种植四季有花、叶色富于变化的花灌木。

7. 工矿企业绿地规划设计案例图析（见图 7—71）

二、校园及幼托机构绿地规划设计要点

1. 大学校园绿地规划设计要点（见图 7—72）

(1) 平面布局要注意图案和线形美，并与主体建筑相协调。

(2) 文化气息丰富，绿化空间要富于变化。

(3) 多设置休息区和小游园，满足师生学习生活要求。

(4) 尽可能创造多种适合于学习、活动的绿化空间。

(5) 运动场与其他建筑之间用绿带分隔，创造动、静各异的功能空间。

(6) 绿地应突出特色，结合校园环境特点和教学特点，形成有特色的绿化空间。

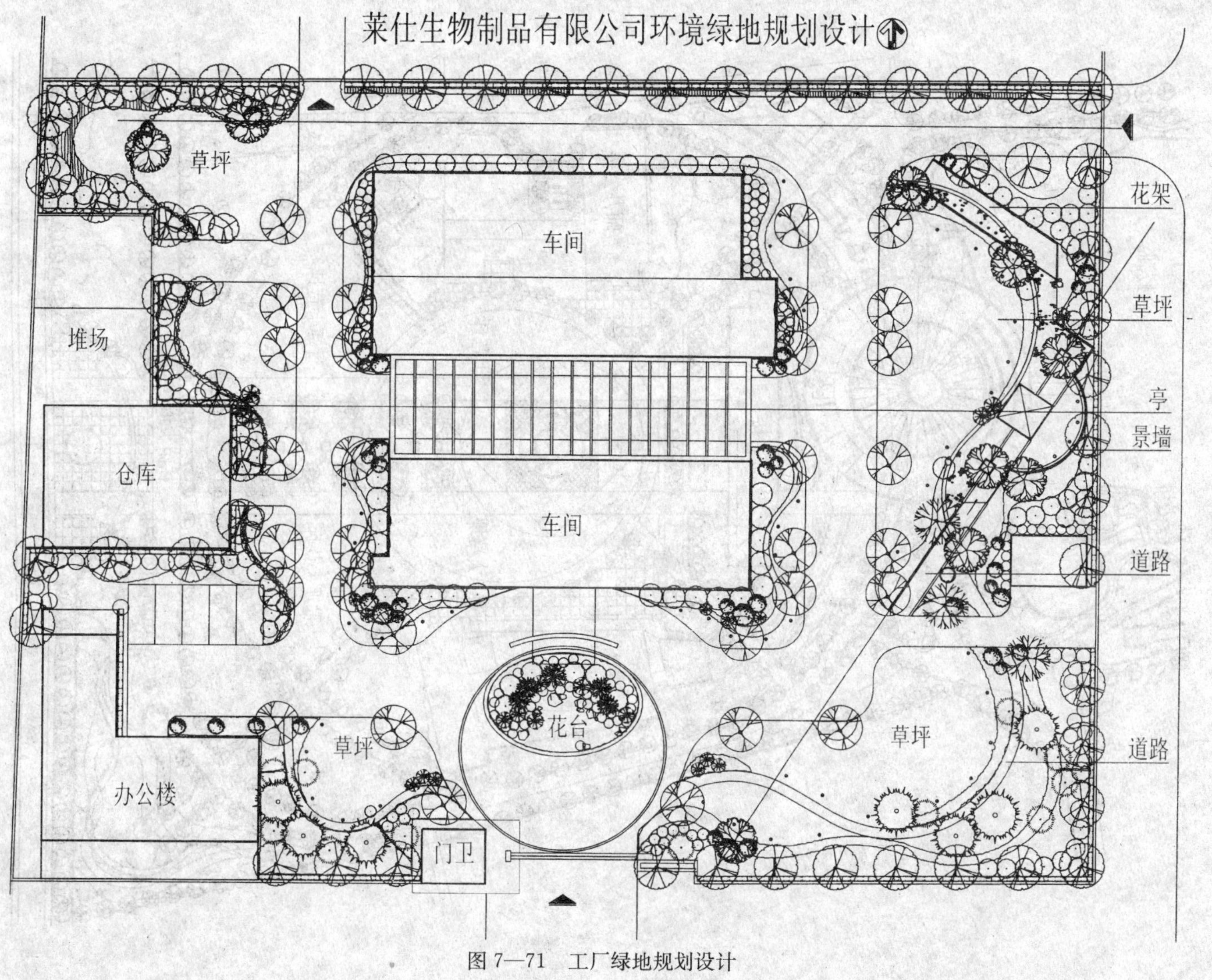

图 7—71 工厂绿地规划设计

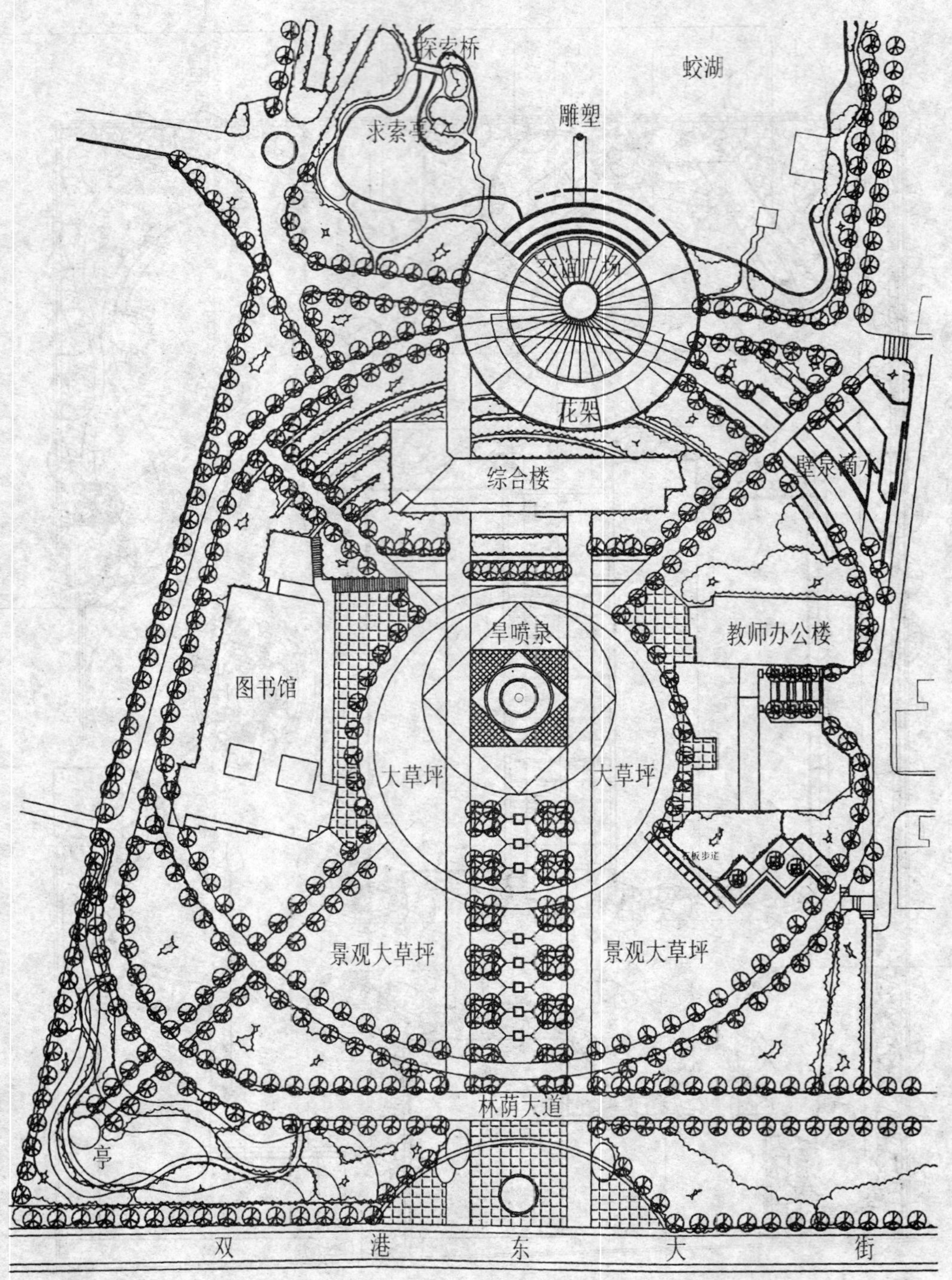

图 7—72　大学校园绿地规划设计

2. 中小学绿地规划设计要点（见图 7—73）

（1）学校主体建筑周围的绿化应形成安静、清洁、卫生的环境，充分考虑通风、采光，配以乔灌木和宿根花卉、草坪。

（2）学校出入口是校园绿化的重点，绿化应与大门的建筑形式相协调，多使用花灌木形成活泼开朗的门景，大门可设置小型广场，点缀花坛、雕塑、喷泉等，形成自己的特色。

（3）体育运动用地绿化应注意运动场地与教学区和宿舍区要有一定的距离，两者之间用树木组成繁密的树带，以减少噪声对教学区的影响。场地周围的绿化以乔木为主，少种灌木，以留出较多的空地供活动用。同时要考虑夏季遮阴和冬季阻挡寒风及日照要求。

（4）自然科学园绿地应选择阳光充足、排水良好、接近水源、地势平坦之地。可根据自然条件及教学大纲的要求，划分出种植园、饲养场、气象观察等活动区，在实验园地周围应以围栏或绿篱作隔离。

3. 幼托机构绿地规划设计要点

（1）幼托公共活动场地绿化设计要重点处理。幼托公共活动场地是幼儿进行集体活动、游戏的场地，是绿化的重点区，场地的形状宜设计成生动活泼的几何图案，场地内可设置沙坑、涉水池、小亭及花架和各种活动器械。活动器械可采用儿童所喜爱的艺术形象和色彩，尺度要符合幼儿的生理特点，场地可采用软质地坪。

（2）幼托班组活动场绿化要注意空间相对独立与分散。幼托班组活动是幼儿园按年龄分班开展各种不同的活动，可用绿篱围合成单独的空间，并有一定落叶乔木加以遮阴。

（3）幼托机构绿地树种选择多样化。幼托机构绿地应多种树形优美、色彩鲜艳、季相变化明显、无刺、无飞毛、无毒、无臭味、无产生过敏的植物，使环境丰富多彩、气氛活泼，激发儿童的好奇心，培养幼儿了解自然、热爱自然的良好习惯。

4. 幼托机构绿地设计应注意安全性

幼儿园绿地中的铺装要特别注意其平整性，不要设台阶，以免幼儿在奔跑时注意不到而跌倒，所有小品设施应注意钝角处理，道路铺装尽可能采用柔性铺装。

三、医疗机构绿地规划设计要点

1. 门诊部绿化

门诊部绿化以美化装饰为主，可布置花坛、花台，有条件还可设置喷泉和主题性雕塑，形成开朗、明快的格调，植物色彩对比不宜强烈，应以常绿景观为宜。

2. 住院区绿化

住院区绿化可布置小游园，供病人室外活动。小游园中道路宜平缓不宜起伏太大，不

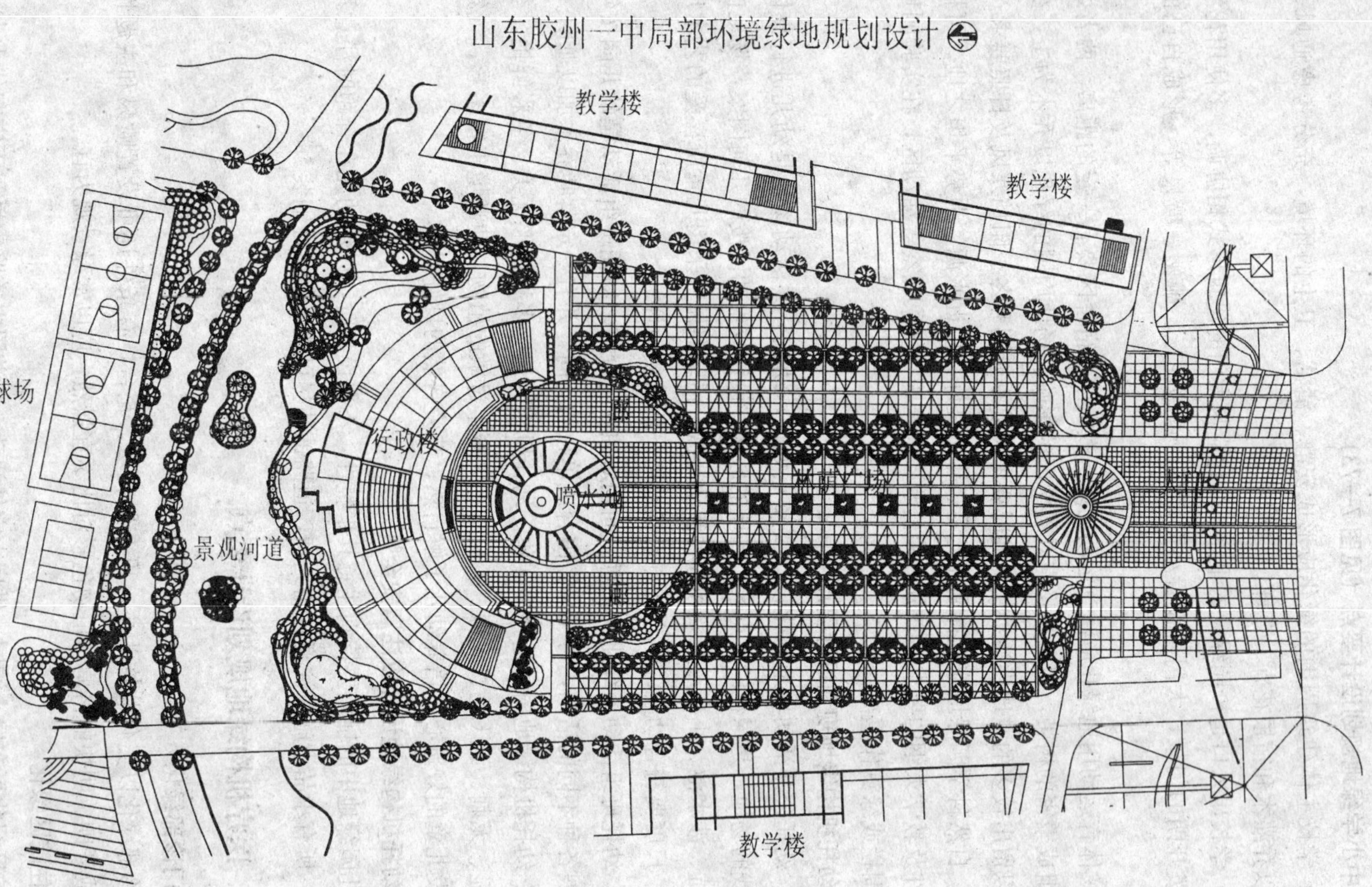

图 7—73　中学绿地规划设计

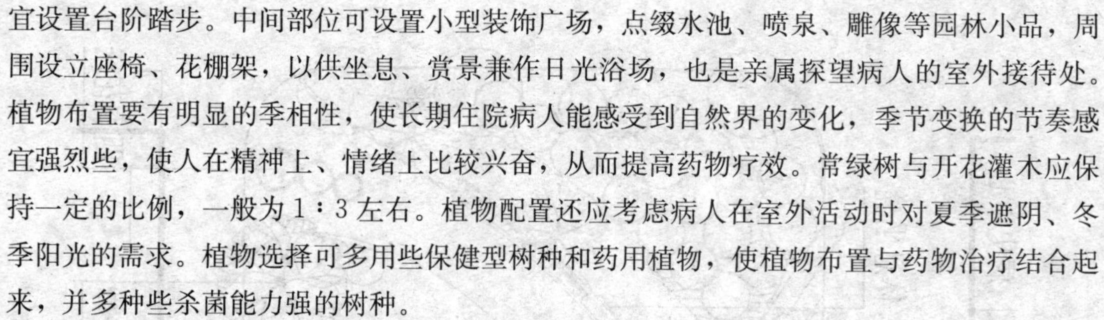

宜设置台阶踏步。中间部位可设置小型装饰广场，点缀水池、喷泉、雕像等园林小品，周围设立座椅、花棚架，以供坐息、赏景兼作日光浴场，也是亲属探望病人的室外接待处。植物布置要有明显的季相性，使长期住院病人能感受到自然界的变化，季节变换的节奏感宜强烈些，使人在精神上、情绪上比较兴奋，从而提高药物疗效。常绿树与开花灌木应保持一定的比例，一般为 1∶3 左右。植物配置还应考虑病人在室外活动时对夏季遮阴、冬季阳光的需求。植物选择可多用些保健型树种和药用植物，使植物布置与药物治疗结合起来，并多种些杀菌能力强的树种。

3. 辅助医疗、行政管理、总务及其他区的绿化

辅助医疗、行政管理、总务及其他区的绿化处理应注意晒衣场、厨房、锅炉房等杂务院须单独设立，周围要有树木作隔离。医院太平间、解剖室周围应密植常绿乔灌木，以遮挡病人视线。手术室、化验室、放射科四周应注意不种有绒毛和花絮的植物。

4. 提高医院绿化覆盖率和树冠体积系数

为提高医院绿化覆盖率和树冠体积系数，地面绿化应实行套种，广铺草坪，并多植常绿乔木。建筑近处种植稀疏，远处浓密，使建筑掩映在碧树浓荫中。

5. 医疗机构绿地规划设计案例图析（见图 7—74）

四、俱乐部、文娱建筑绿地规划设计要点

此类建筑多位于主要街道上，建筑物高大，外形美观，有的带室外活动部分，如露天剧场、球场及散步休息用地。其特点是人流集中，同一时间大量人流进出，需要有集散广场。园林沿街面的布置应考虑与街道建筑形式相统一，采用的树种既能衬托建筑又能美化街景。如果建筑前的用地较大，可布置小游园。如有室外活动设施，可采用公园的设计方式。

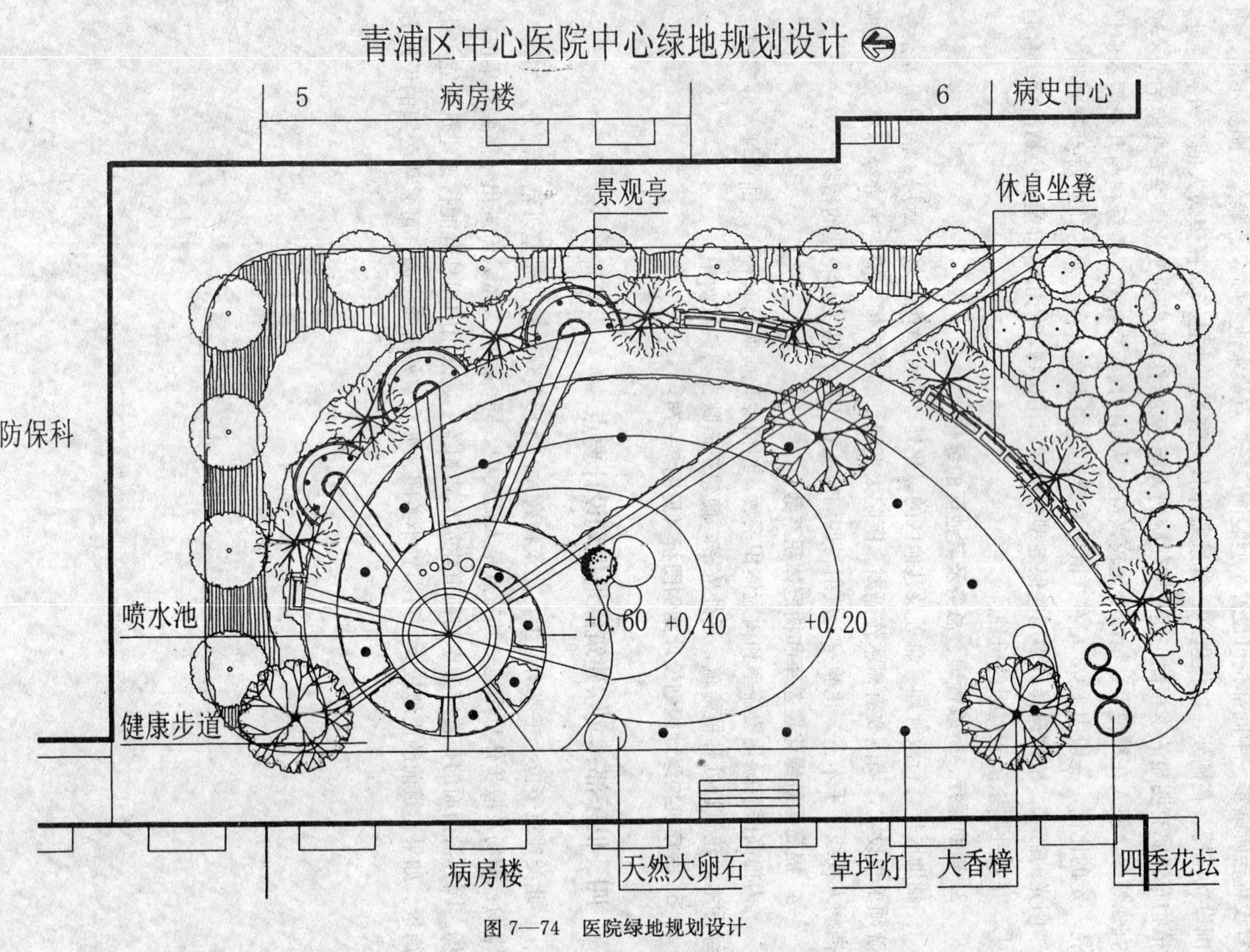

图 7—74　医院绿地规划设计

思 考 题

1. 园林规划与设计的作用分别有哪些？其对应的园林作品有哪些？

2. 园林艺术创造中，景的表现形式有哪些？它与绘画、诗歌有哪些相关性？

3. 植物配置设计中，如何体现丛植、孤植、列植、群植等配置方式？

4. 日常生活中哪些常见现象体现了植物的季相变化？常绿与落叶树体现有何不同？

5. 保健型植物配置中，医院、休疗养场所绿化如何选择搭配能最大程度体现植物的保健作用？

6. 湿地布置中，哪些植物材料能最好体现湿地特征？它们该如何布置？

7. 地形特征形态对植物有何意义？

8. 建筑对植物配置的影响有哪些？

9. 所学的规划设计课程如何在工作中体现价值？

第8章

园林工程

第 1 节　园林绿化工程概述

学习目标

➢了解园林绿化施工与养护的范围和要求

➢了解园林绿化工程施工程序

➢了解园林绿化工程项目管理的目标控制

知识要求

一、园林绿化施工与养护的范围与要求

1. 园林工程的范围

园林工程涉及绿化、园林土建工程等方面。绿化工程按施工顺序分为栽植土工程，植物材料选配，树木栽植工程，草坪、花坛、地被栽植工程，运动型草坪工程，大树移植工程等；园林土建工程包括园林建筑、小品工程，园路工程，假山叠石工程，水景工程，给排水工程，园林电气安装工程等范围。

2. 园林工程的要求

（1）“降低投资、提高质量”的原则。园林绿化工程是城市建设的一个重要组成部分，它必须以“降低投资、提高质量”为原则，不仅要求提高劳动效率，提高经济效益，还必须因地制宜，降低工程成本，并尽一切可能性加快工程建设的速度，缩短工期。因此，施工组织者必须依据这些原则，把握规律，有方向、有步骤、有办法地完成建设任务。

（2）园林绿化可持续发展的理念。建设节约型园林，是当今世界绿化工程中关注的焦点，更是人类关爱自己的生存环境的明智之举。所谓节约型园林绿化，就是以最少的资源和资金投入，实现园林绿化最大的综合效益，促进城市园林绿化建设的可持续发展。实施节约型园林应坚持以生态优先，最大限度保护好现有绿化成果；坚持挖潜改造，充分挖掘绿地资源的生态效益；坚持贴近自然，在园林绿化建设中优先使用乡土植物；坚持尊重规律，克服过分追求“立地成景”绿化效果的倾向；坚持多重并举，充分发挥“立体绿化”节约土地资源的作用；坚持节能降耗，大力推进节水节能型园林绿化建设；坚持科学管理，以合理的养护方式扩大园林绿化的综合效益产出；坚持循环利用，积极推进绿化垃圾

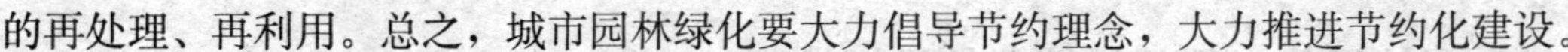

的再处理、再利用。总之，城市园林绿化要大力倡导节约理念，大力推进节约化建设。

二、园林绿化工程施工程序

单位工程的施工程序一般为：接受施工任务阶段—开工前准备阶段—全面施工阶段—竣工验收阶段。每一个阶段都必须完成规定的任务，并为下一阶段的工作创造良好的条件。

1. 接受施工任务阶段

接受任务阶段是其他各个阶段的前提条件。施工单位在这个阶段的主要任务是：承接施工任务，签订工程承包合同，明确拟建的单位工程。根据我国的国情，施工企业接受施工任务的形式主要有3种：(1) 上级主管部门直接下达任务；(2) 由建设单位邀请而接受任务；(3) 通过工程招标在中标后承接任务。

2. 开工前准备阶段

开工前的准备阶段是在接受任务阶段之后，为工程顺利开工创造必要条件的阶段。担任绿化施工任务的单位，在工程开始之前，必须做好绿化工程的一切准备工作。

(1) 了解工程概况。通过工程主管单位和设计单位，弄清楚全部工程的主要情况。

(2) 现场踏勘。编制施工组织设计，施工现场的准备。

3. 全面施工阶段

这一阶段是建设过程历时最长、资源消耗最多、工作难度最大的阶段。此阶段主要是在安全生产的前提下，全面控制工程质量、进度和投资，以最好的工程质量、最快的施工速度和最低的工程投资，科学、合理地进行施工。

4. 竣工验收阶段

园林工程项目的竣工验收是施工单位按设计要求和合同规定的全部内容，经施工单位自验自评（提交工程质量竣工报告）、设计单位认可（提交工程质量检查报告）、监理单位核定（提交工程质量评估报告）、建设单位验收（提交工程竣工验收报告），在政府监督下，各项内容均符合国家和地方有关竣工验收的依据及条件，对整个工程实体的质量和相关的竣工资料进行验收。

工程竣工后，施工企业必须及时编制竣工结算。竣工结算反映了工程建设项目实际造价和核定新增固定资产价值，是对投资效果的分析、考核，它是工程办理交付使用验收的依据之一。

通过竣工验收，可以对工程项目的质量进行全面的考核与评估，使园林工程项目尽早投入使用，尽快发挥其投资的社会效益、生态效益和经济效益。因此，园林绿化工程项目建成后应及时组织竣工验收。

三、园林绿化工程项目管理的目标控制

任何一个施工项目的管理都有一个目标控制的管理内容。目标控制是指在行为实施的过程中，行为主体按预定的计划操作各个步骤，通过不断检查，纠正偏差，从而保证计划正常实施，最终达到预定的目标。

项目管理的目标有阶段性目标和最终目标，实现阶段性目标是实现最终目标的保证。因此，要坚持用控制论的原理、理论为指导，进行全过程的管理和控制。

目标控制有进度控制、质量控制、成本控制、安全控制和施工现场控制。这五部分是施工项目的主要约束条件，也是施工效益的最终体现。

1. 进度控制

进度控制主要是进行施工进度计划的检查和调整，按照“施工任务书”与月（旬）作业计划，随时做好记录，掌握施工现场的实际情况，排除施工中出现的各种矛盾，克服薄弱环节，及时、灵活、准确、果断地做好调度工作。

园林绿化施工项目的特殊性是与季节息息相关，正常情况下的绿化施工都要抓住栽植的有利时节和栽植进度，即使是非正常栽植季节的绿化施工，也要努力抓住栽植进度，确保苗木的栽植质量，所以对园林绿化施工来说，进度控制实质上是质量控制的前提和保证。

要实现施工项目的进度控制，苗木采购供应计划的合理性是先决条件。由于不同的树木花草都有不同的适宜栽植时间，因而首先要制订出最优化的苗木采购供应计划，以确保及时、合理的苗木供应。

苗木到达施工现场后，要严格控制栽植进度，尽量缩短苗木积压的时间，但也要注意避免因苗木供应不及时而出现停工待料的情况。所以，苗木栽植的时间安排和劳力分配也是进度管理的关键之一。

由于苗木栽植施工与前一阶段土方施工密切相关，这就要求运用好系统管理中的相关管理原理，促使土方工程能按期保质完成，以确保苗木栽植的正常进行。

综上所述，项目管理的进度控制与各方面都有关系，再加上其本身又有阶段性进度计划和全过程进度计划，所以在施工项目管理过程中一定要掌握好各种合理、有效的进度控制手段。

2. 质量控制

质量是企业的生命，是企业生存的基本要素。对绿化施工企业，要做好一个园林绿化工程项目，除了先进的设计理念，关键在于成功的工程施工。园林绿化企业必须具备一支优秀的施工队伍，不断学习和采用先进的施工方法和管理方法。

质量控制的依据是技术标准和管理标准。前者是指绿化管理局颁发的《园林植物栽植技术规程》等工程标准，后者是指当前国际上通行的 ISO 9001：2000 质量管理标准，这个管理标准通常为全面质量管理，它有许多理论基础，主要有 4 个方面内容：一是任何管理都要设定目标，然后组织实施。全面质量管理的核心目标就是顾客满意度。二是要求全体部门、全体人员对产品形成的全过程进行质量管理。三是使用各种先进的管理思想、方法、手段、技术和工具。四是建立质量保证体系。随着全社会对绿化工程要求不断提高，用全面质量管理的方法结合绿化工程的实际，对提高施工质量有着积极作用。

质量控制手段主要有两种：一是直接控制，其主体是施工者自身；二是间接控制，其主体是监理和质检单位。

园林绿化施工项目的质量在很大程度上取决于土壤质量、苗木质量（苗木本身的质量及苗木挖掘、包扎、装运的质量）和苗木栽植质量，它们最直观地体现了整个园林绿化施工的质量，所以制定质量目标是很重要的管理任务。

园林绿化施工项目要把质量控制作为一个系统过程来对待。以工程的时间来区分，有事前控制、事中控制、事后控制三个阶段。事前控制即控制前一阶段的土方工程和苗木质量，事中控制即控制苗木栽植的质量，事后控制即控制栽植后苗木养护的质量。

3. 成本控制

成本控制是体现施工项目效益观念的主要手段。成本控制的预测，根据预算定额，已经在成本计划及承包合同中体现出来，实际的操作任务就是在工程的执行过程中降低成本。绿化工程中所要控制的成本是指在施工项目中所涉及的材料费、人工费、机械使用费等直接成本。在市场经济的条件下，苗木成本、人工成本、机械使用成本上下落差很大，而成本控制就是运用市场经济的指导思想，在确保质量的前提下，尽可能降低成本，实现最大效益。

成本控制也有整体性和局部性的关系，只要整体成本在控制之中，即使因工程质量需求，局部成本有所提高，也是可以接受的。所以管理者要有整体观念，也就是要有系统管理的指导思想，才能制定出有效的成本控制目标。

在实际操作中，成本控制与质量控制往往互有矛盾，一定要妥善控制好两者之间的辩证关系。因为种植工程质量管理的核心内容是提高成活率，所以对绿化工程来说提高质量的本身就意味着降低成本。

4. 安全控制

施工项目的安全控制，主要是在学习国家、地区、行业有关安全法规的基础上积极贯彻“安全第一、预防为主”的安全生产方针，制定自己的安全管理制度，并且在施工过程中进行制度化、规范化的管理，使安全法规产生实际效果。

首先要加强安全组织工作和教育工作，同时要采取各种安全技术措施，包括安全检查和考核。园林绿化施工项目的安全控制目标，主要有施工人员和植物材料两个方面。对施工人员来说，是安全操作问题；对植物材料来说，则是如何防止苗木损伤及毁坏的问题。

5. 施工现场控制

园林绿化施工有各种不同类型的场地，有大型绿地、小型绿地，有单位内部绿地、街头绿地，而栽植行道树则是直接在马路上进行。所以，要根据不同现场情况，制定不同的施工现场控制目标。

首先要了解施工现场状况，科学地进行总体设计，各种设施、设备、材料的放置地点，各种地下管线、道路、周转场地的情况都要一清二楚。其次，在施工过程中，要视工程进展情况进行阶段性的调整，进行动态控制。最后，要注意文明施工，按有关规定要求，做到秩序井然、文明安全。在施工结束后及时清场，不留后患。

第 2 节　园林绿化植树工程的施工

学习目标

- 掌握植树工程的施工工序
- 掌握非适宜季节种植的技术措施

知识要求

园林绿化植树工程与其他工程虽有许多共性，但也有其显著的特性。这是一种以有生命的绿色植物为主要对象的工程，因此其施工技术与一般工程有很大的差别。要圆满完成绿化植树工程，除了了解影响树木成活的因素外，还应掌握种植施工的原则、技术规范和操作规程。

一、植树工程的施工工序

为确保绿化植树工程的质量，施工必须按“园林植物栽植技术规程”所制定的技术规范和操作规程进行。

1. 进土方和堆造地形

（1）进土方。土壤是植物栽植的基础，若场地土方不足，就要从其他地方移土进场，且所进土壤必须是具有满足植物生长所需要的水、肥、气、热能力的栽植土，其土色应为自然的土黄色至棕褐色，无白色盐霜，疏松不板结，其理化性质必须符合“园林栽植土质量标准”，严禁使用建筑垃圾土、盐碱土、重黏土、沙土及含有其他有害成分的土壤。对不符合栽植的土壤均应根据设计规定全部或部分用种植土或人造土加以更换，或根据栽植要求进行改良。

(2) 堆造地形

1) 测设控制网。地形的堆造必须符合规划设计要求。由于园林工程建设场地内的地形、地物往往较为复杂，如湖岸线、道路、花坛等的施工，其施测范围大，且形状变化也较多，给施工测量带来一定难度，因此，在较大范围的园林工程施工测量中，建设场地内的控制网测设就显得尤为重要。园林设计中一般用方格网来控制整个施工区域。

园林工程建设场地的方格网大小根据地形的复杂程度和施工方法而定，一般为 10 m×10 m，20 m×20 m 或 40 m×40 m 不等。

方格网的布设应遵循先整体后局部的工作程序进行，即先测设方格网的“+”字形、“口”字形主轴线，然后再进行加密，全面布设方格网。为便于测量高程和进行施工，需要在各方格点上设置控制桩，桩木的规格及标记如图 8—1、图 8—2 所示，桩上应标出桩号（施工方格网上的编号）和施工标高（挖土用“+”号、填土用“－”号）。

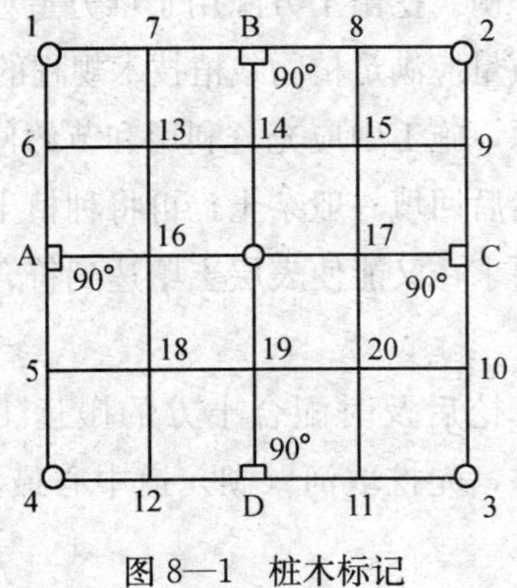

图 8—1　桩木标记

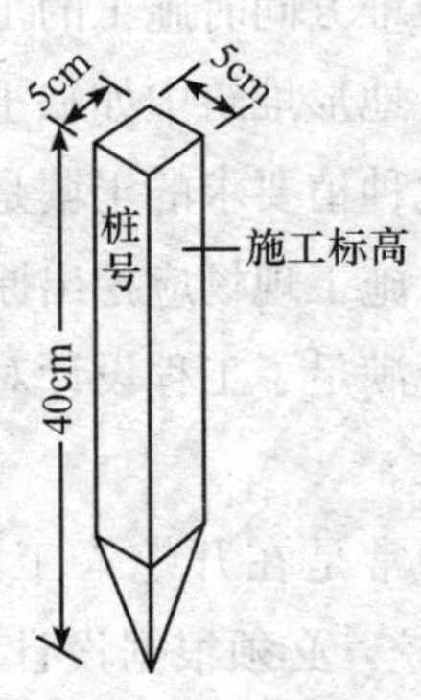

图 8—2　桩木规格

自然地形的堆造，如挖湖堆山，首先应确定“湖”和“山”的边界线，把设计地形等高线和方格网的交点，一一标到地面上并打桩，如图 8—3 所示，桩木上也要标明桩号及施工标高。堆山时由于土层不断升高，桩木可能被土埋没，所以桩木的长度应大于每层填土的高度，不同层用不同颜色标志，以便识别，也可以分层放线设置标高桩（见图 8—4）。挖

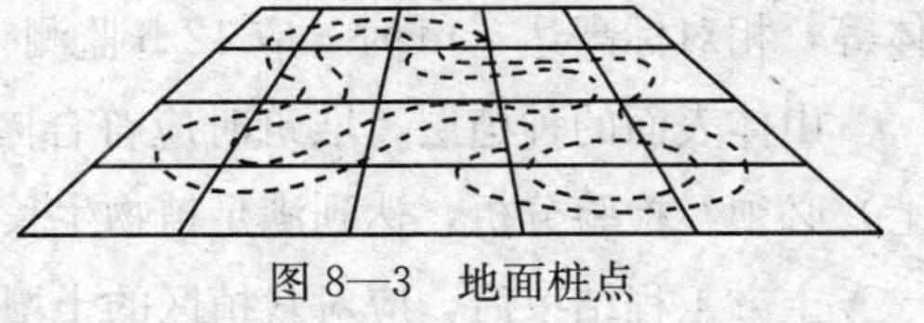

图 8—3　地面桩点

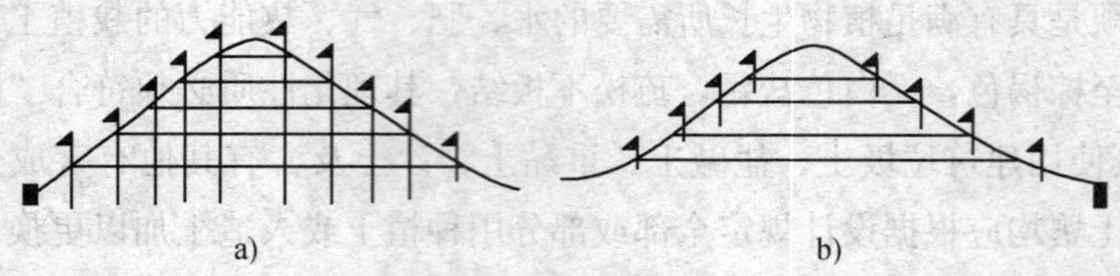

图 8—4 标高桩的设置

a）按坡度设置 b）分层设置

湖工程的放线工作与山体的放线基本相同，由于一般水体挖得比较一致，而且池底常年隐没在水下，故放线可以粗放些，但岸线和岸坡的定点放线应该准确。这不仅因为它是地上部分，对造景有影响，而且与水体岸坡的稳定有很大关系，为了精确施工，可以用边坡样板来控制边坡坡度（见图 8—5）。

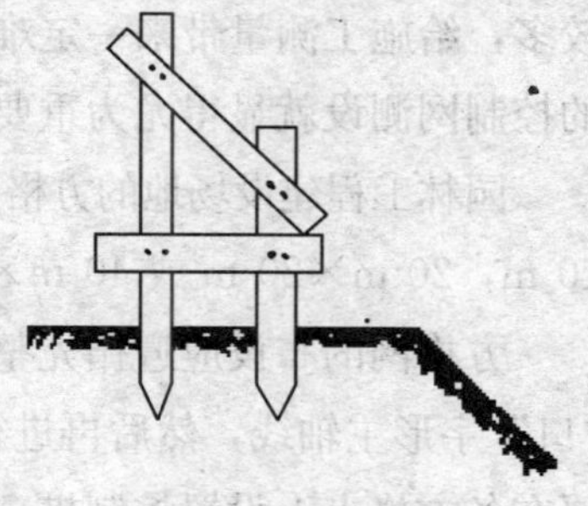

图 8—5 边坡样板

2）挖、堆土方。园林建设中土方工程是绿化种植、景观工程等相关工序的第一步，它对体现园林工程的总体构思和布局，建立园林景观和植物种植组成的框架结构起到重要作用。因此，土方工程是园林工程的重要项目之一。

在有挖、堆方同时施工的工程中，要进行土方平衡。挖出土方除用于堆方造型外，多余部分外运。地形堆筑中如缺土可由场外运入，其质量应满足植物栽植技术规程的规定。

符合绿化种植要求的土壤是一种不可替代的资源，施工中应充分利用和节约使用。在通常情况下，施工现场应挖出原地表层的种植土，然后回填一般杂土，再将种植土覆盖于表层，这样既满足了工程设计对地形或假山的外形要求，又能使表层土壤达到符合植物生长的规范要求。

挖土方通常是在开挖人工河（湖）道时进行，挖后及时配合土方的搬运工作。河（湖）道的开挖，必须根据设计要求，结合土质条件，先挖取河（湖）道中心最深部位，再按等高线向四周逐步扩大范围。

堆土工程在地形堆筑前，应将可能会对土方造型和山体堆放质量造成不良影响的地下隐蔽物加以处置，并在隐蔽工程验收后，才能进入堆筑工序。堆筑地形时要对沉降、位移进行监测，一般 24 h 监测一次，重要部位如大于地基承载能力的假山、邻近建筑物的山体等，相对标高达 7 m 时，应 12 h 监测一次。

山体表面的种植层，堆筑时应符合园林绿化种植规范要求，表层土壤（至少 1 m 以上）必须经检验分析，达到满足植物生长的条件，符合“园林栽植土质量标准”。

土方工程结束后，应对栽植区的土壤进行深翻，翻地深度不得小于 30 cm，并施腐熟基肥，每平方米施 1.0～1.5 kg。

2. **定点放线**

（1）自然式放线法。自然式放线法包括平板仪定点法、网格法、交会法和目测法。

对于设计图上无固定点的绿地种植，如灌木丛、树群等，可用上述方法划出树丛、树群的栽植范围，其中每株树木的位置可在所定范围内用目测法进行定点。定点时应注意树群的层次感，配置呈中心高边缘低或呈由高渐低的倾斜林冠线，树丛定点配置应自然，切忌呆板，尤应避免平均分布、距离相等，邻近的树木不要定成机械的几何图形或一条线。定好点后，用灰点或木桩标明，写上树种、数量和挖穴规格。

（2）整齐式（行列式）放线法。对于成片的整齐种植或行道树的放线，可以绿地的边界、道路的测石或中心线为依据，用仪器、皮尺或测绳定出行位，再按设计定出的株距，用白灰点标出单株位置，钉上木桩，写明树种名称。

由于行道树栽植与市政、交通、沿途单位、民居等关系密切，定点时如遇电线杆、管道等障碍物应避让，不应拘泥于设计尺寸，应遵照植株与障碍物的规定距离来定位。

3. **挖穴**

挖穴的质量，对植株以后的生长有很大的影响。树木种植挖穴必须在定点基础上，根据树木根系范围（或土球大小）来确定穴径大小，根据树种根系类别及地下水位高低确定穴的深度。树穴具体要求：

（1）树穴的直径（或正方形树穴的边）应较根系或土球直径大 40 cm。

（2）树穴的深度应与根系或土球直径相等。

（3）乔木穴槽的有效土层至少为 1.0 m，灌木穴槽的有效土层至少为 0.8 m。

（4）穴槽内土质不符合栽植要求的需更换。

（5）穴槽必须垂直下挖，上下口径相等。

4. **选苗**

苗木的生长状况受其生长环境的影响很大，同一品种、同龄的苗木质量相差很大，导致栽植成活率和适应能力产生较大差异。为确保绿化栽植质量，对苗木的选择尤为重要，所选苗木应根系发达、生长茁壮、无检疫性病虫害，并符合设计要求的规格。不同类型苗木的具体质量要求如下：

（1）乔木。总体要求树干挺直，树冠完整，生长健壮，无病虫害，根系发育良好。其中，阔叶树树冠要茂盛；针叶树叶色苍翠，层次分明；雪松、龙柏等不脱脚。规格为胸径 10 cm 以下，允许偏差±1 cm；胸径 10～20 cm，允许偏差±2 cm；胸径 20 cm 以上，允许偏差±3 cm。高度允许偏差±20 cm。蓬径允许偏差±20 cm。

（2）灌木。总体要求树姿端正优美，树冠圆整，生长健壮，无病虫害，根系茂盛。其中，发枝力较弱的树种，枝不在多，要有上拙下垂、横欹、回折、弯曲等势，观赏性强；花灌木树种树龄已进入成熟阶段；长绿树种树冠要丰满。规格上高度允许偏差±20 cm，蓬径允许偏差±10 cm，地径允许偏差±1 cm。

5. 掘苗和包装

起掘苗木的质量，直接影响树木栽植的成活率和以后的绿化效果。不当的起掘操作，可使原先优质的苗木，由于伤根过多而降低等级，甚至不能使用。施工中应根据不同的树种，采取适合的掘苗方法。

（1）掘苗。挖掘裸根树木，应采用锐利的铁锹进行。直径 3 cm 以上的主根，需用锯锯断；小根可用剪枝剪剪断，不得用锄劈断或强行拉断。

挖掘带土球树木时，应用锐利的铁锹，不得掘碎土球。土球需包扎结实，包扎方法根据树种、规格、土壤松紧度、运输距离等具体条件而定，土球底部直径应不大于直径的 1/3。

（2）包扎。中小型土球一般用草绳作网络式包扎，网络间距 10 cm 左右，腰箍总宽度为土球厚度的 1/2 以上，包扎牢固，绳距整齐，球形圆整。

大型土球用麻绳或棕绳作包扎材料，通常用“二网三腰”形式，即在与中、小型土球一样包扎以后，再重复包扎腰箍和网络，最后再加一层腰箍。

特小型土球用简易的西瓜皮式包扎，通常用单道草绳上下依次绕圈（至少 5 圈以上），然后在中腰另用一道草绳将上下包扎的草绳依次拴住，防止移动脱落。

确保土球包扎的质量，关键是每道包扎用绳必须拉直，与土球接触处加以拍击使其稍嵌于土内，而绳与绳接触处只能拉直不能拍击，否则会拍松压于底下的绳圈。另外，拉至土球底部的绳子绕过底部后，应尽量向上拉，以免底土脱落。

6. 运苗和假植

苗木运输与假植的过程，也是影响栽植成活的重要环节。实践证明，“随挖、随运、随种”有利提高栽植的成活率。也就是说，在苗木的挖掘、装运和栽植过程中，应尽量缩短时间，所以苗木应尽量在本地或周边地区采购。

（1）运苗。装运树木时，必须轻吊、轻放，不可拉拖。装车时树木应合理搭配，不得损伤植株，不得破碎土球；同时必须符合交通规定，不超高、不超宽。

（2）假植。树木运到栽植地点后，应及时定植，因条件限制不能及时定植的裸根树木要进行假植或培土，对带土球树木应注意保护土球。

假植期间应根据需要，经常给苗木浇水、喷雾。

7. 移植修剪

（1）修剪原则。修剪时应依据该树在绿地中的功能作用以及树木本身的生物学特性来

进行。

1）乔木。凡具有明显中央领导干的树种如雪松、广玉兰、水杉等，应尽量保护或保持中央领导干的优势。

中央领导干不明显的树种如香樟、槐、合欢等，可采用疏枝结合短截的方式进行修剪。

2）灌木。凡具有主干的灌木，其修剪可参照乔木的修剪，丛生灌木采用疏枝结合短截的方法，一般树冠应保持内高外低、外密内稀，并多疏剪老枝。

(2) 修剪量。移植修剪的修剪量应根据树种、根系或土球挖掘的好坏以及移植季节来确定。

1）落叶树种。落叶乔木的移植修剪，一般保留至三级分叉，有过多的骨架枝及二、三级分枝可适当疏剪，保留的枝条也可视情况短截，类似于定型修剪的形式，以不损坏原来特有树形为准。萌芽力强、枝条多的灌木树种，则可进行较大量的疏剪，特别是一些丛生灌木，不仅可大量疏剪，而且留下的枝条还可大量短截，如迎春、金钟花等；相反，萌芽力弱、枝条少的树种则不能重剪，有的甚至基本不剪，如白玉兰、鹅掌楸、红枫等。

落叶树木在非正常移植季节（一般指夏季）移植时，均应加大修剪量，有时只保留一级主枝，这是为了维持其生命力不得已而采取的做法，对之后树木恢复生长势相当不利，有时还会造成树木一蹶不振，所以我们要尽量避免非正常移植季节的移植。

2）常绿树种。常绿树种的移植修剪，以不损坏原来的特有树形为准，修剪量一般在1/4～1/3。若在夏季移植，必须加大修剪量，一般剪去2/3左右。对顶端优势明显的常绿树，如雪松，及顶芽开花的常绿树，如广玉兰，则一般只用疏剪，不用短截；分枝较多的常绿树往往嫩梢也多，需尽量打去嫩梢，保留老叶，如香樟。

8. 栽植

(1) 散苗。将树苗按规定（试掘图或定点木桩）散放于定植穴（坑）边。

(2) 栽苗。散苗后将苗木放入坑内扶直，分层填土，提苗至适合程度，夯实固定的过程。

1）带土球苗木的栽植。在坑槽内用种植土填至放土球底面的高度，将土球放置在填土面上，定向后方可打开土球包装物，取出包装物后从坑槽边缘向土球四周培土，分层捣实，培土高度到土球深度的2/3时，作围堰、浇足水，水分渗透后整平，如泥土下沉，应在3天内补填种植土，再浇水整平。

2）裸根苗的栽植。按根群情况，先在坑槽内填适当厚度的种植土，将根群舒展在坑槽内，周围均匀培土，并将苗木轻轻提起，使根颈部位稍高于地表，然后边培土边分层捣实，沿坑槽外缘作围堰并浇水，以水分不再向下渗透为度。

(3) 栽植要点

1) 树木定向应选择丰满完整、姿态优美的观赏面，朝向主要视线。

2) 栽植深度应保证在土壤下沉后，根颈（根颈是树木主干和根系的交点）和地表等高。

3) 栽植的树木不得倾斜（设计中有特殊规定的例外）。

4) 栽植行列树木必须横平竖直，树干应在一条线上。

9. 栽植后的养护管理

(1) 灌水。苗木栽好后应立即灌水，水要浇透，让土壤充分吸收水分，促使土壤与根系紧密结合，有利成活。

(2) 扶正封堰。

(3) 包扎。新种树木为减少枝干蒸发，可对较大的枝干用草绳进行包扎。

(4) 支撑。为防止被风吹倒，较大苗木栽后应设立柱支撑。支撑可用单柱支撑、三角支撑、四脚支撑、扁担支撑和行列式支撑等。支柱要牢固，树木绑扎处应夹垫软质物，绑扎后树干必须保持正直。

1) 单柱支撑。一般行道树因受坑槽限制，可用单柱支撑。

2) 三角支撑。一般适用于中心主干明显的较大树木。先选定支撑位置（宜在树高2/3之处），然后将支撑与树干固定，随后用地桩固定支撑端部。其中一根撑干（绳）必须在主风向上位，其他两根可均匀分布。支撑材料可用钢绳、毛竹。

3) 四脚支撑。又名井字撑，一般适用于中心主干不明显的较大树木。用四根横担（长75 cm）和四根杉木桩（长2.1～3 m）进行绑扎支撑。支撑底部4个点应呈正方形，支撑与地面成75°角。

4) 扁担支撑。常用于绿地中孤植树木的支撑。

5) 行列式支撑。成排树木，可用绳索或淡竹相互连接，支撑高度宜在1.8 m左右（小苗可适当降低高度），在两端或中间适当地位设置支撑柱。

(5) 其他养护管理

1) 对受伤枝条和栽前修剪不理想的枝条，应进行复剪。对绿篱进行造型修剪。

2) 注意防治病虫害。

3) 树木栽完后要清理场地，做到文明施工、工完地净。

二、非适宜季节种植

如今，绿化工程常会遇到在非适宜季节进行施工的问题，此时的绿化施工更要求对每道施工环节做到谨慎细致，并采取相应的技术措施，否则栽植成活率必然不高，难以达到预期的绿化效果，造成经济损失和不良的社会影响。只有认真对待，切实运用和提高有效的栽植技术，才能在非适宜季节顺利、圆满地完成绿化任务。

1. 非适宜季节种植的特点

（1）生长期（夏季）种植。此时气温高，植物体的水分蒸发量大，极易造成植物脱水，造成成活率下降，因此，夏季种植要注意减少植物水分蒸腾，及时补充水分。

（2）休眠期（冬季）种植。此时气温低、日照短，植物处于休眠阶段，易引起冻害，应避开冰冻天种植，植后注意保暖防冻。

2. 非适宜季节种植的技术措施

（1）种前的土壤处理。土壤质量好坏是影响种植成活的关键，非适宜季节的种植土必须保证土质肥沃疏松、透气性和排水性好。对含有建筑垃圾等有害物质的地块，一定要清除废土，换上适宜植物生长的好土，并扩大树穴。对排水不良的种植穴，可在穴底铺10～15 cm沙砾或设置渗水管、盲沟，以利于排水。

（2）植物材料的选择与技术处理

1）选材。选材上要尽可能挑选长势旺盛而健壮、根系发达、无病虫害的树苗。

2）切根处理。对于大苗应提前在原地进行切根，并往根部喷洒0.001%萘乙酸，然后覆土，精心养护，待种植时再起挖。

3）选择容器苗。对深根性苗木，由于其须根较少，土球不易起挖完整，如火棘、紫藤等，在非适宜季节种植不易成活，可选用盆栽或筐栽苗木种植，以确保成活率。

4）临时用苗的技术处理。由于施工期紧，所选苗木未经切根处理，又不能在春季种植，故应在萌叶前切根，并往根部喷洒0.001%萘乙酸，然后覆土，精心养护，待种植时再起挖。

（3）施工环节严格把关

1）加大土球规格。非适宜季节移植苗木，挖掘土球的规格应比正常季节大些，以尽可能减少对根部的伤害。对广玉兰这类须根不发达的肉质根植物，更需如此。

2）适当疏枝。修剪是种植前的重要环节，疏枝的多少要根据树种和当时天气情况来决定，但最大程度的强修剪应至少保留树冠的1/3。常绿阔叶树可摘去50%树叶，但不可伤害幼芽；落叶树可抹去老叶，使其重发新叶；针叶树种如雪松也需适当修剪，以疏枝为主，修剪量可达1/5～2/5。修剪时要注意剪口平滑，剪后涂以保护剂。

3）做到随挖、随运、随种

①随挖（起苗）。夏季起苗最好安排在早晨或下午16：00以后，并在起苗之前对树冠喷1：10的蒸腾抑制剂，以减少植株水分损失。土球的挖掘不仅要放大规格，而且包扎也一定要符合规定，要求包扎紧密，网络、腰箍要完整，使泥球在运输途中不松散。

②运苗。起苗后应及时装运，夏季尽可能就近组织苗源。起运前，应对苗木洒水，用遮光布盖好，以防运输途中植株失水过多。运输最好选择在晚间，苗到现场应轻提轻放，保持泥球完好，选择避光处堆放，并进行叶面喷水。

③种植。苗木运到工地之后，应马上组织人员种植。植树穴内先施生根粉，然后用 2 kg 以磷为主的复合肥料拌土，填至 70%左右，再填土至地面平。

（4）栽后管理

1）浇水。栽植后要浇透水。次日进行第二次浇水，水量要足。在夏季更应天天喷雾、浇水，叶面要全部喷到，常绿树木尤为重要，保持二、三级分叉以下树干湿润。

2）树干包扎。用草绳将树干包扎起来，夏季可使树干保持一定湿度，又可避免树干灼伤，冬季可起防寒保暖作用。

3）地面覆盖。用稻草、树皮等物进行地面覆盖，夏季可降低地表温度，而在冬季则可保暖，这对促进根部的恢复与生长都是极为重要的。

4）搭棚遮阳。夏季高温时可用遮阳网遮盖，阴棚顶部应在上午遮上，以减少日光灼射，黄昏时卷起，便于植物叶面吸收露水。

5）激素处理。可适当采用赤霉素、2，4-D 进行根外喷施或树干吊挂，以促进生根和刺激植株生长。

第 3 节　大树移植的施工

学习目标

➢了解大树移植的特点

➢掌握大树移栽前的准备工作、大树移植的技术措施和大树移植施工的新技术应用

➢掌握大树移植后的养护管理

知识要求

大树是指胸径在 25 cm 以上的快长树及胸径在 15 cm 以上的慢长树，一般不宜移植，新建工程设计时，应予避让。胸径超过 40 cm 的树木，应参照《古树名木保护管理规定》办理。百年以上大树和稀有名贵树种以及有历史价值和纪念意义的树木，是国家的宝贵财富，严禁搬移和损伤。确需移植的大树，必须按《植树造林绿化管理条例》和《大树移植

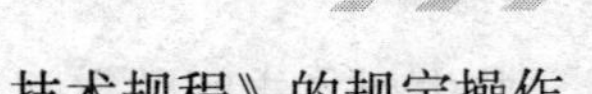

技术规程》的规定操作。

一、大树移植的特点

大树年龄大，阶段发育已处于老熟阶段，细胞的再生能力较弱，故挖掘和栽植过程中损伤的根系恢复慢，而且新根发生能力较弱，这给移植成活造成困难。其次，树木在生长过程中，根系扩展范围很大，不仅远远超过主枝的伸展范围，而且扎入土层很深，使有效的吸收根处于土壤深层和树冠投影附近，而移植所带土球不可能这么大，换言之，在一般必须带土范围内，吸收根是很少的且很多已木栓化，故极易造成树木移植后失水死亡。最后，大树由于其体态庞大，挖掘、搬运、栽植的难度较高，同时对新环境的适应能力也较差，故而大树移植的成活率一般较低。在必须要移植的情况下，为提高大树移植的成活率，必须对各个环节加以重视，并采取相应的技术措施。

二、移栽前的准备工作

1. 选树

首先根据设计规定的树种规格及特定要求，如树形、姿态、花色等进行选树。或者对能移植的大树先进行调查登记，根据调查结果再进行设计。

选树的原则，一般是要求能适应当地自然环境条件的乡土树种，以浅根性，再生能力强，移栽成活率较高，经过移植的，生长健壮，无病虫害，特别是无蛀干虫害，树冠丰满，树干上有新芽、新梢，有新生根的树木为佳。

从树木种类和生长发育的规律看，一般情况下，灌木类比乔木易于移植，落叶类比针叶类和阔叶常绿类树种易于移植，须根发达的比深根、直根类和肉质类易于移植，叶形细小的比叶面积大的易于移植，同种树木在人工种植条件下的比山野中自生自长的易于移植。

除从树木本身各方面加以选择外，还应注意树木生长的环境条件。最好是选择地势平坦且周围适当开阔之处的树木，道路能通行吊车、运输车辆；坡地地形则要求坡度不陡，能站人操作。还应考虑到挖掘土球不易松散，地下水位不高，挖掘坑内不积水或至少能排干积水等因素。

对已选好的树木，在现场做好标记，进行编号登记。

2. 资料准备

在大树移植前必须掌握下列资料：

(1) 树木品种、树龄、定植时间、历年来养护管理情况、目前生长情况、发枝能力、病虫害情况、根部生长情况（对不易掌握的要进行探根处理）。

(2) 树木生长和种植地环境调查，掌握树木与建筑物、架空线、共生树木之间的空间关系，必须具备施工、起吊、运输的环境条件。

(3) 种植地的土质、地下水位、地下管线等环境条件，必须适宜移植树木的生长。

3. 制定移植方案

根据以上准备的资料，应事先制定移植方案，其主要项目包括：种植季节，切根处理，修剪方法和修剪量，挖穴、起树、运输、种植技术与要求，支撑与固定，材料、机具准备，养护管理，应急抢救及安全措施等。

4. 缩坨断根

大树移植成功与否，固然与起掘、吊运、栽植及栽后养护管理技术有密切关系，但主要决定于所带土球范围内吸收根的多少。为此，对近5年内未经过移植或切根的大树，必须在移植前采取缩坨断根（回根、切根）的措施。这样可以适当缩小土球体积，减轻重量，促进挖掘范围内主根、骨干根上萌生较多的须根。一般是在移植前1～3年的春季，天气刚转暖到萌芽前和秋季落叶前，根部生长高峰后进行。具体做法是，以干径的3～5倍作为画圈（或方）范围，沿圈挖宽40 cm、深50～80 cm（视根的深浅而定）的操作沟，沟内泥土挖出堆置在沟旁。挖掘时碰到比较粗壮的侧根要用锋利的手锯或修枝剪切断。如遇直径5 cm以上的粗根，为预防大树倒伏，一般不切断，于土球壁处行环状剥皮（宽约10 cm）后保留，并涂抹0.001%的生长素（萘乙酸等），有利促发新根。沟挖好后，用拌有肥料的泥土填入并夯实，然后浇足水分。为预防大树被风吹倒，应立三角撑支架。较难移植的大树的切根，可分期交错进行，一般将围沟分为4段：第一年在树干相对的两段处挖沟，将沟里侧根全部切断，然后填土、夯实、浇水；第二年的春季或秋季，再用同样的方法挖其余的两段。也可将围沟分为6段：第一年间隔开挖其中三段，第二年再挖其余三段。经1～2年的养护，根部切口就会长出许多新的须根，即可起掘，如图8—6所示。

在断根时，对地上部分也要进行轻度的平衡修剪。苗圃在大苗培育过程中，缩坨断根应作为管理中的一项固定措施。

5. 平衡修剪

影响大树移植成活的关键，是地下部分和地上部分对水分的吸收与蒸发是否平衡。由于促进须根生长和修剪树冠是大树移植成活的重要因素，因此在移植前须进行树冠修剪。通常以疏枝为主、短截为辅。修剪强度应根据树木种类、移植季节、挖掘方式、运输条件、种植地条件等因素来确定。一般常绿树可轻剪，落叶树宜重剪；再生能力强、生长速度快的树种，如悬铃木、杨、柳等可适当重剪，而再生能力弱、生长速度慢的树种，如银杏和多数针叶树应轻剪；非适宜季节移植应重剪，而适时移植可轻剪；萌芽力强、树龄大、规格大、叶薄稠密的修剪量可大些，反之可小些。对某些特定的树种，还可根据情况

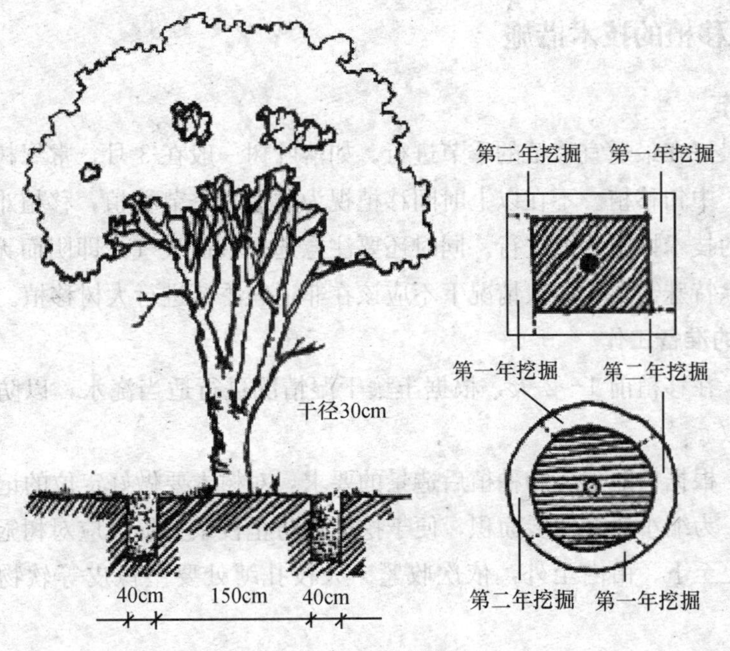

图 8—6 大树缩坨断根法

进行修剪，如塔枫、白玉兰等，只需剪除枯枝、病虫枝、扰乱树形的枝条，这样，既不改变原有的树形，又能保证树木的成活率。

(1) 修剪方法及修剪量。一般落叶树可抽稀后进行强截，多留生长枝和萌生的强枝，修剪量可达 3/5～9/10；常绿阔叶树采取收冠的方法，截去外围的枝条，适当抽稀树冠内部不必要的弱枝，多留强壮的萌生枝，修剪量可达 1/3～3/5；针叶树以疏树冠外围枝为主，修剪量达 1/5～2/5。正常移植时修剪量取前限，非适宜季节移植及特殊情况取后限。

(2) 依修剪程度可分为全冠式、截枝式、截干式 3 种。全冠式修剪原则上保留原有的枝干树冠，只将徒长枝、交叉枝、病虫枝及过密枝剪去，适用于萌芽力弱的树种，如雪松、广玉兰等，栽后树冠恢复快、绿化效果好。截枝式修剪只保留树冠的一级分枝，将其上部截去，如香樟等生长较快、萌芽力较强的树种。截干式修剪只适宜生长快、萌芽力强的树种，将整个树冠截去，只留一定高度的主干，如悬铃木等。截干式一般仅限于苗圃操作，实际修剪中应尽可能保留一、二级分枝。

对易挥发芳香油和树脂的针叶树、香樟等，应在移植前一周进行修剪，剪口处需涂保护剂。凡 10 cm 以上大伤口应剪平，并经消毒后涂上羊毛脂等保护剂。

三、大树移植的技术措施

1. 移植季节

大树移植最好在最适宜移植的季节进行。如落叶树一般在 3 月，常绿树应在树木开始萌动的 4 月上、中旬移植。不在以上时间移植视为非适宜季节移植，移植难度较大，须确保使用更完善的技术措施才能进行。同时还要注意选择最适天气，即阴而无雨、晴而无风的天气进行，除特殊需要，一般情况下不应该在非适宜季节进行大树移植。

2. 起掘前的准备工作

（1）浇水。在移植前 1～2 天，根据土壤干湿情况进行适当浇水，以防挖掘后土壤过干而使土球松散。

（2）定位。根据树冠形态和种植后造景的要求，对树木要做好定位的记号。

（3）扎冠。为缩小树冠伸展面积，便于挖掘和防止枝条折损，应对树冠进行捆扎。收扎树冠时应由上至下、由内至外，依次收紧。大枝扎缚处要垫橡皮等软物，不可拉伤树木。

树干、主枝用草绳或草片进行包扎后，挖树前必须拉好浪风绳，其中一根必须在主风向上位，其他两根可均匀分布。

3. 移植方法

（1）带土球软材料包装法。适于胸径 15 cm 左右的大树，土球不超过 1.3m 时可用软材料包装。

1）挖掘。起掘前，先要确定土球直径。实施过缩坨断根的大树土坨内外发生了较多的新根，尤以坨外为多，在起掘时，所起土球大小应比断根坨再向外放宽 10～20 cm。未经缩坨断根措施的大树以地径 2π 倍（约 6.3 倍）或以胸径 7～10 倍为土球直径。为减轻土球重量，应把表层土铲除 10 cm 左右，至见侧细根为度，再自根颈处向外逐渐加深铲除表土厚度，呈一定坡度。以树干为圆心，在挖树范围外开沟，沟要垂直挖掘，上下宽窄一致，沟宽以操作方便为宜。遇大根必须用利铲铲断（或手锯锯断），切忌将根划裂。挖到土球要求的厚度（一般约为土球直径的 2/3）时，用预先湿润过的麻绳扎腰箍，两人合作，边扎边用木棰（或砖块）敲打麻绳，使绳略嵌入土球为度，并使每圈麻绳紧靠，总宽度达土球厚度的 1/3（约 20 cm），再系牢即可。随后在腰箍下约 10 cm 处，以 45°角收底，直至留下 1/5～1/4 的心土。然后再用预先湿润过的麻绳包扎土球（扎网络）。其做法是，先将麻绳一头系在树干（或腰箍）上，呈稍倾斜经土球底沿绕过对面，向上约于球面一半处经树干折回，顺同一方向按一定间隔（疏密视土质而定）绕满土球后，再绕第二遍，并与第一遍的土球面沿处的每道草绳整齐相压，至绕满土球后系牢。再于内腰箍的稍下部捆十几道外腰箍，然后将内外腰箍呈锯齿状穿连绑紧。最后在将树推倒方向的穴沿挖一斜坡后，将树轻轻推倒，这样树干就不会碰到穴沿而损伤，如图 8—7 所示。

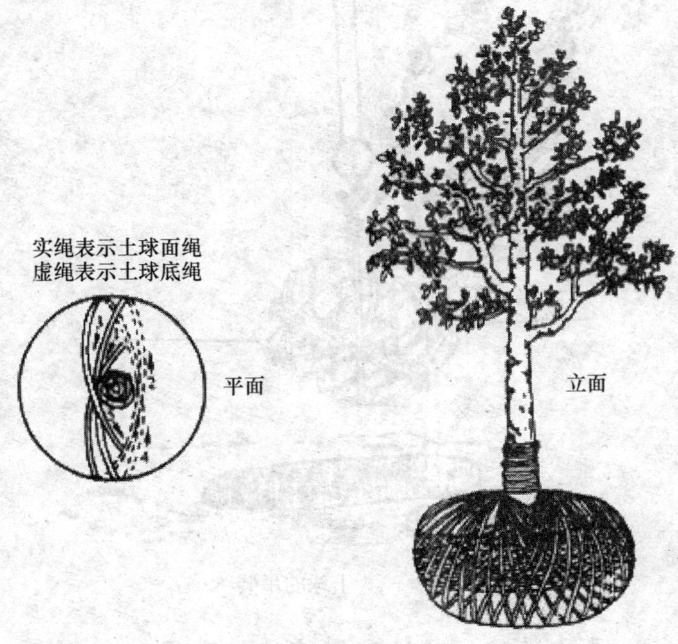

图 8—7 带土球软材料包装

2）吊装、运输。大树装运前，应先计算土球重量，以便安排相应的起重工具和运输车辆。计算关系式如下：

$$W = \pi R^2 h\beta$$

式中 W——土球重量；

π——3.141 6；

R——土球半径；

h——土球厚度；

β——土壤容重（一般取 1.7～1.8）。

吊装和运输途中，关键是保护好土球，不使其破碎散开。吊装时应事先准备好 3～3.5 cm 粗的麻绳或钢丝绳，以及蒲包片、碎砖头和木板等。起吊绳必须兜底通过重心，收起浪风绳，树梢以小于 45°角的倾斜挂在起吊钩上。为防止起吊时因重量过大而使绳子嵌入土球切断网络，造成土球破损，应在土球与绳索之间插入宽 20～100 cm 的厚木板。起吊时，如发现有未断的底根，应立即停止上吊，用利刃切断底根后方可继续，如图 8—8 所示。

图 8—8　土球的吊装

起吊的土球装车时，土球向前、树冠向后放在车辆上，土球两旁垫木板或砖块，使土球不会滚动。树身与车板接触处，必须垫软物，并固定牢，以防擦伤树皮。树冠不可与地面接触，以免运输途中树冠受损伤。最后用绳索将树木与车身紧紧拴牢。运输时车上必须有人押运，遇电线等影响运输的障碍物，须采取措施避免触碰，方可继续运输。路途远、气候过冷或过热时，根部必须盖草包等物进行保护。树木运到目的地后，必须检查树枝和土球损伤情况，以及土球大小规格与栽植穴大小规格是否一致，土球如松散漏底，栽植穴应在土球漏底的相应部位垒土，使树木吊入栽植穴后不致出现土壤空隙。卸车时的捆绳方法与起吊相同。按事先编号的位置，将树木吊卸在栽植穴内。

3）栽植。事先在定植点上挖栽植穴，穴的直径比土球直径大 40 cm，穴的深度与土球直径相等。栽植穴必须符合规格，上下大小一致，遇有建筑垃圾及有害物质的土壤必须适当放大栽植穴，清除垃圾，及时换土。

在挖好的栽植穴底部，先施基肥，并用土堆成 10～20 cm 高的小土堆，大树吊入穴时，使土球立在土堆上。吊树时应使树体直立，慢慢将树放入穴内，并将树冠最丰满面朝主要观赏方向。树木入穴定位后，拆除麻绳及蒲包片等包装材料，如取出困难，可将麻绳及蒲包片等剪断、剪碎。然后均匀填入细土，分层夯实。填土至 2/3 时浇水，如发现有空洞，及时填土捣实，待水渗下后，再加土至地面，做围堰灌水。

地势较低处种植不耐水湿的树种时，应采取堆土种植法，即土球高度的4/5入穴内，然后以高出地面的土球为中心，堆土成丘状。这样根系透气性好，有利于伤口愈合和萌发新根。

（2）带土方箱挖掘包装法。适于移植胸径15～30 cm或更大的树木。生长较弱、移植难度较大或非适宜季节移植的大树，须用硬材料包装法（即带土方箱挖掘包装法）移植。

1）挖掘。起掘前以树干为中心，按预定扩坨尺寸外加5 cm画正方形。未经缩坨断根的可按地径2π倍（约6.3倍）或以树木胸径的7～10倍再加5 cm为标准画正方形，沿画线的外沿开沟，沟宽度以操作方便为宜，沟深与留土台高度相等。接着铲除疏松的表土，并把土台四壁铲平，遇粗根要用手锯锯断，不可用铁锹硬铲，粗根的锯口应稍陷入土台表面，不可外凸。修平的土台尺寸稍大于边板规格，以保证箱板与土台贴紧，每一侧面都应修成上大下小的倒梯形，一般上下两边相差10～20 cm，这样起吊时不致使土块重量全部集中箱底，而使土块重量的一部分附着在四周箱壁上。然后用四块特制的箱板紧贴土台四侧，并用钢丝绳或螺钉将箱板围紧土台后，再将土台底部掏空，装上底板及面板，捆扎牢固，如图8—9所示。

2）栽植。在栽植地挖穴，穴最好也呈正方形，穴比木箱大50～60 cm，加深20～

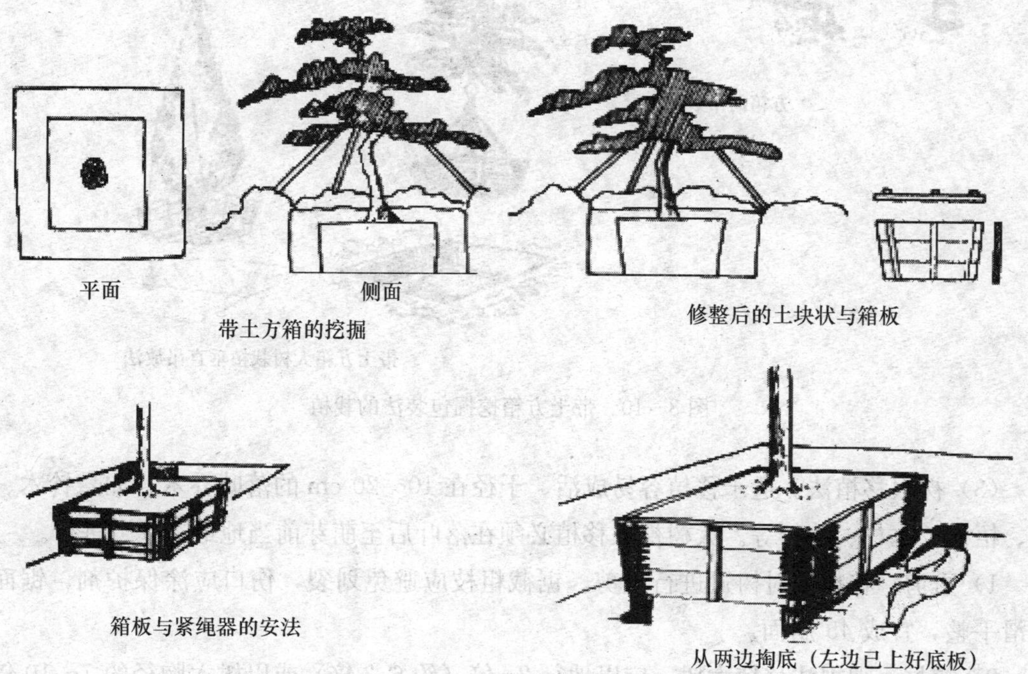

图8—9　带土方箱挖掘包装法的挖掘

25 cm，穴底施基肥，并堆一土堆。可用钢丝绳围在木箱下部 1/3 处，粗绳系结在树干（树干应垫物保护）的适当位置，使吊起的树略呈倾斜状，将树吊入穴中，扶正放在土堆上，并将姿态最好的面朝主要视线。随后可先拆除底板，再拆除面板。然后开始填土，当土填至穴深的 1/3 处时，方可拆除四周箱板。再继续填土，每填 20～30 cm 时夯实一次，填土至穴深 2/3 时浇水，如发现有空洞，及时填土捣实，待水渗下后，再加土至地面，做围堰灌水，如图 8—10 所示。

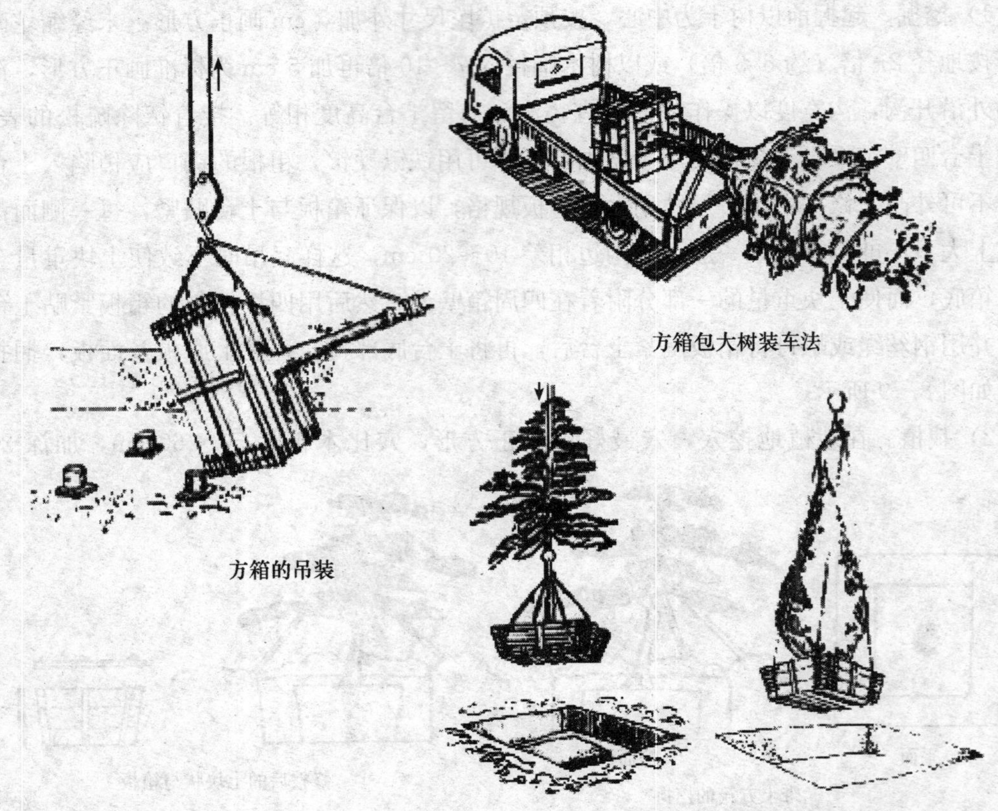

图 8—10　带土方箱挖掘包装法的栽植

（3）裸根移植法。适于移植容易成活、干径在 10～20 cm 的落叶乔木，如悬铃木、臭椿、梧桐、水杉、池杉等。大树裸根移植必须在落叶后至萌芽前当地最适季节进行。

1）重剪。移植前对树冠进行重剪。锯截粗枝应避免划裂，伤口应涂保护剂，锯面应光滑平整，宜成 45°斜面。

2）挖掘。裸根法移植大树，应以地径 2π 倍（约 6.3 倍）或以树木胸径的 7～10 倍作为根系的直径范围，宜在此范围外开沟，沟宽度以操作方便为宜，一般 60～80 cm。挖掘深度应视根系情况而定，必须挖到根系分布层以下，遇粗根应用手锯锯断，不宜硬铲引起划裂。挖倒大树后，用尖镐由根颈向外去土，注意尽量少伤树皮和须根，特别是切根后新萌的嫩根，注意根部必须带护心土（宿土）。

3）装运。用人力或机具装运树木时，应轻起轻放。运输途中，树根与树身要覆盖，以防风吹日晒，尤应保持根部湿润。

4）栽植。栽植穴应比根的幅度大 40 cm。将树木在运输过程中损伤的枝、根系略加修剪后栽植。穴底先施基肥，并堆一约 20 cm 高的土堆，放树时将丰满面朝主要观赏方向。树木到位后用细土均匀地填入树穴，特别对根系空隙处，要仔细填满，填至一半时，将树干轻轻上提或摇动，使土壤与根系紧密结合，再夯实土壤并浇水，如发现冒气泡或快速渗水处，要及时填土，直到土不再下沉、不冒气泡为止。待水下渗后再加土至地面，即可做围堰灌水。裸根大树也可用灌浆法移植，即树木到位后，用细土均匀地填入树穴，并边加水边用木棍捣成泥浆状，要仔细填满，使土壤与根系紧密结合，直到土不再下沉、不冒气泡为止，俗称毛泥球灌浆种植。

（4）用大树移植机移植法。大树移植机是一种在卡车或拖拉机上装有能操纵尾部四扇可以张合的匙状大铲的移树机械。可先用四扇匙状大铲在栽植点挖好预定大小的坑穴，即将铲张至一定大小向下铲，直至相互并合后，再抱起倒锥形土块向上收，并横放于车的尾部，运到起树旁卸下。为便于起树操作，应预先把有碍的树干基部枝条锯除，用草绳捆拢松散的树冠。移植机停在适合起树的位置，张开匙铲围于树干四周下铲，直至相互并合，收提匙铲，将树抱起，树梢向前、匙铲在后，横卧于车上，即可开到栽植点，直接对准放入已挖好的栽植穴中，随后适当填土，做围堰灌水即可。

大树移植机适宜交通方便、运输距离较近的大树移植，效率很高，与传统的大树移植相比，使原分步进行的环节连成一体，使挖穴、掘树、吊装、运输、栽植等成为随挖、随运、随栽的流水作业，并免去了许多费工的辅助操作（包装等），是今后应该广为普及的一种先进方法，如图 8—11 所示。

四、大树移植施工的新技术应用

1. 铺设排水系统

为提高土壤排水性能，以防积水，可在穴坑底面标高以下，沿穴坑周围挖一环状滤水沟，断面尺寸为 20～30 cm，以陶粒或细砾石敷填，内包置 ϕ6 cm 的带孔 PVC 波纹透水管。为防泥土堵塞管道，滤水沟四周应以厚无纺布衬垫。环状滤水沟一般外接绿地的排水系统。

为加强滤水沟透气功能，穴坑底部也可铺设一层矿物发泡物如黑曜石、珍珠岩或陶粒

图 8—11　大树移植机移植树木

等，既有滤水透气的作用，又有利于今后新根的诱发和穿透，如图 8—12 所示。

2. 埋设通气管、活力管

为提高大树根部的透气性，可在大树栽植时于土球四周放置 4 根 PVC 通气管或活力管。

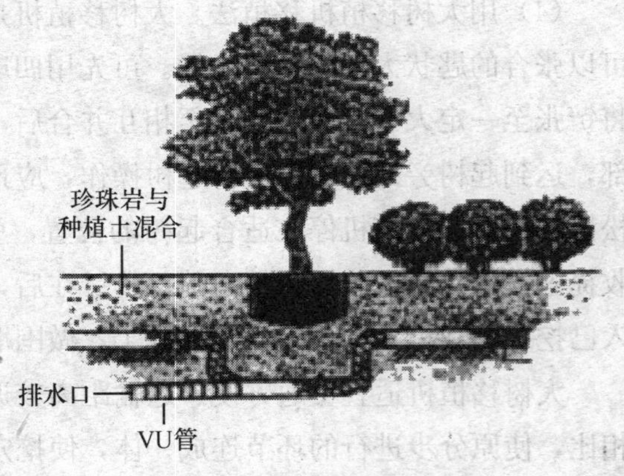

图 8—12　树穴排水系统铺设

活力管即条带状的柔性透气管袋，一般直径 8～10 cm，长度 60～120 cm，外层包覆料为厚纸或孔状丝网物料，内填物主要成分为黑曜石或大粒珍珠岩，并拌以适量椰糠等纤维质的腐叶土和生物有机肥。通气管和活力管孔隙率较大，分布在根穴土球周边可起到滤水透气、缓释肥效的多重功效，对根系的诱导生长非常有利，可提高根系的生长力（见图 8—13）。

3. 激素处理

可适当采用激素进行根部浇灌或树干注入，以促进植物细胞活性，使其迅速生根、发芽，提高成活率。

4. 喷洒蒸腾抑制剂

对叶面喷洒蒸腾抑制剂，可抑制水分的过度蒸发，有利树体水分的收支平衡。

五、大树移植后的养护管理

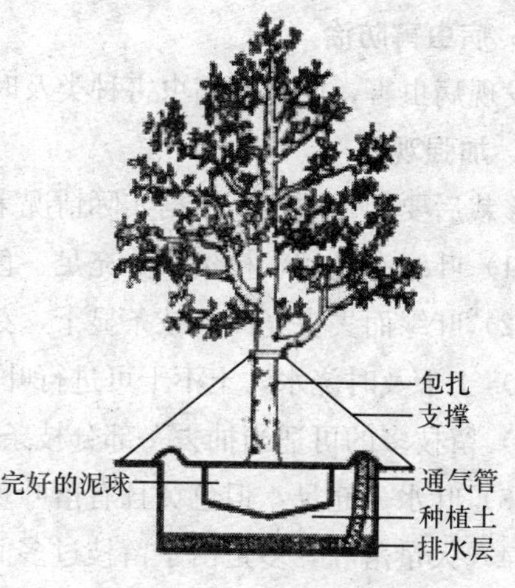

图 8—13 树穴结构

1. 专人养护

大树移植后，需有专人养护两年以上，方可完成。

2. 支撑与固定

大树的支撑一般用扁担桩、三角撑和四角支撑。低矮树可用扁担桩，高大树木可用三脚撑和四脚支撑；中心主枝明显的宜采用三脚撑，中心主枝不明显的一般用四脚支撑为好。

发现树穴内土下沉时，必须及时升高扎缚部位，以免吊桩。

3. 水分管理

栽后立即浇一次透水，隔两三天浇第二次水，隔一周后浇第三次水。以后应根据天气和树木生长情况采取相应的保墒措施。天气多日不下雨，土壤干旱，需及时做堰浇足水。

久雨或暴雨时造成积水，必须立即开沟排水。

4. 树干包扎

为防止水分蒸腾过多，可用草绳将树干全部包扎起来。每天早晚喷一次水，喷水时只要树冠上叶片和草绳湿润即可，喷水时间不宜过长，以免水分过多流入土壤，造成土壤过湿而影响根系的呼吸。

5. 搭棚遮阳

夏季应搭建荫棚，以防强烈的日晒灼伤树体，影响成活。

6. 地面覆盖

为防土壤水分蒸发和调节土温，大树树穴应用树皮进行覆盖。

7. 剥芽

大树移植后，剥芽时宜多留些芽，并分几次进行，切忌一次完成。

留芽应根据树木生长势及以后树冠形态的要求进行，尽可能多留高位的健壮芽，对有些留枝过长、枝梢萌芽力弱的，应从有强芽的部位进行短截。

对切口上萌生的丛生芽须及时剥稀。如树冠部位已萌发完整，则主干部位的萌芽应全部剥除。

常绿树种除并生枝、丛生枝、病虫枝及内膛过弱的枝外，一般当年不必剥芽，到第二年修剪时进行。

8. **病虫害防治**

发现病虫害，应根据病虫害种类及时防治。

9. **加强观察**

移栽后要加强观察，根据实际情况采取相应的养护措施。

（1）叶绿有光泽，枝条水分充足，色泽正常，芽眼饱满或萌生枝正常，可常规养护。

（2）叶绿而失去光泽，枝条显干，芽眼或嫩枝显萎，树木已失水，应采取措施：

1）土干及时浇水，土不干可进行叶面、树干及周围环境喷水。

2）留枝多的可适当抽去一部分枝条。

（3）叶水分充足，但色黄且有落叶现象，表示根部水分过多，应及时排水。

（4）大量落叶，多是由于留枝过多而水分跟不上，应及时抽稀修剪或剥芽。

（5）叶干枯却在枝上不落，应作特殊抢救处理。

10. **特殊抢救**

（1）土壤湿度高，可在根系范围外开沟晾土、排水，情况严重的可在四周挖 1 m 以下深洞，抽排渗透出来的地下水。

（2）根据大树濒危程度进行强修剪。

（3）气候干燥时，用喷雾方法增加环境湿度。为防止过多水分流入土壤，喷雾时可在树根部覆盖塑料薄膜遮挡。

（4）用0.5%～1%尿素或磷酸二氢钾等进行根外追肥。

11. **围护、看管**

在人流较多、易遭人为伤害的地方，对新栽大树应采取围栏措施，并加强看管。

12. **做好记录**

大树移植必须做好各项技术工作的记录，对大树移植的各项资料均应上报有关部门备案。

总之，只有做好大树移植前的准备和处理工作，重视大树移植的技术措施，按照《大树种植的技术规程》进行操作，并抓好栽植后的养护管理工作，才能提高大树移植的成活率。同时应将大树移植视做绿化工程的重要部分，及时申报质监，接受质监部门的分段核验，填报各项核验表，做好资料记录，以便今后正确分析大树的成活、生长情况。

技能要求

大树移植（带土球软材料包装法）

操作准备

（1）材料。草绳、麻绳、绳索、排水介质、通气管、清毒剂、生根剂、支撑用木柱、地面覆盖物。

（2）工具。挖树常用的铁锹、手锯、双剪。

操作步骤

步骤 1　移栽的前期工作

1）资料准备。树木品种、树龄、生长及病虫害状况；生长环境检查（是否具备施工、起吊、运输的环境条件）；移植地环境条件（土质、地下水位、地下管线等条件是否适宜移植树木生长）。

2）制订移植方案。根据以上准备资料，事先制订移植方案，其主要包括：修剪方法和修剪量，挖穴、起树、运输、种植技术与要求，支撑固定，材料、机具准备，养护管理，应急抢救及安全措施。

3）平衡修剪。

4）定位。根据树冠形态和造景要求，对树木做好定位记号。

5）扎冠。

6）包扎。对树干、主枝用草包扎。

7）拉浪风绳。

8）铲除表土。

步骤 2　挖树

1）挖掘。事先计算挖掘范围。

2）包扎。两网三腰。

3）吊装。事先计算土壤重量。

4）运输。

步骤 3　栽植

1）挖穴。事先计算树穴大小。

2）铺设排水系统。

3）埋设通气管。

4）树穴消毒。

5）放树。

6）拆除包装物。

7）浇生根剂。

8）埋土。

9）支撑固定。

10）围堰灌水。

11）地面覆盖。

12）写移植记录。

第4节　园林树木的养护管理

学习目标

➤掌握园林树木养护管理的原则及措施

知识要求

园林树木的养护管理，在绿化建设中占据极其重要的地位。由于园林树木的种植施工和绿地的初步建成用不了很多时间，而施工以后随之而来的则是长期细致的养护管理工作，所以必须根据不同园林树木的生长习性和某些特定的要求，及时对树木采取灌水、施肥、中耕除草、修剪、病虫害防治等园林养护技术措施，以满足植物正常生长的需要，从而达到绿化的目的。

养护管理与种植施工一样，一要科学化，要采取针对性的养护措施；二要规范化，要严格按照养护技术规程来操作。

一、灌溉与排水

1. 灌溉的原则

(1) 根据树种及其不同的物候期进行灌溉。园林树木是园林绿化的主体，数量大、种类多，加上目前园林机械化水平不高，人力不足，全面普遍灌水是不容易做到的。为此，应根据不同树种对水分的不同要求区别对待。例如观花树种，特别是花灌木的灌水量和灌水次数均比一般的树种要多；侧柏、刺槐等耐干旱的树种则灌水量和次数均少；对于垂柳、枫杨、水松、池杉等喜欢湿润土壤的树种，则应注意增加灌水。

同一树种不同物候期对水分的需求也是不同的。一般来说，春季是树木生长发育旺盛期，需水量大；秋季应该使树木组织生长更充实，充分木质化，增强抗性，准备越冬，在一般情况下，不应再灌水。对于某些花灌木如梅花、碧桃等，于6月以后形成花芽，在这段时间应当少浇水，园林上称为“扣水”，借以促进花芽的形成。花前及时灌水补充土壤水分的不足，是促进树木萌芽、开花、新梢生长和提高坐果率的有效措施。多数树木在花谢后半个月左右是新梢迅速生长期，如果水分不足，新梢生长就会受到抑制，果树此时如缺水，则易引起大量落果。

确定树木是否缺水，需不需要灌水，比较科学的方法是进行土壤含水量的测定，但目前这种方法我国还没有普遍应用，大部分是凭经验来判断水分情况。比如观察土壤状况：土壤泛白，说明土壤缺水；土壤开裂，显示严重缺水。也可观察植物，早晨看树叶上翘或是下垂，中午看叶片萎蔫与否及其程度轻重，傍晚看恢复得快慢等。有些树种略现萎蔫或叶尖焦干时，应立即灌水并对树冠喷雾，否则将产生旱害，如红枫、羽毛枫等。

(2) 根据不同时期不同气候灌水。不同时期气候状况不一样，所采取的灌溉措施相差也很大。干旱季节特别是高温时期，不仅要灌水，还需对新栽苗木和一些南方树种进行喷雾；雨季降水较多，空气湿度大，故不需灌水，遇雨水过多时还应注意排水。

(3) 根据不同土壤性质灌水。灌水除应根据树种、气候条件灵活调整外，还应根据土壤种类、质地、结构以及肥力等状况决定灌水量。盐碱地要“明水大浇”并结合中耕松土；对在沙地栽种的树木灌水时，因沙土容易漏水、保水力差，灌水次数应当增加，以“小水勤浇”的方式进行，并施有机肥增加保水保肥性；低洼地也要小水勤浇，注意不要积水；较黏重的土壤保水力强，灌水次数和灌水量应当减少，并施入有机肥和河沙，增加土壤通透性。

(4) 与施肥、土壤管理相结合进行灌水。在养护管理中，灌水应与其他技术措施密切结合，以便在互相影响下更好地发挥各个措施的积极作用。例如，灌溉与施肥配合，做到“水肥结合”，这在树木养护中是十分重要的，特别是施化肥后，应该尽快浇水，既可避免肥力过大、过猛，影响根系吸收或遭毒害，又可满足树木对水分的正常要求。

此外，灌水应与中耕除草、培土、覆盖等土壤管理措施相结合。因为灌水和保墒同是水分问题的两个重要方面，保墒做得好可以减少土壤水分的消耗，进一步满足树木对水分的要求，并在一定程度上减少经常灌水之劳。

(5) 灌水应采取小水灌透的原则。灌水时应掌握适当的水量。水量太少，多次灌水过浅，使根趋于地表分布，且表土易干燥，难以起到抗旱作用；相反，水量太大，多次大水漫灌，会使土壤板结，通气不良，影响树根生长，同时造成土壤养分的流失，甚至在有些地方，由于水分过多地渗入，会把深层的可溶性盐碱随水分蒸发而带到土面上来，造成土壤返碱。所以灌水时最好采取小水灌透的原则，使水分缓慢地渗入土中。有条件的地区应推广喷灌技术。

总之，树木因树种习性、不同物候需水不同，在不同的气候、土壤条件下，需水也不同，因此必须根据树木生长需要，因树、因地、因时制宜地进行合理灌溉。

2. 灌水量

灌水量同样受多方面因素影响，不同树种、不同的植株大小、不同的物候状况、不同的气候条件及不同的土质等，都与灌水量有关。在进行灌溉时应灌饱灌足，切忌表土打湿而底土仍然干燥。

适宜的灌水量，一般以达到土壤最大持水量的60%～80%为宜。可以在树木生长地安置张力计，灌水量和灌水时间均可由真空计器的读数表示出来。正确把握灌水量极为重要，通常浇水时令其渗透到植物根系层即可，例如已达花龄的乔木，大多应水渗至80～100 cm深处，而小灌木一般水渗至10～20 cm就能满足其需要。

3. 排水

排水是防涝保树的主要措施。土壤水分过多，氧气含量不足，根系呼吸受到抑制，吸收机能减退，严重缺氧时，根系进行无氧呼吸，容易积累酒精，使蛋白质凝固，引起根系死亡。从排水角度来看，也要根据树木的生态习性、忍耐水涝的能力决定，如白玉兰、梅花、梧桐耐水力较弱，若遇水涝淹没地表，必须尽快排出积水，否则不过3～5天即会死亡；对于柽柳、垂柳、水松、池杉等树种，能耐3个月以上深水淹浸，短期内不排水也问题不大。排水的方法主要有：地面排水、明沟排水、暗管沟排水3种。

二、中耕除草

1. 中耕

园林树木根部土壤常因浇水、降雨及人畜走动而板结，致使土壤的通气性和透水性下降，影响树木根系的发育与养分供应，因此需经常适时进行中耕松土。一般大乔木可以2～3年中耕松土两次（结合施肥），小乔木及灌木宜隔年一次或一年一次。中耕的时间以秋冬树木休眠期为好。因为这时有利于土壤风化和消灭越冬病虫源，而且损伤的部分根系对树木生长影响不大。在冬季，大乔木中耕深度一般为20 cm，中小乔木和灌木为10 cm左右，中耕范围以树冠垂直投影为限。夏季，中耕深度宜浅，主要结合除草，疏松表土，减少蒸发，切忌损伤根系。

2. 除草

树木根部杂草丛生，会与树木争夺水分、养分。特别是对新栽的乔灌木和浅根性树种，根部杂草不但影响树木的正常生长发育，而且杂草丛生也影响景观。所以及时消除杂草也是园林树木养护的重要工作之一。着生于树木根部的杂草，用中耕的方法连根锄掉并埋入土中，腐烂后即成肥料。如果草荒严重，也可用化学除草，但要注意选择适当的除草剂，以免发生药害。

3. 切边

公园绿地的花坛、树坛或树盘，可结合中耕或深翻，用铁锹将其边缘切齐，称切边。切边使树坛或花坛中央略高于四周，除能增加树坛和花坛美观外，还能改善树坛或花坛的排水和透气性。切边的边坡角一般成 45°，深度应为 10～15 cm。

三、施肥

园林树木是多年生植物，长期生长在同一地点，为给树木提供生长发育所需要的营养元素，补充土壤养分，必须对树木进行施肥。特别是施用有机肥，可以改善土壤结构，提高土壤肥力，不仅有利于根系生长，还有利于土壤微生物的繁殖与活动，为植株的养分吸收提供良好的条件。施肥应注意的事项：

1. 根据树种及其不同物候期进行施肥

树种不同对养分的要求也不一样，如梓树、茉莉、梧桐、梅花、桂花等树种喜肥沃土壤，刺槐、悬铃木、臭椿等耐瘠薄的土壤。牡丹需肥量较大，每年至少施肥 3 次，特别是秋、冬季节要施以较重的有机肥；而杜鹃则以薄肥勤施为好。不同的树种施用的肥料种类也不同，对于一般遮阳、观赏枝叶的树种，如香樟、雪松，偏重于施用氮肥；而观赏花果的花灌木和果树，除需要氮肥外，还应提高磷肥、钾肥的补充，而且需肥量也大；喜酸性的花木如杜鹃、山茶、栀子花等，应施酸性肥料，避免施碱性肥料。

同一树种不同的年龄阶段和不同的物候期所需要的营养元素也是不同的，如开花结果多的大树应较开花、结果少的小树多施肥，青壮年期的树木为扩大树冠所需养分多，也应适当增加施肥量。在充足的水分条件下，新梢的生长、树干的加粗很大程度取决于氮素的供应。在新梢缓慢生长期，除需要氮、磷肥外，还需要一定数量的钾肥。在保证氮、钾肥供应的情况下，多施磷肥可以促使花芽迅速通过各个生长阶段，有利于分化成花芽。开花、坐果和果实发育时期，植物对各种营养元素的需要都特别迫切，而钾肥的作用在此时更为重要。

树木在春季和夏初需肥多，但此时由于土壤微生物的活动能力较弱，土壤内可供吸收的养分恰处在较少的时期，故解决这一矛盾是土壤管理和施肥的主要任务之一。树木生长后期，对氮和水分的需要一般很少，所以此时应控制灌水和施肥。

2. 根据环境条件进行施肥

要使树木及时得到营养补给，充分发挥肥效，施肥时必须掌握树木吸肥与外界环境的关系。光照充足，温度适宜，光合作用强，根系吸肥量多；如光合作用减弱，树木从土壤中吸收养分的速度也变慢；而当土壤通气不良或温度不适宜时，同样也会影响养分的吸收。

土壤水分含量与发挥肥效有密切关系，土壤水分亏缺，施肥有害无利；积水或多雨地区肥分易淋失，会降低肥料利用率。

施肥时还应考虑土壤质地和酸碱性，黏质土一次追肥量可稍大，但沙土应实行少量多次的施肥方法。碱性土壤不宜施用有碱性残余物的化学肥料，而酸性土壤则不宜多施生理酸性肥料。土壤酸碱反应除了对养分吸收有直接作用外，还能影响某些物质的溶解度，如在碱性条件下，降低了铁、硼等化合物的溶解度，因而也间接地影响了植物对营养物质的吸收。

3. 根据肥料性质进行施肥

肥料的性质不同，施肥的时期也不同，易流失和易挥发的速效性或施后易被土壤固定的肥料，如碳酸氢铵、过磷酸钙等，宜在树木需肥时施入；迟效性肥料，如有机肥，则应提前施用。有机肥除能营养植物外，还能改良土壤；化肥肥效快，但不宜长期单独使用。因此，施肥必须遵循“有机肥料与化学肥料配合使用，以有机肥为主、化肥为辅的原则”。

四、病虫害防治

1. 病虫害防治的原则

防治病虫害是园林养护管理中一项极为重要的措施，是巩固和提高园林绿化效果不可缺少的重要环节。它不仅直接影响园林树木的生长发育和绿化功能效果，而且与环境保护、市容卫生和人民生活都有密切关系。

园林病虫害防治必须贯彻“预防为主、综合治理”的原则，强化生态意识、环境意识，要求在保护园林植物的同时，保护生态，保护环境。

2. 病虫害综合治理的方法

园林病虫害防治是在“预防为主、综合治理”的原则指导下，以园林技术措施为基础，充分利用园林生物群落间相互依存、相互制约的客观规律，园林植物与环境的关系，因地制宜地选用生物、物理、化学等防治手段，以达到安全、有效、经济控制病虫害，促进和保护园林植物健康生长的目的。

（1）栽培养护技术措施。利用栽培养护技术措施，有目的地创造和保持抑制某些病虫害大发生的条件，使病虫害的发生率降低到不影响景观水平之下。栽培养护技术措施是病虫害控制的基础，主要包括：

1）植物检疫。

2）选择抗病虫的植物品种。

3）适地适树，合理栽植。

4）加强水肥管理。

5）科学修剪。

6）促进生境多样化。

7）清除或消灭病虫害的滋生地和越冬场所。

(2) 生物防治。利用生物及其代谢产物防治病虫害。主要包括利用天敌昆虫控制害虫（又称以虫治虫），利用昆虫病原微生物控制害虫（也称以菌治虫），利用益鸟治虫，以及应用昆虫激素等。

(3) 物理及机械防治。利用各种物理现象和简单器具捕杀、诱杀害虫。

(4) 药剂防治。药剂防治在园林病虫害的综合治理中占有重要地位，但在运用中要加强环保意识，使用高效、低毒、低残留、无公害的药剂。

五、古树名木的养护管理

古树是指树龄在100年以上的树木；名木是指树种珍贵、稀有，具有重要历史价值或纪念意义的树木。古树名木是国家的活文物，是无价之宝，我们应格外重视古树名木的养护管理。

1. 保护古树名木的生长环境

在古树名木树冠边缘以外5 m范围内，不能堆放物料、挖坑取土、兴建建筑，不准倾倒污水。应在其周围建立围栏，对古树名木的生长环境实施保护。

2. 抗旱与浇水

根据不同生长季节的天气情况和不同树种进行适当灌溉，灌水后及时松土，以达到保墒和增加土壤通透性的目的。也可对古树进行叶面喷水，水中可加入少量速效肥料和微量元素。

如遇特殊干旱年份，则需根据树木长势、立地条件和生态习性等具体情况进行抗旱作业。要特别注意，不要紧靠树干开沟浇水，灌水沟应在树冠投影处；浇则浇透，抗旱一定要彻底，可分几次浇，不要一次完成；抗旱要连续不断，直至旱情解除为止。

3. 松土施肥

古树名木绝大部分生长在游人密集处、丘陵山坡、建筑物旁、道路边，地面大多水泥封闭，立地条件较差，一定程度上影响树木正常生长发育，所以有必要定期对古树名木进行松土、施肥。首先要拆除水泥封闭的地面，清除混凝土等杂物，换上新土。每年冬季结合施肥进行一次松土，深度 30 cm 左右，范围在树冠投影处，根系裸露的需覆土保护。肥料应以有机肥为主，如饼肥、厩肥等；对生长势特别差的古树名木可先进行叶面施肥，用 0.1%～0.5%尿素和 0.1%～0.3%磷酸二氢钾混合液于傍晚喷施。喜肥的树种有香樟、榉、榆、广玉兰、白玉兰、鹅掌楸、桂花、银杏等，对这类树木应增加施肥次数。

4. 修剪、立支撑

修去枯枝、病虫枝和过密枝条，以利通风，加强同化作用，且能保持良好树形。对生长势特别衰弱的古树一定要控制树势，减轻重量。对树体衰老、枝条下垂、树冠失去平衡、树体容易倾斜的古树，应进行立架支撑。

5. 抗台防涝

台风对古树名木危害较大，台风前后要组织人力检查，发现树身弯斜或断枝的要及时处理；暴雨后及时排涝，以免积水。尤其是松柏类、银杏、蜡梅、广玉兰、白玉兰、桂花、樱花等树种，切忌水渍。

6. 病虫害防治

古树名木因生长势衰退而极易发生病虫害，应有专人定期检查，做好虫情预测预报，做到治早、治小，把虫口密度控制在允许范围内。

7. 创伤的修复

对创伤要及时处理，清除腐垢杂物后，进行消毒和防腐处理。洞穴的处理一般在休眠期进行，应先用硫酸铜或氯化汞消毒，再以填充物（水泥、石砾以 1∶3 混合）填实树穴，外层以白灰乳胶、颜色粉涂抹，还可以在最外面钉一层真树皮，以增加美观。

8. 建卡立档

对古树名木应统一设立标志，标明树名、学名、科属、树龄和地点，并派专人看管，对古树名木建卡立档，记录养护管理措施及生长情况。

第 5 节　草坪的施工与养护

学习目标

➢了解草坪的分类和主要草种的特性

➢掌握草坪建植前的整地准备工作

➢掌握草坪建植的各类方法

➢掌握草坪的养护管理技术

知识要求

草坪是指密植的多年生矮草，经修剪、滚压而成的平整草地。在现代生活中，草坪已成为人们所追求的生态化生活环境的重要组成部分，草坪的建植也越来越受到人们的关注。但草坪的建植与栽植其他植物不同，在建造完成以后，地形和土壤条件很难再改变，所以要想得到高质量的草坪，必须重视草坪施工的各个环节。

一、草坪的分类

1. 按草种区分

（1）暖季（地）型草坪。暖季（地）型草坪最适宜生长温度是26～35℃，当温度在10℃以下则出现休眠状态。暖季（地）型草耐低修剪，有较深的根系，抗旱、抗热和耐磨损。常见的暖季（地）型草种有狗牙根属（天堂草、百慕大等）、结缕草属（日本结缕草、中华结缕草、细叶结缕草、沟叶结缕草等）以及假俭草、地毯草、钝叶草等。

（2）冷季（地）型草坪。冷季（地）型草坪草主要分布在寒温带、温带及暖温带地区，最适宜生长温度在15～25℃，冷季（地）型草种的主要特征是：耐寒冷，喜湿润冷凉气候，抗热性差。在严寒的冬季由冷季型草种建成的草坪仍是一片绿草茵茵，与一经霜打便茎叶枯萎、褪绿的暖季型草种形成鲜明的对比，因而冷季型草坪也越来越受到人们的青睐。常见的冷季（地）型草种有早熟禾属（草地早熟禾、林地早熟禾等）、羊茅属（苇状羊茅、细叶羊茅等）、翦股颖属（匍匐翦股颖、细弱翦股颖等）、黑麦草属（多年生黑麦草、一年生黑麦草等）。

选择优良的草坪植物是我们建造草坪的基本前提。优良的草坪植物，要求色泽均一、整齐美观、绿色期长、耐践踏、耐干旱、适应性强，但能具备所有这些条件的草种是不多的，这就需要根据草种本身的特性选择适合当地环境条件的，符合所建草坪功能要求的草坪草来建植草坪，使其充分发挥绿化功能。当需从其他地区引进新的草种时，首先要考虑的是该草种必须适应当地的气候条件，特别要注意当地的最高和最低温度是否超过了该草种所能承受的极限温度；另外，还要考虑具体的立地环境和草坪的功能。譬如，在湖畔栽植草坪，应选用耐湿的草种；在林下栽植草坪，应选用耐阴的草种；游憩草坪或运动场草坪，应选用耐践踏，并能迅速复苏的草种；观赏草坪则要求叶细、低矮、平整美观。现将主要的冷季型草种特性按五分制评分列表（见表8—1）：

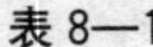

表 8—1　　主要的冷季型草种特性评分

特征	种类				
	匍匐翦股颖	草地早熟禾	高羊茅	细羊茅	黑麦草
播种成坪速度	1	1	3	3	5
草坪密度	5	4	3	5	3
草坪质地	4	3	1	5	2
耐寒性	5	5	3	4	2
耐旱性	4	3	4	4	3
耐热性	4	4	5	3	1
耐践踏性	2	4	4	2	5
耐剪性	5	3	2	4	2

不同草种具有不同的特性，在建植草坪时，可以利用它的主要特性（见表 8—2）来发挥其在草坪中的作用。例如黑麦草成坪速度快，可作为先锋草种，而细羊茅就较适合作为观赏草坪的草种。为了利用各种草坪植物的特性互补，在草坪建植中往往用两种以上的草坪植物混合组成混合草坪，以此来延长草坪的绿色观赏期，提高草坪的使用效率和功能。譬如，50%的黑麦草、20%的高羊茅、20%的草地早熟禾和10%的狗牙根草组合成的混合草坪，很适合于工厂区或体育场地；而在高尔夫球场的发球台和球道，一般可采用 80%的早熟禾和 20%的黑麦草进行组合。

表 8—2　　常见草坪应用特性的比较

特征		冷地型草	暖地型草	特征		冷地型草	暖地型草
定植速度	快↓慢	多年生黑麦草	狗牙根	耐热性	高↓低	苇状羊茅	结缕草
		苇状羊茅	钝叶草			匍匐翦股颖	狗牙根
		细叶羊茅	斑点雀稗			六月禾	地毯草
		匍匐翦股颖	假俭草			细弱翦股颖	假俭草
		细弱翦股颖	地毯草			细叶羊茅	钝叶草
		六月禾	结缕草			多年生黑麦草	斑点雀稗
叶子质地	粗糙↓细致	苇状羊茅	地毯草	抗旱性	高↓低	细叶羊茅	狗牙根
		多年生黑麦草	钝叶草			苇状羊茅	结缕草
		六月禾	斑点雀稗			六月禾	斑点雀稗
		细弱翦股颖	假俭草			多年生黑麦草	钝叶草
		匍匐翦股颖	结缕草			细弱翦股颖	假俭草
		细叶羊茅	狗牙根			匍匐翦股颖	地毯草

续表

特征		冷地型草	暖地型草	特征		冷地型草	暖地型草
枝条密度	高↓低	匍匐翦股颖	狗牙根	耐阴性	高↓低	细叶羊茅	钝叶草
		细弱翦股颖	钝叶草			细弱翦股颖	结缕草
		细叶羊茅	结缕草			苇状羊茅	假俭草
		六月禾	假俭草			匍匐翦股颖	地毯草
		多年生黑麦草	地毯草			六月禾	斑点雀稗
		苇状羊茅	斑点雀稗			多年生黑麦草	狗牙根
抗寒性	高↓低	匍匐翦股颖	结缕草	对土壤酸性的忍耐性	强↓弱	苇状羊茅	地毯草
		六月禾	狗牙根			细叶羊茅	假俭草
		细弱翦股颖	斑点雀稗			细弱翦股颖	狗牙根
		细叶羊茅	假俭草			匍匐翦股颖	结缕草
		苇状羊茅	地毯草			多年生黑麦草	钝叶草
		多年生黑麦草	钝叶草			六月禾	斑点雀稗
耐淹性	高↓低	匍匐翦股颖	狗牙根	刈剪质量	好↓差	六月禾	钝叶草
		苇状羊茅	斑点雀稗			细弱翦股颖	狗牙根
		细弱翦股颖	钝叶草			匍匐翦股颖	假俭草
		六月禾	地毯草			苇状羊茅	地毯草
		多年生黑麦草	结缕草			细叶羊茅	结缕草
		细叶羊茅	假俭草			多年生黑麦草	斑点雀稗
耐盐碱性	高↓低	匍匐翦股颖	狗牙根	感病性	高↓低	匍匐翦股颖	钝叶草
		苇状羊茅	结缕草			细弱翦股颖	狗牙根
		多年生黑麦草	钝叶草			细叶羊茅	结缕草
		细叶羊茅	斑点雀稗			六月禾	地毯草
		六月禾	地毯草			多年生黑麦草	斑点雀稗
		细弱翦股颖	假俭草			苇状羊茅	假俭草
刈剪高度	高↓低	苇状羊茅	斑点雀稗	形成草皮及芜枝层的能力	高↓低	匍匐翦股颖	狗牙根
		细叶羊茅	钝叶草			细弱翦股颖	钝叶草
		多年生黑麦草	地毯草			六月禾	结缕草
		六月禾	假俭草			细叶羊茅	假俭草
		细弱翦股颖	结缕草			多年生黑麦草	地毯草
		匍匐翦股颖	狗牙根			苇状羊茅	斑点雀稗

续表

特征		冷地型草	暖地型草	特征		冷地型草	暖地型草
需肥量	高↓低	匍匐翦股颖	狗牙根	耐磨性	高↓低	苇状羊茅	结缕草
		细弱翦股颖	钝叶草			多年生黑麦草	狗牙根
		六月禾	结缕草			六月禾	斑点雀稗
		多年生黑麦草	假俭草			细叶羊茅	钝叶草
		苇状羊茅	地毯草			匍匐翦股颖	地毯草
		细叶羊茅	斑点雀稗			细弱翦股颖	假俭草
再生性	高↓低	匍匐翦股颖	狗牙根	再生性	高↓低	多年生黑麦草	地毯草
		六月禾	钝叶草			细叶羊茅	假俭草
		苇状羊茅	斑点雀稗			细弱翦股颖	结缕草

2. 按草坪功能用途区分

（1）游憩草坪。一般面积较大，管理粗放，属开放型，允许人们入内游憩活动，应选用适应性强的草种。

（2）观赏草坪。专供景色欣赏的草坪，属封闭型。栽培管理精细，以植株低矮、茎叶密集、平整、绿色观赏期长的优良细叶草类最为理想。

（3）运动型草坪。供开展体育活动的草坪，一般情况下应选能经受践踏、耐频繁修剪、有较强根系和快速复苏的草种。

（4）固土护坡草坪。栽种在坡地和水岸的草坪，应选用适应性强，根系发达，草丛繁密，耐寒、耐旱，抗病虫能力较强的草种。

（5）疏林草坪。树林与草坪相结合的草地，称疏林草坪。疏林草坪多利用地形排水，管理粗放，造价较低。一般铺设在城市近郊或工矿区周围，与疗养区、风景区、森林公园或防护林带等相结合，为现代化城市建设必不可少。林间草地可供人们活动和休息。草地起伏，明朗开阔，林缘曲折变化，别具风趣。

3. 按草坪组合区分

（1）单纯草坪。由一种草坪植物组成。由于单一草坪生长整齐美观，高矮、稠密、叶色等一致，养护管理要求精细，故多用于小面积栽培观赏，或夹在花坛之中作地被衬景。

（2）混合草坪。由多种草坪植物混合播种组成，它可以按照草坪植物的功能性质和人们的需要进行合理的按比例配合。如夏季生长良好的和冬季抗寒性强的混合，宽叶草种和细叶草种混合，耐磨性强的和耐强修剪的混合。混合栽培不仅能延长草坪的绿色观赏期，而且能提高草坪的使用效果和防护功能。

（3）缀花草坪。在以禾草植物为主的草坪上，混栽多年生的开花地被植物，称为缀花

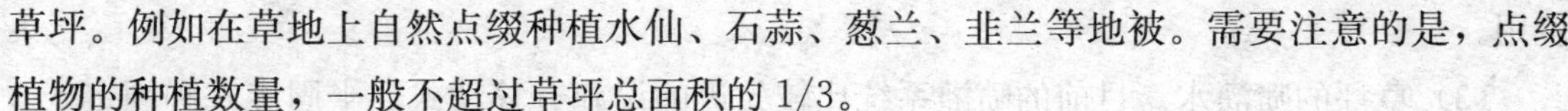

草坪。例如在草地上自然点缀种植水仙、石蒜、葱兰、韭兰等地被。需要注意的是，点缀植物的种植数量，一般不超过草坪总面积的 1/3。

二、草坪建植前的场地准备

1. 场地的清理

场地和栽植泥土中的砖石、垃圾和杂草等，会影响草坪的生长，影响草坪的纯净度，也会损坏剪草机、打孔机等作业机械，还会给草坪带来病害和虫害。所以对场地必须进行清理，清理后的杂物含量应低于10%，为草坪草的生长提供良好的环境。

2. 草坪排灌水系统的设置

草坪的排灌水系统是在草坪建植前必须首先要考虑和解决好的问题。草坪排灌水主要包括排水、喷灌水两个方面，二者缺一不可。

（1）草坪的地表排水法

1）自然排水。这种排水方法比较简单，一般采用的方法是：在整地时，有意使场地中心稍高，四周边缘及外围逐步向外倾斜，通常形成0.2%～0.3%的排水坡度，最大不宜超过0.5%。如果是临近路边或建筑物的草坪，则应从屋基处向外倾斜，以利草坪向外排水。

2）排水渠。大面积的草坪场地，特别是在坡度较大、暴雨较多的地区，设排水渠是非常必要的。一般渠深 1.2 m，渠边斜度 2∶1，以便于调节较大的水量或持续时间较长的水流。

3）排水沟。草坪场地有一定的自然坡度，地表水迅速地向四周排出。为使流速较大的水流不冲坏四周地表或路面，应该挖排水沟，沟的宽度与深度应根据草坪面积和水量而定。

4）排水沙槽。排水沙槽主要是促使水下渗，减轻土壤板结，改良土壤结构，延长草坪寿命。沙槽的设置方法：挖宽 10 cm、深 30～40 cm 的沟，沟间距 100 cm，并与地下排水系统连接。将细沙或中沙填满沟后，用碾滚压实。

（2）草坪的地下排水法。地下排水也称非地表排水，基本方法是在地下埋设暗管，或用碎石做成盲沟，来排除场地下的积水和表层的渗透水。一般面积不大的，多采用对角线埋设主要排水暗管，在主管的左右斜埋副排水管，构成状如肋骨排列的排水系统。副管接入主管应成45°水平角，高低相差 50～70∶1。草坪面积较大的，排水主管应平行排列。埋管时，开挖宽 30～40 cm、深 40～50 cm 的沟，埋设管径为 6～8 cm 的暗管，管的四周用碎石或煤渣填入，上面覆盖无纺布，最上表层堆置种植土。

大面积的疏林草地或高尔夫球场，应在设计时尽量考虑地形排水或明沟排水，以节约费用。

（3）草坪的喷灌水。目前的喷灌系统比较先进的设施有移动式、半固定式和固定式 3 种。

1）移动式喷灌。这种系统的动力水泵和干管、支管是可移动的，使用时要求喷灌区有天然水源（池塘、小溪等）。这种喷灌方式不需要埋设管道，所以投资少，机动性大，使用方便灵活。

2）固定式喷灌。这种系统有固定的泵站，用自来水浇灌，干管和支管均埋于地下，喷头可固定于竖管上，也可临时安装。还有一种较先进的地埋式喷头，不用时可藏于窨井里，具有操作方便的特点，但投资相对较大。

3）半固定式喷灌。其泵站和干管固定，而支管可移动，优点介于上述两种喷灌方式之间，适宜大面积草坪使用。

3. 土壤的改良与消毒

（1）种植土壤的改良。土壤是草坪赖以生长的基础，土壤的理化性状直接关系到草坪的质量和观赏价值，所以，建植草坪前除了对场地进行必要的清理外，还要认真分析土壤成分和质地，特别注意检查土壤的结构、质地和酸碱度（pH 值），根据所种草坪草的特性及其对土壤的要求进行必要的土壤改良。

为了尽可能创造肥沃的土壤表层，新建草坪在建植前应对土壤全面耕翻一次，深度一般不低于 30 cm。翻地时应打碎土块，土粒直径应小于 1 cm。

在整地时，对质地不良的表土要进行改良。如表层土壤黏重，应混入 50%～70%含有砂质的沙砾土或粗砂，并施以充足的基肥。应以有机肥为主，每亩用量 2 500～3 000 kg。肥料应腐熟、粉碎，撒匀后翻入土中。也可按每平方米施入 5～10 g 硫酸铵、30 g 过磷酸钙、15 g 硫酸钾混合而成的化肥。

改良后的土壤应达到园林栽植土壤的草坪土质量标准。

（2）种植土壤的消毒。为了消灭土壤中的病原菌以及地下害虫，除了在施用有机肥时注意不要用未腐熟的有机肥外，还可根据具体条件选用消毒剂对土壤进行消毒。常用的消毒剂有硫酸亚铁溶液。在播种前进行喷洒，浓度为 1%～3%，用药量为 20 g/m^2；也可用福尔马林进行消毒，用浓度为 40%的福尔马林加水 200 倍配成溶液进行喷洒，用药量 150 g/m^2。施用时要注意，不可在用药后马上覆盖或翻入土里，应有一段时间的挥发阶段，以免产生药害。以上两种药剂不仅能消灭土壤中的病原菌，同时对防治立枯病具有良好效果。还可用浓度为 5%的硫磷颗粒剂与基肥混拌后施入土中，既起到消毒作用，又能杀死肥料中的蝼蛄、蛴螬、地老虎等害虫的卵和幼虫。每吨基肥可混入 0.25 kg 药剂。

4. 平整、滚压、浇水

当翻耕完成后，就要开始进行场地平整，主要包括粗平和细平两项工作。粗平是按地形进行平整，可整成高低自然起伏的自然式。粗平之后细平之前，应对坪床灌一次透水或滚压两遍，使土壤充分沉降，以确保完成平整后的坪面不会发生变化。细平是指局部平整，把大土块敲细，将地面低洼之处填土耙平，使整个场地平坦均匀，为建植草坪做好最后的准备。

三、草坪建植方法

草坪的建植可以分为两大类：一类为有性繁殖，即采用草坪草种播种的形式（播种法）建植草坪；另一类为无性繁殖，是利用草坪草株体的营养器官，即植株的根和茎的分蘖分枝，达到繁殖新植株形成草坪的目的。在草坪建植中，一般把分茎、分栽、分草块等方法都列入无性繁殖。

1. 播种法

用播种法建植草坪的优点很多。其草种体积小、质量轻，储藏、运输都十分简便易行，并可在短期内形成整齐、均匀、平坦、翠绿的草坪；播种后长出的草苗有完整的根系，对外界环境条件的适应性强，有一定的抗逆能力；同时，播种法省工省力。因此，以种子繁殖建植草坪，是国内外普遍采用的建坪手段。

（1）播种前的种子处理。一般色泽正常的新鲜草籽，即可直接播种。但对一些发芽困难的则必须于播种前进行催芽处理。常用的方法有：

1）冷水浸种法。用草种体积 3 倍的水浸泡草种，浸种的水温和浸种时间要根据草种颗粒的大小、种皮的厚薄不同而定。如结缕草的种子比草地早熟禾的种子浸泡的温度要高，浸种时间要长。浸种后，捞出晾干，随即播种。

2）堆放催芽法。此法简单易行，特别是对冷季型草种，如草地早熟禾、黑麦草、紫羊茅、翦股颖等草籽，催芽效果好。具体方法是：将草籽掺入到 10～20 倍的河沙中，然后堆放室外进行全日照，为了防止水分蒸发可在沙堆上覆盖一层塑料地膜，堆放 1～2 天后即可播种。

3）化学药物催芽法。如结缕草种子用 0.5％的氢氧化钠浸泡 24 h，用清水冲洗后再播种，发芽率明显提高。

（2）播种期。草坪草种的播种期选择，主要考虑发芽的适宜气温以及能否安全越冬。

1）春播。春播播种后草种发芽早、扎根深，草苗生长健壮，形成草坪快，同时能增强草苗抗病、抗旱的能力。春播最适合暖季型草坪草，如狗牙根、结缕草、假俭草等。

2）秋播。秋播是在秋末冬初土壤尚未冻结之前播种，特别是在有杂草的土地上，秋播的效果更好，此时多数杂草已进入休眠状态，有利于草坪草生长。秋播特别适合于冷季型草坪草。

（3）播种量。播种量是指单位面积上所播种子的重量。播种量是决定草坪合理密度的基础，它直接影响草坪的质量。只有适量的播种量（见表 8—3），才能形成优质草坪。

表 8—3　　常见草坪草的播种量　　g/m^2

名称	播种量		名称	播种量	
	正常	加密		正常	加密
小糠草	4～6	8	普通早熟禾	6～8	10
匍匐翦股颖	3～5	7	野牛草	20～25	30
细弱翦股颖	3～5	7	狗牙根	6～7	9
草地早熟禾	6～8	10	紫羊茅	4～17	20
林地早熟禾	6～8	10	匍匐型翦股颖	4～17	20
加拿大早熟禾	6～8	10	羊茅	4～17	20
高羊茅	25～35	40	苇状羊茅	25～35	40
多年生黑麦草	25～35	40	结缕草	8～12	20
多花黑麦草	25～35	40	假俭草	16～18	25
猫尾草	6～8	10	地毯草	6～10	12
冰草	15～17	25	格拉羊草	6～10	12

（4）播种方法。一般采用撒播。为了确保种子播撒均匀，应先将场地划成 10 m 宽的长条，把每块地坪的应播量按面积大小换算准确，逐条进行撒播。要更准确地把握撒播均匀，又可将每一长条的应播种子再分成两份，以其中一份顺撒，另一份横撒。撒播时一般须来回重复一次或纵横重复（也称回纹法、纵横法）。

播后立即覆盖，以免种子干燥或被风吹走。覆盖可使用细土、塑料薄膜、无纺布等材料。

（5）播后管理。播种后，要充分保持土壤湿度，可根据天气情况每天或隔天喷水，幼苗长至 3～6 cm 时可停止喷水。

2. 匍匐茎建植法

匍匐茎建植法是一种典型的无性繁殖方法。草坪草中有不少品种具有匍匐茎，如匍匐翦股颖、天堂草、狗牙根、马尼拉草等。可以把匍匐茎切成 3～5 cm 长短的草段，每段保留 1～3 个节，均匀地撒铺在整平的场地上，覆盖一层薄薄的沙土，并压紧耙平，使草段不露出土面，然后经常喷水，养护 30 天左右，即能形成草坪。

采用匍匐茎建植草坪，一般在 6—10 月最为适宜。此法具有技术简单、易于操作、成

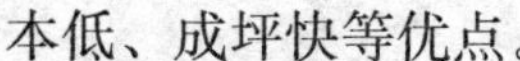

本低、成坪快等优点。

3. 分栽法

将母本草坪切成 10 cm×10 cm 大小的方块，或切成 5 cm×15 cm 大小的细长条草块，以 20 cm×30 cm 或 30 cm×30 cm 株行距进行分栽，栽好后滚压、浇水。一般选在每年 3—9 月进行较好。

4. 草块铺设法

将选好的优良草坪，切成规格一致的正方形（以 30 cm×30 cm 为多），厚度不小于 2 cm，杂草率 5%以下。无匍匐茎的草种（如高羊茅等一些冷季型草种），可采用无缝铺栽；有匍匐茎的草种（暖季型草种），可采用有缝铺栽，草块间留 3～4 cm 缝隙。将草块按一定顺序一块接一块铺设，边铺边镇压。铺栽以后立即浇水，要求浇透，2～3 天后进行滚压，以促进整块草坪的平整。实践证明，最适宜的铺草块时间是春末夏初或秋季。此法成坪快，栽后管理容易，但成本高、易老化。

5. 草坪建植新技术

随着科技与绿化工程的进一步结合，草坪建植中越来越多地运用到一些新的技术和工艺。

（1）地毯式草皮的铺设。将事先培养好的优良草坪，按照待铺地地形的变化进行随意裁剪，一般是以长条带状从产地铲起，卷成草坪卷，成捆地运出铺种。铲草皮和铺草方法与铺草块法相同。

（2）植生带铺设。由工厂生产的植生带铺设草坪是近年发展起来的新方法。它由草种、肥料和无纺布合成，可直接在斜坡、陡坡上铺设。优点是重量轻、运输方便、出苗齐、成坪快，还能减少杂草，但成本较高。

（3）液压喷播技术。利用装有空气压缩机的喷浆机组，通过较强的压力，将混合有草籽、肥料、保湿剂、颜料，以及适量的松软有机物和水等配制成的绿色泥浆液，直接均匀地喷送至已经平整的场地或陡坡上，可以快速、便捷地建植草坪。在斜坡、陡坡上采用液压喷播技术建植草坪，不仅能固土护坡，避免水土流失，而且施工方便、省时省工，是公路及铁路路基、水库护坡、飞机场等大面积铺种草坪的好方法。

（4）植草与镶嵌相结合技术。根据地形、环境和园林绿化的特殊需要，尤其在坡度较大的斜坡上或园林步道、停车场、小面积广场上，应用植草与镶嵌相结合的技术更能获得良好的绿地效果。停车场的镶嵌草坪具体施工程序如下：先夯实地坪，其上铺设用碎石混含河沙做成的疏水层（疏水层厚度：行人道 5 cm，普通车道 15 cm，消防车道 20 cm），在疏水层上铺置沙、土混合的培养土，随后铺上植草砖或植草格，内填培养土（可由堆肥、沙及园土混合配制而成），播上适宜的草种或栽上草丛。经过铺设后的地面，近看是停车场，远看是草坪，对保护、改善和美化环境起到一定的积极作用。

6. **草坪追播**

草坪的追播，是使暖季（地）型草坪，如矮生百慕达、马尼拉草等，保持一年四季常绿的景观效果，而于其中追播冷季（地）型草种如多年生黑麦草的方法。

追播前应做好草坪修剪、打孔通气、施表层沙土等坪床准备工作。草坪修剪应在仲夏开始，一直持续到秋天生长缓慢为止，并逐渐降低草坪的修剪高度。在10月底，进行多次强修剪，使草坪留茬高度1～2 cm。春末、夏初是给紧实土壤打孔通气的理想时间，可以减少枯草层。经常少量施洒表层沙土，也是为草坪作追播准备工作的重要环节之一。做好这些工作后，在播种前1～2周，可使用广谱杀菌剂对土壤进行杀菌，同时应对草种进行消毒处理，以减少病害，防治杂草。

追播用的草种一般选用多年生黑麦草较多，因其建植快、耐践踏性强，与一年生早熟禾形成生长竞争，从而大大提高了草坪追播的成功率。

播种期是追播工作成功的关键，当12 cm的土温为22℃时，是最理想的播种时间，这一时间通常是在狗牙根草差不多停止生长之后、冻结温度到来之前。更明确的时间是在平均第一次霜冻日期开始前2～3周。为保证出苗率，追播时应加大播种量，一般25 g/m^2。

草坪追播后，为保持坪床湿润，可采用无纺布覆盖，出苗后揭去无纺布，以保证幼苗正常生长。

四、草坪的养护管理

草坪养护管理是草坪正常生长和可持续利用的重要保证。为使草坪能保持青翠茂盛、绵软如茵，持久而不萎秃，对草坪进行恰当的养护管理是十分必要的。其内容主要包括灌水、修剪、施肥、除草、病虫害防治及其他辅助管理措施等。

1. **灌水**

水是草坪草的必需物质，灌溉浇水应根据土质、草种、生长期等因素来确定。总体上看，冷季型草坪草比暖季型草坪草需水量多，管理上应加强灌水。

草坪草需水量的多少还与草坪草自身的特征有关。如羊茅属草坪草在天气干旱时叶片卷成针状，减少了水分蒸腾，具有很强的抗旱能力；而翦股颖属的草坪草抗旱性差，干旱时须及时灌水。此外，在沙质土壤上建植的草坪因土壤保水性差，需定期灌水。

根据生长习性，冷季（地）型草坪，春、秋两季应充分灌水，夏季适量灌水；暖季（地）型草坪，夏季应勤灌水。

灌水时要一次浇透，不能只浇土层表面，当土壤湿润到10～15 cm时，即能为草坪草提供充足的水分。如草坪踩踏严重，土层表面干硬、坚实，则应于浇水前先用钉齿滚进行

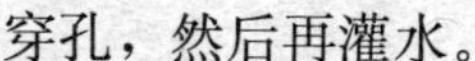

穿孔，然后再灌水。

灌水最忌在中午阳光暴晒下进行，应尽可能安排在早上。傍晚浇水，草坪整夜处于潮湿状态下，容易因高温而引发病害。如果傍晚浇水后立即喷施杀菌剂，则能有效预防病害。

2. 修剪

修剪是草坪养护管理中最重要、最基本的工作之一。草坪修剪不仅能控制草坪的高度，使之保持整齐美观的状态，而且能促进禾草生长茂盛。

草坪修剪时间和频率，不仅与草坪的生长发育有关，还与草坪的种类、利用目的有关，一般来说，冷季（地）型草坪有春、秋两个生长高峰，在这两个高峰期应加强修剪；而暖季（地）型草坪草的生长高峰期只在夏季，故需在夏季加强修剪（见表 8—4）。

表 8—4　　草坪修剪的频率及次数

草坪草种类	用途	修剪频率（次/月）			修剪频率（次/年）
		4—6 月	7—8 月	9—10 月	
冷季（地）型草	观赏	2～3	1	2～3	15～20
暖季（地）型草		1～2	2～3	1～2	10～20
结缕草	活动休息	1～2	2～3	1～2	10～20
野牛草					

每次修剪时，既不能留草过低，又不能留草过高，修剪高度应根据草坪用途确定（见表 8—5）。同时每次修剪时要遵循 1/3 原则，即每次草剪掉的部分应小于叶片自然高度的 1/3。

表 8—5　　各类草坪的留草高度

草坪类型	轧草标准（即生长高度）（cm）	留草高度（cm）
观赏草坪	6～8	2～3
游憩活动草坪	8～10	2～3
草皮球场	6～7	2～3
护坡草坪	12	1～3

3. 施肥

施肥是维持草坪持久性和保持其良好景观的有效措施。在草坪养护管理中，合理施用有机肥料和化学肥料，对提高土壤肥力、确保草坪质量有重要作用。

一般每 1～2 年应对草坪施一次腐熟的有机肥，如厩肥、堆肥、饼肥等，施肥时间以晚秋至早春的休眠期为宜，施肥量每次施用 1.5 kg/m^2。均匀撒施于草坪地面，施后浇水。

在生长季节应对草坪追施含有氮、磷、钾（2∶1∶1）的复合肥料。冷季（地）型草坪追肥宜在春季和秋季，暖季（地）型草坪的追肥宜在晚春，施用量为 10～20 g/m^2，施肥后立即浇水，以洗掉茎叶上的肥料。对刚修剪过的草坪，不宜施肥，一般应在一星期后才能进行。

4. 除草

对草坪杂草的治理是草坪养护管理工作的重要组成部分。应及时清除杂草，尽力做到除早、除小、除净。常用的除草方法有人工除草和化学除莠的方法。

（1）人工除草。人工除草是一种传统的除草方法，虽然费时费力，但对环境没有任何危害作用，至今仍被广泛应用。

（2）化学除莠。化学除莠法是采用具有选择性的化学除草剂杀灭某些杂草，从而控制杂草对草坪的危害。4—6 月和 9—10 月正是杂草旺盛生长期，此时喷药容易达到良好的药效。目前常用的化学除莠剂有 2，4-D、二甲四氯等，一般用药量为 0.1～0.2 mL/m^2 或 25～45 mg/m^2。使用化学除莠剂应选晴朗无风天气，并以上午 9：00 以后至下午 16：00 以前为宜。使用时还必须注意人畜及其他花木的安全。

5. 病虫害防治

（1）草坪病害防除。草坪植物常由于湿润的气候、排水不良或施肥不当而发生真菌性病害。常见的真菌性病害主要有锈病、草坪叶斑病、草坪褐斑病等多种。可喷施粉锈宁、百菌清、代森锰锌、力克菌等进行防治。

（2）草坪虫害防除。草坪上栖息着多种有害昆虫，它们取食草坪、传播疾病、污染草地，侵扰人类，严重影响草坪质量。定期修剪草坪，尤其是将修剪留下的草屑及时运出草坪，可起到驱逐地上昆虫的作用。合理使用药剂也是有效防治草坪虫害的手段之一，常见的食茎叶害虫有稻贪叶夜蛾、稻切叶螟等，可喷施乐斯本、敌百虫、烟参碱等。草坪常见地下害虫有蛴螬、蝼蛄、地老虎等，常用毒死蜱、敌百虫，以灌根方式施入，效果较好，或用敌百虫制成毒饵诱杀。该类成虫多具趋光性，也可采用灯光诱捕。

6. 草坪辅助管理

要养护一块高质量的草坪，除了进行合理的灌水、修剪、施肥和及时有效地防治病虫害等常规养护管理外，还要适时对草坪进行滚压加土、疏松作业等辅助管理措施，这对满足草坪草自身的生长发育及维持草坪的功能和延长草坪使用寿命是非常重要的。

（1）滚压加土。在早春土壤解冻后，应抓紧对草坪进行滚压。滚压不仅能使松动的禾草根茎与下层的土壤紧密结合起来，而且能促进草坪的平整度。如草坪已发现高低不平的状态，应先将低洼处用沙、土壤和有机肥适当混合后填平，然后滚压。

(2) 疏松作业。草坪疏松作业，是在适宜时期采取划破草皮、打孔等措施来改善草坪通气透水性，加快枯草层的分解。

划破草皮通常采用垂直刈剪机（又叫疏草机）。冷季（地）型草坪宜在夏末和初秋进行，暖季（地）型草坪则宜在晚春或初夏进行。

打孔通常通过打孔机完成，与划破草皮一样，冷季（地）型草坪打孔作业宜在夏末和初秋，暖季（地）型草坪则宜在晚春和初夏，以利草坪草的恢复。

7. 喷洒草坪营养增绿剂

草坪营养增绿剂是一种含有浓缩叶绿素，而不含任何有害化学物质、重金属离子，对人和动植物都安全无害的草坪自然增绿剂，主要用于休眠、半休眠以及遭到破坏的草坪。使用雾化效果好的低压喷雾器即可操作，色素能渗透到叶片中，使草坪获得自然绿色，且不易褪色。一般冬眠草坪，0.35 L 的增绿剂配以 2.5～3 L 的水，每 100 m^2 喷用了 3～3.5 L混合剂；非冬眠及褪色草坪，0.24 L 的增绿剂配以 4.5～5.5 L 水，每 100 m^2 喷用 5～6 L 混合剂。为达到更好的外观效果，可以分两次垂直喷用，减少水的使用量可以使草坪颜色加深。

第 6 节　花坛、花境的施工与养护

学习目标

➤掌握花坛施工与养护的环节和要点

➤掌握花境施工与养护的环节和要点

知识要求

花坛、花境是花卉植物在园林绿化中的应用形式，因其色彩斑斓、婀娜多姿，往往令人瞩目，所以也是园林绿化中的重要组成部分。尤其是在盛大节日、重要活动期间，各种形式的花坛、花境，呈现出一派万紫千红、花团锦簇的景象，更增添了喜庆的氛围。

一、花坛施工与养护

1. 平面花坛的施工

(1) 整地。栽培花卉的土壤必须深厚、肥沃、疏松。花坛施工前，一定要先整地，将

土壤深翻 30～40 cm，挑出草根、石块及其他杂物。如土质较差时，则应换土，并根据需要施加适量的经充分腐熟的有机肥作底肥，同时进行约 30 cm 深的耕翻，使土肥相融。改良后的土壤应达到园林栽植土花坛土壤的质量标准。

为了有利观赏和排水，花坛的土面应高出地面 10 cm，其表面应根据花坛所处位置和设计要求处理成一定的坡度。

（2）定点放线。花苗栽植前按设计图纸，先在地面上准确划出花坛位置和范围的轮廓线，即定点放线。

（3）栽植。分为裸根苗栽植和带土球苗栽植。

2. 立体花坛的施工

（1）立体花坛的特点。“立体花坛”作为园林艺术园地的一朵奇葩，具有独特的优势和旺盛的生命力，表现有以下 4 大特点：一是观赏性强。特别是三维空间的作品，由于表现的是富有生命的“雕塑形态”，视觉观赏是全方位的，且栽植于介质土层的立面植物会随着时间延长而持续生长、变化色彩，开花的植物也更能展现绚丽多姿的景观效果。二是展出时间长。立体花坛所用材料主要是一些矮生的草本植物，生命周期长，如养护得当其观赏时间会更长。三是作品的构件可重复利用，符合节约资源的环保理念。立体花坛多采用钢结构制作工艺，造型焊接十分精细，故参展结束后的作品构件可通过配植不同的植物多次展出。四是文化内涵丰富。立体花坛的造型多样，每一件作品都在讲述一个生动的故事，使游人在欣赏精美的“植物雕塑”同时，也能领悟到各地源远流长的历史文化和地域风情。

（2）结构造型。立体花坛通常都具有特定的外形，为使外形能较长时间的固定，就必须有坚固的结构。外形结构的制作方法是多样的，可根据设计图纸选用各种材料构成大体相似的外形，然后置以营养土作为栽植基质。

（3）栽植。栽植时要注意苗根舒展、苗高相等。立体花坛的栽植密度应稍大些，表面的植物覆盖率至少要达到 80%。

目前立体花坛的用材很多，特别是生长茂盛的矮生花草，如红绿草、彩叶草、银香菊、芙蓉菊、蜡菊、半柱花和景天类植物都能制作立体花坛。在立体花坛基座四周，应布置配景植物，以衬托方案的主题和烘托气氛。配景植物可以选择一二年生草花、宿根花卉、观赏草、小灌木等小型植物，如银线芒、石菖蒲、美人蕉和芒草类、蒲苇类植物等。

3. 花坛的养护管理

花坛的艺术效果取决于设计、花卉品种的选配以及施工的技术水平。但是能否保证花坛花卉生长健壮、开花繁茂、色彩艳丽，在很大程度上取决于日常的养护管理。花坛的日常养护包括浇水、施肥、中耕除草、修剪、补植、防治病虫害和更换花苗。

二、花境施工与养护

1. 花境的施工

花境是一个模拟自然的植物群落，由于品种繁多、形态差异大，给施工带来一定难度。只有合理设计、精心培植，才能营造出“虽由人作，宛若天开”的植物景观效果。

(1) 整地。花境栽植地的准备工作基本同花坛一样，需要进行翻耕，清除草根、石块等杂物，并施入基肥。经过改良的花境土壤应达到园林栽植土花境土壤的质量标准。

(2) 放样。花境放样一般采用网格法或模具法。

(3) 栽植。花境种植品种较多，容易混杂，在种植前应先将不同品种按设计图纸定位，等确定无误后进行栽植。其他栽植要求与花坛相同。

2. 花境的养护管理

花境选用的花卉品种较多，在养护管理中应根据不同植物的习性进行养护工作，以保持花境长久的观赏效果。

(1) 浇水。充分了解花境中不同植物的生态习性，按照不同花卉品种对水分的要求选择浇水措施。

(2) 修剪。为促进二次甚至多次开花，有效地保证植株的株形，防止植物间相互侵扰，去除残花败叶及病枯枝，应经常注意修剪。

(3) 抽稀或补植。对生长过程中出现过密或稀疏的现象，需及时抽稀或补苗。

(4) 中耕除草。定期进行中耕除草工作，做到土壤疏松、无杂草。

(5) 施肥。立地条件较差的花境，为保证植物的长势要定期追肥。每年植株休眠期必须适当耕翻表土层，并施入腐熟的有机肥，每平方米施入1～1.5 kg。

(6) 病虫害防治。及时做好病虫害防治工作，以维持花境良好、健康的景观效果。

(7) 覆盖。对休眠的宿根花卉可采用有机物覆盖，以确保其安全度过休眠期。

第7节　其他绿化种植形式的施工

学习目标

➤了解垂直绿化的作用、类型并掌握其施工环节

➤了解屋顶绿化的意义、特点并掌握其施工的技术要点

➢了解水景绿化的意义并掌握人工水景施工、养护的要点

知识要求

一、垂直绿化的施工

1. 垂直绿化的作用

垂直绿化是利用具有卷须、钩刺等特殊结构，具备吸附、缠绕、攀缘特性的攀缘植物或其他植物材料来美化各类垂直墙面和各种棚架、支柱的一种绿化形式。

垂直绿化具有占地少、见效快、绿视率高的优点，不仅能够弥补地面绿化之不足，丰富绿化层次，有助于恢复生态平衡，而且可以增强城市及建筑物的艺术效果，使之与环境更加协调统一，生动活泼。

2. 垂直绿化的类型

（1）附壁式。利用植物气生根或吸盘攀缘来美化建筑墙面、围墙、大块裸岩等的一种最常见的垂直绿化形式。利用攀缘植物打破墙面呆板的线条，柔化建筑外观，吸收夏季强烈的太阳反光。其以吸附类攀缘植物为主，常用的有具吸盘的爬山虎、具气生根的常春卫茅、凌霄等。

当前更流行一种新型的墙面绿化，即在墙体上固定好支架，并安放种植容器，设置浇灌系统，然后栽植一些矮化的花卉和草类植物，以达到一种缤纷亮丽的墙面效果。

（2）篱垣式。利用攀缘植物把篱架、矮墙、护栏、铁丝网等坚硬、单调的土木构件变成枝繁叶茂、郁郁葱葱的绿色围护，既美化环境，又隔声避尘，还能形成令人感到亲切、安静的围合空间。其常以卷须类及缠绕类植物为主。不同的篱垣应选用适宜的材料，竹篱、铁丝网、围栏、小型栏杆以茎柔叶小的草本和柔软的木本为宜，如茑萝、牵牛花、络石等；栅栏绿化若为透景之用，植物种植应以稀疏为宜，可选枝叶细小、观赏价值高的，如矮牵牛、茑萝、络石、铁线莲等；如栅栏起分隔空间或遮挡视线之用，应选枝叶茂密、花朵繁多而艳丽的木本植物，如凌霄、蔷薇等；矮墙、石栏杆、钢架等可选缠绕类的金银花、具吸盘的爬山虎等。蔓生类如蔷薇、藤本月季、云实等，用于墙垣绿化也很适宜。

（3）棚架式。棚架式垂直绿化的依附物为花架、长廊等立体的土木构架，多用于人们活动较多的场所。棚架的垂直绿化可不拘一格，根据地形、空间和功能灵活安排，但在形式、色彩、风格上应与周围环境相协调。其一般选择卷须类和缠绕类的木本植物，如紫藤、猕猴桃、葡萄、木通等，一些枝蔓细长的蔓生类植物也是适宜的材料，如木香、蔷薇等。

（4）立柱式。立柱式栽植已成为垂直绿化的重要形式之一，其依附物主要为电线杆、

路灯灯柱、高架路立柱、立交桥立柱等。吸附类攀缘植物最适于立柱式造景，一些缠绕类植物也可应用。为适应环境一般应选适应性强、抗污染且耐阴的爬山虎、络石、金银花、小叶扶芳藤等。

(5) 悬蔓式。悬蔓式垂直绿化是攀缘植物的逆反利用。用容器种植藤蔓或软枝植物，不让其枝叶延引向上，而是凌空悬挂，形成别具一格的绿化景观。如墙面绿化，可在墙顶做一种植槽，种上小型蔓生植物，如蔓长春花；或阳台边缘摆几盆蔓生植物，让其自然垂下；或在楼顶四周建种植槽，栽种爬山虎、迎春、连翘、蔷薇、常春藤等拱垂植物，使它们向下悬垂，覆盖楼顶。下垂的枝叶随风摆动，能呈现出典雅浪漫、生机勃勃、动感十足的景观效果。

3. 垂直绿化的施工

(1) 制作支架。在选用不具吸盘的植物材料（如五叶地锦）作墙面或立柱垂直绿化时，需在墙面或立柱外用铁丝网或塑料网制作支架。棚架式绿化需按设计要求制作棚架结构。

(2) 开种植槽。垂直绿化宜开沟种植，沟槽大小依土球规格及根系情况而定，一般槽宽 30 cm 左右。

(3) 换土施肥。开沟后，必须清除瓦砾、垃圾，在沟底施入基肥，上面覆盖一层种植基质，使槽深与土球厚度相符。

(4) 苗木修剪。栽植前，应遵循各类植物自然形态的特点和生物学特性，在保持基本形态的前提下剪去病弱枝、徒长枝或过密的枝条。

(5) 排放苗木。将苗木排放在种植槽内，并拆除包装物。

(6) 填土夯实。填入种植基质至沟深一半时，用木棍将土球四周的松土夯实，然后继续用土填满种植沟并夯实。

(7) 浇水。栽植后，必须在当天浇透定根水。

二、屋顶绿化

1. 屋顶绿化的意义

屋顶绿化是用植物材料来覆盖平台屋顶的一种绿化形式，它是一种融建筑艺术与绿化艺术为一体的综合性现代化技术。它使建筑物的空间潜能与绿色植物的多种效益得到完美的结合和充分发挥，不仅能增加绿化覆盖面积，改善城市环境，还能创造一定的经济效益，是城市绿化发展的崭新领域，具有广阔的发展前景。这种绿化形式对土地资源少、高楼林立、热岛效应强的中心城区尤为重要。

2. 屋顶绿化的立地条件

由于屋顶绿化与大地隔离，因此供屋顶绿化的土壤，不能与地下毛管水连接，而没有地下水的上升作用，屋顶种植的植物所需水分完全要依靠自然降水和浇灌。由于建筑荷重的限制，屋顶供种植的土层厚度较浅，有效土壤水的容量小，造成土壤易干燥。

由于屋顶种植土层薄，热容量小，土壤温度变化幅度大，造成植物根部冬季易受冻害，夏季易受灼伤。

由于屋顶风力比平地大，故屋顶栽植的植物所受风害的可能性比平地大，较大乔木及不抗风的植物在高层屋顶上种植受到一定限制。

由于屋顶绿化种植层的土壤易失水，浇灌相对频繁易造成养分流失，故需经常补充肥料。

屋顶栽植除排水良好不易引起湿害、涝害，昼夜温差较大对植物营养积累有利外，总的来说，屋顶栽植的综合环境状况是不够理想的。

3. 屋顶绿化的技术要点

根据屋顶绿化立地条件的特殊性，在进行屋顶绿化时，必须针对其立地条件的特点采取相应的技术措施。

（1）积水和渗漏问题的解决。防水和排水是屋顶绿化的关键，在设计时应按屋顶结构构建多道的防水设施，做好防、排水构造系统的管理。

各种植物的根系均具有很强的穿透能力，为防止屋面渗漏，应先在屋面铺设1～2道耐水、耐腐蚀、耐霉烂的卷材（沥青防水卷材、合成高分子防水材料等）或涂料（如聚氨酯防水材料）作为柔性防水层。其上再铺置具有足够耐根系穿透功能的聚乙烯土工膜、聚氯乙烯卷材、聚烯烃卷材等，作耐根系穿刺防水层。防水层施工完成之后，应进行 24 h 蓄水检验，经检验无渗漏后，在其上再铺设排水层，排水层可用塑料排水板、橡胶排水板、PVC 排水管、陶粒或鹅卵石。排水层上放置隔离层，其目的是将种植层中因下雨或浇水后多余的水及时过滤而排出，以防植物烂根，同时也可将种植层介质保留下来，以免流失。隔离层可采用重量不低于 250 g/m^2 聚酯纤维土工布或无纺布作为铺设材料。最后，在隔离层上铺置种植层，如图 8—14 所示。

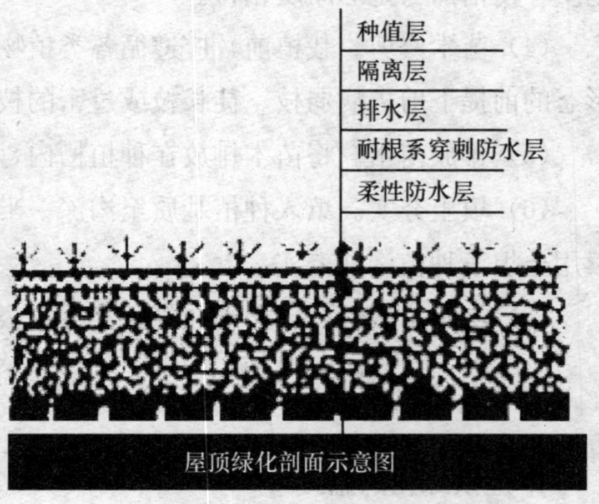

图 8—14　屋顶绿化剖面示意图

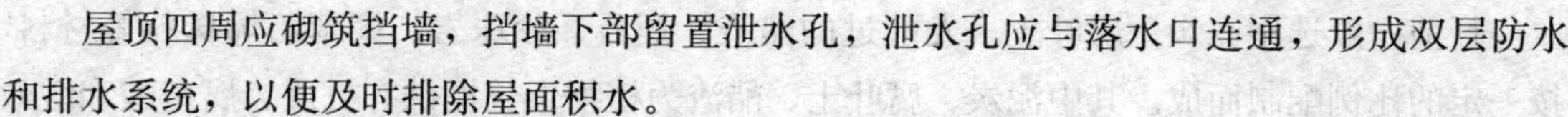

屋顶四周应砌筑挡墙，挡墙下部留置泄水孔，泄水孔应与落水口连通，形成双层防水和排水系统，以便及时排除屋面积水。

(2) 屋顶承重的安全考虑。屋顶绿化的形式应考虑房屋结构的承受能力，必须把安全放在第一位。因此设计屋顶绿化时，应事前了解房屋结构，以平台允许载重量（按 kg/m^2 计）为依据，确定种植形式（见表 8—6）。

一定要做到：平台允许承载重量＞一定厚度种植层最大湿重＋一定厚度的防水排水物质重量＋植物重量＋其他物质（如建筑小品等）重量。

表 8—6　　平台绿化的主要形式

形式名称	要求平台承重（kg/m^2）	种植层最低厚度（cm）	主要功能
花园	＞500	30～50	为人们提供休憩、游览的场所
种植园	200～300	20～30	繁殖花木果实，增加经济效益
地毯式	100～200	5～20	防暑降温，美化环境

屋顶绿化应以绿色植物为主体，各类植物所占屋顶面积的比例应在 70%以上。尽量少建建筑小品，所用材料也应选用轻型材质（如 GRC 塑石假山等）。树槽、花坛等重物应设置在承重墙或承重柱上。

(3) 栽培介质的选择。根据屋顶绿化的立地条件，其种植层的土壤必须具有容重小、重量轻、疏松透气、保水保肥、适宜植物生长和清洁环保等性能。显然一般土壤很难达到这些要求，因此屋顶绿化通常采用各类介质来配制人工土壤。配制的人工土壤应达到园林栽植土壤的屋顶栽植土质量标准（见表 8—7）。

表 8—7　　屋顶栽植土的主要理化性状指标

项目	pH 值	EC 值（ms/cm）	有机质（g/kg）	容重（mg/m）	通气孔隙度	有效土层（m）	石灰反应（g/kg）	石砾含量（w/w）
指标	6.5～7.5	0.5～1.50	≥25	≤1.00	≥10%	≥60	＜10	0

栽培介质的重量不仅影响种植层厚度、植物材料的选择，而且直接关系到建筑物的安全。容重小的栽培介质，种植层可以设计得厚些，选择的植物范围也可相应广些。从安全方面讲，不仅要了解栽培介质的干容重，更要测定材料吸足水后的湿容重，作为考虑设计荷载的依据。

为了兼顾种植土层既有较大的持水量，又有较好的排水透气性，除了要注意材料本身的吸水性能外，还要注意材料粒径的大小。通常情况下，2 mm 以上的粒子应占总量的 70%以上，小于 0.5 mm 的粒子不能超过 5%，做到大小粒径介质的合理搭配。

目前一般选用泥炭、腐叶土、发酵过的醋渣、蛭石、珍珠岩、聚苯乙烯珠粒等材料，按一定的比例配制而成。其中泥炭、腐叶土、醋渣为植物生长提供有机质、腐殖酸和缓效肥；蛭石、珍珠岩、聚苯乙烯珠粒可以减少种植介质的堆积密度，有利于保水、透气，以防植物烂根，促进植物生长，还能补充植物生长所需的铁、镁、钾等元素，也是种植介质中 pH 值的缓冲剂和调节剂。如今，一种含有 SKYGEL 的超轻质培植用土——"SKYGEL 混合土"已在屋顶绿化中应用。SKYGEL 具有非常奇妙的物性特征，和人们通常认为在高温下融解、低温下呈胶状的凝胶正好相反，在高温下它凝结成胶状而低温时却融化成液体。其不仅分量极轻，又具有极强的吸水性，在一般情况下，SKYGEL 高效抗旱保水剂可以吸收达到自重 100～150 倍的水分。

（4）屋顶绿化植物材料的选择。植物材料的选择应符合屋顶立地条件的特点，应以阳性喜光、耐寒、抗旱、抗风适应性强、植株低矮、根系浅、易养护的为主，如景天类的佛甲草、凹叶景天等。在植物类型上应以草坪、地被为主，可以穿插点缀一些花灌木、小乔木。由于不同类植物所需种植层厚度不一样（见表 8—8），为减轻平台屋顶的荷重，一般平台屋顶绿化使用植物类型的数量变化顺序应是草坪、地被、花卉＞灌木＞藤本＞乔木。

表 8—8　　　　屋顶花园植物生长土壤厚度　　　　cm

植物类别 / 土层厚度	草本	小灌木	大灌木	浅根乔木	深根乔木
最小生存深度	15	30	45	60	90
最小生育深度	30	45	60	90	150

屋顶绿化是提高城市绿化率的有效途径之一，做好屋顶绿化关键在于屋面防水及排水系统的设计，以及施工中各环节的质量控制。只有高度重视并在技术上予以保证，才能有效地确保屋顶绿化的顺利进行。

三、水景绿化

1. 水景绿化的意义

水是生命之源，绿化景观更是离不开水。园林绿地中的水面不仅能够起到调节小气候的作用，解决园林种植蓄水、排水、灌溉的问题，为开展水上活动创造了条件，而且在营造园林景观上也起到重要的作用。

水景绿化对园林景观更是锦上添花，增色不少。水生植物适应性强，生长迅速，管理粗放，其茎、叶、花、果都有较高的观赏价值，对净化水质、改善生态环境也有着积极的作用，甚至水生植物有时还能为人们提供一些副食品。随着人们对居住环境的重视和生活环境生态化要求的提高，水景绿化在园林工程中也越来越引起人们的关注。

2. 水景绿化的要点

(1) 影响水生植物生长的最重要因素之一就是水的深浅。应根据水体深度，选择耐水湿程度合适的植物，做到适物适水。水生植物根据生态习性的不同，可分为以下 3 种类型：

1) 沼生植物。生长在岸边沼泽地带，植物直立挺出水面，如慈姑、芦苇、荷花、千屈菜等，一般均生长在水深不到 1 m 的浅水中。

2) 浮水植物。浮水植物的根生长在水底泥中，但茎浸在水中，叶漂浮在水面上，如睡莲、菱角等。

3) 沉水植物。这类植物漂浮在水面或水中，在水景绿化中宜作平静水面的点缀装饰，如金鱼藻、水毛茛等。

(2) 根据生长势合理搭配植物，以免造成相互侵害。

(3) 根据植物的叶形、叶色、花期合理配置，使景致协调、色彩丰富。

(4) 在水体中种植水生植物时，不宜种满整个水面，一般种植面积不超过水面的 1/3，留出一定空间，可产生倒影效果，也不宜沿岸种满一圈，而应该有疏有密、有断有续。

(5) 为了控制水生植物的生长，常需要在水下安置一些设施，最常见的方法是设置种植槽或采用沉缸方式种植，还可设计漂浮岛，利用泡沫或竹排浮在水面上，板上种植植物，底下采用绳子固定。

3. 人工水景的养护管理

当前一些绿地水景，如喷泉、瀑布、溪流、人工湖等人造水景，一般都独立于城市的天然水系，依靠自来水系统维持，往往只注重外观漂亮，而忽视水体生态规律，缺乏有效的水治理方案。当受到大气降尘、枯枝落叶、游客丢弃的杂物等污染，水体发生变质，既影响环境卫生，又影响景观效果。

为营建可持续发展的人工生态水景，必须注意下列两点：

(1) 人工水景管理从设计、建造到养护，每一个环节都非常重要。设计是关键，一个好的水景设计方案，要以生态理论为指导，对水体循环、生态关系严格把关，并由相关部门监督人工水景方案的施工与验收。

(2) 推广人工水景生态化技术，进行生态化综合治理。从驳岸、自然水底、水生植物、水生动物各角度综合考虑和设计，减少人工水景的污染源。恢复人工水景的自然状态，以缓坡、林地等取代硬质堤岸，从而恢复水岸的生态环境。水池尽可能采用自然水底，打深井与地下水沟通，以形成水景自净能力。设置循环装置，使水体可以流动、循环、曝氧、复氧。

景观水体和环境水体的治理是一项世界性的难题，近年有了新的发展，即巧妙利用生物链关系，向水体中投放适合水质特性的高效微生物和催化酶，与水中的藻类、原生动物、后生动物、鱼类等组成水体的生态系统，使富营养问题得到解决，水体变得清澈。其原理是投入水中的细菌、真菌和酶类分解掉水中的有机污染物、污泥及氮、磷化合物，抑制水体富营养化，使水体得到净化。接着水中的原生动物和后生动物又消耗掉水中富余的细菌、真菌和藻类，原生动物和后生动物的大量繁殖，又为鱼类等水生动物提供了丰富的动物蛋白饵料，恢复了水中鱼类生长。该技术通过自然机制建立和恢复水体良性循环的生态系统、水体的自身净化功能，使水中的污染物转移、转化及降解，最终使水体得以长期和稳定的净化，这是一条水体净化的创新路线。

总之，只有重视水体生态规律，采取有效的生态化综合治理技术，才能达到水体生态稳定的目的，从而形成持久而观赏价值高的水体景观。

思考题

1. 某一住宅小区绿地竣工不久，雨季过后，发现很多栽植树木逐渐枯死。经调查，该绿地是建在地下车库之上，由于积水致使树木死亡。土方地形由建设方自行堆造，并未考虑排水系统。试分析该工程质量事故应由谁承担责任。

2. 某一高档住宅小区欲在地下车库上建造中心绿地，试问施工方在进行施工方案设计时，如何针对这一特点，确定主要施工环节的目标控制、技术关键和解决措施？

3. 某一绿化工程地处沿海，试分析该工程的特点，并制定相应的技术措施。

4. 当前景观设计中水景设置很热门，但好的水景工程却不多见，特别是建造后的水质很快会被污染，分析现状，你觉得对水景的处理应注意哪些问题？

5. 某一绿化工程，甲方与施工方签订合同要求苗木成活率100%。试问，施工技术方案中，应采取哪些技术措施才有可能做到苗木100%成活？

6. 全面质量管理的核心目标就是顾客满意度。某一工程中，甲方要求种植的树木不修剪、保留全冠全叶，施工完成后既能使树木成活，又能呈现良好的景观效果，应采取什么措施来满足顾客这一要求呢？

7. 某一施工项目不得不在夏季高温时进行种植工作，在施工技术方案中如何确保栽植成活？

8. 某绿地工程，大规格苗木较多，如何提高栽植成活率？在施工组织设计中，试分析大树移植的特点，施工中易于失误的地方，以及提高成活率的关键。

9. 为保证苗木的良好生长，园林规范对绿化种植土有一定的要求，但在施工中由于

各种因素经常碰到深层土，针对这一矛盾应如何处理？

10. 全面质量管理要求对施工的全过程进行质量控制，作为园林绿化施工的项目经理，为确保工程质量，在施工过程中应着重监督检查哪些方面？

11. 某一在上海的绿化工程种植材料中有较多的大规格加拿列海枣，针对这一特点，在编制施工组织方案时，应采用哪些技术措施？

12. 小刘是某公园绿化养护工，主要负责草坪的植保工作，虽很尽力，但在炎炎夏季，草坪病害还是频繁发生，小刘应该采用哪些技术措施？

13. 防治树木害虫多采用喷药法，这种方法虽有一定的防治效果，但大量药液弥散于空气会污染环境，对此小区居民很有意见，作为一名绿化养护工，还可采用哪些特殊方法防治害虫？

14. 小王是一小区的绿化养护工，该小区有几株种在水泥花坛里的桂树，不仅树势较弱，秋季也未开花，小王应采取哪些措施促进桂树的生长和开花？

参考文献

1. 张静，张庆费，陶务安，等. 上海公园绿地植物群落调查与群落景观优化调整研究. 中国农学通报，2007，23（6）：454～457

2. 黄昌勇. 土壤学. 北京：中国农业出版社，2000

3. 毛知耘. 肥料学. 北京：中国农业出版社，1995

4. 席承藩. 中国土壤. 北京：中国农业出版社，1998

5. H. Marschner 著. 高等植物的矿质营养. 曹一平，等译. 北京：北京农业大学出版社，1991

6. 史瑞和. 植物营养原理. 南京：江苏科学出版社，1996

7. 孙曦. 中国农业大百科全书（农业化学卷）. 北京：农业出版社，1989

8. 中国农业科学院土壤肥料研究所. 中国肥料. 上海：上海科学技术出版社，1994

9. 郭尚. 植物病理学概要. 北京：中国农业科学技术出版社，2007

10. 洪晓月，等. 农业昆虫学. 北京：中国农业出版社，2007

11. 上海市园林学校. 园林植物保护学. 北京：中国林业出版社，1990

12. 北京农业大学. 昆虫学通论. 北京：农业出版社，1981. 157～346

13. 王宗楷. 害虫防治入门. 北京：农业出版社，1983. 31～41

14. M. L. 费林特，R. 范得博希. 害虫综合治理导论. 北京：科学出版社，1985. 104～106

15. 南京农业大学. 田间试验和统计方法. 北京：农业出版社，1985. 1～2

16. 徐明慧. 园林植物病虫害防治. 北京：中国林业出版社，1993. 7～303

17. 华南农业大学. 植物化学保护. 北京：农业出版社，1994. 6～67

18. 张祖新，等. 草坪病虫草害的发生与防治. 北京：中国农业科技出版社，1997.

1～102

19. 韩烈保. 草坪管理学. 北京：北京大学出版社，1994. 183～209

20. 吴福桢. 中国农业百科全书（昆虫卷）. 北京：农业出版社，1990

21. 陈有民. 园林树木学. 北京：中国林业出版社，1990

22. 刘权. 图解果树修剪技术. 南昌：江西科学技术出版社，1994

23. 王韫璆. 园林树木整形修剪技术. 上海：上海科学技术出版社，2007

24. （美）莱威斯・黑尔. 花卉及观赏树木简明修剪法. 石家庄：河北科学技术出版社，1987

25. 张雪玉. 园艺植物整姿・剪定. 台南：大坤书局，1988

26. 陈俊愉，程绪珂. 中国花经. 上海：上海文化出版社，1990

27. 王香春. 城市景观花卉. 北京：中国林业出版社，2001

28. 赵祥云，等. 花卉学. 北京：气象出版社，2001

29. 高俊平，姜伟贤. 中国花卉科技进展. 北京：中国林业出版社，2001

30. 叶剑秋. 花卉园艺高级教程. 上海：上海文化出版社，2001

31. 武汉市园林技工学校，长春市城建技工学校. 花卉栽培学. 北京：北京科学技术出版社，2001

32. 南京林业学校. 花卉学. 北京：中国林业出版社，2001

33. 虞金龙，王瑛. 室内绿饰造景. 上海：上海科学技术出版社，2000

34. 陈榕生. 观叶植物. 福建：福建科学技术出版社，2001

35. 王意成. 宿根花卉. 江苏：江苏科学技术出版社，1999

36. 熊济华，唐岱. 藤蔓花卉/攀缘匍匐垂吊观赏植物. 北京：中国林业出版社，2000

37. 陈俊愉，等. 中国农业百科全书观赏园艺卷. 北京：北京农业出版社，1996

38. 岳桦，张君超，杜兴臣. 园林花卉. 北京：高等教育出版社，2006

39. 卢建国，张鸽香，丁彦芬，田如男. 花卉学. 南京：东南大学出版社，2003

40. 上海市绿化和市容管理局. 上海市花卉应用技术规程（试行），2011

41. 上海市绿化和市容管理局. 世博绿化景观. 上海：上海文化出版社，2010

42. 胡运骅. 绿化工（高级）. 上海：上海人民美术出版社，2003

43. 崔丽萍. 绿化工（中级）. 上海：上海人民美术出版社，2004

44. 陈有民. 园林树木学. 北京：中国林业出版社，1990

45. 韩烈保. 草坪管理学. 北京：北京农业大学出版社，1994

46. 何晓玲，等. 草坪建植常识. 上海：上海科学普及出版社，2000